小强广告 100招

从创意新人到创意总监

林永强 著

河南大学出版社
HENAN UNIVERSITY PRESS

·郑州·

图书在版编目（CIP）数据

广告一场 / 林永强著. — 郑州：河南大学出版社，
2022.6
 ISBN 978-7-5649-5175-7

Ⅰ.①广… Ⅱ.①林… Ⅲ.①广告学 Ⅳ.
①F713.80

中国版本图书馆CIP数据核字（2022）第102325号

广告一场
GUANGGAO YICHANG

出 版 人	于华龙
责任编辑	席 兵　马元珍
责任校对	毛晓旭
封面设计	好好想想
出版发行	河南大学出版社
地　　址	郑州市郑东新区商务外环中华大厦2401号
邮　　编	450046
电　　话	0371-86059701（营销部）
网　　址	hupress.henu.edu.cn
排　　版	河南大学出版社设计排版部
印　　刷	河南瑞之光印刷股份有限公司
版　　次	2022年6月第1版
印　　次	2022年6月第1次印刷
开　　本	890 mm×1240 mm　1/32
印　　张	30
字　　数	622千
定　　价	256.00元（共三册）

版权所有·侵权必究
本书如有印装质量问题，请与河南大学出版社营销部联系调换

序 一

是的,是我"怂恿"Almon(林永强)出版《广告一场》这套书的。

作为一个相当相当资浅的出版人,我几乎用肉眼就能看出来这套书就是石堆里的"黄金",甚至"钻石"。

的确,在贫瘠的广告圈,拿着显微镜或者望远镜,也找不到像Almon这样的优秀创意人兼写作者。

在我看来,因为只有Almon才有耐心写出这样一套书。这套书包含三部分:《小强广告100招》(小强即林永强,此书为曾经的行业畅销书,此次出版增补了近三分之一的内容)、《小强创意100招》(小强30年广告作品首次结集)、《小强创业100招》(华文地区首部广告人创业心路及避坑之书),厚厚三册,洋洋洒洒几十万字。不知道是多少个日夜与劳顿,方才写就。Almon是我认识的最为勤奋且最有行动力的广告人,没有之一。

也许只有Almon才有资格写这样一套书。从香港奥美入行的小文案,到国际4A公司ECD,从盛名赫赫的ECD,到独立创意热店创始人,30年广告行业经验,横跨香港与内地,可谓一个优秀广告人职业成长的范本。

而也只有Almon才会愿意写这样一套书。真诚坦率,谆谆教诲,将毕生经验一次和盘托出。他用他 30 年的创意及管理经验,基本上把你未来在广告行业里能遇到的难题,掉的坑,踩的雷,有的疑惑,都一一提前告知。

所以,这样的书,如果不尽快出版,将是广告业的损失,是出版界的损失,是你我作为读者的损失。

曾记得一部港片里,主角的经典台词是"人生能有几个 10 年"。是啊,更何况 Almon 身处广告行业一晃已是 30 年。

正可谓,30 年,不过广告一场。你我,不过广告一场。人生,不过广告一场。

丁和珍

Almon 门下学徒

好好想想创始人

序 二

我认知 Almon 不深。看完《广告一场》，我知道他一定是个相当慷慨的人。一部慷慨的书，只能出自一个慷慨之人的手。

这里记录了优秀广告创意人 Almon 从事广告创意三十年的宝贵心得。

假如你从事广告创作或是内容传播，这里有大量的创意招式，可以拿来就用。如果你正在带领小组作业，此书有与人协作的实用技巧，囊括各种必要和不必要，写得深入浅出。而对于那些有志投身推广传播业的朋友，书里面给你列出了从事传播创意行业的必备条件，方便你自我评估，选择自己的去向。

至于各种推广形式的应用，无论是平面海报还是广告拍摄，书中列举了数不清的基础知识和行家要领，全是专业度极高的建议，消化应用后能令工作更为顺畅，免去许多不必要的错谬与麻烦。

而最为难能可贵的，是这一切的总结全是 Almon 自身的经历，每一句话，每一张插画都是他在这个行业的印记，从他走过的直路与弯路而来。而他，却愿意耗费大量的时间与精力，将过往的认识与收获写下来，毫无保留地与大家分享。

写到这里，我想起那天和 Almon 在咖啡厅吃午饭见面 Almon 问我要点什么，我说一份鸡蛋三文治，一杯水就好。然后他去排队点餐,端回来是一杯大大的香浓的咖啡,一份足一份足够二人吃的鸡蛋三明治。我看完他写的这部书,想到那天我把他点的东西通通吃完,这两件事好像是偶合,又似乎是回应:一份慷慨的午餐,一部慷慨的好书,必须珍之重之,细嚼慢咽。

林桂枝
广告创意文案

序 三

咬文，是林永强洋名的音译，也是他的笔名。三十年前，林永强拿了几本自己出版的漫画书，来到香港奥美和我见面，书上用的就是这个笔名。

好匹配广告文案的一个名字啊！却竟然出现在一本几乎没有文字的书上，实在太有化学作用了。于是，咬文就成为我第一个聘用的文案。

咬文，其实一点咬文的偏执也没有。正因如此，他很快就摆脱了文案的局限，晋身创意指导的行列，成为一个有要求、有原则、有成绩的CD。

广告行业常常有这种说法：某某人升级做了创意指导，于是行内就少了个好的文案或美指，却多了个糟糕的CD。的确，胜任文案或美指的，未必就能胜任创意指导；更有趣的是，越好的文案或美指，往往越不适合做创意指导。

做创意指导，基本要求是：对创意有深入认识，最好有独到见解，还能娴熟地操弄创意技巧。在这个专业层面之上，还要求你有管理才能，最低限度要让手下几个人，能为创意努力地、快乐地奋斗。最后，还要求你掌握好创意指导的心法。的确，创意是那么见仁见智，人事是那么你猜我疑，业务是那么咄咄逼人，少一点心法，便寸步难行。

这些，都是课堂上和公司里教不来的。刚刚入行的小文案和小美指，还来不及醒觉，便发现自己成为 CD 了。而且，很可能是那种颇糟糕的 CD。

阅读咬文的书，唤起了不少当时碰壁的回忆，掺杂着几分焦头烂额的伤痛。我觉得，与其咬文是我第一个聘用的人，不如咬文是第一个聘用我的人，那该多好。

于是，很自然地，我便很羡慕正在手执这本书的你。

曾锦程

前香港 BBDO 广告行政创意总监

自 序

入行已经三十年了,头五年当文案,之后都是当 CD。对很多人来说,成为广告创意人是他们的毕生梦想,至少,我经常收到求职信、电话、电子邮件等。不少创意人或应征者在大学阶段已经立下宏愿,誓要闯闯广告圈。在求学时期他们已经看过无数经典广告著作,修读过大学内有关广告、设计或传播理论的学科,甚至会参加校外的短期课程。我的情况正相反,在入广告界之前我对广告毫无认识,甚至毫无兴趣。我能够入行,是个奇迹。

我是文案出身,基本上是负责文字工作。理论上,我的中文水平应当不俗,但实不相瞒,我中学会考的中国语文成绩只得 D 等,亦从没读过中国文学之类的科目。从小我只喜欢画画,很少拿起笔杆写作。不过,我却意外地入读了当年最高学府香港大学,还修读了中文系,主修中文,副修中国历史。记得接到入学通知书当日,母亲对我说从没想过我会考上大学。弟弟妹妹也跟我说,哥哥都可以进入大学,那我们可以无需担心了。结果,两年后弟弟妹妹同时以优异的成绩入读香港大学。

由于从没想过入读大学,所以也没想过毕业后可以做些什么工作。记得当年大学的职业辅导组有职业分析软件可以测试一下自己适合哪类型的工作。现在,我仍保留当年两个不同软件的职业分析结果。两个软件虽然不同，但分析结果却是一致的，都认为我适合做教师及 Copywriter。可惜当年我对广告界全无认知，加上英文水平奇低，以为 Copywriter 就是抄写员之类的沉闷工作，所以不了了之。

既然自己读的是中文，顺理成章毕业后就打算当教师。于是毕业后我立刻转到中文大学教育学院修读教育文凭。天意弄人，在学期结束前，我修读了教育传理科，需要拍摄一集教育电视作为毕业功课。岂料那份功课却改变了我的想法，我发现自己很喜欢拍摄的工作。结果毕业后一天，我到了亚洲电视宣传部当助理编导，薪酬只有 4500 元，是做教师的三分之一薪酬。

一年后，我离开亚洲电视到了无线电视音乐组当编剧，主要为音乐节目撰写访问稿及喜剧。本来想过到戏剧组当编剧，但眼见编剧每天朝九晚十二，困在一个不足 10 平方米、满布二手烟的房间，笔录编审独角戏，并不好受，所以打消了念头。加上当时计划结婚需要不少金钱，于是做了一年编剧后又离开电视台，到了一家中学当中文科代课老师。本以为教师就是自己的终身职业，不料学期结束前，教会的一位姐妹给了我三份求职广告，其中两份是教师，一份是广告。

我清楚地记得那份广告写着 4A 广告公司聘请助理创意总监或文案。我随便把应征广告的求职信寄了去，居然获得面试。换了今天，这样的求职信早已石沉大海。面试那天由于时间计算错误,差点便迟到了。赶到广告公司的时候却发现公司名字与求职广告有出入,因为,我一直以为 4A 就是那广告公司的名称。我与老板交谈得十分投契,翌日我就接到通知自己获聘文案了。我记得自己对那位秘书问了一条很妙的问题:"我是应征助理创意总监的!"那位秘书答得更妙:"其实两者工作一样,只是名称之差!"于是 1992 年 6 月中开始,我就上午到中学教书,下午到广告公司当文案,直至学期结束就正式上任了。

  那家广告公司规模很小,只有10个人。老板是客户部出身,却身兼创意总监。创意部就只有一位美术指导和两位完稿员,客户部除老板外,就只有一位客户总监及一位 AE,媒介部只有一位媒介总监,财务部只有一位财务总监,此外还有一位秘书、一位信差及一位阿姨。我的工作就是替老板把他的点子用电脑打出来,所以实际上也可以说是"助理创意总监"。不过,我的工作还包括了中文打字员、广告公司制片、绘图员、完稿员、AE 等等,却很少需要写文案。有一次老板吩咐我买本法文字典,为调味料客户把新包装标签上的中文成分全部翻译成法文;有一次为老板的私人传销生意写说明书;有一次为客户的电视特辑画了 20 多张插画;有一次穿起西装当临时 AE……

  半年后,我的美术指导搭档把 20 家广告公司的地址给了我,劝我不要浪费时间。于是,我就按地址逐一寄出应征信,当然我的应征信还是从前那封。出奇地快便有了回复,而且是当年新任奥美行政创意总监的 C.C. Tang（邓志祥）。不过，当时我并不知道奥美如何风光，只以为所有广告公司都是同等规模。

当年奥美还在 Mount Parker House（太古城）。那天晚上 C.C. 身穿白衬衣，蓝色牛仔裤，系着黑色吊带。我穿了一套西装，还结了领带。他在接待处打量了我一眼，就转身示意我跟他进去。我沿着走廊一直走，走了很久才到他的办公室。那时，我才知道那是一家很具规模的广告公司。C.C. 的房间黑得很，只有桌上的灯发出微弱的灯光。后来，我在奥美的房间也从不开灯，只有一盏吊灯发光，想起来也是受了 C.C. 的影响。我与 C.C. 交谈了近两小时，准确地说我是听了近两小时，因为整个面试中我说过的话可能不足 10 句。C.C. 一直背着我，缩起双腿在椅子上，以极低沉的声线教育我有关广告的应有态度。顺理成章，那次面试失败了。

数天后我又获得一家本地广告公司的面试机会。那次面试顺利得很，不足一个月，我就在新公司上班了。不过，我在那家广告公司也只是逗留了一个月。那家广告公司的创意部大约有 10 人，但只有我一位文案。那家公司的文化很特别，从早上 9 时上班到晚上 12 时，期间没有人会离开公司，即使是午膳及晚膳也留在公司。公司的创意总监每天只吃一餐饭，是凌晨 2 时，其余时间只抽烟和工作。我们每星期比稿三次，每次会做三套截然不同的稿子。我问同事从前的文案去了哪里，他们说他患了肝病,已经不能工作。我是乙型肝炎病毒携带者,被他们吓得要死。幸好上班不足一个月又接到奥美电话,再有面试机会。

原来 K.C. Tsang(曾锦程)在奥美擢升为副创意总监,所以需要聘请一名文案。经一事,长一智,那次我改穿了 T 恤、牛仔裤。我仍记得初遇 K.C. 的情况。那天早上 9 时面试,我还早到了 15 分钟。然后看到一个身穿灰色 V 领毛衣、白色圆领汗衣、蓝色牛仔裤、背着小背包的大男孩站在我眼前,他对我露出灿烂的笑容,然后示意我跟他进去。那时奥美刚刚装修,K.C. 带我到了一间空置的房间,然后坐了下来。坦白说,那时我才知道他就是面试我的人。面试过程很愉快,没有看过什么 portfolio(因为我根本没有做过什么有关广告的东西)。K.C. 只是看了我写过的一些小说和画过的一点漫画,可以说是儿戏得很。几天后,我正式获聘在奥美工作,成为 K.C. 旗下的第一位文案。记得签聘书的那天,K.C. 带了我去见 C.C.。C.C. 望了我一眼就把我认出,他还跟我说:"原来是你!"然后就低头在聘书上签名。后来我才知道 K.C. 在秘书的档案中找到我的求职信,却不知我曾经面试失败。与 K.C. 相识多年,我问过他数次,那时为什么会选中我。他总是想了想,然后说忘记了,又说可能是弄错了!

上天待我真的不薄。到了奥美后,我才知道自己进了一家很知名的跨国广告公司,而 C.C. 与 K.C. 更是行内杰出的广告人。当年在奥美的还有 Rachel Chau(周佩如)与 Pong(庞婉贵),两届金帆得主,也曾经是我的上司;Chan Man Chung(陈敏聪),也是金帆得主,现在是著名的广告导演;比我迟一天到任的 Paul Chan(陈大仁),亦即是 K.C.的拍档,从那天起他们合作无间,并做了我的上司 6 年之久……

我就这样误打误撞地加入了广告界。

林永强

香港 Kids & Dogs 广告公司创办人

目录

-上篇：论创意-

创意基本功

001招	基本功一：收到简报怎么办？	002
002招	基本功二：策略与简报	008
003招	基本功三：What to say 与How to say	012
004招	基本功四：哪里来的点子？	016
005招	基本功五：平面广告创作入门	026
006招	基本功六：电视广告创作入门	038
007招	基本功七：一个广告的诞生	050
008招	基本功八：镜头运用	055
009招	基本功九：前期制作须知	059
010招	基本功十：监拍须知	069
011招	基本功十一：后期制作须知	077

如何创作幽默广告？

012招	方法一：善用幽默	090
013招	方法二：夸张	095
014招	方法三：误会	097
015招	方法四：黑色幽默	100
016招	方法五：人性弱点	103

017招　方法六：逆向思考　　　　　　106
018招　方法七：逻辑谬误　　　　　　109
019招　方法八：自嘲　　　　　　　　111

创意六问

020招　问题一：人做我不做，杀出新血路？　　114
021招　问题二：Do in wrong way？　　　　　119
022招　问题三：优秀是卓越的大敌？　　124
023招　问题四：谁是广告对象？　　　　128
024招　问题五：与客户做个好朋友？　　133
025招　问题六：开心广告？　　　　　　139

卖稿三十六计

026招　锦囊一：胜战之计与敌战之计　　144
027招　锦囊二：攻战之计　　　　　　　149
028招　锦囊三：混战之计　　　　　　　153
029招　锦囊四：并战之计与败战之计　　157

突破瓶颈

030招　瓶颈一：交通堵塞　　　　　　　161
031招　瓶颈二：跳高的瓶颈　　　　　　163
032招　瓶颈三：缺乏新鲜感　　　　　　165

033招	瓶颈四：输入与输出	167
034招	瓶颈五：随身听的瓶颈	170
035招	瓶颈六：手机的瓶颈	172
036招	瓶颈七：沟通的瓶颈	174
037招	瓶颈八：晋升的瓶颈	176

失忆法

038招	忘记一：得意忘形	180
039招	忘记二：忘记过去	182
040招	忘记三：忘记台词	184
041招	忘记四：忘记成功	186

SUNDAY现象

042招	现象一：前无古人	189
043招	现象二：走火入魔	193
044招	现象三：反明星广告	195
045招	现象四：不一致就是一致	197
046招	现象五：地道文化	200
047招	现象六：哗众取宠	203
048招	现象七：没有想清楚	205
049招	现象八：客户也疯狂	208
050招	现象九：SUNDAY也获奖	211

051招　现象十：创意VS生意　　　　　　　　213

一场游戏

052招　规则一：兵不厌诈　　　　　　　　216
053招　规则二：闭门造车　　　　　　　　219
054招　规则三：恃强凌弱　　　　　　　　223
055招　规则四：荼毒心灵　　　　　　　　226
056招　规则五：看不起这个游戏　　　　　229

-中篇：论管理-

"6A" CD

057招　第一A：Acceptance接纳　　　　　232
058招　第二A：Appreciation赞赏　　　　 235
059招　第三A：Affection关爱　　　　　　237
060招　第四A：Availability时间　　　　 242
061招　第五A：Accountability责任　　　 244
062招　第六A：Authority权威　　　　　　246

CD不易为

063招　一不易为：CD要放下三样东西　　　250
064招　二不易为：CD要肩负三样东西　　　254

065招	三不易为：独行侠CD与二人组CD	258
066招	四不易为：平面CD与电视CD	262
067招	五不易为：新丁CD	266
068招	六不易为：CD遗传	271
069招	七不易为：CD的EQ	275
070招	八不易为：CD的领导	279
071招	九不易为：面试	285
072招	十不易为：聘请下属	290
073招	十一不易为：分配工作	295
074招	十二不易为：指导下属	299
075招	十三不易为：改进下属	304
076招	十四不易为：辅导下属	309
077招	十五不易为：工作评估	314
078招	十六不易为：CD的家人	319
079招	十七不易为：CD后浪推前浪	323
080招	十八不易为：ECD更不易为	328

五维管理

081招	向导一：内在管理	332
082招	向导二：对上管理	335
083招	向导三：横向管理	337
084招	向导四：对外管理	339

085招　向导五：对下管理　　　　　　　　　　342

-下篇：论入行-

三思而入行

086招　三思一：有创意不一定能做广告　　　345

087招　三思二：付出与收获不成正比　　　　349

088招　三思三：广告是条不归路　　　　　　353

你在为谁工作？

089招　忠告一：能力比金钱重要　　　　　　357

090招　忠告二：工作是上天赋予的使命　　　359

091招　忠告三：珍惜目前的工作机会　　　　361

092招　忠告四：点燃你的工作激情　　　　　363

平坦广告界的必备条件

093招　条件一：自学能力　　　　　　　　　366

094招　条件二：热情与好奇心　　　　　　　369

095招　条件三：右脑思考　　　　　　　　　372

小强信箱

096招　来信一：应届毕业生进4A广告公司很难吗？375

097招	来信二：在本土公司就是蹉跎岁月吗？	377
098招	来信三：非科班出身可以做广告吗？	379
099招	来信四：我应做实习生博取转正的机会吗？	381
100招	来信五：何时才能施展所长？	384

基本功一：
收到简报怎么办？

我们每天都会接到大大小小的不同简报，不知大家收到简报会怎么办？或许，你已习惯了有简报等于没有，或者收到简报便按本子办事，在里面找出重点，然后开始工作。我从一开始就不是这样，我一直都对简报存有很多疑问。我不是怀疑客户部的能力，而是怀疑客户到底是否明白自己要什么，若客户也是含糊不清的话，多强的客户部及策略部都写不出好的简报来。有时即使写出一份像样的简报，并不代表一定有创意，有突破。没有创意的简报，能做出创意广告的机会就会大打折扣。但一份有创意的简报，绝非一般的客户、客户部及策略部可以写出来的。所以，要做一个杰出的创意人，你需要懂得怎样去写一份有创意的简报。

从前,我看到客户人员马虎的简报,就会把它撕掉。

但现在不会啦!

他们改善了吗？　　　　　　是没进简报就工作了！

　　首先，我认为可以先了解一下目标（Objective）。目标也可分为市场目标与广告目标，两者虽然同是目标，但重点不同。客户的市场目标可以很伟大，例如成为领导品牌，但单透过一个广告是无法达成的。换句话说，广告目标是市场目标内的一个较小的目标，这亦是我们广告人要真正留意的目标。对刚入行的广告人来说，市场目标太大了，还是留给那些业务总监、首席执行官去烦恼吧！

　　看广告目标也要很实在，除了促销广告，一般广告无法达到明显的销量增长。绝大部分广告只能做到增加购买意欲而已！当你构思广告时，就可以思想一下，你所建议的是否真的能达到广告目标的要求呢？例如某产品无人认识，客户希望能打响知名度，那你的广告投放后，消费者是否真的会记得产品的名字呢？还是只记得好玩的创意？一个只想让消费者记得产品名字的广告与一个要增加购买意欲的广告，两者的广告目标明显不同，出来的广告也自然会相差很远！

在看客户部所提供的简报之余，我常会要求看看客户本身的简报。这不代表我不相信客户部的同事，而是因为每人的理解可能有出入，一些重点可能因为中间有人"消化不良"，反而把事情搞得复杂了。所以，看看客户的简报，再对比一下手头上的简报，就知道有否出入。很多时候，由于每家广告公司都有自己的一套简报书写方法，客户方面亦有自己的方法，常会因为要把资料塞进简报内，而有必要进行删减，结果导致一些重点被忽视。

当然，最好还是亲自去听简报。我明白这好像是客户部的工作或是策略部的事情。创意人都很忙，或者是都不喜欢开会，我也不例外。但我更明白，若简报接得不清不楚，后果更严重，不但浪费时间，也让创意人的心血付诸流水！到达现场的好处，就是可以问个明白。很多时候，文字与语言所表达的会有出入，大家对同一件事情的理解也有不同。例如同样是广告术语，客户与广告公司的理解可能相差很远，例如什么是 Idea 呢？我们所指的 Idea 一般是指想法，但很多客户所谓的 Idea，其实只是一些执行手法。要是能够直接对话，很多误会就会解开。所以，繁忙的创意人，遇上重要的案子，还是应该勉为其难地出席一下简报会。

客户总监：你们的创意跟前一个比稿完全一样，只不过改了客户的商标！

CD：总比你们的简报连客户名字也没改好一点吧！

现在开始进入正题了。我个人认为能够让一份简报变成具有创意的简报，可能只有三个地方：目标受众、卖点及媒体。

一份有创意的简报，往往就来自找到一群与众不同的客户，例如卖给女性的汽车，卖给男士的化妆品，等等。不过，很多时候我们都会忽略受众。我们只渴望做能够拿奖的广告，或是自己觉得好玩，却忘记了广告最终的目的是打动消费者。所以，若能透过简报了解受众是谁，对构思广告就有很大的帮助。除非产品的对象是三岁至八十岁，不分男女，不分职业，否则，广告的表现形式某种程度上应该存有差异。针对男性的与针对女性的广告明显会有不同；年轻人的广告与老年人的广告也不可能完全一样。还有在幅员辽阔的中国大陆，一、二、三线城市的区别也会很不同。若能获得清晰的目标对象，就会事半功倍。如果客户部的简报不能清楚说明受众，或是十分广泛，大家不妨自己动手，把受众形象化地表现出来。例如，可以把它与竞争对手作比较，对手是怎样的人，我们又是谁？或把它比作什么品牌的汽车、手机、时装等，务求能把受众立体化。

　　在日趋平坦化的世界，要找到与众不同的卖点谈何容易！但不容易，并不代表不可以。有些时候，所谓的新卖点，并不是真的前无古人。经常是旧酒新瓶，却有脱胎换骨的效果。重点在于，大家都说相同卖点时，你只要说些不一样的，就已经很新鲜。例如手机一窝蜂卖超薄，到了大家都没有感觉，iphone忽然说一下指尖触控的乐趣，就变得很新鲜。但老实说，指尖触控并不是一样新东西，更多时候是古老当作时兴。正如我小时候流行街舞，然后渐渐变得落后，但近年又再度流行了。所以，为客户的产品找新卖点时，眼睛不一定老是向前看，有时蓦然回首，那人却在灯火阑珊处！

　　简报内必定会列明需要的媒体。结果，我们的思维就被限制在那些媒体之中。看看近年全球影响力最强的广告，绝大部分都是非传统广告。相信在简报之内，很少会要求不要电视或平面，而要非传统广告。所以，不要被简报所局限，要尝试突破媒体的限制，想一些更好玩的广告。当然，不是每个客户都愿意尝试，我的建议是要做两手准备，传统与非传统都有。稳守突击，往往是成功之道。

　　从前公司的简报内，有一个很有趣的栏目，叫做"客户部创意"，意思是要求客户构想一个符合自己简报要求的广告。这个好处是，若客户部都想不出一个能满足 N 个要求的广告，他们就不能要求创意人去满足客户那些贪婪的要求。"客户部创意"还有一个好处，就是激发客户部同事的内在创意潜能。不少客户部的同事，原是都想做创意的，只是没有遇上伯乐。这个机会不但可以让他们更加投入，也让他们明白想创意不是那么简单。有时客户部的一个不成熟的点子，却会成为创意人爆发灵感的一个契机。

其实，简报只是一个广告的起点，在构思的过程中，遇上更新的资料或想法时，应随时修改。正如你决定了要去某地旅行，在途中发现了一个更有趣的地方，你会坚持原来的决定，还是愿意改变计划呢？我就会选择后者。与其拘泥于一份简单得不能再简单的简报，倒不如学会随机应变。我相信只要是能把方向弄得更好，便有机会做出好创意及更有广告效果的简报，不管有多少改变，终归还是值得一试的。

002招

基本功二：
策略与简报

在电影《职业特工队》中，每次行动之前，汤姆·克鲁斯会接到指令，然后他会按照指令，以自己的方法完成任务。在广告行业中，这份指令叫做简报。如果简报是特工的任务指令，策略 (Strategy) 就是中央情报局的工作定位了。

CD：这次比稿的策略什么时候弄好？

策划：创意人都喜欢多些空间，不如你们先想创意，我再根据你的创意来写策略好了！

一、品牌形象 (Brand Definition)

由于科技的普及，产品的独特性越来越少。A 电讯公司所提供的服务与 B 电讯公司的几乎是相同的。能够区别两家电讯公司的，可能只有它们的形象。不同的产品应该有不同的形象。因为，无论你有任何新服务或者新产品，在很短的时间内就可以被人模仿，甚至改善，只有产品本身的独特形象是他人所不能效仿的。

二、广告目的 (Role of Advertising)

厘定目标是很重要的工作。假若某牌子的牙膏发明了新配方,希望透过广告说明它是最能保护牙齿的牙膏,那么无论你的创意怎样强,你只说出它能令人牙齿洁白,你也是做得不对的。客户多是贪婪的,常会在一个工作中要达到多个目标,你必须确定先后次序,才能有效地完成任务。广告名人 Neil French 说过:"现实一点,不要过分承诺。别期望只打广告便能增加销量。"(Do be realistic here. Don't over-promise. Don't expect advertising alone to create sales.) 广告只能增加产品的知名度,令人考虑购买。没有好的产品,好的广告只会令产品加速死亡。所以,大家必须想清楚什么目标才是合理的目标。

三、竞争者 (Competition)

所谓知己知彼,百战百胜。你必须先看清谁是你的真正对手。例如,牛奶与碳酸饮料虽同是饮品,但性质不同,蒙牛不会以百事可乐为真正对手。以运动鞋为例,Nike 的对手只会是 Adidas,而不会是 Puma。定错对手,只会浪费自己的弹药。找出对手后就要了解自己与对手的强弱,大家的市场及广告策略有什么异同。定位不清,只会令人误会是某某品牌,很难在消费者心中留下印象。

四、目标市场 (Target Market)

常常收到客户的简报,都是希望自己的产品能够被三至八十岁的男或女同样喜欢。事实上,有多少产品真的能够适合三至八十岁呢？若产品标榜创意，对象可能会比较年轻；若产品讲究高科技，对象可能会以男性居多。其实，我们不单可以以年龄及性别去确定对象，也可以以职业、喜好、薪酬水平等等去界定对象。

客户总监：好消息！经过十个月二十次调研，故事终于通过了！

客户总监：坏消息是客户已经没钱拍片了！

五、预期反应 (Desired Consumer Response)

预先估计消费者反应可以帮助创作人检视清楚创意是否适合。你到底希望观众看完广告后会对你的品牌有什么感觉呢？想觉得它高不可攀，还是很平易近人呢？想觉得它很成熟，还是很年轻呢？不同的预期反应会引致不同的广告，必须合理地想清楚，否则可能无法达到预期效果。

六、核心理念 (Core Idea)

Core Idea 可以说是广告的灵魂所在。一个好的 Core Idea 能以新鲜而独特的方法去演绎产品或服务的特点，令人对产品或服务有新的看法及产生好感，甚至尝试该产品或服务。它可以是某产品或服务的独特卖点，也可以是同类产品的共同特点，不过，其余品牌可能忽略了或没有提及，于是你霸占了它、拥有它。Core Idea 也可以是感性上的，例如 Dove 的 Real Beauty 就是很好的例子。要找出 Core Idea 是什么，可以先了解产品或服务的特点，然后看看对手说些什么。不过，Core Idea 必须很 single-minded，贪多务得最终只会一事无成。有人把 Core Idea 称为 Benefit、USP、Proposition、Button 等等，但无论名称如何不同，作用都大同小异。

七、支持 (Support)

Core Idea 不能空口说白话，必须有充足的理据去支持你的说法。例如，屈臣氏蒸馏水说自己至清至纯，那必须有实验报告证明才有说服力，否则只是欺骗消费者。而且，没有足够证明文件，电视台也不会让你播出广告。至于感性的 Button 也要有足够的研究支持，否则也很容易产生反效果。

八、创意须知 (Creative Considerations)

做广告常有很多的限制，不能胡乱地干。例如 Nike 的广告必须用 Just do it 的 platform，Guinness 的广告都以黑白为主要色调，Sony 的 Logo 必须放在平面广告的左上角，等等。除了这些限制外，还要清楚列明要做的是什么。是电视广告？报纸广告？海报？户外广告？有多少预算？时限如何？写不清楚只会浪费大家的时间。

基本功三：
what to say 与 How to say

类似的产品或服务，为什么落在不同的创作人手中会出现高低差距很大的广告呢？这往往取决于他们在 What to say（说什么）与 How to say（怎么说）这两个步骤做得怎样。What to say 是所说的东西，How to say 是所说的方法。两者若能好好配合，效果实在惊人。以眼镜 88 为例，一般眼镜公司只会强调服务专业、眼镜框款式多、佩戴合适眼镜的重要性等等，但眼镜 88 却道出了"看出一点真，看出可观人生"的感性诉求。加上大导演 Louis Ng 的动人演绎，难怪眼镜 88 能在香港广告史上成为经典广告之一。

What to say（说什么）

不同的产品或服务固然有不同的东西可以说，相似的产品或服务同样可以有不同的东西可以说。以牙膏为例，有的说自己令牙齿洁白，有的说令人口气芳香，有的说防止蛀牙，有的说是牙医推荐，有的说含有什么配方。要令自己的产品能够在市场中突出，必须在定位上做好功夫，否则，钱是花了，效果却没有。

要决定 What to say 是一个很复杂的问题，这牵涉到品牌形象、销售对象、竞争对手、预设反应等等。首先，不同的产品会有不同的性格，名牌汽车是从不会以大减价招徕顾客的。同样道理，百事只会说有关新一代的东西，而不会像可口可乐般可以拿些经典可乐樽来作纪念品。其次，你所说的消费对象不同，所说的内容自然不同。例如卖牙膏广告，若对象是学识不高的中年家庭主妇，你对她们说什么特别配方未必有用，反而简单地说防止蛀牙可能更合适。又例如卖音响组合，若对象是对音乐要求不高的人，可能无需强调音质如何，反而强调美观的外形、独特的设计可能更奏效。至于竞争对手做些什么更不容忽视，例如同是保险公司，国卫强调自己是全球最大，保诚强调自己乐于聆听、以客为先，汇丰强调承诺。若你为另一保险公司做广告，你必须想想自己比他们所说的强吗？还是说一些他们没有提及的呢？避重就轻的方法往往可以省却不少金钱。

其实，很多广告人都没有在 What to say 上花工夫，一般都是按照最传统的方式处理。例如卖洗衣粉必定是说它令衣服洁白，即食产品就必定是省时间，超级市场就必定是价格便宜。有时不妨想想除了这些金科玉律外，难道没有什么可以说？

How to say（怎么说）

选对了 What to say 已经成功了一半，但没有好的 How to say 配合就会令广告黯然失色。相反，只有普通的 What to say，但有好的 How to say 却能做出不少悦目的广告。

其实，How to say 也有两方面可以留意。一种是广告的细节内容，一种是执行手法。你找对了 What to say，也有好的说法，但没有好的故事，同样会做得不好。例如说手机很细小，也可以有不同的说法。你可以夸张它如何细小，可以说细小的好处，也可以说大的不好处，更可以用反话说太小的害处。这个广告可以是一个男子蹲在地上千方百计想拾回掉落坑渠盖下的手机，也可以是个男子当街脱掉全身衣服在找手机，亦可以是被一只细小的老鼠偷回了老鼠洞。

很多时候，你会看到一些广告的构思相当有趣，但没有好的故事配合，往往给人老套、牵强的感觉。以下四则牙膏广告，What to say 是说自己能令牙齿洁白，不过 How to say 却绝不一样。例一，以白色水彩比喻牙膏能令牙齿洁白。例二，以白色衣物排列成笑容，让人想到使用后可以充满自信地微笑。例三，是用了负面手法，把不使用这牙膏的后果夸张地道出。例四，洁白效果就像橡皮胶擦掉污垢般容易。

除了广告的细节外，执行手法对广告的高下真的越来越重要。假如你构思了一个好的说法，也想到好的点子，接着就是要考虑怎样执行了。以平面广告为例，你可以用插图去表达，也可以拍照，甚至用纯文字交代。若是插图是怎样的插图呢？儿童画？电脑插画？抽象画？素描画？由哪个插画师去画呢？若是拍照又会是怎样的照片呢？在影楼拍吗？在户外拍吗？有背景吗？在什么地方发生呢？Model 是怎样衣着的呢？男还是女呢？动作如何呢？光线如何呢？有什么特别效果呢？是近镜还是远镜呢？每一个细节也不容忽视。拍电视广告要考虑的更多，往往与导演倾谈后出现了另一个剧本，你必须清楚自己到底想说些什么，否则，很容易被令人眼花缭乱的 How to say 所影响，What to say 反而不清不楚。

作为一个创作人，What to say 与 How to say 应该是同等重要的，所以，每当我们接获一份新 Brief，我们都会用一半的时间去想 What to say，然后才会去理 How to say。当然，若你收到一份很好的 Brief，What to say 已经很好，那么我要恭喜你，这是千载难逢的好机会，好好把握，做个惊世的好广告吧！

基本功四：哪里来的点子？

绝大部分人都不知道自己的点子从哪里来。点子来无踪，去无影。有时搜索枯肠，几天几夜都想不出来；有时思绪如泉，点子忽然涌现眼前。作为创意人当然不能每天等待灵感降临，所以不得不借助一些方法，让自己能够时刻处于作战状态，应付日常的工作。我相信灵感的来源是四方八面的，没有固定的方法。你上次使用一种方法想出一个好点子，不代表你用同一个方法，又可以想出另一个好点子。点子本身最重要的就是创意，所以因循同一个模式，而妄想可以守株待兔，实在是愚不可及的。因此，我们更需要认识一些不同的方法去激发创意。

一、心智图法 (Mind Mapping)

这是一种刺激联想的方法。先从简报里找出几个重点，例如产品的理性卖点、感性诉求、品牌个性等。然后再按每个重点去思考一些相关词，例如 Crocs 的理性卖点是色彩缤纷、轻便、防滑、耐用等；感性诉求是表现自我、率性而行、面对挑战等；品牌个性就是友善、开放、创新等等。当然，就每个字眼，还可以再去联想，例如从色彩缤纷可以想到水彩、嘉年华、糖果，甚至色盲，单调的世界，等等。然后，你可以随意把这些字词组合，创造出很多不同的点子。例如我可以从防滑与面对挑战，联想到在滑雪场里穿着 Crocs 逆流而上的小伙子。心智图法只是一个工具，能不能想出好点子，就看你的联想能力了！

二、养点子

很多年前看过一篇林夕的访问稿。记者问林夕为何有那么多的灵感去填词，林夕老实回答他有"养词"的习惯。所谓"养词"，就是平时看到一些好词好句，就马上把它记下来，有需要时就拿来使用。创意人何尝不是？一时间要想出千百个点子谈何容易。但如果能养成养点子的习惯，有需要时就会大派用场。例如我写文章，不是坐在电脑前才开始想要写什么。绝大部分时间，是当我洗澡、上厕所、坐地铁、睡觉前，想到什么点子就马上把它们写在手机上，到要写作时就拿来看看。无论是一个有趣的笑话、一句网络上的用语、一个恶搞的短片，都可以把它记下来。只要愿意努力培养，点子定有萌芽生长的一天。

三、移花接木

我不赞成看广告年鉴之类的书籍，害怕会被某种创作模式所限制。不过，有时懂得移花接木，这些书籍反而会变成只是刺激思维的工具。例如某张作品，你只用他的 idea，然后按这 idea 再重新思想有些什么画面可用。又或者某张作品，你只用它有趣的执行，而放另外一个 idea 进去。刚入行的时候，我经常拿着广告档案或年鉴之类，看看有些什么 idea 或画面可以刺激思考。当然，好处是可以想得比较快，客户急需提案时就可大派用场。问题在于出来的作品很容易似曾相识。特别是你找到一个有趣的执行手法，然后再去想 idea。画面一般比文字容易抓眼球，所以看过的人，印象也会较深，自然容易想起你的出处。即使 idea 不同，人家还是觉得你是抄袭。不过，近十年我都没有使用这种方法了。即使要移花接木，也不会从广告年鉴之类的书籍找灵感，我情愿看看杂志或是网络视频。

四、颠覆 (Disruption)

颠覆是我认识的创意手法中最具突破性的一种。方法其实很简单，先把其他品牌的广告看一遍，找出所用的定位、创意、执行手法等等，然后避免使用相同的手法。看来好像困难，可用方法似乎所余无几。不过，往往是"山重水复疑无路，柳暗花明又一村"。因为"人做我不做"，所以能够"杀出新血路"。这种手法做出来的广告，虽然创意很棒，但由于并非主流广告，不易为客户所接受。即使是广告奖，这类作品要么是大赢家，要么是一无所有。因为，很多评委同样是很保守的。

CD：今天与大家分享如何颠覆广告。第一步是找出传统……

AD：今天我们真的受益不浅。请问第二步是什么呢？

CD：这个……我今晚上课后再告诉你吧！

五、相对论

我有一件T恤，上边写着"Opposite of a big idea is another big idea"（把大创意反过来就是另一个大创意）。这是何等精辟的洞见！很多时候，我们都想找到大创意，但穷一身精力可能都徒劳无功。原来，所谓的大创意就在眼前。我们只要反其道而行，大创意就会出现。这与Disruption似乎有点相似，不同的是Disruption所需要的、推翻的不一定是大创意，它们或许只是一些普通的点子。而相对论讲求的是本身必须是一个大创意，然后从相反方向入手，去找寻另一个大创意。例如，Adidas的"Impossible is nothing"算是个大创意，你若走类似的方向，只能想出"一切皆可能"之类，突破不大。若是真的反其道而行，来个"什么都不可能"，也许会很有趣。大家不妨试试找些经典的广告，然后试试反过来看，看看有没有什么意想不到的点子！

六、易地而处

想点子常会走进死胡同，花了好几天时间仍然原地踏步。这时不妨试试"易地而处"。例如，你本来在想饮品广告，试试把它看作是流行时装。又例如明明是为手机做广告，试试把它看成冰淇淋。因为，人常有"思路陷阱"。你心中老是想着自己是为某产品做广告，思想就很容易走进类型广告的领域，结果怎样花心思去想，都走不出框框。但是，你若从另一个角度去看待产品，心理上就会少了一些包袱，好的创意就较容易跑出来。"易地而处"也可以有很多不同的应用方法，例如你可以试试把自己当作客户，你又会想些什么呢？我作小文案的时候，就常会想，要是我是李欣频，我会怎样想？我是林桂枝又如何呢？你也可以试试把自己代入不同的广告人，说不定也会有些意想不到的惊喜！

七、借尸还魂

我绝对支持环保，好的点子一定要循环使用，特别是那些被客户或者老板无理杀掉的好点子。我的习惯是把所有点子都写在笔记本上，十年前的簿记本我还保留呢！对于那些超好，但不被采纳的点子，我会作个记号。以后构思广告时，就可以拿来看看，有时可以照单全收，有时只需修改一下。我认为"借尸还魂"并不限于同一产品，更多时候把它们用在其他产品会更出彩。正如之前所说的"易地而处"，由于最初构思时不是为了这个产品，所以局限较少，较易有与众不同的想法。其实，这种做法与"飞机稿"很相似，先有创意才有产品。这也是为什么"飞机稿"常常会那么出色的原因。

八、头脑风暴 (Brainstorming)

"头脑风暴"可以说是最常用的产生点子的方法。所谓"三个臭皮匠，一个诸葛亮"。某种程度来说，几个脑袋总比一个好。几个人的阅历不同，就能互补不足。不过，单纯"头脑风暴"也不一定奏效。很多时候，几个人在一起数小时，都可以鸦雀无声。所以，"头脑风暴"也需要一些基本规则。第一，"头脑风暴"的起点理应是杂乱无章的,然后才慢慢成形,所以切忌互相批评,只要想得到的都可以说出来,没有对错可言。第二,不可"同桌吃饭,各自修行"。"头脑风暴"不怕胡说,最怕不说。哪怕所说都是废话,但"你一言、我一语",好戏就在后头。第三,"头脑风暴"要博而后约,不宜起步就往深处挖。最好是先想了好几个方向,再从众多方向中选取一两个来发展。经验所得,起初半小时的点子大都只是废话,热身过后才见真章。第四,要选对对手。不是所有人坐在一起就能产生化学作用。所以,你要选择合适的人与你"头脑风暴"。怎样的人才是合适的人呢?这没有绝对的答案。经验告诉我,最好是互相熟悉的人、关系良好的人、程度接近的人。我认为最好的组合是一个多言的人、一个分析力强的人和一个组织力强的人。这样的组合最能事半功倍。

九、暂停

懂得暂停,往往是一场球赛的取胜之道。在构思创意时最怕是死缠烂打。创意的构思与时间往往不成正比,无论你花了多少时间,想不到就是想不到。有时灵感到来,不消五分钟就能搞定。我遇过太多创意人,经常通宵达旦地构思创意,其实到了凌晨一二时,早已不在状态,即使勉强为之,明早醒来也会发现点子不过如此。所以,当遇到瓶颈时,不妨暂停一下。无论是吃顿晚餐,去一下洗手间,或者打个电话,甚至出去买罐饮料,都是很好的方法。很多时候,转头回来,什么都想通了。

要是工作实在太多不能暂停，我也建议先去想别的工作。我也常会几个工作交叉去想，虽然没有休息，但想的东西不同，也是一种喘息的方法。偶然用这样的交叉思考，会有意想不到的收获。即使这里用不着的点子，也许另一个工作就刚好合用。

十、睡觉

你或许会奇怪，睡觉怎么也会是一种产生点子的方法？睡眠是为了让自己可以好好休息，有精神去构思更好的创意。我看过一本有关全脑训练的书，专家指出人的大脑在睡眠时仍会继续工作。所以，最好是在睡眠前想一想有些什么问题，然后马上入睡。大脑会在身体睡眠时产生奇妙的工作，到早上醒来时，发现问题已经想通了。我从小就习惯睡在床上想东西。因为睡在床上不能走动，加上是晚上，较少干扰，所以更能集中精神去想东西，然后想呀想呀就会不自觉地进入梦乡。不过，有时想得太兴奋，反而会无法入睡，甚至立刻起来工作。还好，我现在年纪大了，比较容易入睡，否则很易变成神经衰弱。

十一、分门别类

我是个很喜欢把事情分门别类的人，所以刚入行时已经开始把不同的广告分门别类。例如，我会按作品的创作手法分为比喻、证言、示范、夸张、文字游戏、美术主导、幽默、感性、哲理等等。然后，当我要构思广告时，我就会尝试按每种手法来创作。当然，不是每种方法都一定能想得到适合的广告，但至少每次都会有好几个不同手法想出来的创意。其实，只要你平日遇上新广告，你就尝试分类，日积月累，你已经不知不觉地掌握了很多种广告的创作手法。假以时日，你就不再需要刻意去按每种方法去构想，便能够随心所欲，顺手拈来几种不同的创意。

十二、不同媒体

另一种刺激思维的方法就是尝试从另一个媒体入手。例如本来要想电视广告的，试试把它变成平面；本来是平面广告的，却去想个户外广告；本来是户外广告的，却变成网络广告。这看来好像离题万丈，但很多时候会有意想不到的结果。我就曾经成功地把三张平面广告变成三个电视广告，也试过把一个电视广告变成一个全方位的广告。有时，换个媒体去想，也不一定真的要改变客户的媒体投放计划。但因为你是以创作另一种媒体形式的方法去构想，很容易就会想出一些不一样的点子。就像你以网络广告的方法去构思电视广告，你就会比较看重互动性。又例如你以构思电视广告的方法去想平面广告，也会比较有故事性。以构思户外广告的方法去想平面广告，也会比较注重广告与周边环境的关系。

十三、试用产品

坦白说，我们常会为某产品做广告却从没使用过这个产品。因为与产品没有接触点，所以就很容易闭门造车。我早年在奥美成长，深受那套"品牌管家"的理论所影响。大卫·奥格威就强调，不会为自己不喜欢使用的产品做广告。所以，我平日也只会使用客户的产品。当你作为一个消费者去使用产品时，你就会更能体会消费者所想所求。当你使用产品，你就更容易看到品牌的差异，而让自己对产品有更多认识。特别是日新月异的科技产品，没有实物在手，真的很难感受到产品的优点。从前我们为 Sony 做广告的时候，就喜欢拿着新产品，边玩边想，灵感往往就会涌现。

十四、灵感源泉

不管你是否相信，每个创作人都有属于自己的灵感源泉。在灵感源泉里面，你的创意就会倾流而出。听哈利波特作者 J.K. 罗琳的介绍，她就在一家小酒吧里完成了她的著作。每个人的灵感源泉都不同，或许是某间餐厅，或许是洗手间，或许是某个海滩。我的灵感源泉就在床上。我不知为何，我睡在床上就会想到好点子。这种情况开始于我的童年，我喜欢晚上睡在床上想东西，常会开心得彻夜不眠。所以，有时想不到点子，我就会睡在床上，然后灵感就会如泉涌。我的另一灵感源泉是浴室。很多人在浴室会唱歌，我却只会想东西。走进浴室，花洒淋到身上，灵感就会出现。其实，所谓"灵感源泉"可能就是我们觉得最舒适的地方，可以放松自己，不受外界所影响。所以，想点子的另一种方法，就是赶快找到自己的"灵感源泉"，并且好好守护这片土地。

十五、闪电点子

BBDO 有一个内部培训中心，称为 BBDO 大学，每年会到世界各地教授不同的广告课程。我参加过其中的一次课程，学习了一种快速构想点子的方法。其实，方法很简单，由其中一位负责人说出问题，然后其余人等在数分钟内回答，尽能力想出最多的答案。这种方法可以结合其他方法使用，例如心智图法，可以就产品的某一功能，在数分钟内写出所有的联想，然后再选取其中一个联想，再在数分钟内想出创意，再按某一创意在数分钟内变成系列，等等。因为有时限，所以会刺激肾上腺素分泌，激发潜在创意。不过，这种训练十分吃力，经过一两个小时的闪电点子后，要很久才能复原！

十六、72变卡

我的首徒丁和珍所著的《创意72变》附送一套72变卡，非常实用。72变卡共72张，分别写有72种构思创意方法，并有例子支持。大家只要随意抽取卡片，然后按着卡上方法构思，就能快速地得出不同的创意。我近日便亲身试用这套游戏卡，即使只是一个人，也能像头脑风暴一般，想出很多有趣的创意。而且，因为72种创意方法都很不同，所以能够想出很多截然不同的创意，让我自己也吓一大跳。当然，若能与不同的创意人一起使用，不但趣味更浓，输出的点子应该也会更加出色。

基本功五：平面广告创作入门

上文说过我鼓励大家收集广告并分门别类，这里以我多年来对平面广告的一些分类经验给大家提供一些参考。

有时同一作品可以属于一类，也可以同时置于不同的类别之中。而从中研究这些不同类别的作品，我们就能掌握到不同平面广告的创作方法。遇到有简报要求创作平面广告时，我们脑海里可以尝试以不同的方法去构想，那至少会有十个八个不同的点子，而不会想了半天都在原地踏步。

当然，我们不是要大家去抄袭，而是从不同的创作方法去扩阔思维，增强创意。

一、比喻 (Analogy)

比喻，是选取另外的事物来描绘本事物的特征。例如亨氏番茄酱，就把它比喻为像新鲜番茄一样新鲜。佳洁士牙膏的广告，则以一盒水彩里的白色来比喻佳洁士能令牙齿洁白。而同样是以牙齿洁白为卖点的 Orbit 口香糖，就用了亮白的灯泡来作比喻。又例如佳能相机的广告，就是用摄影师好像拥有三只脚来比喻相机的防抖功能。一般来说，比喻是创作人最易想到的手法，不过能否一针见血就要视乎功力高下了。

二、图像合成 (Visual Pun)

图像合成是比喻的一种变化,透过两种不同的物件互相结合而带出卖点。例如 Volvo 的一张平面广告,把安全扣针弯曲成 Volvo 汽车的外形,突出了 Volvo 汽车的安全性。若采用一般的比喻手法,你只需用一支安全扣针即可,而无需弯曲成汽车形状。创作人却把安全扣针弯曲成 Volvo 汽车的外形,结合安全与 Volvo 品牌,令图画变得更吸引人,意思更易明白。例如白宫痔疮膏的广告,分别把自行车的座位变成锯刀,把酒吧的座椅变成电炉,把厕纸变成砂纸,就把痔疮发作的痛楚具体地表达出来了。又例如肯德基这套在 Cannes 夺金的平面广告,便把火焰与辣味炸鸡巧妙地结合,突出了产品的辛辣味道。

三、比较 (Comparison)

比较是一种让人看到产品优点的最浅显手法。因为，你只要把两种产品并列摆放，高下立见。看看这两张动物园的平面广告，左边的玩具北极熊及长颈鹿要 28 和 30 美元一只，但到动物园参观只需 7 美元。另一套在 Cannes 拿奖的德国 DB 铁路平面系列广告也很有趣，两图的风景看似一样，但左边的是外国的风景，右边是德国本地的，说明外边有的，德国也有，只需 24 欧元即可，无须花费昂贵金钱去外地旅游。

四、使用前，使用后 (Before and After)

你打开报纸，常会看到减肥广告使用这种手法，把减肥前后的相片并列排出，突出产品的功效。其实，这亦是一种比较方法，不过不是把使用不同产品的结果作出比较，而是使用某一种产品前后的比较。有一家减肥中心的广告使用的 Before and After 手法就高明得多。左边的阔门是减肥中心的入口，右边的窄门是出口，夸张地把减肥的成效道出。又例如一套有趣的钻戒广告，左图是打开盒子前，看到的是丑男；右图是打开盒子后，看到钻戒，丑男马上变帅哥。

五、问题与答案 (Problem and Solution)

这是一个非常简单直接的创作手法，把问题道出，然后以产品作为答案。例如这两张美加净的平面系列，问题是牙齿蛀得像石窟一样严重，答案就是美加净。另一个例子，问题是婴儿变得像小魔头一样难搞，答案就是使用奶嘴。又例如一些减肥广告，问题是折断了的椅子，答案是减肥药；问题是超重的升降机，答案是减肥中心，等等。

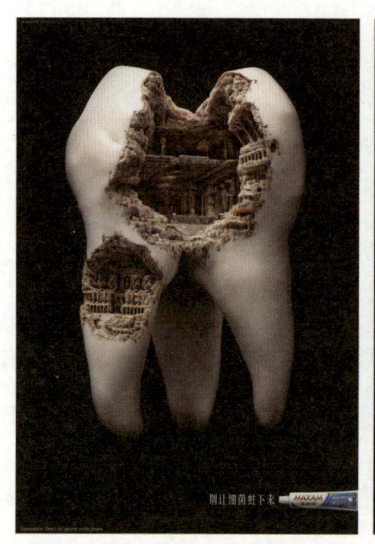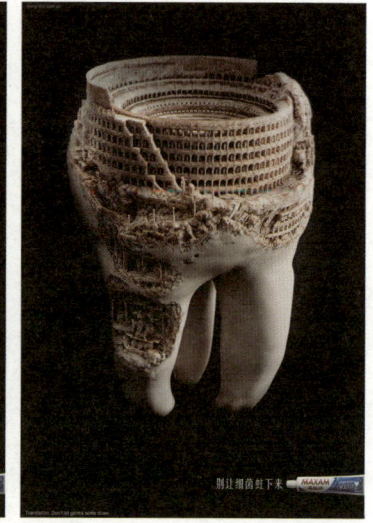

六、文字游戏 (Play on Word)

中文是方块图像文字，最适合使用文字游戏。好像一个脱毛器广告，便是一个很成功的例子。在"女"字的"腋下"位置加上了体毛，突出了需要使用脱毛器。还有"手"与"足"两个版本也同样有趣。这个平面广告系列拿过不少国际大奖，连不懂中文的外国人也看得津津有味，实属佳作。Johnnie Walker 的一套残奥宣传平面广告也做得很成功，第一张写着"用执着坚持，把握命运"，却不见了所有字的"手"部；第二张写着"助跑、起跳,跨过梦魇,跃向梦想",却不见了所有字的"足"部;第三张写着"眼睛看不见,就用心盯着梦想",而所有字的"目"部亦没有。透过这套平面,你也能看出残奥运动员的决心。

七、文案主导 (Copy Driven)

有时广告制作成本奇低,根本无法使用图片,聪明的创作人就想到以纯文字去吸引读者。正如报刊的新闻或副刊,往往只是只言片语,却已能把读者留住。例如有一张外展训练学校的平面广告,吸引之处尽在文案。On the first day you want to go last. On the last day you want to go first.(直译:第一天想走在最后,最后一天想走第一。)简单的两句,便把外展训练的吸引之处道出。文案主导的广告,有时只有十数字,有时却像副刊般有数百字。例如 Burger King 的一张平面作品,透过向麦当劳提出在国际和平日合作推出一款汉堡包的公开信,让对手进退两难。难怪能替 Burger King 拿下了 Cannes 平面类的全场大奖。

八、图文化学作用 (Copy and Visual Synergy)

好的文案可以做出好广告，好的图画也可以。但有时文案普通得很，图画也很平常，却仍能做出好广告。这就是图画与文案所产生的化学作用。例如这套平面系列，画面都是颓垣败瓦，没有什么特别；文字是"817 年没有地震""1319 年没有海啸""1319 年没有龙卷风"。看来都没有什么特别，但两者结合在一起就产生化学作用，所谓一加一等于三，把战争带来的严重性突显出来。从前学写文案，常会希望不重复图画所说的，而去写别的东西，让读者看起来会有多重意思，更见创意的深度。

九、媒体运用 (Use of Media)

有时要让广告在芸芸广告中突出就得花点心思。例如一个环保广告，故意把杂志的两页黏在一起，当人打开时就会把纸张撕破，就好像我们不注重环保，便会把臭氧层弄破一样。又例如一则《哆啦 A 梦》的报纸广告，把大雄与静香分别印在同一张报纸的正面与背面，透过光线就可以看到大雄与静香站在一起终成眷属的画面。

十、专题 (Topical)

专题广告可以分作两类：一类是节令性的，一类是时事性的。这类节令性广告常会于新年、圣诞、情人节、父亲节、母亲节等时候出现，以刺激消费或加强产品形象。例如这张杜蕾斯安全套广告，就在父亲节时出广告，恭喜使用对手产品的消费者父亲节快乐。又例如百事的万圣节广告，故意让百事披上可口可乐的斗篷来开对手的玩笑。时事性广告则借助突发性的时事事件，达到相同的效果。例如股市狂泻后卖头痛药广告。

十一、态度 (Attitude)

卖时装广告或潮流产品有时无须什么卖点，最重要的只是产品性格与态度。例如 Dove 的一套形象广告"Courage is beauty"（勇敢最美），就透过不同医护人员脸上深深的口罩痕迹，来突出他们在抗击新冠疫情中的坚持。

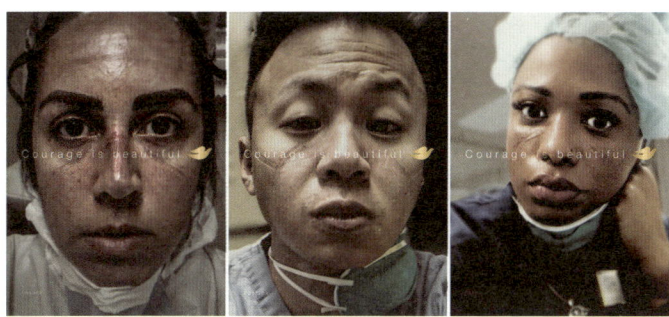

十二、直译 (Literal)

有时生硬地把字面的意思直译出来也可以产生创意。例如 SUNDAY 平面广告"仲唔滚水渌脚走去出?"(广东话"滚水渌脚"即立刻之意),画面就真的有人把开水倒在脚上。又例如"哗!劲笋! SUNDAY 手机平到你唔信!"(广东话"劲笋"即超值之意),画面就真的有人发现一个很大的竹笋。

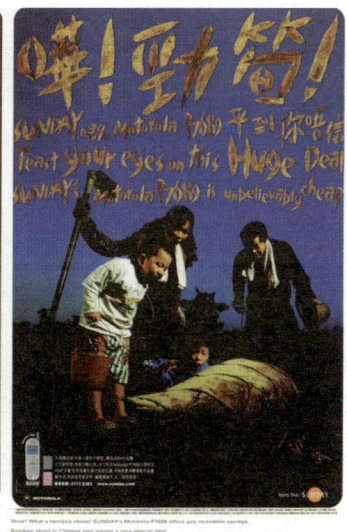

十三、以产品为主角 (Product as Hero)

这是客户最喜欢的广告,看到偌大的产品,便什么问题也没有了。有时创作人面对那些不断要加大产品,而不顾创意的客户,就会使出这一招,通常都弹无虚发,一击即中。在外国,以产品为主角的成功广告也不少,例如有一套珍宝珠平面广告,就把产品当作游戏机的控制杆,非常简单直接,在 Cannes 中都有不少奖项斩获。又例如 Lego 积木,有很多经典广告都是以产品为主,突出想象力与创意的。

十四、夸张 (Exaggeration)

夸张就是把事情的某个部分夸大,从而突出卖点。所以创作夸张的广告时,先要找出需要夸张的地方,然后运用想象力,把它夸大。有时为免误导消费者,必须刻意夸大卖点,令人知道这根本没有可能发生,只是一种表现手法而已。先以 Weru 灭声玻璃为例,它就是夸张了产品的效果,让电钻、喇叭、剪草机的声音好像都变小了很多。又例如 Forte 安全门广告,就把门的坚固夸大到爆破队情愿拆墙也不愿破门而入。

十五、美术 (Art Direction)

近年,越来越多广告不一定有很特别的创意,却一定有很特别的美术表达手法。或许,社会越来越趋向图像化,故越来越多广告使用美术效果来吸引消费者。有时甚至只有图像,而没有任何文字。我个人就很喜欢一套日本酱油平面广告,利用不同的食材,以酱油印出漂亮的图案。

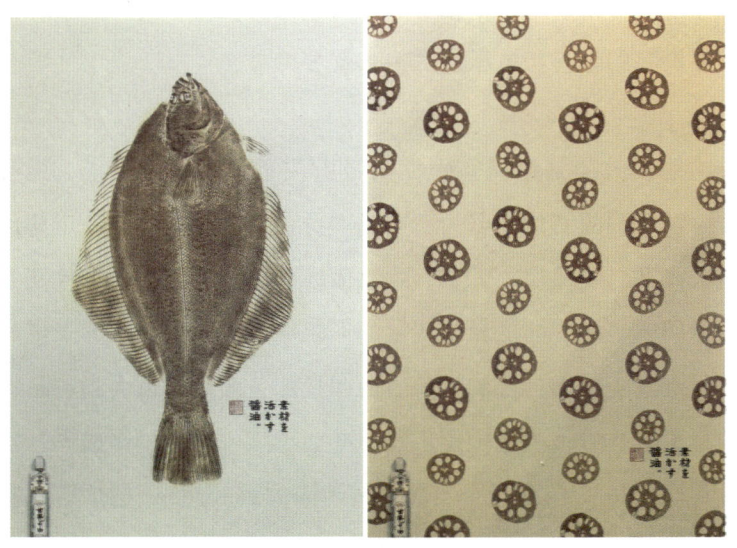

基本功六：
电视广告创作入门

电视广告也有很多不同的类别，但与平面广告的分类又略有不同。下列所举的只是创作手法，我还会按不同地区把电视广告分类，例如日本、泰国、中国台湾等等，因为每个地区都有自己的特色。亦可以按不同产品或服务分类，例如银行、饮食、时装、电器等等。我还会按制作的技巧去分类，例如剪接、音乐、色调、字幕效果，甚至再细分一些特别效果，例如缩时拍摄、主观镜、360度、慢镜头、定格等等。所以，分类方法可以千变万化，同一广告可以放于不同的类别之中。总之要找参考资料的时候，可以信手拈来就可以了。

一、明星 (Celebrity)

明星效应是最能在短期内吸引注意力的宣传手法，很适合急功近利的时代。因为，明星本身在市场上早已有一定的价值，产品与明星拉上关系，可以借助明星既有的知名度提高身价。问题是产品的形象与明星的形象会出现混淆，长远来说产品很难真正建立自己的形象。而明星的负面新闻也会影响品牌的形象。当然，明星价值不菲，亦会拉高广告的制作成本。我最喜欢 John Lewis 这个艾尔顿·约翰 (Elton John) 的广告，它把艾尔顿·约翰的一生倒序呈现，原来他之所以音乐如此卓越，就是因为小时候收到的一份钢琴礼物。最后，字幕出现："有些礼物不止是一件礼物"(Some gifts are more than just a gift)。带出 John Lewis 一直强调要用心选购礼物的主张。若这个广告的主角不是艾尔顿·约翰，我相信会大打折扣。

二、角色 (Character)

塑造角色与采用明星有异曲同工之妙。因为，你可以借观众对角色的认同而加强对产品的好感。但塑造角色却不受明星既有形象限制，你可以按产品所需度身订造一个属于自己的角色代言人。这里以泰国广告 Chaindrite 杀虫水所创造的一只小强为例子。（因为我也是小强，特别留意！）这系列的广告塑造了一只霸气十足的小强，活像黑帮大佬，对害怕的家庭主妇毫不留情，肆意妄为。这只小强甚至看不起杀虫水，觉得它们一无是处。谁知却遇上了 Chaindrite 杀虫水，不单杀它于无形，更灭绝同族。

三、比喻 (Analogy)

比喻是以显浅的事物去比喻较难明白的道理。但在广告运用上，有时却是故意找一些古灵精怪的事情来说明一些其实不是很复杂的道理，让广告看来更有趣味。好像 Uber 这个广告片便把纸盒比喻为汽车，看到堆积如山的纸盒，就好像马路上挤塞的汽车。最后，广告出现字幕："减少路面车辆，香港可以变得不一样。"鼓励大家使用 Uber 服务，避免自己驾车。

四、歌曲 (Song)

已故的著名广告人大卫·奥格威说过："When you have nothing to say, sing it."从前的电视广告都喜欢唱歌，把产品的特点直接唱出来。唱歌的好处是你会不自觉地把歌词记在脑里。以一个我很喜欢的 Old Spice 体香喷雾的广告为例。这个广告以不同的妈妈唱出她们的心声，她们不满 Old Spice 把她们的儿子变成了男子汉，吸引别的女人，把过分溺爱儿子的妈妈心态发挥得淋漓尽致。

歌词翻译如下：

哦，我没有看到它的到来，但它是一个罐！

现在我可爱的儿子被喷成了一个男人。

我们也是，嘿，我们只知要怪谁。

当我们的儿子和女人玩得很开心，行为不端。

Old Spice！喷出一个男人在我的儿子身上！

现在他亲吻了所有的女人，他的家务还没做完。

他只是我的小甜心，小手指，小手和小脚。

现在他触摸、亲吻、感觉所有的女人，

因为 Old Spice！新的喷雾！

把一个男人喷在我儿子的身上。

现在他闻起来像个男人，她们把他当成一个人！

五、示范 (Demonstration)

有否留意街头的产品示范经常围着不少男女老幼，一方面是因为示范者风趣幽默，另一方面因为透过示范，大家会被产品的神奇功效深深吸引。示范广告就是找到这个特点，把产品的威力表现出来，不过现在大家对电视广告制作见得多了，已经没有太多人会被剪接技巧下的洗衣粉广告所说服，所以，近年来这类广告已经不多。广告史上最强的示范广告，非 Volvo 这个广告莫属。广告一镜到底，毫无取巧，只见武打巨星尚格·云顿在两辆货车之间摆出一字马，突出 Volvo 货车行驶的稳定性。难怪这个广告获奖无数，成为经典广告之一。

六、幽默 (Humor)

幽默的广告通常最受欢迎。在国际广告大奖中胜出的十居其九是幽默的广告。幽默广告受欢迎是一件很正常的事,人们每天辛劳工作,回家看电视,看到轻松幽默的广告自然会喜欢。幽默广告很多,我个人最喜欢的是泰国的幽默广告,它们常会出其不意,给你惊喜。这个 Voiz 巧克力威化饼干广告,本来像一出青春校园电影,男生向女生"壁咚",岂料故事反转,女生因为不想将 Voiz 巧克力威化饼干与男生分享,而射出激光把他消灭。最后带出 Voiz 巧克力威化饼干"好吃、酥脆"的卖点。而且,泰国幽默广告片往往笑料似连珠炮,令人喘不过气来。就像 K Plus 的广告,男主角看到女主角不断变脸,变成男女老幼,已经让人笑得人仰马翻。最后原来是说 K Plus 换了界面,但内容同样精彩。

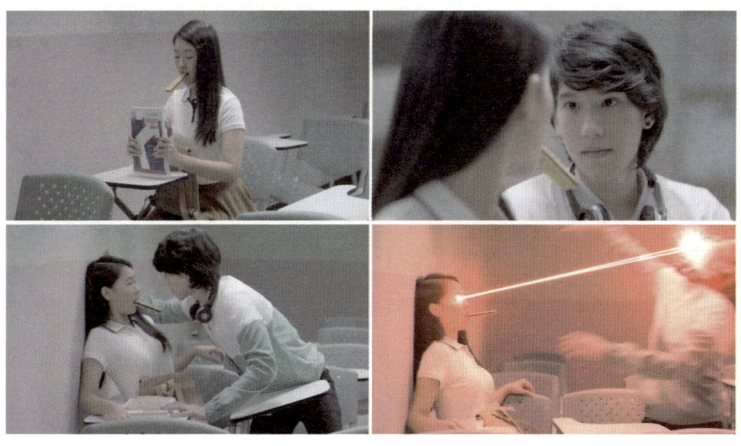

七、感性 (Emotional)

感性广告与幽默广告是截然不同的手法,却同样控制着观众的感观。感性广告用得好可以触及人的心灵深处,令人产生难以言喻的情感。不过,感性的广告做得不好往往会有反效果,令人有做作、虚伪的感觉,所以必须小心采用。东京瓦斯 (Tokyo Gas) 拍了不少非常感人的广告片,这里选了其中一个我最喜欢的。故事讲述刚毕业的女生不断面试,一次一次的挫败,最后以为成功,却又是一场空。结局是妈妈煮了一顿丰盛的晚餐鼓励女儿。字幕大意是:"家常便饭连接家人。"另一个我最喜欢的是日本 Tosando 音乐学校的感人广告。故事讲述一位寡言的父亲,在妻子离世后与女儿关系恶化。直至女儿结婚前,父亲想起妻子曾经教女儿弹奏的一首乐曲,于是到 Tosando 音乐学校去学习钢琴。经过一番苦练,父亲终于在女儿的婚礼上替妻子弹出这首歌曲来祝贺这对新人。最后,字幕出现:"音乐胜过语言。"

八、哲理 (Philosophical)

广告不一定很商业化,有时也能文以载道,把一些信念向消费者传递。当然,这些信念要与品牌的信念相符,也要能够引起消费者的共鸣。广告史上最经典的一支哲理广告,我认为非 Apple 莫属。广告片内先后出现爱因斯坦 (Albert Einstein)、马丁·路德·金 (Martin Luther King, Jr.)、查理德·布兰森 (Richard Branson)、约翰·列侬 (John Lennon)、穆罕默德·阿里(Muhammad Ali-Haj)、甘地(Gandhi)、希区柯克(Alfred Hitchcock)、毕加索(Pablo Ruiz Picasso)等等名人,道尽他们不甘平凡的不同凡"想",旁白翻译如下:

向疯狂人士致敬。脱轨的、叛逆的、惹祸的,还有不合常规的、眼光另类的家伙。他们讨厌规矩,不满现状。

你可以引用他们的话、反对他们、赞赏或诽谤他们,你唯一做不到的,就是忽视他们,因为他们推动人类向前迈进。

在某些人眼中,他们可能是疯子,我们却看到天才。因为只有那些疯狂到以为自己能够改变世界的人……才真正能改变这个世界。

九、态度(Attitude)

适合年轻人的产品品牌最喜欢用这种手法。因为受众是一群很有个性的人,传统广告的营销手法很易被他们看穿,要吸引他们并不容易。反而一些有个性的广告会引起他们的注意，甚至认同。近年觉得最有年轻人态度的广告首选日本宝矿力，这是一个校园片，三位年轻艺人分别从学校的三个不同地方歌舞，最后汇聚一起。歌词道尽年轻人心里的反叛及对建制的不满，副歌是：

有那么多的"不良习惯"，扭曲本性。事到如今已无法改变，尽管如此，也尝试着呐喊吧！听到教室传来的欢声笑语，也不必介意。所谓保持正确，也并不正确。

十、模仿 (Borrow Interest)

Borrow Interest 是指模仿某些表现手法。例如模仿新闻报道、直销广告、电影预告等等大家熟悉的表现手法，令广告更加有趣。汰渍洗衣粉 (Tide) 在超级碗 (Super Bowl) 比赛时段播放的一个广告，就模仿了很多最常见的电视广告拍摄手法，如汽车广告、啤酒广告、饮品广告、剃须刀广告、健身广告等等，带出无论是什么广告，只要穿得干净，就是汰渍的广告。这个系列的广告，不单骑劫了其他的广告，也在 Cannes 里夺取了一个全场大奖。

十一、执行手法 (Execution)

近年来，受到好莱坞的影响，广告片亦喜欢使用大量的电脑特效，令很多从前天马行空的点子，现在都变得有可能。这些电脑特效不单制作费用惊人，而且制作时，必须要有足够的制作预算及时间，方能做出出色的广告，否则往往变得眼高手低，贻笑天下。近来最突出的，相信是服装品牌 Lacoste 的一支电视广告片。故事讲述男主角与女主角吵架，背景立刻变得像世界末日，房子裂开，大家分隔两地。但女主角鼓起勇气，跨出一步，跳到男主角所在之地。两人经历患难，破镜重圆。最后，字幕出现："人生是一场漂亮的运动。"有兴趣的话，可以在网络上搜索一下它的制作特辑，就可以知道背后制作的难度。

十二、美术 (Art Direction)

有时广告片并不一定真的需要有什么很特别的点子,只要纯粹漂亮好看就已经能吸引消费者。特别是服装、首饰、手袋等广告,所售卖的不是产品有些什么功能性的特点,而只是使用他们的人有多吸引而已。这个 Bodyform 的"子宫的故事",全片以动画配合拍摄,美术做得很漂亮,在 Cannes 中也拿了电视制作技术类的全场大奖。

基本功七:
一个广告的诞生

广告的制作分工很细,一般来说,广告公司 (Agency) 只负责构思,制作公司 (Production House) 负责拍摄,后期制作公司 (Post Production House) 则负责后期剪接、配乐、配音、电脑特技、动画等工作。一个广告的诞生程序大概如下:

一、策略与简报 (Strategy & Briefing)

策略是指透过某种方法或计划,去达到某个目的或解决某个问题。而简报则是完成上述策略的指引及相关资料。简报一般会包括背景 (Background)、目的 (Role of Advertising)、竞争对手 (Competitor)、目标顾客 (Target Market)、预期消费者反应 (Desired Consumer Response)、卖点 (Core Idea)、支持点 (Support)、注意事项 (Mandatory)、宣传渠道 (Deliverables)、时间表 (Timeline) 等等资料。

二、构思 (Concept Development)

这是广告公司创作人的主要工作。一般而言,在接获客户服务部的新工作简报 (Briefing) 后,创作总监 (Creative Director) 会指派一对文案 (Copywriter) 与美术指导 (Art Director) 的组合共同负责构思,并给予适当的创作指引。通常只有五至十天的工作时间让创作人去构思点子。创作团队构思完毕，便要在期限前提早与创作总监商讨 (Review)。创作总监会凭经验给予指导、修改，可行的点子就会与客户服务部进行内部商讨 (Internal Review)，若发现有任何问题，就会再修改或者重新构思。不过，见客户的时间通常都会保持不变，因此构思的时间往往变得只有一两天，甚至一晚。

三、卖稿 (Presentation)

从前创作人是三步不出闺门的，卖稿是客户服务部的工作。时至今日，创作人大都逢会必到。因为，创作人演绎自己的作品，大都比较得心应手。加上客户对创作人一般都较为尊重，所以成功机会会相对高。卖稿是一件不易为的工作。首先，要做好铺排 (Preemption)，把构思变得更有策略 (Strategy)，更明白客户的需要。每人的卖稿方式都不同，有的会像演戏般演绎，有的会用大量图画或视像参考材料，甚至会把构思剪辑或拍摄成广告片，让客户更易明白。

CD:我认为回马枪应是一个足球踢中他的头！

客户:太没趣味!导演你有什么想法呢?

导演:我认为回马枪应是一个足球踢中他的头！

客户:哈哈!太有趣了!为什么我们老是想不到!

四、报价 (Quotation)

卖稿成功并不代表真的成功，还要视构思的点子会否超出预算。很多时候由于预算的制作费太过昂贵，会令广告胎死腹中。制作预算会包括三大部分：拍摄费、后期制作费及广告公司费用。拍摄费视乎广告复杂程度及导演级数而定，相差可以由十多万元至千万元不等。后期制作费则包括剪接、电脑效果、配乐、配音等。总体而言，最小型的制作需二三十万元，中型的制作需六七十万元，过百万的已是大制作。

五、送检 (Censorship)

从前检查是电视广播管理部门的工作，今天却交由电视台自行审查。若电视广告播放后，收到任何投诉，电视台将会被检控，甚至停牌。所以，电视台对广告审查都很苛刻。近年电视广告常收到投诉，令审查变得更严格，甚至矫枉过正。在内地更要留意广告法，看看作品有没有违规，否则可能会负上法律的责任。

六、制作会议 (Pre-production Meeting)

广告制作前会有数次制作会议。先是创作人与导演交流意见，然后导演会就广告片的处理手法 (Shooting Script)、选角 (Casting)、服饰 (Styling)、道具 (Props)、拍摄地点 (Location)、灯光 (Lighting)、配乐 (Music) 等与创作人倾谈。待与客户开过制作会议后，广告片才会正式开拍。

七、拍摄 (Shooting)

拍摄可分为内景 (Studio) 和外景 (Location)。外景拍摄较内景难控制，除天气影响外，找场地及人、事、物控制也很困难。一支制作队伍，除导演 (Director) 外，还包括摄影师 (DOP/Cameraman)、摄影助理 (Cameraman Assistant)、灯光、道具、服装、发型、制片 (Producer)、制作助理 (Production Assistant) 等。遇有海外拍摄 (Oversea Shooting)，由于经费所限，一般只有导演、摄影师、摄影助理出外，其余人手则在当地聘请制作公司协助。

八、后期制作 (Post Production)

现在的广告很依赖后期制作，所以这绝对是不可忽视的一环。剪片师 (Editor) 会按导演的意思先剪出粗剪 (Rough Cut/ A-Copy)，待创作人满意后再加上音乐样本 (Music Reference) 及配音样本 (Guide Track) 给客户批阅。上述的制作程序又被称为 Off-line Editing，完成后再进行 On-line Editing。首先把拍摄片段进行真正校色 (Telecine, TC)，确定广告片的整体色调，例如黑白、偏蓝、偏绿、偏黄等等。然后会进行电脑加工 (Video Transfer, VT)，例如把不需要的东西删除，加上字幕、电脑特技等。与此同时，配乐师 (Composer) 会就导演的音乐样本创作配乐。创作人亦要选择合适的旁白员 (Voice Over Talent) 录音及加上音响效果。最后再就配乐、旁白及音效进行混音 (Mixing)。经客户最后批阅后 (Final Cut/ B-Copy)，一个广告片正式完工。不过，广告片仍需得到最后审批，才可真正在电视屏幕前与观众见面。

电视广告播放只是几十秒的事，但其中所涉及的程序却多得很，所以，一般广告都要花上几个月，甚至接近一年的时间才可以正式播出。

基本功八：
镜头运用

一、镜头

对摄影有一些认知的朋友都会知道相机的镜头有标准镜（Standard Lens）、广角镜（Wide Angle Lens）及远摄镜（Tele Lens）。同样的，拍摄广告也有宽镜头（Wide Shot，WS）及近镜头（Close-up，CU）之分。

制片:待会你从这里跳下去就可以!

演员:有意外怎么办?

制片:别担心!这已是最后一个镜头了!

若要再细分，那把整个背景或人像拍摄下来的就是全景（Wide Shot，WS），用以交代环境或介绍人物。只把人像的半身拍下就是中镜（Medium Wide Shot，MS），由于既可看到面部表情，也可看到身体动作，是交代故事常用的镜头。若镜头里出现两个半身人像，就称为Two Shot，一般用于拍摄两人对话之用。而只拍摄人头的就是特写（Close-up，CU），可以清楚看到人物的表情，是交代人物反应或说话时常用的镜头。有时为了加强人物反应又会只把眼睛或嘴巴局部特写，就是所谓的大特写（Extreme Close-up，ECU）。此外，从上往下倾斜拍摄称为高角度（High Angle），从下往上倾斜拍摄则称为低角度（Low Angle），从上往下正拍的则称为头顶镜头（Top Shot）。

二、运镜

光看静止的镜头，摄影与录像毫无分别，但若把静止的镜头加上动态，就只有录像才可以做得到。镜头运作（Camera Movement），就是把静止的镜头赋予生命的方法。最常见的就是把人或物拉近（Zoom In）或拉后（Zoom Out）。拉近的作用是看清事情的重点，就是从全景变成中景，甚至特写或大特写。拉后则是揭露事情的全貌，例如从眼睛大特写，拉后至特写看见是谁，再拉后至中镜看到半身动作，再拉后至全景看到人物身处的地方。以镜头为轴心从左往右或从右往左水平移动就称为 Pan Shot，可再细分为 Pan Left 及 Pan Right。Pan Shot 主要交代环境，拍摄风景时常用；亦可以用来交代人与人的关系，拍摄人与人的对手戏时常用。以镜头为轴心上下移动则称为 Tilt Shot，若再细分，从上往下垂直移动称为 Tilt Down，从下往上垂直移动则称为 Tilt Up。Tilt Down 会形成高角度（High Angle），可令人物变得楚楚可怜；Tilt Up 则会形成低角度（Low Angle），可让人物变得更像英雄。

与拉近（Zoom In）及拉后（Zoom Out）类似的镜头有推近（Track In）及推远（Track Out）。Track Shot 与 Zoom 最大

的区别在于它必须与轨道（Track）一同应用。轨道的形状与火车轨道相似，但可拼合以配合所需长度。轨道上放置有轮小车，再在上面放置摄影机与三脚架。摄影师及助手坐于车上，再由一两人在旁边前后推动小车。若在平坦的地面上，有时可使用有轮小车，而无需轨道辅助。Track Shot 与 Zoom 相似，同是拉近或拉远事物，但效果却有不同。其实，Zoom 只是把事物放大或缩小，镜头内的影像不会有任何区别。使用 Track 却有所不同，由于摄影机是不断往前或往后移动的，所以摄影机移动时镜头内的影像透视就会有所改变。这也是 Track 比较 Zoom 优胜之处，用 Track 的镜头比用 Zoom 的丰富、生动，因此电影及广告也常会使用 Track In 或 Track Out 来营造气氛。

Track Shot 也可以向左或向右移，方法是把轨道平行于要拍摄的事物，然后把摄影机往左或往右水平移动，往左的称为 Track Left，往右的称为 Track Right。Track Shot 与 Pan Shot 也有相似的地方，同样是交代场景常用的电视镜头。但 Track Shot 与 Pan Shot 也有明显的区别。因为 Pan Shot 是以摄影机为中心往左或往右水平移动的，所以镜头的变化较小，用来交代场景或人与人的对话也较自然。Track Shot 是与景物平行移动，造成的视觉效果较强，较有戏剧性。最常使用 Track Left 或 Track Right 的相信是跑步或追逐的镜头，摄影机跟随人物往前跑，人物保持在镜头之内，身旁的景物却不断往后飞逝。

另一种广告常用的镜头就是 Crane Shot。Crane 是吊臂的意思，Crane Shot 就是把摄影机置于特殊吊臂上所形成的拍摄手法。吊臂分两种，一种是手动的，一种是机动的。手动的吊臂是以杠杆原理运作，使用油压装置令上升或下降更加顺畅，后边则放置沙包，用作平衡。使用时，由工作人员在杠杆尾部上下左右移动，摄影师则在旁边透过监视器（Monitor）观看拍摄效果。机动的吊臂就比较简单，摄影师只需使用遥控器，便可控制杠杆的运作。Crane Shot 是电视与广告常用的开场镜头，不管是从围场的一边升起，看到外边的无限风光，或是从一片麦田中慢慢发现有人躺在当中，都是必须使用 Crane 才能做到的。

基本功九：前期制作须知

一个广告片一般只是三十秒，但制作的流程却非常复杂。创意人构思出广告，客户愿意买单，原来只是一个开始。无论你构思的广告何等惊天地、泣鬼神，如果无法好好执行，最终亦只会功亏一篑。身为创意人，我们绝不可以束手待毙，任由自己怀胎十月的创意死于非命。我认为最好的方法就是增强自己对制作流程的认识，在每个环节中加强质量控制，以免米已成炊，想要抢救却已药石无灵。制作流程的第一步就是先议定制作时间表，然后洽谈导演，预备报价单。敲定导演后就是前期制作准备，再到正式广告拍摄。之后，还需要后期制作，客户首肯，一个广告片才可以正式在电视屏幕上亮相。

一个三十秒的电视广告制作，从筹备到播放，最少需要六个星期。遇上大型制作或牵涉三维制作的，更可能要花上好几个月的时间。一般来说，制作公司与客户签订合约才会正式工作。签订合约后，广告公司会正式向制作公司发出简报，申明各种制作上的要求。制作公司约需两周的时间去筹备制作会议（Production Meeting，PPM），然后再花一周的时间去准备正式的拍摄。一般拍摄至少需要一两天，遇到有国外取景需要的更要加上交通的时间。最后是一至两周的后期制作，一个广告片才能大功告成。所以，制作一个电视广告片，六星期的制作时间是少不了的。不过，很多时候由于市场变化太大，客户急需广告片去回应市场的变化，或是由于客户对制作的认识不多等原因，都会令制作的时间缩减至少于六星期。我就曾经在不到十天的时间里完成了一个广告片。当然，广告最终都能成功在电视上播放，但广告片本身的质量就降低了很多，而且还要每天提心吊胆地工作，被死线（deadline）压得喘不过气来。

　　选择合适的导演是一个广告片的成败关键。无论你构思的广告多好，选择了错误的导演就注定失败。所以，我们必须对每位导演的优势和劣势有所了解，知道哪位导演拍摄自己的点子会达到最佳的效果。

制片：我要说清楚，我们的导演很情绪化，很容易跑掉！

CD：这个我明白！我可以跟导演谈一下吗？

制片：可以！但去年他跑掉以后，我们还在找他！

　　换句话说，不是名牌大导演就一定能把你的创意发挥得最好。创意人对导演的认识不一定深，这时就要借助广告公司的制片了。通常制作公司都会把旗下导演的作品集送到广告公司的制片手上，还会定时更新。制片会先把作品集过目，了解每位导演的特色，会否常有突破等等。当创意人把故事板交给制片，制片就会听取创意人的制作要求，推荐合适的导演。一般来说，制片都不会只向客户建议一位导演，惯例是二至三位，然后把各人的作品集交与创意人，再与候选导演的制片联络，初步了解导演的档期及合作的可能性。

我的习惯是找到候选的导演后，先与他们直接沟通，无论是邀请导演到广告公司面谈，或在电话上沟通，甚至电邮来往等，都是很重要的。因为，同样的剧本，每个人的演绎都会有所不同，为了保障制成品能够达至最佳效果，有了初步的共识将有利于未来的合作。我会先把自己的想法告知导演，然后等候导演把故事消化后再次沟通，有时导演的建议会把创意推上一层楼，有时也会把创意变得徒具执行，所以创意人与导演之间必须有良好的沟通。广告人首先要明白自己与客户的要求，知道创意的重点所在，才不会被导演那些令人目眩的执行所迷惑，而损害了原来的创意。不过，我们亦不能光听导演的美言，有些导演说得天花乱坠，执行起来却有心无力，正是眼高手低。我也曾经遇上这类导演，结果要花很多力气去抢救，才能力保不失。当然，使用有默契的导演不单会令作品锦上添花，还避免了不少沟通上的误会。但有利也有弊，惯性地使用同一导演，也会减低作品的突破性，令作品风格流于单一化。我曾与五六十位导演合作了四五百个广告片，我喜欢与不同的导演合作，是因为可产生不同的化学作用，只是每次合作自己都会十分谨慎，对每个细节都不会掉以轻心。

确定导演后就要开始筹备拍摄了。首先，广告公司制片会安排创意人与导演碰面或电话会议，主要是与导演初步讨论故事、角色、场地、道具等等，然后待导演消化后才进行初步制作会议。值得提醒的是，给导演的简报必须清晰，说明广告背后的市场策略，创意的精神所在及一些不可忽视的客户要求。我认识不少创意人，与导演做简报都只谈故事，不涉及产品的市场策略。其实，一个成功的广告并非创意那么简单，让导演明白市场策略，可以让对方更能掌握客户实际所需。例如客户打算把产品定位为高档，广告片就应该能塑造出大气的感觉。又或者客户有某个卖点要与竞争对手较量，广告亦要传达得很清楚。我也会把创意的精神所在以一两句话扼要说明，希望导演在构思执行手法之余千万不要走失。除此之外，我不建议给导演太多限制。有时我看到一些创意人，把每个镜头都定得很仔细，完全没有半点空间可以给导演发挥。导演不投入，自然很难有好的作品出现。另一个极端是创意人什么都不管，一切全交导演自由发挥。这极有可能一发不可收拾，变成执行盖过创意。所以，最好的方法是互相尊重，把广告片看成大家的作品，共同把它好好演绎！

前期制作中最重要的就是制作会议（Pre-production Meeting，PPM）。一般来说，制作会议至少有两次，一次是导演与创意人的，一次是导演与客户的。在制作会议中，导演会先解说一下他的演绎手法。有些导演喜欢使用拍摄板（Shooting Board）来解说，有些则使用拍摄脚本（Shooting

Script）。故事板（Story Board）与拍摄板（Shooting Board）相似，区别只在于一个是创意人提案使用，一个是导演拍摄使用。好的美指在做故事板时镜头已经想得成熟，可作拍摄板使用。但大部分美指所做的故事板都平铺直叙，只能把故事说出来，没有分镜及角度可言。导演的故事板就会把拍摄的分镜及角度都画清楚，当然到拍摄现场还是会有所改动的。但亦由于拍摄板把要拍摄的画了出来，某种程度来说限制了导演的现场发挥，因此部分导演会特别喜欢使用拍摄脚本，把每个镜头用文字表现出来。不过，很多客户的想象力都很低，不易接受拍摄脚本，无论如何都要导演找人把它画出来。我遇过不少客户会花很多时间去讨论拍摄板，每个镜头，每个动作，每个表情都会讨论，尽量要把广告拍摄得与拍摄板一模一样。

　　除了拍摄板外，在制作会议中最重要的就是选定演员、造型、服装、场景、道具、光影、音乐、旁白等等。选演员千万不要单看照片，除非你所需的演员只像道具般站着不动。最好是要求制作公司拍下录像带，若能试演一些片段更好。因为，广告所选的演员大都是模特儿，光是样子好看，演技不一定行。看过试演片段，至少心中都有个底。我也试过找模特儿，结果频频 NG（No Good），花时间不说，效果也会大打折扣。如果遇上某些角色特别需要演技，那挑选专业演员是在所难免的。但专业演员的弊病是太为人所熟悉，这会影响广告的可信性。因此，最好的方法还是找些与角色一样性情的人来演，换句话说，他们并非在演戏，而是在做自己。例如要找人演厨师，最好还是真的找个厨师；要找人演钢琴家，就真的找个钢琴家，那就不用再教他怎样演了。有导演曾教我怎样确保对手戏演得更好，就是一并把对手找出来，意思是要演一对夫妻，就真的找一对夫妻；要演一对母子，就真的找一对母子；要演一群朋友，就真的找一群朋友。这样，人与人之间的默契可以自然流露，省却不少热身及交流，而且效果会事半功倍。有一点值得留意的地方，就是不要只挑主角而忽视配角，正所谓"牡丹虽好，也要绿叶扶持"。选不好配角也会拖慢拍摄进度，所以有可能的话也花点时间去看看他们的演技。事前多花一点时间，到实拍时就轻松得多了。

演员：动作场面太危险，你给我找个替身吧！

演员：远镜头看不出是我，你给我找个替身吧！

演员：特写镜头会看到我的皱纹，找个替身吧！

导演：演员费我给你找个替身领吧！

另一种选角情况比较难控制，那就是选用艺人或名人（Celebrity）。近年广告都一窝蜂地采用艺人或名人，情况十分严重。我在香港的时候最反对用艺人，一来是成本上升，二来是限制多多。但到了内地情况刚好相反，基本上所有广告都要被迫使用艺人。我对名人本人并不反感，因为使用名人一般都是量身定做的，名人所演的就是自己，所以没有别人比他们演得更好。例如我从前为某电讯公司拍摄的一个广告，就选用某钢琴家去演自己，眼看他十指于琴键上飞舞，恐怕没有多少人可以做到。至于拍摄艺人，我还更喜欢使用专业演员，因为有些时候这些艺人所演的比一般演员都要好。唯一的问题是这些艺人或会意见多多，要改剧本，要加戏份，这就不易搞了。我就曾经因为演员要求而重写剧本，原有的创意因此面目全非。不过，这也比找歌手演戏来得容易。不知为何，绝大部分的歌手都不懂演戏，偏偏客户又特别喜欢挑歌手当演员，结果往往弄得广告非驴非马。有位导演给我提醒，若真的迫不得已要选歌手演戏，最好避重就轻，尽量减少他们的演戏部分，增加特写镜头，把戏份都放在配角身上，那就可以既能清楚地说故事，又能增加歌手的出镜率，真正两全其美。

大家也千万不要轻视服装的重要性。服装是穿在演员身上的，换句话说是除了演员的面孔外，在广告中出现最多的。在一个三十秒的广告中，整体的格调，演员的身份，就是靠服装来表现的。在制作会议中，制作公司的美指需要向广告公司提供参考图片，再按图片去选购或定做服装。很多美指都是在时装杂志上找参考服装图片的，看是好看，但未必能够真正找到。需知杂志上所看的名牌衣服，剪裁、用料都与众不同，随便找些类似的衣服，不一定能达到同样的效果。我曾拍摄一个广告，单是演员的一件名牌毛衣就要五千元人民币了。还有，好的衣服，不一定穿在每个人身上都好看。所以，在拍摄之前必须先行试装（Fitting），找演员试穿不同的服装，看看哪款最合适，遇有衣不合身，还有时间做出修改。使用艺人的情况就有点不同，一般的歌手都有自己御用的形象顾问，大至外套，小至指环都要他们挑选。好处是艺人必定喜欢，坏处是创意人不一定喜欢。这样的协调工作实在要好好处理。

场景也是一个十分重要的元素。无论是外景拍摄或是在摄影棚内，都要多加留意。基本上，若是外景，制作公司会先派员堪景，并拍下照片。初步选定后，导演会与摄影再次堪景，确定可行性。若是在摄影棚内拍摄，导演会找设计师先行绘下草图，决定后才画正式的施工图，创意人在拍摄之前需要到摄影棚审景（Check Setting），有问题就要立刻补救。在外景拍摄方面，若只有单一场景就比较容易处理，要是超过一个场景就要审慎安排了。除非制作预算是允许有多天的拍摄，不然在有限的时间内要转换数个场景就会非常复杂了。转换一个场景牵涉很多大大小小的器材运输，演员的调配，还有发电机的安排等，绝对是牵一发而动全身。因此，制作公司在堪景时都会审慎安排，尽量利用每个场景的不同角度，减少场景的转换。作为创意人，在挑选场景时必须与制作公司配合，尊重导演的建议，才能达到最好的效果。到外地拍摄广告就经常要参与堪景，我就曾经与导演坐在吉普车内连续两天翻山越岭、颠沛流离地堪景，为的就是要找一棵合适的树，所以我更明白要选择一个好的场景并不容易，有时真的要看看你的运气！

这里与大家谈谈一件拍摄外景经常被忽视的重要事情——天气变数(Weather contingent)。很多广告人都不明白什么是"天气变数"。正所谓"天有不测之风云"，天气变数就是指拍摄期间若遇上天气变化而阻碍拍摄，保险公司会赔偿延误所牵涉的费用。在国内，不少制作公司都没有拥有自己的器材及制作人员，所以遇有下大雨不能顺利拍摄，客户就要多付一天的拍摄费用了。当然，以制作惯例，在拍摄前制作公司都会留意天气变化，再与广告公司及客户商讨是否如期拍摄。但遇上雨季或广告片要赶上档期，就往往要冒风险了。购买天气变数的保险，就可降低拍摄的风险。不过，天气变数的保险金并不便宜，占制作费的百分之二十左右，所以很多客户都情愿冒上风险，而拒绝购买保险。但如果是远赴外地拍摄或拍摄造价高昂，不容有失，付出区区百分之二十的保险仍是物有所值的！

制作会议是件可大可小的事情，快则半小时，慢则五六个小时，甚至择日重开。我的纪录是一个广告片与客户开了四次制作会议。制作会议由广告公司制片主持，导演负责解说，创意人从旁支援。一般而言，制作公司会准备一本小册子，把简报、故事板、拍摄板、场地、光影参考、演员、服装、道具、音乐、旁白、制作时间表等全置其中。遇上 P&G 客户，还需把场景目的（Scene-by-scene Objective）一一列明，十分麻烦。制片介绍完客户、广告公司与制作公司三方人马后，制作会议正式开始。制片先述议程，然后客户部复述简报，创意人复述故事，接着就是导演独角戏了。导演会借助拍摄板或拍摄剧本向客户解释他对故事的理解以及演绎手法，然后是光影参考（Lighting Reference）、拍摄调子（Tone & Mood）等。之后，制作公司的制片会与客户确认演员、场地、服装、道具等等。最后由广告公司制片讲解制作时间表，制作会议才算大功告成。

010招

基本功十：监拍须知

先作声明，我认为身为创意，是广告片的父母，必须到现场监拍广告。我认识的部分创意人，把这项工作交给了导演或制片，自己就留在公司做别的事情。对我来说，这是一个挺不负责任的行为。客户把工作交给我们，行政创意总监信任我们，我们就得尽能力保证作品的制作水平。所以，我同样反对那些人到心不到的创意人，我自己也曾试过因为忙着别的事情，监拍的时候整天在打电话，结果真的出了岔子。我也不满那些在拍摄现场睡觉的创意人，即使是通宵拍摄，我们也得提高警觉，因为大家都累，出错的机率更高。我认为很多创意人不愿意监拍广告，或者无法投入拍摄之中，主要是因为他们根本不明白监拍到底是怎么一回事。所以，一切变得无关紧要，在不在场不打紧，留不留心也不重要。那么，我们先看看监拍广告片到底应该做些什么！

CD：你整天在睡觉，倒不如回公司好了！

AD：不行！回公司就不能睡觉了！

首先，我们必须要准时，这对外景拍摄尤其重要。制作公司会在拍摄前一天发出拍摄通告，上面书明集合时间、拍摄场地、有关人员的联络电话等等。遇上外景拍摄，要到荒郊野外、人迹罕至的地方，制作公司必定会安排车辆接送。若错过了时间，就很难到达现场了。要其他人等候你，便会浪费了大家的时间，也阻碍了拍摄的进度。曾经有次拍摄外景，连续四天很早出发，竟有同一位同事天天迟到，让大家苦等，后来我索性叫对方不用到场了。为什么必须准时到场呢？因为，拍摄的角度、布景的摆设、道具的陈放、演员的服装等等，都必须先定好才能拍摄，若拍摄了一段时间，广告公司的代表才到场，要改变的话，之前的镜头就可能要重拍了！拍摄通告上会分别列明制作人员、广告公司及客户的到场时间，若客户不到场，广告公司就要代表客户了，那责任就更重大，不可轻率了事！

广告公司到场监拍广告，就要保证拍摄出来的广告与制作会议上决议的相同。例如所用的演员是否就是之前选定的呢？服装与会议上看到的是否相同？布景及道具达到要求吗？每样细节都要留意，不然客户事后不满，问题就大了。当然，在制作会议上所看到的很多时候都只是照片，一切要到了现场看到实物才可作准，因此，在制作会议上就更要与客户说清楚有多少空间可以让大家临场发挥。尺度定好了，拍摄的时候就容易掌握得多了。我习惯监拍的时候带上制作会议的会议记录，遇有问题就可以拿出来查证一下。当然，一般在拍摄现场都有比你紧张千倍的客户部人员在场，他们必定会根据会议记录逐一检查。而你的责任就变作避免客户部同事断章取义或矫枉过正，让导演在拍摄上还可以有些空间，不然就会让拍摄变成执行，趣味大减了。不过，有点值得一提，某些客户真的要求拍摄的与制作会议定明的一模一样，不存在任何空间。遇上这些客户就另作他论了！

到达拍摄现场要先找制片拿一份拍摄流程（Shooting Rundown），上边会列明拍摄板上每个镜头的拍摄次序。作为创意人，有一点不可不知，就是拍摄广告与拍摄电影无异，都不会按故事板的每个镜头逐一拍摄，而是会因需要采取跳拍。即是同样镜位的镜头会一起拍，类似镜位的镜头也会先拍。例如拍摄两个人的对话，原先剧本是两人的平衡剪接，导演就会先拍其中一方的所有镜头，再拍对方的所有镜头，这样就省时很多了！因为，导演每拍摄一个镜头，就要移动机器、调校灯光，要花掉不少时间。若能好好编排拍摄流程，就会令拍摄效率大大提高。下次到现场监拍广告片，就千万不要闹出"为什么镜头不衔接哦"的笑话了。由于广告采用跳拍的形式进行，所以监拍时更要小心留意剧本里的每个镜头有没有被遗漏。因为，不是每个导演都会严格跟从拍摄流程来拍摄，拍摄的现场也存在很多变数,最好的方法就是每拍毕一个镜头就画个记号，以免"忘中有错"。

我们也有责任去留意剧本里的对白有没有遗漏或被弄错。

同一句话，换上不同的语气，表达出来的意思就会截然不同，所以作为创意人，特别是文案，就要小心留意演员的发音是否正确，语气是否适合，对白有没有念错，等等。特别是产品名称的部分，客户都十分在意，你更加不可掉以轻心。有时对白读对了也不一定行。为何？因为广告是有时间限制的，感情虽好，但秒数过长也是用不上的。所以，遇上需要很多对白的广告，我还会自备秒表去监拍，计算清楚演员念对白的时间，以保不失。当然最好的方法还是在写剧本时便好好控制字数，以每秒四字计算，中间还要预留时间作表情反应，这样到了现场拍摄就会简单得多了。

　　拍摄也有现场收音与后期配音之分。现场收音当然要留意演员所念的对白，后期配音的，也要留意演员的口形。我们看广告常会看到对白与演员说话的口形不对，很明显就是拍摄时没有好好留意，或是事后更改了对白。对白与口形不协调的最大问题就是不自然，严重的会把故事的感情拖垮。我认为最好的方法还是现场收音，一切会来得更真实、更有感情。不过现场收音就会被环境所影响，必须选择较为安静的地方才可拍摄。拍摄之际更谨记关掉手机的铃声，试想拍摄当中忽然有手机铃声响，不单浪费时间，更影响导演及演员的情绪。

　　近年，拍摄多版本广告的情况越来越普遍，即是同一支广告有多个不同的方言版本。最常见的是普通话与广东话版本，更甚者会分别有普通话大陆与台湾地区版本，广东话广州与香港版本。主要是因为海峡两岸的用词及语调都不太相同，同一句话用上台湾腔，感觉就有点怪异；换上一个广州用词，香港人又会听不懂。所以，干脆就来几个不同的版本。一般的做法就是在现场先拍摄其中一个版本，其余的就在后期配音。碰到类似的情况，就要当心，在写剧本时先要注意用语有没有弄错。以我为例，我会把剧本先给公司内的本地文案看看普通话版本，再找台湾同事看看台湾版本，然后找广州同事看看广州的广东话版本，我自己就负责香港的广东话版本。写剧本时还要注意字数及口形，尽量把配音做得自然一点。须知普通话与广东话的语句及用词都不太一样，广东话要在每句结尾加些语气词才会比较自然。所以，遇上这些情况就要事先协调，尽量把字数统一，再找有关人士读一下对白，看看口形是否自然，到了后期配音时就会轻松得多了！

对不少创意人来说，监拍广告时注意力都放在故事之上，很少注意到产品本身。每每到 A-copy 时客户就大发雷霆："我的产品呢？"近年拍摄产品广告多了，碰钉也多了，学会了在留意故事之余，也不敢轻看产品。例如，产品放在桌上时，商标有没有反过来？特别是饮料广告，把产品举起来喝的时候，产品的商标就很容易反了。又例如演员拿着产品时，手指有没有盖着商标呢？太刻意又会给人造作的感觉，太随便客户又会投诉，所以最好是稍微斜向镜头，不要太正面；手指紧贴商标，刚好没有压住商标。最好还拍摄一些特写的产品镜头，预备不时之需。有时即使产品只放在广告结尾部分,也不可以大意,最好不要只拍定格产品,尽量把产品放在电动转盘上,把不同角度都拍下来,日后客户有什么要求都可以满足得到。

CD:导演你看!木有表情!
应该夸张一点!

CD:客户的意思是太夸张了!
收一点才对!

　　在拍摄之中,广告公司的身份就是客户与导演之间的桥梁,不能因怕客户而压迫导演,也不能迁就导演而罔顾客户的要求,平衡点必须拿捏得很准确。每个导演都有不同性格,有些是喜欢自己默默工作的,你有什么意见只能通过他的制片与他沟通;有些导演则喜欢与创意人商讨,欢迎你坐在他的旁边参与意见。其实,你一到达现场,就可以知道导演是个怎样的人。有些导演会把自己与其他人隔开,他自己的电视就在摄影机旁边,而且只有一张椅子,其他人的电视放到老远,要打手机才可联络。有些导演则只放一台电视机,旁边放满椅子,大家一齐看。广告圈子很小,创意人与导演之间很容易建立合作关系,关系好自然容易沟通,之前有嫌隙合作起来当然不爽。我认为拍摄广告是集体合作的成果,若大家都开心,作品自然好,所以,我会在不违反创意的原则下,尽量给导演空间去发挥。我最怕有些创意人见导演拍的与剧本不一样就反应过敏。

在时间许可下，先给导演发挥一下，只需提醒他别忘了拍摄原先议定的就可以了。

现场拍摄有趣之处就在于临场发挥。很多时候在广告公司想透脑筋的创意，不及在现场的灵机一动。我之前的好几个得奖作品，就是在拍摄的现场忽然有了灵感，补拍了一两个镜头，结果出来的效果比原来的创意更出人意料。所以，我更加喜欢监拍广告。在拍摄的现场，你看到真实的场景，看到演员，感觉会很不一样。有时由于演员的一个错误动作，就可以引发你的一个新点子；又或是一件无关痛痒的道具，都可以成为故事的关键。记得很多年前拍摄的一个九广铁路广告，故事讲述一个善忘的人经常忘记带东西，需要回家再取。我就因为看到门边有一盏台灯，而想到主角最后只记得关灯，却不记得拿公文包，效果比原先只是忘记拿公文包更有趣。

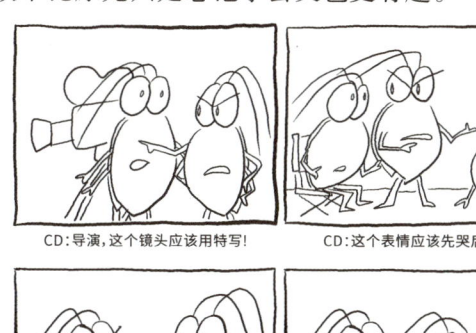

CD:导演,这个镜头应该用特写!　　CD:这个表情应该先哭后笑!

导演:你那么多意见!你自己来当导演吧!　　CD:Camera!Action!

监拍广告本身就是一种学习。没有创意人从开始就懂得拍摄广告，除非他本来就是读这个专业的。所以，从起步开始就是公平的竞赛，然后看看谁累积的经验较多，谁的悟性较高。我会建议我的文案或美指在拍摄现场多看多问。什么是25格、50格、100格？为什么旁边有白色板、黑色板？背后的蓝布、绿布、黑布有什么作用？不明白的地方实在太多！但我发现有个怪现象，就是大家都羞于发问，遇有不明白的地方就不了了之，或者根本没有兴趣去寻根究底。其实，创意人对制作没有认识是天经地义的事情，所以向制作人发问应不存在尴尬的情况。问题只在于创意人自尊心作祟，不敢下问。作小文案或美指时不敢发问，到作CD，甚至ECD时更不便发问，于是弄得越来越一知半解。何况现今科技一日千里，从前不可能的今日都变可能；从前很困难才做到的，今日已经易如反掌。作为创意人，我们应该保持好学的态度，随时敞开自己去接受新事物，真正的"做到老、学到老"！

基本功十一：
后期制作须知

广告拍摄完毕，意味着前期阶段已结束，后期制作马上就要开始。其中主要的步骤包括：粗剪（Rough Cut）、调色（Telecine）、合成（Online）、配乐（Music Composing）、混音（Mixing）、三维电脑动画（Computer Graphic）等等。整个过程快则一周，慢则数个月。

粗剪或 A-copy，是指剪片师（Editor）按照剧本所需，把拍摄所得的相关片段剪辑出广告的雏形。剪片师会把所有拍摄的片段先看一遍，然后选取合适的片段（Good Takes）作为备用。专业的剪片师不会只按剧本剪接，常会以第三者的角度重新演绎广告，令广告生色不少。在粗剪阶段，剪片师会配以参考音乐（Reference Music）、声效（Sound Effect，SFX）、辅助旁白（Guide Track）、字幕、视觉效果等，务求让粗剪更贴近精剪版本。粗剪版本完成后，剪片师会先与导演交流，看看有没有任何修改，然后才会让广告公司参与意见。广告公司的创意人、制片及客户部人员通过粗剪版本后才会向客户提案。由于粗剪版本很多方面都未尽完善，若客户的经验不足，创意人及导演就需要从旁加以解释让客户能想象得到最后的制成品的效果。顺利的话粗剪可以数分钟就通过，但我亦试过花了两周时间才完成粗剪。这主要由于客户、创意人及导演对广告的理解或要求有所不同,于是就会出现拉锯战。创意人很重视粗剪,因为粗剪弄不好,精剪的时候就返魂乏术了!

剪片师一般都会提供两个或以上的粗剪版本给广告公司挑选,如何挑选合适的粗剪版本就是一个很重要的课题。有几点很值得留意。首先,广告作为一个将产品与目标群沟通的渠道,能否让受众理解就变得很重要了。有些时候,广告公司与客户之间就会出现两极分化,客户很想把广告弄得清清楚楚,广告公司很想把它弄得含含糊糊。其实,两者都存在本身的理由,亦有自己的问题。客户常说三岁的小孩或八十岁的老人会看不懂,问题是他们是真正的目标群吗?当然现在的简报在目标群一栏大都写着十五至五十五岁,但也不能忽视十五岁以下及五十五岁以上,所以根本没有目标对象。加上中国大陆幅员辽阔,南北相异,还有北京、上海、广州等一线城市与其余二三线城市之分,要一个广告满足所有人是不可能的,结果常会两边不讨好。我最怕的情况就是在 A-copy 的时候,客户忽然带一个毫不知情的阿姨或秘书到来,然后故作专业地逐一批评。

客户:这是公司的秘书和阿姨,我请她们来看A拷的!

我敢说，A-copy 必死无疑！至于创意人亦真的常会自作聪明，把原本很简单的事情故作高深，让人如堕进五里迷雾之中。因此，看 A-copy 首要是能否把原来的故事重点说清楚，情节上的增删反而不重要，没有观众会拿着故事板来与电视广告逐格对应，找出错处，除非他是一位客户！

其次是选择合适的镜头。剪接是把不同的镜头并合在一起，而每个镜头都有不同选择，长短不一，所以先选好镜头，再剪接就不会浪费时间了。剪片师会跟导演在初步的胶转磁（Telecine,Tc）时抽取一些合用的镜头备用。粗剪时决定了故事的脉络后就要挑选最好的镜头。当然最好还是创意人曾经监拍广告，剪片时就可以大概知道有没有什么镜头可以替换。同一段镜头，有时要前一点跟要后一点就有很大区别，要长一点跟要短一点就更不同。而镜头与镜头的先后顺序也会很影响故事的理解及可观性。我就常会与剪片师及导演一起尝试剪出不同的版本，看看哪个效果最好。

为加强剪接的节奏感，剪片师在剪接时都会配上音乐。例如剪接感性的广告会挑节奏缓慢一点的音乐，剪接时尚产品广告会选明快一点的音乐。这些音乐只作参考之用，不一定就是最终的音乐。因为音乐都有一定的节拍，如四拍四、四拍三等，有了这种内在的节奏，最后即使配上其他音乐，只要是合乎同样节奏的要求，就会同样合用。我就尝试过把一支剪接好的广告片配以不同的音乐，结果发现不同的音乐会替广告片带来不同的感觉。各位可以试试把广告片放到剪接软件中，把原先的声音关掉，然后导入不同的音乐，你会更明白我所说的意思。有一点值得一提，若广告有大量的对白或旁白，音乐就要挑选比较简单的旋律，不然就会分散观众的注意力，影响故事的理解。

　　对绝大部分客户来说，广告最重要的地方就在产品。所以，经常有客户与创意人为产品出现多少秒的问题而争论不休。其实，做好心理准备，把客户的忧虑也放在考虑的因素之内，双方就能各得其所。我们可以先弄好故事的叙事，然后从客户的角度重看一次产品的部分，看看产品出现的次数及何时开始出现。在无伤大雅的情况下，看看能否满足一下客户的要求。有时，你也不一定要立刻修改，可以先把可行性想通，有需要时才拿出来与客户讨论。不是每位客户都需要每个镜头都有产品出现的，有些客户的接受程度，真是超乎想象的，所以不要太早气馁！

　　现在，很多客户都不出席 A-copy，很多时候要通过互联网发送电子视像档案来观看。这换在从前，我一定不会接受。第一，电子视像档案，不管是 Mpeg 还是 Quicktime，都属压缩档案，把粗剪变得更粗。第二，每台电脑的颜色及亮度都相差很远，所以常会产生太红、太暗等无聊的意见。第三，在电脑上看电子档案，无论档案多大也不及电视的大小，所以，无论是产品、字幕、商标等都会变得比实际小。很多客户都会因此强迫广告公司把产品、字幕、商标等都放大,结果正式在电视投放时,就变成了超大的产品、字幕及商标了。第四,广告片画面在电视投放时,会因不同电视机显像器的大小而被裁去部分画面。故有所谓字幕安全线(Title Safe),保证在线框之内的所有东西,无论在什么电视上观看都可以看得到。但在电子档案上,拍摄下来的画面,会百分之百显示出来。所以,画面会比实际在电视上看到的多出百分之十左右。换句话说,在电子档案上看到的产品、字幕、商标等都会相对来说变得比较小。第五,客户可以在没有任何开场白、解释的情况下已经先看了粗剪。由于不是每位客户都有经验,因此很多不必要的误会常会出现。加上先入为主,后来要改变就不容易了。但现在的客户大多要穿梭于大陆、香港、台湾,要找到所有客户都出席A-copy的机会,实在很困难。所以,以上的情况,还是会经常碰到的!

　　胶转磁是后期制作中最不为人认识的一项。我记得几十年前在电视台任制作助理时已见过这个名词,但一直都十分陌生。后来到了广告公司对胶转磁仍然认识不多,也不知道与自己有何关系,只知道这是后期制作的一个步骤,把胶片转作数码化,方便后期制作。对我来说胶转磁最重要的只是要带备产品的包装出席,让技师可以根据实物的色彩去调校产品包装的颜色。胶转磁的房间十分黑暗,只有电脑屏幕有光线,十分容易使人入睡,环境也像一家酒吧,很适合三五知己谈天说地。

所以，我很少出席胶转磁这个环节，即使出席也只是把产品包装放下，或者与导演、广告人聊聊天就离开。直至有次某位同事转向导演发展，我与他合作了一系列的电视广告，我才对胶转磁有了不同的看法。

这位导演跟我说，作美指时已习惯留意一些广告片及平面广告的调色，并且收集了很多参考材料。每次拍摄广告前，他会先把自己对广告色调的要求与导演沟通，到胶转磁时，还会把有关的参考材料交与技师。他说要把广告的色调弄得特别，很多时候在拍摄时已要留意到衣服、布景、道具等等的色彩搭配，否则到胶转磁时就返魂乏术了。现在就开始收集一些参考材料，有一天它或会大派用场！

在胶转磁这个环节，除了可为广告片改变色调外，还可以改变一下镜头的剪裁。在胶转磁这个过程，我们可以把镜头弄得更广或者特写一点，不过限于精度的问题，放大始终是有限的。但随着科技的进步，现在的摄影器材已能拍摄 8K，画面可以放得很大了！除此之外，在胶转磁中，导演亦常会把镜头往左或右移动一下，让镜头布局更佳。这些修改，除了在胶转磁可以做到外，在最后合成的阶段还是可以做出修正的。

合成（Online Editing）是广告片画面上的最后一个工序，它牵涉到把经过胶转磁的片段接合在一起、电脑修图、配上字幕、加入动画等等步骤。最后合成所需的时间由一两天到一两周不等，这要视乎广告片的复杂程度。首先是把经过胶转磁的片段按 A-copy 接合在一起。因为 A-copy 的每个片段都有时码（Time code），所以片段长度、接合点等都会准确无误。唯一的区别只在合成的片段是经过胶转磁的，所以画面的精度及色调都是 A-copy 所无可比拟的。合成完毕后，就要看看广告片有没有要修图的地方了。A-copy 所用的电脑要求较低，一般功能强大的电脑便可以应付。但合成所需要的电脑，无论软件及硬件要求都很高。

使用电脑修图有两大原因：一是减少拍摄的麻烦，二是补救拍摄的不足。在电脑科技不太发达的年代，每个细节都得在摄影机前弄妥才可拍摄。例如，拍摄千军万马就真的要有成千上万的临时演员；要拍摄热喷喷的美食就真的要在锅里烧好就马上端到摄影机前；要拍摄高难度动作就必须聘用特技人；等等。时至今天，很多拍摄场面都可以借着电脑合成来达至同样，甚至更佳的效果。例如前面说的千军万马可以使用"种植"的技巧。导演只需拍摄部分人马，然后技术人员就可把这些人马"种植"成千军万马。又例如热喷喷的美食，后期公司早有烟雾素材，浓淡多少可以随意控制。至于一些危险动作，也可以透过使用蓝布或绿布来做分层拍摄。演员只需在蓝布或绿布前演戏，背景则可以到悬崖峭壁、冰天雪地等地拍摄，最后再用电脑合成。

另一种是突发的情况，事前没有预料得到，拍摄后才发现问题，于是唯有借助电脑科技去进行补救。例如我试过拍摄比萨饼广告，花了几个小时都拍不好拉起丝的镜头，最后只好借助电脑修图来完成。更常见的是故事板画的是蓝天白云，拍摄当天却乌云盖顶，那只好在后期把蓝天白云的素材修进去。也曾经因为拍摄时演员拿错了产品，结果也要在电脑上逐格逐格地修改，偷天换日，把正确的包装更换到广告中。有时客户看过 A-copy 会不满演员的牙齿不够洁白，怪罪广告公司挑演员时没有留意，那也只好在合成时在电脑上把牙齿漂白，甚至弄得更整齐。不过，这些修改都是颇花时间的工作，换句话说也是颇花钱的事情，所以最好在拍摄前想得仔细一点，后期时也就轻松得多了！

　　合成的另一个重要工序就是配上标题、商标或产品。这个工序常常被创意人所忽略，任由技术人员把标题、商标或产品随意放入画面就完事。事实上，这些东西都看似微不足道，弄不好却会产生问题。标题常是一个广告的信息，弄得不清楚会影响信息传达，弄得丑会破坏整体格调。商标及产品则是客户的灵魂，放得太小会触怒客户，放得太大又会令广告变得俗气，所以不可草率为之。我会要求美术在制作会议时给客户初步的处理手法，至拍摄之后再按实际拍摄情况去调整。我最反对作美术的没有任何准备，到达制作公司才在电脑前指指点点，这一来是不专业的表现，二来亦会浪费时间及金钱。要弄一个好的标题，常会牵涉到要自创字体或特别的排位，这都不是一时三刻可以完成的，能够早作准备，到后期制作时自能事半功倍。

近年拍摄广告,越来越多涉及三维制作,从广告中的产品示范到整个广告的制作,都或多或少需要电脑动画的配合。我说过自己从前很讨厌使用三维,一来是香港的三维水准一直都不高,二来是既花钱又花时间。不过,近年却有越来越多的机会接触三维。以动作配合实拍为例,绘画拍摄板前,导演会先与技术顾问开会讨论可行性。在制作会议上必须清楚决定拍摄脚本,因为三维制作每秒片段都需要花费很多制作时间,若不尽早决定每个镜头,就会费时误事。在拍摄之际,技术顾问亦会在场,清楚记录每个镜头的光圈、速度、距离等资料。拍摄完毕,三维制作队伍就会按粗剪片段制作线条测试(Line Test),待客户决定后再作真正动画。其实,三维制作公司会先制作一个虚拟的模型(Model),只要输入程序,模型就会做出所需的动作。近年好莱坞制作的大型电影都很注重三维制作,于是研发了很多三维制作软件,令广告三维制作亦得以改善。

后期制作中,我最弱的一个环节就是音乐。我实在非常佩服那些导演及剪片师,不知从哪里弄来那些音乐的参考,放到广告中令广告生色不少。我自己是个音盲,对音乐一知半解,对乐器毫无认识。每每客户问及音乐会是怎样,我就哑口无言。结果,唯有把选音乐的责任全放在导演的身上。其实,百分之九十的广告都有音乐,音乐不单可以带出故事的节奏,更可以令广告深入观众脑海。广告的音乐有两大类:一是配上歌词的歌曲,二是纯音乐。电视广告是一种洗脑式的宣传手段,同一个广告可以每天播放数遍，持续数周，甚至数年。大家的脑海中，可能就有很多耳熟能详的广告歌。所以，不难发现很多动听的广告歌曲，最终都会变成流行音乐。

纯音乐亦分两类：一是纯创作，二是模仿创作。纯创作是拍摄广告之后，把粗剪版本交给音乐人（Music Composer），然后让他配合画面创作音乐。广告公司的创意人与导演会先给音乐人口头的简报，说明具体的要求，然后让音乐人自由发挥。不过，音乐是一种比较抽象的东西，加上大家的音乐造诣都不一样，所以不易沟通。我就曾经把广告交与音乐人自由创作，来回数遍都不符合客户要求，但客户也无法说出什么具体的意见，令音乐人不知何去何从。因此，较多时候会采用模仿创作的方法。先找出喜欢的音乐，待客户也认同后，再交与音乐人，根据参考音乐去模仿创作。由于音乐有其版权，不能抄袭，所以只能根据那种方向去创作。不过，很多客户都会先入为主，喜欢了参考音乐，就要尽量近似。于是音乐人就要花尽心思去把音乐弄得既保留神韵，又不露痕迹，并不容易。现在，我强迫自己多买多听一些另类的纯音乐，就为了丰富自己的音乐领域，到有需要之时，或会派上用场！

别轻看音乐的版权问题。在国际上有很多公司，就是专门为唱片公司卖力，去揭发盗用版权的电影或广告。所以，广告公司在选择音乐时都会特别小心，若歌曲涉及版权，制片就要通过唱片公司，找出有关歌曲的版权持有人，然后进行商讨。

曾经有首经典歌曲的版权竟要五百万元，价格实在惊人。有一点必须提醒，歌曲的音乐、歌词、编曲、演奏及演唱都可能属于不同的版权持有人，谈好了其中一方，并不代表你就可以使用这首音乐。除非这首音乐的创作已经超过五十年，版权已无效，可以任由使用，否则一经揭发就要犯上官司，任由唱片公司宰割了。

在 B-copy 中，我们将会把最后合成的画面，加上音乐、音效、旁白，首次把制成品展示给客户。B-copy 多在混音室举行，后期公司把最后合成的画面送到混音室，音乐人也把创作好的音乐经网络传送到混音室，然后配音演员在混音室内录下旁白，混音师就按着画面把音乐、音效、旁白放在一起，然后进行混音。或者反过来，把 A-copy 片段先送到混音室，再配上音乐、音效、旁白，混音后送回后期公司，配在最后合成片段给客户看。

一般来说，B-copy 会比 A-copy 顺利，因为 A-copy 很多东西尚未完成，需要较多想象力才能明白，客户自然会意见多多。B-copy 却已是完成品，当然比较容易理解。不过，有时 A-copy 很顺利，到 B-copy 却问题多多。原因是 A-copy 很多地方都未完成，客户也不懂怎样给予意见，直到看到完成品才发现与自己的原意有出入，于是就会有诸多意见。较为幸运的只是不满意字幕或商标太小，要求放大。严重的可能认为故事不太清楚，要重新剪接。换句话说，这是前功尽弃，需要重头开始。最常见的是看 A-copy 的是小客户，没有太多意见，但 B-copy 时大客户忽然出现，对之前广告公司与客户的共识都全不知情，结果就像如梦初醒，一切都要连根拔起。也试过 B-copy 时客户带来了秘书及会计等同事出席，希望看看他们有何意见，结果当然是无风起浪，令人气结。我也有过客户只是看了 B-copy 两遍，然后鼓掌称谢，没有任何地方需要修改。可惜这种情况不易碰上！能够撑过 B-copy，广告片才算大功告成，经过最后修改就可以转换成台带（Station Copy）送到各大电视台等候播放了！

012招

方法一：
善用幽默

曾向某客户提案，其中一个点子是一个幽默的小品。岂料客户一听到是幽默的广告，连忙婉拒。我追问之下，才从客户口中知道，他们害怕幽默的广告会有损品牌的形象，使商品变得低档次。很明显客户对幽默这个词语有点误解，以致认为幽默作品会破坏产品高档的形象。

我想客户是把幽默与滑稽混为一谈了。滑稽给人的第一印象就是马戏团的小丑，在惊险的表演中间穿插一些惹笑的动作。把这些小丑的表演与高档产品放在一起，当然有点不伦不类。不过，幽默与滑稽其实是两种截然不同的表现手法。滑稽属于一种实时的反应，透过简单直接的动作或语言，让观众可以在不假思索的情况下立刻发笑。至于幽默就刚好相反，通常都会采用间接的手法，要观众经过思考，才会会心微笑。假设滑稽等是如小丑一类的表演，幽默就应该是相声之类的表演，表演者说罢笑话，观众未必能够实时做出反应，往往要等片刻才懂发笑。某些观众甚至在别人捧腹大笑之后仍然摸不着头脑，要身旁的人解释一番才懂得大笑。所以，相对而言，滑稽是较幽默大众化的，无论学历高低、智商如何，基本上只要有眼能看、有耳能听的人都能明白笑料所在。幽默则有不同的层次，视乎各人的幽默感强弱而有不同的反应，有些人会笑得较快，有些人会笑得较慢，甚至不懂有什么可笑。

以电影作品为例，从查理·卓别林的黑白电影，到今日的憨豆先生，都属于滑稽的作品。故事主角都是以近乎小丑的演绎手法，把笑料向观众传递。3岁到80岁的男女都懂得欣赏，绝不会有年龄限制，是非常大众化的娱乐。至于幽默的作品，就例如美国的经典电视情景喜剧《老友记》(Friends)，便是对白隽永，风趣幽默的。此等电视剧绝非一般男女老幼可以看懂，必须具有一定教育程度及幽默感才可欣赏，属于较为中产的娱乐。

一般来说，滑稽的作品观众群较大，幽默的作品就较为小众。绝大部分的观众都能接受滑稽的作品，但幽默的作品则会因幽默层次的高低而令受众有所增减。此外，喜欢幽默作品的人大部分对滑稽作品有所反感，认为过于低俗，有失身份。而喜欢滑稽作品的，又未必欣赏幽默的东西，觉得曲高和寡，不知所云。因此，广告选择采用滑稽还是幽默的手法，有时真的要视乎受众是谁，才可定夺。通常产品较大众化的较多采用滑稽手法，高档产品就多用幽默手法；小孩的产品多用滑稽，年轻人的产品就多用幽默；面对学历水平较低的消费者用滑稽较有效，面对学识较高的消费者则用幽默比较奏效。不过，无论滑稽与幽默，最重要的就是要笑料吸引人。

记得多年前曾在电视台工作，主要负责为音乐节目构思一些笑料。当时遇上一位资深的编剧，就与我分享过一些构思笑料所要注意的事情，多年后仍然受用无穷。不论滑稽或幽默的作品，基本上可以再细分为视觉笑料（Visual gag）和对白笑料（Verbal gag）两大类。顾名思义，视觉笑料就是靠演员的身体语言去惹人发笑，而对白笑料就是独白或对白去营造笑料。查理所处的是默片时代，所能使用的只有视觉笑料。电视剧《老友记》除了对白笑料外，也加插了一些视觉笑料，两者相辅相成。视觉笑料与对白笑料在广告中都被广泛应用。例如我多年前为汇丰银行运筹理财户口所做的《的士篇》就是采用对白笑料，利用三个不同的对白笑料把产品的不同卖点带出。另一个广告维特健灵五色灵芝《地铁篇》，画面见一位老婆婆与少年人在地铁车厢内对峙，两人对身边空位虎视眈眈，结果老婆婆不但比少年人跑快一步，更让座与年轻人，卖点正是产品有令人保持青春的效用。这个广告所用的就是视觉笑料。

炮制笑料还得注意爆笑点（Punch line），即是引发笑料的点。爆笑点放得太前，就会提早揭晓，令人觉得没趣；放得太后又会太深奥，难以明白。所以笑料是否成功，有时得视乎爆笑点放置得是否准确。举个例子，某人中了彩票，致电回家，吩咐妻子收拾行李。妻子连忙问道："收拾些什么行李？要往哪里去呢？"只听丈夫回答说："谁管你往哪里去，只是我回来时不想再见到你了。"这个笑话的爆笑点放在最后，前边故布疑阵，让人以为丈夫中了彩票想与妻子出外旅游。直至丈夫说出回来时不想再见妻子，你才知道他想陈世美不认妻，令人会心微笑。故事如果一开始就写道"某人中了彩票,致电回家,一心陈世美不认妻",然后才交代妻子与丈夫的对话,笑话还可笑吗?问题出在哪里呢?就是由于爆笑点摆放错误,提早把故事说穿了。这就是为何有些人说笑话特别动听,有些人就说得枯燥乏味的原因。再以之前所举的维特健灵五色灵芝《地铁篇》为例,广告的爆笑点有两个,一个是老婆婆与少年人争座位,老婆婆胜出;另一个是老婆婆争了座位却不坐,反而让座与年轻人。两个爆笑点中,以第二个较为出乎意料。老婆婆与年轻人对峙,聪明的观众可能早已预计老婆婆会胜出,但就未必想到老婆婆会让座与年轻人。这里所用的是前掩后的爆笑手法,冷不提防,幽你一默。假设把第二个爆笑点提早,老婆婆一争到位置就立刻让座与年轻人,故事还会有趣吗?又或者老婆婆抢了座位,等了一会才让座,不是在中间多了闷场吗?这个爆笑点就刚好在老婆婆争到座位,停了片刻然后让座,不迟也不早,时间刚刚好。爆笑点的拿捏与打排球很相似,当排球被升到半空,攻击球员一跃而起,要在不迟也不早的时间刚刚击中排球,才能进攻成功。太早或太迟击中排球,不是把球打得太高就是击球落网,两者同样失败。

说笑话最常见的题材都不出政治、宗教与性。不过,碍于广告商害怕得罪政府或宗教团体,大都不敢拿政治与宗教来开玩笑。所以,广告所出现的笑料很多时候都是环绕性的笑话。最经典拿性来开玩笑的广告,莫过于 Wonderbra 系列。由于产品卖点是令女士胸部变得更大，于是创意人就拿这一点来大做文章了。例如胸部太大看不到脚尖，胸部太大令人不能接近等等，都是幽默的视觉笑料。曾经获得 Cannes 全场平面大奖的 Club 18-30 也是采用了幽默的视觉笑料。三张平面作品都是借助视差效果，让人看得会心微笑。只是这些笑话不可以随便使用，处理得宜会给人乐而不淫的效果；处理不得其法，就随时会流于低俗，给人品味差劣的感觉。

现今社会生活压力颇大，在工作之余打开电视，翻看报纸，谁会再愿意看那些沉重的广告。于是滑稽与幽默的广告就成为不少人生活的一些调剂品，看到有水准的滑稽或幽默广告，真的能令人心情轻松，把烦恼抛诸脑后，对产品自然也会产生好感。评审又何尝不是，在评审的几天之内要看逾千个电视广告及数千张平面广告，实在苦不堪言，看到轻松幽默的广告自然会有偏好。据统计，各大广告奖的得奖作品，90% 都是幽默或滑稽的作品。所以，身为创意人，又岂可不善用幽默呢？

方法二：夸张

013招

夸张可以说是最常用的笑话创作方法之一。先看看这个笑话吧！

病人做牙齿检查，牙医看了一看，吃惊道："你的牙洞很深！你的牙洞很深！你的牙洞很深！"病人听后，有点不悦："虽然我的蛀牙很严重，但也不必重复三遍吧！"医生无奈地说："我只是说了一遍，其余两遍是牙洞传来的回音！"

夸张就是把事情的某个部分夸大，从而产生喜剧的效果。所以创作夸张的笑话时，先要找出需要夸张的地方，然后运用想象力，把它夸大。我画漫画就常会使用这种手法。

夸张这种手法，也常常被应用在广告之中。其中一种常见的方法，就是透过夸张把产品的功能夸大，令卖点更加突出。

例如曾经在戛纳广告节中获得铜奖的伊莱克斯吸尘机就使用了夸张手法，把吸尘机吸力强大这个卖点，夸张到连跳楼的人也可以被吸住。

夸张除了可以突出产品的功能外，也可以把产品的使用效果加强。例如曾在中国 4A 广告奖获得全场大奖的曼妥思广告，也是用上了夸张的手法去表现吃了夹心无糖曼妥思的效果——可以咀嚼出一座喷水池来。

不过，有一点必须留意，使用夸张手法去表现产品的功能或者使用效果，决不能变成欺骗消费者。就像某些洗衣粉广告，把产品功效夸大成"光洁如新"，其实却是换上了一件新衣服，误导消费者。所以，使用夸张手法时，必须要刻意夸大，令人知道根本没有可能，只是一种表现手法而已。例如上述的两个广告就是很好的例子，你不会真的相信伊莱克斯吸尘机可以吸住一个跳楼的人，但你会记住它吸力强大而已；而曼妥思的广告，你也不会真的以为它可以弄出一个喷水池，但你会记住它是有夹心的一种口香糖。

方法三：误会

不少经典故事都来自于一场误会，例如罗密欧与朱丽叶、杨过与小龙女。不过，误会也不一定要悲剧收场。相反，很多有趣的故事也由误会所产生。

经理甲与经理乙是好朋友，某日，他俩聚在一起。

经理乙见经理甲神情沮丧，便询问发生何事。

经理甲叹气道："昨天是我生日，我的女秘书请我去她家给我庆祝生日。"

经理乙："那不是很好吗？"

经理甲："到了她家，她让我在客厅先等一会儿，五分钟后进卧室找她。说要给我一个惊喜。"

经理乙："那不是更好吗？生日交上桃花运了。"

经理甲："我当时也是这么想的。可五分钟后我走进卧室，发现我的女秘书和其他职员都在里面，捧着生日蛋糕等着我呢。"

经理乙："这也不错呀，你的职员都很爱戴你，你应该高兴才是。"

经理甲："可当时我是脱光了衣服之后才进去的。"

因为有误会，所以容易产生矛盾，容易有戏剧性的发展。

所谓"误会",通常都是一方想说些什么,但另一方却以为他指的是另一回事,于是就令第三者听得越来越有趣。以误会为题材创作笑话,重点是在两人的不同想法中找到相似的地方,然后把它含糊其词,让两件本来不相干的事情,听起来好像一件事,但越搞越糊涂。以前面的笑话为例,经理以为秘书要与他偷情,秘书却只想为他庆祝生日,两件不相干的事却有一个共同点,就是卧室。经理以为这是秘书与他鬼混的地方,秘书却把它当作庆祝的地方。但双方因为要隐瞒目的,所以都含糊其词。经理想与秘书鬼混,但不好意思直言;秘书想给经理惊喜,为他庆祝生日,所以也没有明言。于是,故事就越来越有趣。

误会通常会误导读者,让读者以为有开心的事情发生,却原来是个180度的反转结局。由于心中已有固定的想法,忽然把自己所想彻底推翻,读者就会在这个过程中感到很新鲜,也暗自取笑自己为何会想了别的事情。

再看看我所画的一个漫画故事。

若要说有关误会的电视广告，我个人就很喜欢一支喜力啤酒广告。很简单的男女邂逅，女的以为自己魅力难挡，吸引到俊男愿效犬马之劳。原来，男的却一心只想买啤酒。

虽然，误会这种制造笑料的手法已经使用多年，但只要注入新的元素，仍然是经久不衰的！

方法四：
黑色幽默

对于幽默，每个人都有不同的偏好，我个人就特别喜欢"黑色幽默"。所谓"黑色幽默"就是拿一些比较禁忌的事情来开玩笑，例如"老""病""死"。

病人："医生，请告诉我，我的病真的可以治好吗？"

医生："请放心！你这种病的死亡率是百分之九十九，我医治过的九十九个人都死了，现在你是第一百个，会没问题的！"

死亡的确是一件可怕的事情，但换上了幽默的目光，就会变得截然不同。再举一个例子：

拯救队在沼泽地遇上两母女在高声呼救。

母亲："救命呀！我们陷进浮沙里，请快来拯救我的女婿！"

拯救队员："好的，你的女婿在哪里？"

母亲："他在浮沙里，我们正踏着他的头！"

黑色幽默的特点是受众的反应通常很极端。有些人会很喜欢，但更多的人会不喜欢。原因在于受众所代入的到底是故事中的哪位人物。上述的例子，若你代入医生或母亲，你或会觉得很有趣，但若你代入的是病人或女婿，又会是另一回事。

十多年前，我在公司旅行前画了这样的一幅漫画。

我们分乘两家航空公司的航班，
万一遇上事故，至少有一半人还可以上班！

你可能会觉得有趣，但公司的同事就不一定会这样想。万一出了什么意外，必定会有人怪罪于我。我个人很喜欢使用黑色幽默，所以绘画小强漫画时，就常常应用这种方法。

听说你的美指因长期看电脑已经失明？　听说你的文案也因长期用键盘手已经残疾？
真没礼貌！问你什么都不回答！　　　　纸上文字：我因长期被客户责骂已经失聪了！

使用黑色幽默常常能达到讽刺的效果，而且印象更深刻。不过，正如我之前所说，不是每位受众都能欣赏这种幽默。所以，广告作为大众传播媒体之一，很多客户都很害怕使用黑色幽默，怕会引起观众的反感。我从事广告多年，曾创作很多黑色幽默的广告,但成功被客户采用的寥寥可数。当年为SUNDAY 创作的《地铁篇》是我个人较为喜欢的一个黑色幽默作品。故事讲述大家不知 SUNDAY 的网络已经覆盖地铁,所以把在地铁使用 SUNDAY 的人视为疯子,而要把他们捉住。旁白:"别以为在地铁使用 SUNDAY 就一定是精神失常。其实,SUNDAY 已经在地铁开通。"

若论经典的黑色幽默广告,我认为首推 Stella Artois 啤酒无疑。多年来,Stella Artois 的广告都走黑色幽默路线,无论是俄罗斯赤色恐怖、父亲遗愿、集中营的囚犯,又或是掉在冰湖里的教士,都是十分成功的黑色幽默作品。

黑色幽默固然是一种有趣的创作手法,但必须小心使用。例如,在 911、汶川地震等灾难事件上使用这种手法就十分不明智,甚至会引起公愤。我们常会在网络上看到一些哗众取宠的广告,就是在一些敏感的话题上使用黑色幽默的手法,结果适得其反,变成了低级趣味,引起很负面的反应。广告公司当然要登报道歉,创意人也难免被公司辞退!

016招

方法五：人性弱点

其实，我们不用担心自己不够幽默，想不出好的创意。因为，生活中就有很多有趣的事情天天在我们身旁发生。特别是人性中的种种弱点，本身已经很有趣。我们的责任只是留意一下，并把这些点子记录下来，等待合适的时机去运用。举一个 Ikea 的广告为例。

一位主妇在 Ikea 购物，在收银处接到收据时，她双眼忽然发光，然后迫不及待离开。

甫一出门，立刻向停车场的丈夫大叫。

女人："准备开车！准备开车！"

她一上车便叫丈夫飞快离开，然后兴奋大叫。

字幕："并非我们出错，而是我们现在有大减价！"

人性就是如此，大家都本性贪婪。而 Ikea 便找到这个人性的弱点，突出他们的大减价是何等让人兴奋。

另一个 Ikea 的广告也借助人性的弱点大作文章。相信很多人购物都喜欢讨价还价。有时明明喜欢，但因为想得到更便宜的价钱而装作并不那么喜欢。

字幕：读心术

女人在一家商店盯着一张床。

推销员：喜欢吗？

女人：还好，太贵了！(额头上却写着：超喜欢)

推销员：喜欢最重要，钱再赚就有啦！

女人：那我要走了！(额头上却写着：拉拉我)

推销员：成本就这么高，我也没办法拉住你！

女人回头。(额头上却写着：买了)

字幕：省省吧！要低价，去Ikea!

有一个GNC保健品的广告也非常有意思。

旁白：我们脑海里总有声音告诉我们，要确保自己会睡到错过了瑜伽班！

并告诉你只吃一个甜甜圈，不会导致你停不了口！

平凡人会责怪照相机让他们看来像肥了几公斤！

亦会把跑步机设定在散步的模式！

我们需要借口支持我们，健身室实在人太多，不宜运动！

平凡人记性很差，经常忘记做运动！

每人都有一个奖座，上边写着：做平凡人真好！

不对！平凡就是平凡！

你可以打倒它！

字幕：拒绝平凡

旁白：开始GNC

我们就是这样，内心常有声音让我们放弃运动，懒懒散散地过生活。也常常为自己制造借口，什么都不想做，只想做个普普通通的平凡人。相信大家看到这些广告都会会心微笑,因为这就是我们的本性。

我画漫画就常用人性的弱点,让大家能够产生共鸣。随便举一两个我画过的漫画作为例子。

CD:很少有文案像你这样每天都加班到九点,你真的很努力!

文案:没有啊!只是九点以后才可以领加班车费嘛!

曾几何时,我们都曾经为了省出租车钱而勉强加班。我们也曾因为上司还未下班,而装作努力工作,一心只等上司离开,便马上消失!

CD:我先走,大家不要加班太晚了!

CD:糟糕!忘了拿手机!

好好观察一下自己或别人的人性弱点,你会发现灵感不绝,创意无穷!

方法六：
逆向思考

几十年前，我刚开始创作漫画时，曾看过一本漫画书。作者在序言上提及一些他创作漫画的方法，其中一种就是"逆向思考"。所谓"逆向思考"就是颠覆一些永恒定律或者是约定俗成的看法，尝试从相反的角度去看相同的事物。由于观点与大家固有的有很大差距，受众先会感到"认知失衡"，后会反问自己为何从没想过，于是忍俊不禁。先举我几十年前所画的一幅漫画作为例子：

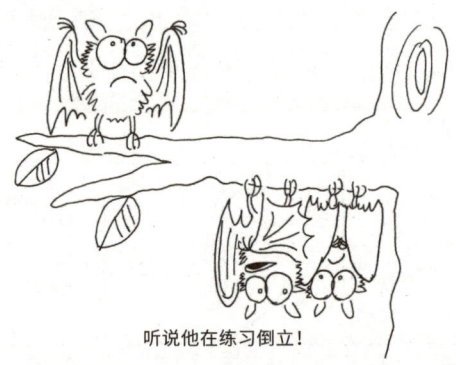

听说他在练习倒立！

大家都知道蝙蝠是倒挂在树上生活的一种独特生物。对大家来说，蝙蝠倒挂在树上是生物定律，不会改变的，但在创作人的眼中，把既有的定律反过来就会很有趣。所以，一只原来倒挂的蝙蝠在做倒立，负负得正，就会很好玩！

当我细看我的小强漫画时，我发现这种逆向思考的创作方法，仍不时出现在我的作品中，随便举一两个例子。

CD:你的作品从概念到执行都跟去年戛纳得奖的一模一样……

应征者:那不是证明我的创意有国际水平吗?

对于创作人来说，抄袭是一件最可耻的事。不过，采用了逆向思考之后，抄袭被说成是达到国际水平，就会很讽刺。你想，要是在面试时，你这样回答对方，对方也真的会哭笑不得!

客户:抱歉!这次比稿我们选了另一家，我们要结束十年的合作关系了!

与客户合作多年，忽然丢了客户，固然是件不开心的事情。但使用逆向思考，两者关系不一定很好，广告代理可能受尽客户的折磨，终止关系绝对是一件值得庆祝的乐事，相信你也有过这样的经历吧!

逆向思考能让我们从相反的角度去看事情，可以发现很多从前忽略的地方。如能好好训练，就可以产生很多惊天动地的创意。例如泰国Sylvania灯泡所做的"鬼片"就是一个很成功的例子，更夺得了一只"金狮"。

儿子：这是什么？

爸爸：这是泰国的夜行女鬼！晚上出来寻找食物！

儿子：爸爸，这个呢？

爸爸：这是夜行男鬼，会四处飞行的！

儿子：我可以吃那香蕉吗？

爸爸：不可以！这是属于香蕉鬼的！

儿子：所以，那是菠萝蜜鬼？

爸爸：不是，那是易服癖鬼！

儿子：明白了！

爸爸：那就好！

儿子：爸爸，有只蓝色的鬼！

爸爸：高鬼，你站在这里干什么？我们在吃晚餐！快走！

爸爸：住嘴！

天忽然变黑，大家都在尖叫。

旁白：灯光下，没什么可怕！Sylvania 灯泡。

大家都认为见鬼是件很可怕的事情。不过，创作人以逆向思考方法来看这件事情，鬼其实并不可怕，可怕的只是黑暗。大家可能都做过电灯泡或手电筒的广告，为什么没想过这个点子呢？早些使用逆向思考，那只"金狮"可能就是你的了！

方法七：
逻辑谬误

"逻辑"是一种思考方法。逻辑强的人，一般都会比较有条理。不过，"逻辑"常会变成一种思考游戏，就是透过所谓"逻辑"，而把一切似是而非的道理说成真理。这在哲学的思考范畴常常出现。要是把这种"逻辑"的谬误用到笑话创作上，又会变成一种有趣的逻辑。

第二次世界大战期间，一个德国军官问一个瑞士军官："你们有多少人可以作战？"

"50万吧。"

"如果我派100万大军进入你们的国境，你们怎么办？"

"那我们只好每人开两枪了！"

50万大军每人开两枪解决100万敌军，看来是简单不过的数学逻辑，小学生也懂得答案。不过，有趣之处就在现实生活并不可能实现这样的逻辑。再看一个例子：

胖子去买豉油鸡，师傅问："你要切多少块？4块还是12块？"

胖子想了想："就4块吧！我正在减肥！"

从字面的逻辑来说，吃4块当然比吃12块少，但当中还牵涉"质"与"量"的问题。所以，这样的减肥，只能是自欺欺人而已。

很想找一个合适的广告来说明这种笑话的创作手法，可惜没有找到很满意的，或许，这种手法实在难度颇高。这里找来一个有趣的广告，不能说完全是逻辑谬误的作品，但它的逻辑也很好玩。

男人：Shreddies 应该是正方形的！

女人：有多少这样钻石形的流了出去？

原来是正方形的饼干，把它旋转 45 度角后，大家居然觉得它更好吃、更松脆。很荒谬吗？说来荒谬，但实在也是一种很强的心理战术！

最后，逻辑谬误与逆向思考可以很相似，区别是逆向思考是把逻辑倒转过来，但逻辑谬误的重点却在于把事情弄成似是而非。我个人很喜欢这种创作方法，不过，实在不容易做到哦！

019招

方法八：自嘲

自嘲被喻为幽默的最高境界。因为，嘲笑别人容易，嘲笑自己却并不容易，必须具有十足自信的人才敢使用自嘲。自嘲的人，往往要以自身的缺点，甚至缺陷作为话题，通过夸张手法借题发挥，以博大家一笑。

某小规模航空公司只有一架飞机，在开幕仪式的演讲词中，公司的总裁对记者来宾说："我们公司的飞机是世上'独一无二'的，绝对可以说是'天上有，地下无'！"

本来公司只有一架飞机是件尴尬的事情，但与其避而不说，不如自嘲一番。"独一无二""天上有，地下无"，本来是自吹自擂，但巧妙地运用到这家小规模的航空公司上，反显得大方得体。

身为公众人物，与人打交道容易让人感到有架子。若能开开自己的玩笑，既可减轻别人的压力，还能显得更有人情味。

胡适曾应邀往某大学演讲，他先引孔子、孟子的话作为开场，然后在黑板上写"孔说""孟说"。最后，他发表自己的意见时，在黑板上写"胡说"两字，引得哄堂大笑。

其实，人与人接触，遇上尴尬时刻，自嘲可说是一种不错的解窘方法，让人找到台阶下。

某饭店的服务员在倒酒时，不慎将酒倒在一位宾客的秃头上。服务员手足无措，其他人目瞪口呆。这位宾客却微笑地说："老弟，你真的以为这种治疗方法可以长出头发吗？"在场的人闻声大笑，尴尬局面即刻被打破了。

这位宾客以自嘲手法，既表现了自己的气量，又解决了尴尬的场面。我也很喜欢使用自嘲的手法，在小强漫画中俯拾皆是。

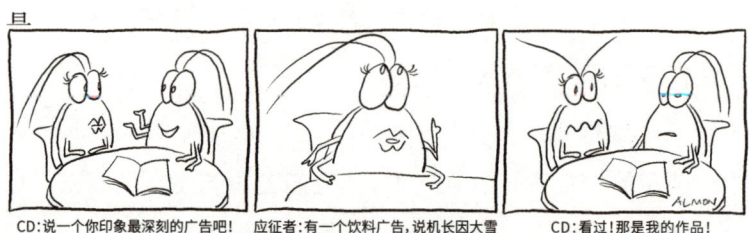

CD:说一个你印象最深刻的广告吧！　　应征者:有一个饮料广告，说机长因大雪不能与家人过春节，十分俗气！你看过吗？　　CD:看过！那是我的作品！

在广告中要应用这种手法并不容易，这不是说很难使用这种手法去推销商品，而是客户都不敢采用这种方法。要坦白承认自己的缺点，实在需要很大的勇气，所以，这样的例子其实不多。

创意六问
SIX QUESTIONS ABOUT CREATIVITY

问题一：
人做我不做，杀出新血路？

"人做我不做，杀出新血路"，这句话是我很多年前在一个电台节目中听到的。那位电台节目主持人可能早已忘记了自己曾经说过这句话。不过，这句话却一直留在我的心中。"人做我不做，杀出新血路"，不就是创意人应有的创作态度吗？或许，我们已经习惯了从广告年鉴中找寻创作方向，却忘记了真正的创意应该是带领潮流的。当每人都朝着同一个方向走，我们就得另辟蹊径了。

导师：既然你们都是copywriter，我就先教你们怎样"copy"！

二十年前，我在印度拍摄一个 SUNDAY 广告片的时候，无意中在一家书局看到一本广告书籍，书名为《Disruption》，后来这本书出了中文版，称为《颠覆广告》。其中有个例子，至今我仍然印象很深。1968 年前，所有的跳高选手都采用腹滚式，每位运动员都采用同样的方式企图刷新世界跳高纪录。

1968年在墨西哥举行的奥林匹克运动会，一位运动员却以一种革命性的跳高方法——背越式，打破了世界纪录。这位运动员所做的就是一种"颠覆"，突破了传统跳高方法的局限。

从事广告创作也需要同样的"颠覆"。老是按广告奖的要求去创作广告，就好比在腹滚式中不断锻炼，突破性始终有限。必须要拆毁创意上的围墙，才可以走进更广阔的创意领域。很多年前，我还没认识这种创意方法，在误打误撞下却使用了类似的方法，而且十分奏效。当年奥美有一个新的月饼客户需要做广告，由于人人都认为月饼广告十分没趣，全是明月、花灯、嫦娥、团聚、蛋黄、莲蓉等，所以没有人愿意接受这份工作。而我与搭档却觉得很有挑战性，所以接受了这份任务。我们对自己说要做个与众不同的月饼广告。于是，我们把所有的月饼广告看了很多遍，把当中所出现过的任何东西，不论是文案、标语、图片、人物、拍摄手法等等都记录下来，提醒自己在构思新广告的时候不可再出现这些元素。你会说还有什么可以做？奇怪的就是"山重水复疑无路，柳暗花明又一村"。结果我们想到的点子是航天员登陆月球的历史片段，却唱着嫦娥奔月的故事，标语是："对于不相信嫦娥奔月的你，我们诚意推荐圣安娜月饼。"圣安娜当时已推出月饼4年，但一直没有太多人认识，大家只知她是西饼店。但这个广告推出后，她们的月饼销量上升了四成之多。

所谓"颠覆广告"，主要包含三个简单的步骤，即比对传统、进行颠覆及预设前景。比对传统就是要先找出大家的惯性。每个人都有或多或少的惯性或者思路陷阱（Mental Block），把自己的创意局限在一个细小的范围内，这些惯性大家都习以为常，不容易发现出来。比如很多文案出身的创意人，习惯了构思广告时先想出一句标语，然后再想如何演绎，久而久之就会形成一种思考模式，局限了自己的创意。又例如卖女性用品广告就一定出现女性，汽车广告就一定要见到汽车，等等，都是一些不必要的规范。

找到传统之后就可以进行颠覆。要颠覆，就不能保守。你要不断提出疑问，大胆地假设，细心地求证。不过，你要有心理准备，你所得到的答案绝不是个容易被客户接受的提案，甚至你的上司、同事也会对你质疑。你的颠覆也不一定得到好的成绩，正如每次实验都不一定找到答案。但要是真的成功了就会平地一声雷。眼镜88广告是一种颠覆，把人性注入商品；SUNDAY广告是一种颠覆，把反传统带入广告。可举的例子不多，因为大家实在保守得很。

颠覆只是一个开始，还得为品牌建立一个新的形象，所以就必须预设前景了。预设前景就是先要在脑海中勾画出品牌的未来蓝图。没有一个预设的前景，任何颠覆都只是昙花一现，作用不大。SUNDAY广告的突破是花了两三年时间来建立的，绝不可能一步登天。有了预设前景才能赋予品牌一个新生命，让我们看到品牌日后的模样。

"人做我不做",有时并不是出于自愿的。2002年,香港经济不景气,消费市场疲弱,广告界首当其冲,影响甚大。客户的广告预算大幅下降,电视及平面广告减少,取而代之是直销及促销活动。广告公司即使有机会制作电视或平面广告,制作费用方面亦大不如前,令创意受尽限制。我看到不少创意人因为无法尽展创意,变得有点迷失。我身为创意人当然也无法幸免于困境之中。2002年前8个月,我没有制作过任何电视广告,即使平面广告也寥寥可数。身边的朋友也为我着急,恐怕我整年要交白卷了。但事实并非如此,在困境中我找到一线曙光。

因为日常工作并不太过忙碌,我把空闲的时间都花在钻研互联网广告之上。虽然我对互联网广告认识有限,但我看到一片尚待开垦的创意空间。互联网广告与传统广告的最大区别就在于其互动性,消费者可以透过互动的机会加深对产品的感受。我与不少广告人分享过我对互联网的看法,却没有引起太大响应。在广告人的眼中,互联网广告就等于网页上霸占一角的横幅广告 (Banner Ad),或者阻碍你欣赏网页的窗口广告 (Pop-up Window)。幸好,我的四位下属都受我的影响,对互联网广告有着强烈的兴趣。2002年初,我们把互联网广告放在 Sony 的比稿项目之中,并且赢得客户的信任,开始了第一个互联网系列广告。对于互联网广告制作上的知识,我们全是边学边做的。很多时候客户问及一些技术问题,我们都只有支吾以对,回到公司再与大家互相研究。这份新鲜感,令我们从沉闷的传统广告中得到一些喘息的机会。只是短短一年，我们就为不同的客户做了六个互联网系列广告。更意想不到的是这些互联网广告为我们带来了一个 One Show 互动大奖的金铅笔及三个优异奖、Clio（克里奥奖）入围奖、伦敦国际广告奖金奖、NYADC（纽约美术指导奖）两个优异奖，和香港 4A 广告奖银奖、铜奖及四个入围奖。是什么原因让我们可以得到这样的好成绩？就是因为太多创意人不屑花时间在这个新媒介上，才让我们可以"杀出新血路"。

2003 年初，我离开香港到上海发展，也是本着相同的信念。我看过一份内地的广告杂志，把从香港到内地发展的创意人讥讽为"走投无路，出此下策"。仿佛只有次等创意人才会愿意到内地发展。事实上，在香港也真的没有太多有分量的创意人愿意到内地发展，一般都认为到了内地就等于为创意画上句号。我却有着不同的观点。我认为要在香港继续广告创作，有两方面是不得不"染指"的，一是互联网广告，二是内地广告。互联网广告方面，我已掌握了一定的认识，我更相信不可不到内地闯闯。我就是抱着一种颠覆的心态进来，我要打破中国广告无创意的传统，我更看到一个预设的前景，这里将是一个创意人的天堂。

021招

问题二：
Do in wrong way?

"Do in wrong way"（用错的方法去干）是前上司 Paul Chan 的一句名言。记得当年还在 BBDO 工作，某次与上司讨论创意，大家都相当满意，本以为可以去向客户提案了。正要离去之际，Paul 忽然自言自语："太对了！"大家都听得莫名其妙，难道做得对也是问题？Paul 似有所悟，接着说："要 Do in wrong way！"我敢说那一刻 K.C. 也未必知道 Paul 在说什么。那次的提案结果如何，我已不甚记得，但 Paul 那句 "Do in wrong way" 却一直影响着整家 BBDO。BBDO 某段时间的古怪作品，就是深受这句惊世名言影响。

"Do in wrong way" 是一种置于死地而后生的创意方法。与武侠小说中欲练神功，必先自废武功的原理大同小异。每个人的脑海内都存在着或多或少的思路障碍，它限制了我们的思考方法，让我们不自觉地把做事的方法分出对错，而我们也习惯只做大家认为是对的事情。结果，很多大家一直定性为错的做法就没有人再去探究了。

"Do in wrong way" 可以说是比 "人做我不做" 更进一步的创意方法。因为非但别人做的我不做，甚至别人认为错的我反而故意去做。或许正是这个原因，BBDO 有段时期的作品是富争议性的，我听说有些同行认为 K.C. 与 Paul 已经"走火入魔"！其实，Paul 所说的 Do in wrong way，只是在提醒我们要挑战既有的想法，不要落入固定的模式之中。

我们的脑海中，早已有些禁区，是不能进入的。大家不自觉地把这些想法变成了金科玉律。例如某某客户不懂欣赏创意，不要浪费时间；某某品牌有某种形象，不可随意变动；某某导演只懂拍某类广告，其他广告不要找他；某某镜头不能在电视出现，电视广告检查处不批准。这些限制随便找一个客户服务部的同事都可以给你说上一整天。很多时候，如果广告人愿意抛下这些枷锁，好的创意立刻诞生。试想百佳超级市场，谁想过他们会接受《黄老太》这类创意。当年 David Alberts 从澳大利亚到香港在 DDB(恒美广告) 任创意总监之时，就是故意挑最烂的客户来做，极有"我不入地狱，谁入地狱"的气概。若他当时抱着不要浪费时间的心态，又怎能夺得金帆大奖？再看看实惠家具广告，客户一直只用名人做代言人，谁想过他们会接纳"麻将桌/塑料箱/铁锅"这个系列广告？当人家拿到大奖后，你再后悔当初错过了这个黄金机会已经太迟了。

很多广告公司都很重视品牌的形象，甚至会编写一本厚如圣经的品牌形象书 (Brand Book) 把产品规模化，俨如圣经一般权威。每次与客户提案，客户都会拿出厚厚的形象书来查阅，看看有没有违反形象。在奥美的时候，公司很强调品牌形象，更自称品牌管家 (Brand Stewardship)，每一个产品都有自己独特性格，清楚列明可做什么，不可做什么。我不禁要问，一个平日严肃的人，不可偶尔说个笑话吗？一个平日放荡不羁的人，不可偶然说一句有深度的话吗？一个正常的人，只有完全单一的性格吗？消费者真会很介意品牌的形象吗？说到底还是大家想找些东西减少自己犯错的机会，避免背黑锅。

好莱坞的电影制作，不论剧本、镜头、动作、音乐、道具等等都计算得十分准确，绝对不容许有什么犯错的机会。结果票房必定有保证，却少有真能在奥斯卡中获得殊荣的作品。问题何在？就是过于保守了！K.C. 在《十个广告九个丑》中说得很到位："最安全的地方就最危险。"当我们不愿犯错的时候，就意味着我们少了一个突破的机会。试看任何一样发明，不是经过无数次的失败，才换来一个惊天动地的成果？

我认为广告界能否继续前进，实有赖于大家是否愿意失败。我认识很多广告人很害怕失败，毫无冒险精神。他们只会构思容易取悦客户的点子，采用有夺取奖项把握的创意，使用资历最深的导演，聘请经常拿奖的创意人。长此下去，广告界很快就会青黄不接、停滞不前了。很多年前维他柠檬茶的电视广告，使用了新进的电影导演陈果拍摄，由于陈果不懂拍摄广告，反能以近乎写实电影的手法去拍摄，令人耳目一新，结果问鼎了当年的金帆大奖。毋惧失败方是成功的不二法门。

毋惧失败亦是 Do in wrong way 的第一步。不怕失败，就可以"明知山有虎，偏向虎山行"，挑战创意戒条。在广告业的几十年历史中,一直强调广告必须有概念(Idea)在其中,而全球各大广告奖的评选,基本上也是看作品概念的强弱而决定奖项。K.C. 曾经问过我们一个问题:"广告的对象是谁?是消费者,还是评审?"这是一个很好的反省。广告的最终对象必定是消费者,对消费者而言,多少人会明白概念是什么呢?消费者所看的只是广告是否吸引。广告概念如何?广告与产品有多大关系?广告简洁与否?这一类的问题消费者是不会关注的。所以当年 BBDO 的广告不少只强调广告的娱乐性,而非概念强弱。虽然大家认为这是错的,但事实证明,Do in wrong way 确令 BBDO 在广告界独树一帜,自成一家。

CD:我比稿从没失败过!　　AD:有什么秘诀呢?　　CD:从不参加比稿!

我庆幸自己一开始的时候就是一个失败的广告人,我也做过不少很烂的广告,入行的头三年没有拿过一个奖项。这令我明白失败没有想象中那么可怕,没有进步更令人沮丧。所以,我从不害怕失败,我不担心今年拿不到奖项会怎么办,也不害怕使用新进的导演会有什么危险,更何况试行一些较实验性的路线。这些冒险可能真的会失败,我就试过有两个广告需要重拍。即使要丢掉工作,我仍会坚持这种 Do in wrong way 的做法。

我在《广告档案》中看过一篇访问稿。负责 Cannes 全场大奖 Nike《游戏篇》的创意人表示，要成功就要不怕被解雇。这是何等过人的勇气！这位创意人在他的广告生涯中已经被解雇好几次，每次都是因为坚持创意而与客户或上司吵架。我不是鼓励大家与客户或上司对立，但至少不应因害怕被解雇而放弃创意的坚持。被解雇不一定等于失败，或许只是"道不同，不相为谋"而已。

问题三:
优秀是卓越的大敌?

我看过一本好书《从优秀到卓越》(Good to Great)。当中有一句话是我从前不曾想过的:"优秀是卓越的大敌。"我一直以为卓越的人都是由于本身优秀,才能进一步提升为卓越的人。岂料,这本书告诉我们一个事实,很多人就是由于本身优秀,所以不能成为卓越。这本书的作者吉姆·柯林斯和他的研究小组花了 5 年时间,对 1965 年以来《财富》杂志 (Fortune Magazine) 曾经进入前 500 排名的每一家公司进行研究,阅读并整理了近 6000 篇文章,记录了 2000 多页的专访,发现只有 11 家公司能够真正成为卓越,其余的都只能停留于优秀之中,甚至每况愈下。阻碍这些公司成为卓越的,正是由于他们一直都很优秀,限制了他们的突破,导致他们最终不能成为卓越。这个观念放诸创意人,何尝不是同一道理?

我加入广告界的时候,正是香港广告业的黄金时期,不少公司都大量招人,而我也因此得以混进其中。与我同年加入广告界的创意人为数不少,当中很多表现出众,很早就备受赏识了。那时,我也心生羡慕,相信这些优秀的创意人,将来必定会成为业界翘楚。岂料,这些优秀的创意人,没有几个能真的成为卓越的创意人,不少都在原地踏步,甚至早已销声匿迹。

是什么原因令优秀的创意人不能成为卓越呢？

我从前的上司 Paul Chan 有一句口头禅："系咪最好先？"（意即是否最好）这句话经常令我们无地自容。我曾经听过一位创意总监和客户说："我 15 分钟就可以把创意想出来。"这句话有两种可能性，一是这位创意总监是位天才，二是这位创意总监是位庸才。我相信广告创作是讲究灵感的，所以从不相信每天通宵达旦，一星期工作 7 天就能想出好创意。但更相信创作不可只停留于第一个想法 (First Thought)。很多时候，我们想到第一个想法，就觉得石破天惊，于是就停在那里。其实，这可能只是一个开始，若我们愿意再进一步，更好的创意就会接踵而至。从前我与上司进行头脑风暴 (Brainstorming)，听到他们的点子立刻拍案叫绝，岂料好戏还在后头。这让我知道创意原来是可以无穷无尽的。从前在奥美有不少老外，我见到他们头脑风暴的方法很与众不同。他们把点子都用白纸画出草图，然后逐一贴在墙上，直至整家办公室的墙壁都给贴满。接着，他们把所想过的点子逐一讨论，把不好的拿走，经过一轮一轮的筛选，把最好的点子留下来。当年我们在奥美也学懂了一个验证创意的方法，名为隔天测试 (Overnight Test)，就是把想好的点子先放下来，明天起来再看一遍，看看还有没有昨夜的那种惊喜。很多时候原本是惊世骇俗的点子，都会变得不过如此。经验告诉我们，在凌晨 2 时，疲态尽露之际，一个稍有创意的点子，都会被看成惊世之作。真正的创意是经得起时间考验的。

经过17轮提案,终于证明你的第一次提案是最棒的!

这并不代表我主张死缠烂打式无休止的创作手法。我见过不少创意人都习惯了通宵达旦、从不休假的创意模式。先别说这样是否能想出好创意,至少也会身心疲惫。我认为创意人应自定死线,在死线之前尽力把点子想好。我们习惯晚上 7 时前做总结,若是工作较多,就延至晚上 10 时。即使遇上比稿,也不会超过午夜 12 时。我们习惯把第一个想法先放在一旁,再看看有没有其他方向是没有想过的,然后再缩小范围,集中把其中一两个点子再发展一下,最后再把曾经想过的点子检视一遍,看看有没有漏网之鱼,然后再做总结。

我认为即使点子给客户买掉了,也不代表工作可以停止。相反,这是另一个开始,我们还得想想怎样可以把广告弄得更臻完美。比如哪位导演最适合这个脚本呢?有没有什么拍摄手法可以借鉴?故事还有可发挥的空间吗?可换过另一个角度来看吗?文字或美术方面仍可多作润色吗?有什么配套广告可以发展呢?即使拍摄完毕,也可以想想剪接怎么办呢?影片调色应该怎样呢？音乐又如何？基本上，我们每天都在修改广告，甚至投放以后，听到好的建议，还会继续修改。

其实，不少创意人想点子都只为满足行政创意总监的要求、客户的要求、广告奖的要求，而缺少了对自己的要求。在创作的过程中，我经常会与队员互相询问几个问题。这个点子还可以更好吗？这个点子够突破性吗？这个点子会引起注意吗？这个点子可以帮助产品吗？这个点子可以令人羡慕吗？这个点子会令自己兴奋吗？这个点子能成为代表作吗？这个点子可以带动创意潮流吗？唯有通过不断地提问，你才会把自己的要求提高，而不会草率了事。

我认识不少优秀的创意人，少负盛名，尤其强于某类创意。可惜却是聪明反被聪明误，老是脱不去旧日的影子。我也认识一些优秀的创意人被广告奖所捆绑，只追求更高的奖项，而非更好的创意，于是也无缘成为卓越的创意人。假使他们能轻看名利，我想他们的成就会比今天更高，也会更受业界的推崇。

问题四：
谁是广告对象？

谁是广告的对象？答案似乎十分简单。任何一位大学传理系的讲师或者广告行销书籍的作者都会异口同声地说："消费者。"广告是行销的副产品，对象顺理成章就是消费者。但作为一个广告从业人员，你很容易发现在课堂所学或书本所读到的都过于理论、过于单纯，甚至有点不合实际。在现实世界里，一个广告的对象绝非是消费者那么简单。

一、广告的对象是客户

首先，一个广告能否投放往往视乎客户是否接纳。虽然，在简报之中早已列明销售对象的年龄、学历、职业、收入等等，但在理解消费者心态上却常有观点与角度的不同。创意人可能觉得广告的创意可以取悦消费者，但客户未必一定认同。曾经多次向客户提案，罗列了很多理据支持自己的创意会吸引消费者，但客户却不相信，情愿找一两位秘书、阿姨之类询问意见。所以，我们常常打趣，在提案之前还是先与客户的秘书及阿姨打好关系，否则提案只会凶多吉少。有些客户似乎较为科学化，不会随便找一两个人就推翻创意人的提案。最常见的方法就是做市场调研。曾经做过一个广告要经过三轮调研，共历 10 个月的时间才得见天日。客户在概念阶段已要做市场调研，每次开 8 大组,每组 10 人,十分科学化。不过,调研报告的理解权仍在客户手中。很多时候,在几十人的谈话中可能只有一两个人对广告表示不满,客户已经非常着急。无他,这些忧虑正是客户的忧虑,于是创意不能顺利通过。与客户解释这只是个别的反应,客户却说不想出现任何负面的看法。记得有次到市场调研中心听小组调研,被访者的反应一直都很好,唯独当中一位却经常唱反调。当你看到他每说一句,客户就频频点头,你就知道大势已去,真是气得想冲入房间把对方痛打一顿。我的前上司 Paul Chan 在大学进修的硕士论文就是《Is Research Killing Advertising?》(市场调研正在谋杀广告吗?)。有机会真要问他拿来看看。

二、广告的对象是评审

一位很资深的新加坡创意人经常批评香港的广告过于地域性,不合国际广告奖评审的口味,所以无法在国际广告奖中分一杯羹。这不禁令我想到广告的对象是谁呢？是那些国际广告奖的评审吗？对很多创意人来说这是绝对肯定的答案。近年，广告公司之间竞争十分激烈，大家所争的不单是业务盈利多少，而是在国际奖项排名榜的名次。为求在国际奖项中获奖，大家都会尽量投其所好，创作迎合评审口味的作品。从前美国的 One Show 喜欢长文案的作品，于是大家一窝蜂地写长文案，哪管消费者是否有闲情逸致去看。近年 Cannes 就喜欢猜谜式的广告，大众看得不明不白，评审却津津有味。在欧美等地或许有些知识水平的小众会欣赏此类广告，但奇怪的是在中国居然也有这些曲高和寡的广告，它们的对象不是广告奖的评审是谁呢？难怪有获奖广告帮助不到销售的说法。我就多次在比稿中听到客户对我们说："我们只要有效的广告，不要拿奖的广告。"其实，所有"飞机稿"的对象很明显就是广告奖的评审。这些广告可能从未在媒体投放，或只是在一些冷门的杂志或深宵的电视上投放一遍，平常消费者根本不可能发现这些广告，所以，广告的对象绝不可能是消费者。广告出发点不为行销，还能说是一个广告吗？充其量只能说是一个创意人或一家广告公司的形象广告，把自己的创意向广告奖的评审展示，绝不可以当作是一个产品的销售广告。

三、广告的对象是广告人

这些"飞机稿"的对象，除了广告奖的评审外，还包括各大广告公司的创意总监。试想，大家为什么要拿奖？说到底当然不会只为家中多一个奖座可作陈列装饰之用，其实只为得到各大广告公司的创意总监垂青，让自己可以升职、加薪。所以，创意人创作一个广告，不一定单纯为吸引消费者对商品产生兴趣，好的创意在吸引消费者之前已先令创意总监对你产生兴趣。结果，很多时候，广告能否被消费者认同，反而不是首要考虑的因素。广告的创意能否突围而出，博得创意总监的青睐，才是最要紧的事情。君不见有些创意人年年获得广告奖，所负责的产品却惨淡收场吗？不过，创意人刻意吸引同行注视也不全是为加官晋爵，有时亦是自我的肯定，生怕没有好的作品投放，就会被人家小看。一旦有好的创意在电视或杂志亮相，受到同行的认同，就有点光宗耀祖、不枉此生的感觉。因此，广告的对象就是广告人，真的也是实情。

四、广告的对象是传媒

有些创意人的广告对象却是大众传媒。我认识不少创意人很看重大众传媒对他们作品的评价。每次有作品投放都会主动通知传媒，希望得到访问或报道。创意人不少都是新闻系或传理系出身，昔日的同学或学兄学妹已是今日的电视台主持或杂志编辑，于是掌握传媒的机会增加，曝光率自然不少。我听过某些创意人每次构思创意时都会刻意计算广告投放后所引起的影响，是否有足够的卖点让传媒报道。虽然，广告受人注意，产品也间接得益，本也无可厚非。只是很多时候创意人为求吸引传媒采访，会不惜哗众取宠，罔顾产品的形象或社会道德的规范。这当然不是广告人应有的操守。

我对广告的创作也不是单纯为消费者的。作为一个基督徒广告人，我很希望借广告去荣神益人。这不代表我要借客户的广告费去传教，而是希望借广告创作去传递一些正面的价值观。所谓"水能载舟，亦能覆舟"，广告作为一个传媒工具，具有洗脑式的播放特性，绝对可以为社会塑造一个全新的文化。应用得其法可以令社会积极进取，应用不得其法就会荼毒众生，为害人间。创意人绝对不能轻看。

问题五:
与客户做个好朋友?

入行多年了,每每听到广告人在背后对客户有诸多不满。广告人与客户之间似乎总有一条鸿沟,大家存在的只是利益关系,没有人愿意跟客户做好朋友。这些年来,我比别人都幸运,我在每家广告公司都遇上不少好客户。当然,差强人意的客户还是有的,但与好客户相比,实在微不足道。我想这真是我的运气吗?还是每一个人都可以与我有相同的经历呢?这是我近日想到的一些可能性,不妨与大家分享一下!

一、试试多用你的耳朵

我是个多言的人。母亲常说幼儿园时候的我已被老师投诉在课堂上经常与同学聊天。我一直都觉得多说话没有什么问题,我与朋友交谈,70%的时间都是我在发言。可能是我反应快,很多时候别人只说了只言片语,我已经能够说出长篇大论的回应。到了近年,我才发现这是一个很严重的问题。原来,我的朋友都很了解我,因为我经常表达我的看法,但我对朋友却认识不多。多年前,我看了一本书,当中提及经常插嘴代表你认为对方是个白痴,在浪费你的时间。我记得从前有位资深的广告人反应很快,客户只是嘴部略有动作,他已滔滔不绝地反驳,结果这位广告人不但被客户厌弃,就是广告人也避之则吉。面对客户时,学习一下使用自己的耳朵,先聆听清楚客户有什么意见,喜欢的是什么?不喜欢的又是什么?记住!不要插嘴。

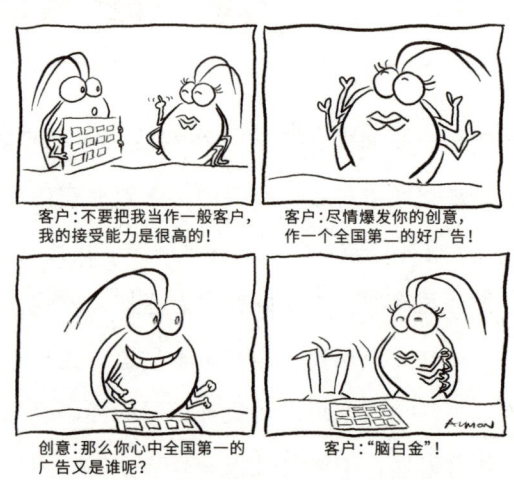

二、好好考虑客户所说的

广告界的人都很自我,仿佛除了自己世上再没有聪明人。很多时候自己构思了一个好的市场策略或是好的创意,忽被客户拒绝了,便立即大动肝火,什么也听不进去了。有一个很老的比喻,一个盛满了水的杯子很难再注入清水。先不要假设客户都是白痴,尝试认真地想想他们的建议是否行得通。没有人喜欢自己的建议在不假思索的情况下已被拒之门外。记得 SUNDAY 的天气报告就是客户的建议,起初我还觉得这构思很不切实际,电视台怎容许我们在天气报告时段投放广告?谁负得起这庞大的制作费去拍摄十多个广告片?天气情况与电讯有何关系?时至今日,证明客户是对的。

三、凡事不会只有一个解决方法

记得刚入行的时候在奥美当个小文案。那时想到什么点子都觉得是前无古人,后无来者,每次被客户拒绝后就会郁郁寡欢数天。后来看到一位创意人向某个客户提案了9次之多,每次的构思比我所想的高出很多倍。但每次被客户拒绝了,他还是很努力地继续创作,而且没有半点不高兴。我问他怎能有这股毅力。他说有些人的点子被拒绝了会很不高兴,因为他们知道自己再想不出更好的点子,而他相信创意是无穷尽的,一个意念被拒绝了还有千千万万个好点子。我一直都谨记这个劝勉,每次被客户拒绝了,我都不会太不高兴,结果往往好戏在后头,当一条一条的路都被封闭,那些好的点子才会真正出现。正所谓"山重水复疑无路,柳暗花明又一村"。那时你会恍然大悟,幸好当初客户没有接纳以前的构思。

四、假如你是客户又会怎样

做创意的人很多时候都只顾自己的广告是否有创意,却没有顾及客户有没有生意。所以,一接获简报就喜欢构思电视广告,没有想过这是否符合经济效益。有时客户也想拍电视广告,不过经费有限。创意人却为着追求广告品质而忽略了客户的真正经济能力。又有时客户对创意会裹足不前,创意人便穷追猛打,完全忽视客户可能面对的压力。不少客户每年都要面对营业额的问题,在指定限期内要达到某个销售数字,每家公司都可能有些不便公开的策略,或者有些牢不可破的规条,甚至复杂的人事问题。所以，我们不妨设身处地想想，假如自己是客户，这是你的生意，你会愿意接纳这个创意吗？你会愿意付出这样的广告费吗？因此，何不以体谅的态度面对客户，最终决定的应是客户本身。记得多年前为某产品构思了一个负面广告，那时大家高兴得很，客户也接纳了。不过，在签约后不久客户青着脸来请求我们撤销这宗交易，因为，他想了好几天，担心了好几天。其实合约已在手，我们大可以按本子办事，但想到对方把身家性命全都放在产品上，有什么问题发生，我们也不会安心的。于是，我们不收分文就终止了这份合约。

创意：你凭什么说客户不喜欢我的创意？　　客服：稍等！

客服：我是客户，我不喜欢这广告！

五、请勿杀鸡取卵

曾经认识一个创意人，性格主观，遇到客户持不同意见，仍毫不退让。结果广告是投放了，广告公司却被投诉，要求转换创意人。接手的人苦不堪言，因为客户已对广告公司失去信心。广告人经常跳槽,在每家公司只会逗留很短的日子,所以为求表现,常会变得急功近利。这种杀鸡取卵的做法,实在屡见不鲜。我却认为与客户的关系应是细水长流的,信心是必须长时间累积的,今天客户未必接纳创意,但难保他日成为最具创意的客户。初入行时很希望可以做些具有创意的客户,当时的行政创意总监却对我说,不要羡慕别人的好客户,把自己的客户做得令人羡慕。今天,这番话仍是我的座右铭。

六、记住山水有相逢

广告是个小圈子,今日的同事他日或会是你的客户,今日的客户他日或会是你的同事。客户今日在甲公司,他日或会转到乙公司。今日是低级客户,他日或会是最高负责人。所以,只要你一日仍在广告界,终会山水有相逢的。因此,我更认为与客户建立好关系是百利而无一害的。相反,你今日杀鸡取卵,虽然可以得到短期利益,他日相见却再难获得信任。况且,这个圈子实在小得很,你今天这样对待甲客户,明天整个行业已经知道了。所以,记住"凡事留一线,日后好相见"。

创意:明天你就是我们的客户了。
希望大家不会经常争执!

客服:我保证不会再有争执!
明早我就会把你们炒掉!

不过，我得补充一点，与客户建立好关系，并不等于奉承客户。客户不会永远是对的。我们应该成为客户的生意伙伴，共同策划最适合品牌的广告，而不是盲目附和。

问题六:
开心广告?

前中国国家足球队教练米卢,是一位我极为佩服的奇人。米卢曾经四次带领四支不同的国家队打入世界杯,在足球历史上仅此一人。2002 年的世界杯中,看到中国国家队成功打入世界杯,虽然最后连输三场,但每位球员却仍然斗志十足,不禁令人想起米卢所提倡的"开心足球"。米卢能四次带领四支不同的国家队打入世界杯,原来就是凭着这个信念。试想,足球是圆的,强如法国、阿根廷都可以兵败如山倒,球员所面对的压力是何等的大。尤其是对方先有入球,如何能在逆境中反超,实在需要很强的 EQ。米卢成功之处就在为球员减压,让球员能发挥最佳状态。若遇对手临场失准,更随时可以取胜。其实,广告界也需要米卢。

多年前我在香港 Bates 工作的时候,就遇上一位"米卢"。那时 Bates 的行政创意总监名叫 David Alberts,是位澳大利亚籍的犹太人,性格乐观得很,无论遇着什么棘手的工作,他都会兴高采烈地跟你说:"Big opportunity!"(好机会)然后再从旁鼓励、引导,务求让每个人都有发挥的机会。结果,在他任职行政创意总监的 3 年里,达彼思都是 4A 广告奖中获奖最多的广告公司。

我个人十分认同"开心广告"。一直以来,我与下属的关系都非常良好。我们不单会谈论工作上的事情,生活、信仰等等也会无所不谈。大家的关系就如兄弟姊妹一般,即使分开多年,仍会经常聚会或通电,互诉近况。我认为同事之间关系好,自然有默契,做起事来当然更能互相补充。相反,大家勾心斗角、各自为政,纵有好人才,也难发挥得好。大家团结,自能分工合作,做起事来也会更有动力。即使面对逆境,只要大家能够同心协力,胜过困难的机会,又会高得多。从前,我们在BBDO就曾遇上经济问题,庆幸大家能够互相支持,情愿减薪,也不让一人离去。结果一年之后,凭着各人的努力,我们创下了一年内比稿全胜的纪录,令公司走出困境。后来,到了Euro又遇上裁员的危机,大家又借着齐心协力,在比稿中胜出,救公司脱离水深火热。

在工作中能够保持开朗的心境,即使遇上沉重的工作压力,也能互相分担,自然感觉轻松得多。我更相信在愉快的气氛底下,创意会更澎湃。例如,我们会把构思创意当作一场游戏。我们有一种称为创意格斗的游戏,大家先分别构思点子,然后在会议室内轮流说出自己的点子,遇有创意欠佳的点子,大家可以尽情揶揄,当然只是闹着玩而已。大家就在开怀大笑的气氛下进行大脑激荡,把未尽完善的点子变成大创意。从前在BBDO,17个创意人分布于不同角落,时常会听到笑声此起彼伏,多少好创意就是在这种开心的环境下孕育而成。听说英国著名广告公司 Mother 更是十多位创意人坐在同一张大圆桌旁，大家毫无隔阂地构思广告。

要保持开心的工作气氛，就必须不能只顾成果，忽视工作的过程。当年 BBDO 全球的口号是"The work.The work.The work.（作品。作品。作品。）"。意思是不要告诉我们工作的过程多困难，我们不接受任何借口，我们看的只是成果。难怪 BBDO 多年来在全球创意排名榜都名列前茅，有好几年更排在榜首。他们所看重的就只是成果，而不计较过程，与我所采用的方法正好相反。我看到很多创意人长期处于压力之中，要在广告奖中争取好表现，要跻身排名榜之上，工作其实并不愉快。很多创意人根本不享受创作过程所带来的欢乐，只寄望拿到奖的一刻兴奋。试想，我们每天工作的时间多，还是拿奖的时间多？只要我们能够享受每天工作的过程，就能天天活得精彩。即使拿不到奖项，也无伤大雅；拿到奖项，就当是锦上添花了。人的欲望是无穷尽的，慢慢你会发现拿到奖项也不一定开心，你会追求更多或更大的奖项，而无法自拔。

你拿那么大的行李箱来干嘛？　　　　是用来放奖座的！

若是空手而归呢？　　那我会躲进行李箱里。麻烦你把我推出去！

今时今日，做广告更加困难，你担心的已不是能否获奖，而是会否被裁员。在饭碗与创意之间，实在很难取得平衡。我见过不少创意人活在裁员的阴霾之下，终日郁郁寡欢，十分不健康。其实，既然不开心也要做，开心也要做，我们何不学习米卢，来个"开心广告"呢？每次创意被客户拒绝，就当是赢了创作更好广告的机会；每次比稿失败，就当是赢了个学习的机会；每次被裁员，就当是赢了个见识外面的机会。或许这会有点阿 Q，但在逆境中要做好广告，若没有好的心情，相信只会难上加难！

026招

锦囊一：
胜战之计与敌战之计

广告人翻开报纸或打开电视，看到精彩的广告，最好奇的不一定是对方如何想出点子，反而是怎样成功卖稿。从事广告越久，我发现好点子常会永不超生，能够发布的大多是人畜无害的广告而已。懂得卖稿之道不但能够让好点子公之于世，更重要的是避免了既耗费青春又摧残意志的情况出现。翻看《三十六计》一书，发觉当中不少妙计，除可应用于战场杀敌外，也可用以卖稿。《三十六计》共分胜战之计、敌战之计、攻战之计、混战之计、并战之计及败战之计六大类，每类各有六条妙计，六六三十六，故合称三十六计。这里我们选取了当中一些妙计，期望抛砖引玉，互相切磋。

胜战之计与敌战之计——前者指充分掌握取胜条件的战争，后者指攻防反复的战争。无论是客户与广告公司，创意部与客户服务部，创意总监与下属，文案与美术指导，常有敌我分明的情况出现，要成功卖稿，往往取决于能否事先掌握胜算及运用隐秘的作战和突袭的策略。

第二计：围魏救赵

公元 353 年，魏国攻打赵国，赵国向齐国求救。齐王本想立刻出兵救赵国，但军师孙膑献计，趁魏国国内兵力薄弱，先派兵攻魏，引魏军夜以继日赶回国内，再以逸待劳，将之大败。所谓"围魏救赵"即是指避重就轻，善于抓住对方的弱点，使对方受到牵制，从而用最少的代价去取得最圆满的成功。面对客户或客户服务部人多势众，会议桌上经常你一言、我一语。无论多好的点子，很容易在意见分歧下成为牺牲品。要保住好点子，必须对客户熟悉，做好事前工夫。你要心中有数，哪位对这个点子会较易接受？哪位会抗拒最大？卖稿之际，你要避重就轻，不正面回答最抗拒者，而先打动较易接受者。取得部分人士信任后，再进攻其余的。不过，若抗拒最大的是最终决策者，此计就无法可施了。

第四计：以逸待劳

若强敌当前，不一定要加以还击，才能逼使敌人陷入困境。而是要敌方精疲力竭，声势锐减，使形势转危为安。很多年前听过这样的一个故事。某广告公司的创意人在卖稿途中，忽然被客户提出尖锐问题。广告公司的同事早已吓得魂不附体，不知如何是好。岂料那位创意人从容不迫，慢慢点起了一根香烟，抽了一会儿，然后把看法告知客户。客户立时宽容起来。同事大赞创意人了得。岂料，创意人事后才跟大家表白，刚才他同样不知如何解答，所以拿出香烟，来个缓兵之计。其实，这位创意人的做法不单可以拖延时间，更可以让对方有时间冷静下来，避免了双方不必要的摩擦。此外，不少客户因从前不愉快的经验，早对广告公司不太信任。要向这些客户卖稿是难上加难。在这种情况下，不宜操之过急，应该先让客户对广告公司重新建立信心，消除敌意，才有机会卖出好点子。这样也可以说是一种"以逸待劳"的做法。

客户A：这女生最漂亮，很适合作女主角！

客户B：我们的销售对象是女的，女生不会喜欢这类型！

客户A：你选的那个太丑了，故事不成立！

第八计：暗度陈仓

假装要出兵攻击，抓住敌方加强防备的机会，从另一个方向予以突击。熟悉客户的人，很多时候早已心中有数，知道对方要些什么广告。若只是做应声虫，广告其实很易做。但要做一点有突破、有创意的广告，就可能很有难度。这时不妨"明修栈道，暗度陈仓"。即照客户心意做一套广告，按自己喜好又做一套广告。在客户面前先卖客户所喜欢一套，待客户安心后，反问客户种种问题，让客户意识到这等广告有什么不善之处。然后再拿出另一套来，让客户眼前一亮。记住，若你只是一意孤行地卖自己所喜欢的，客户很可能会觉得你对他的业务不了解；若你只是敷衍地做客户所要的，客户只会觉得你的创意未达水准。所以，你就更要做好客户所要求的，然后在冷不提防之下来个突袭，必定水到渠成。

客户:这两个点子,你们建议哪一个? CD:我们建议第一个!

客户:我偏偏喜欢第二个! AD:如你所料,她就爱唱反调!

第十一计：李代桃僵

在战局的发展中，损失是必然的。此时，最重要的是，忍痛放弃局部的损失，以换回全局的优势。曾经有个客户部的高层向客户卖稿，目的是要卖出一套惊世的地产电视广告创意和一些附带的报纸广告和售楼说明书之类。客户对电视广告的创意很满意，却对其余的有点意见。客户部高层却态度强硬，坚持所有广告是一个整体，缺一不可，弄得场面十分紧张。创意部同事见势不妙立刻"弃卒保帅"，答应重新构思报章广告及售楼说明书。结果，客户在一人让一步的情况下接纳了电视广告的建议。与客户卖稿之前，自己必先定下底线，一个创意点子被客户改动至什么地步仍可接受呢？一套跨媒体的广告被减至什么程度仍可发挥作用呢？如果没有清楚的计算，临场面对客户，太过坚持可能无功而回；太迁就又可能把创意弄得四不像。所以切记必要时唯有忍痛割爱，以求"牺牲小我，完成大我"。

锦囊二：攻战之计

攻战之计——指运用谋略之战。战争其实只是手段而非目的，应该尽量使用谋略，以求不费吹灰之力便能获胜。面对客户的时候，实在不宜硬碰，懂得善用谋略，就可以轻而易举地把点子卖出。

第十三计：打草惊蛇

遇有可疑的情况，不应急于行事。必须了解事情，确定实况，在完全掌握来龙去脉后再采取行动，否则只会打草惊蛇，一败涂地。进行创作前应先仔细阅读简报，避免走错方向。不过，有时即使已经与客户服务部取得共识，卖稿之时常会发现与客户南辕北辙。所以，在卖稿之前不妨与客户重述一遍这次做广告的目的、销售对象、产品卖点等等。若客户对其中任何地方有怀疑，必须一一澄清。遇有什么疑问，不要勉强卖稿，不妨表明在理解上有错失，要求"择日重赛"，否则心血可能白白浪费。打草惊蛇还有另一种应用方法。就是先拍打可能有蛇躲藏的草丛，让蛇跑出来，以确定是否有蛇后，再进行捕杀。应用在卖稿之前，不妨先抛出其余点子试试客户反应，从不同方向试试客户喜好，再把最好的点子送上。遇有情况不明朗时，就立刻鸣金收兵，不做无谓的牺牲。

第十四计：借尸还魂

CD:故事发生在浪漫的法国街头，男主角拿着我们的饮料跑向女主角……

客户:陈腔滥调！我不喜欢！

CD:故事发生在浪漫的法国街头，男主角拿着我们的薯片跑向女主角……

原意是说已经消亡的、不存在的东西，又借助某种形式得以复活。作为一个军事策略则是要善于掌握一切机会，甚至看上去是毫无用处的东西也可加以利用，争取主动，扩大战果。向客户卖稿很多时候并非一击即中，往往要两三轮才能成功。通常客户表示不喜欢的点子都会被搁在一旁，永不超生。不过，往往只要善于运用，这些点子就可以借尸还魂，重出生天。因为，客户并非个个对广告有认识，有时心中所想的并不一定可行。所以在第一轮被拒绝的点子并非一定不好，只是客户还未明白个中真谛。所以，创意人对自己所构思过的点子必须十分熟悉，遇到客户摇摆不定之时，不妨再拿出来建议一次。所谓此一时、彼一时，当客户看过其他点子，又经过长时间思考后，很可能会对从前所见过的点子有全新的看法，说不定还会采纳呢！我试过七八轮之多的卖稿，最终却是采用了第一次提案的点子。有时，你或许不可以完全借尸还魂，但只要稍做修改，旧点子又可以重见天日了。即使这个客户不识货，说不定另有更合适的客户会采纳呢。所以，好点子必须好好保存，他日随时可以循环再用。

第十六计：欲擒故纵

敌我交锋时，如果逼得对方走投无路，就会两败俱伤。故意放他一条生路，反而会削弱他的气势，瓦解他的斗志。我方就能寻找适当时机，征服敌人。向客户卖稿，最大忌讳莫过于自以为是，咄咄逼人。须知你所构思的可能真是绝世好点子，但出钱做广告的始终是客户，所以客户绝对有权选择。不过，有时创意人为求卖出好点子可以名成利就，往往忽视了客户的决策权，结果逼人太甚，反而弄巧成拙。其实，创意人应该学习欲擒故纵，对想卖出的点子装作毫不在意，客户的抗拒性反而会减低，建立一个好关系，成功卖稿的机会反而提升。或者，花了不少时间卖稿，对方仍不为所动。此时不妨给对方一个台阶下，表明自己的立场，将最终决定权交回对方手上。这样或许会使对方软化，使紧张的气氛得以缓和，结果可能会成功卖稿。

第十七计：抛砖引玉

用类似的事物去迷惑对方，使对方自乱分寸，然后乘机击败对方。唐代诗人常健，希望朋友赵嘏作诗一首，便先在对方常到的庙宇墙上写上两句诗。赵昰一来就看到，果然接上后面两句，完成一首绝句。面对客户或创意总监，有时不妨使用抛砖引玉，故意在创意上预留一点空间，然后引导对方填补，让对方有份参与。对方自以为为创意画龙点睛，整个人也会变得飘飘然，又怎会加害于这个创意呢？

第十八计：擒贼擒王

所谓"射人先射马，擒贼先擒王"，攻打敌军，最要紧的是捉住敌人首领，使敌军失去指挥而溃不成军。无论是向客户服务部或客户卖稿，最怕是决策者不在场。首先，创意人卖稿不能重复太多次，次数越多，吸引力越低。其次，好点子可能会被一些毫无决策力的人士所破坏。所以，卖稿之时必须保证最高决策者在场，否则情愿另约时间开会。而卖稿之际，你应该把注意力专注在最高决策者身上，与对方时刻保持目光接触，仿佛只有你俩在会场之内。因为，你要打动的始终是最高决策者，而非他的下属。除非对方是个铁石心肠，很难令顽石点头，你才适宜转用"围魏救赵"，避重就轻，向频频点头的赞同者出手。

"胜战之计"中本来还有"瞒天过海""借刀杀人""趁火打劫""声东击西"；"敌战之计"还有"无中生有""隔岸观火""笑里藏刀""顺手牵羊"；"攻战之计"还有"调虎离山"。不过似乎过于狠毒，所以不向大家介绍了。

锦囊三：混战之计

混战之计——处于混乱的战争中，应采取攻心夺气、以柔克刚的战法。在卖稿之际常会遇上类似的混乱场面，轻者会白费所构思的好点子，重者会损失客户。所以，面对混乱场面，不宜硬碰，不妨来个以柔制刚。

第十九计：釜底抽薪

水沸腾的时候，是很难停止的，想要使它停止必须知其根本所在，把柴火抽出，水的沸腾之势自会减弱。"釜底抽薪"是指两军对垒时，一方不直接针对敌人的锋芒与敌人抗衡，而是另想办法，从根本上削弱敌方的气势，这样就可以弱胜强。在卖稿之际，双方常会为了一个论点争论不休。此时，若再坚持下去，最终只会不欢而散，关系决裂。其实，你应该冷静一下，想清楚对方不满或坚持的真正原因是什么。很多时候，客户所说的忧虑，并非实际问题所在。有时是由于他们表达能力有限，有时是由于他们有难言之隐，有时是由于他们理解错误。试过与导演商讨后发觉在外地拍摄某广告效果会较好，于是向客户建议，客户却十分反对，坚持要在香港拍摄，还说香港情怀要在香港才能找到。导演则坚持这种怀旧的殖民地情怀在香港已经绝迹。结果双方相持不下。后来想了一会儿，才想到客户可能是担心拍摄费用过高而出现超支，但又不便明言。于是，我们立刻把制作预算与客户解释，客户发现制作费用并无超支，一切疑虑尽消。想清楚问题背后的真相，才有机会找到对症下药的方法。

第二十计：浑水摸鱼

"浑水摸鱼"原意是指搅浑水池，使鱼儿混乱而乘机捕捉。应用于军事之中就是一种乘乱取胜的方法。我的前上司 C.C. 有句名言："If you can't convince them, confuse them."（不能说服对方，就混淆对方）记得有次为某信用卡构思了一个广告，故事是说一名少女在街上挥手截停出租车却从不上车，原来是要炫耀手上的戒指。客户一开始便很喜欢这个点子，所以卖稿相当顺利。后来，我的上司忽然心血来潮，打算这个广告在外国拍摄，因为大家可以免费旅游，所以都很支持。岂料在出发前的制作会议上，客户的高层忽然反对出外拍摄这个广告，认为会减低顾客的代入感。当时场面非常混乱，前期制作早已开始了，订金亦已经付出，要改变拍摄地方根本是不可能的。幸好我们训练有素，知道既然无法说服对方，就混淆对方。我们举了 SUNDAY 的"独立日"的例子，很明显是当地的事，却选了在布达佩斯拍摄；香港的广告常有出租车出现，恐怕会被误会是其他广告；其实拍摄会多用近镜，所以观众未必知道在外国拍摄；百余万便可以飞到外国拍摄，其实相当划算。

总之，我们一口气列举了很多似是而非的论据，客户的注意力给我们分散了。结果，在客户既不赞成也不反对的情况下，我们便到了法国拍摄这支广告。广告投放后，同行都不明白我们为什么要到老远的地方拍摄这个广告，更不明白我们如何说服了客户。我们只有苦笑。

客户A:我比较喜欢第一个提案！　　客户B:我倒喜欢第二个！

客户C:还是第三个好！　　CD:既然如此！不如全都要吧！

第二十一计：金蝉脱壳

"金蝉脱壳"的本意是蝉在蜕变时，本体脱离皮壳而走，留着蝉蜕还挂在枝头。此计用于军事上，是指保持阵前气势，用以示威，不使敌军生疑，以压制敌人进攻的勇气。我方则秘密将主力军转移他地，改变战略，以困惑敌人。向客户卖稿常会预备好几个点子。有时见形势不妙就要"金蝉脱壳"，把好点子临时抽起，避免作无谓牺牲。但又不可太明目张胆地撤退，唯有假装已卖的点子是最好的点子，用力向对方继续卖稿，令对方不会生疑，然后答应在短期之内再次开会。其实，下次提案的点子早已成竹在胸。避免了正面冲突，双方冷静了，下次成功卖稿的机会又会大了很多。

锦囊四：
并战之计与败战之计

并战之计——与他军联合作战时，必须显示我方强劲的统帅力。正如与客户服务部、直销部、公关部等合作时，主动权必须在创意部身上，否则，你的好点子可能被其他人所拖累，无法成功卖稿。

第三十计：反客为主

"反客为主"的意思是在日常生活中，主人不去招待客人，反而受客人招待。用在军事上，就是乘支持盟军的机会，把自己的力量安插进去，然后有计划地逐步控制盟军。无论是与客户或客户服务部开会，常遇到的问题是顾虑太多，很难下决定。这种犹疑不决的情况常会令你的好点子胎死腹中。要避免这种情况发生就要"反客为主"争取主动权。你必须很了解自己想要的是什么，然后不妨在没有人愿意下决定的情况下为大家出主意。其实，很多时候事情都没有绝对的对错，使用任何一个方法都各有利弊，所以你为大家出主意，大家都会乐于接受。因为，成功时大家可以分享，有问题时就由你负责。对于事事但求安全的人，此举似乎是自掘坟墓，但要成功多多少少也要冒险。只要你有信心，其他人都会较易受你影响，到时话事权就自然落在你的手上了。

客户A：我认为创意应该使用证言方式……

客户B：我认为应该是蒙太奇的片段……

客户C：我认为是泰式的幽默……

创意人：我认为应定位为低收入人群，家庭收入1500至2000，定价3元2角……

败战之计——以弱对强的作战之计。退兵并不代表败北，既然不是败北，就可以转而得胜。

第三十五计：连环计

"连环计"是指多计并用，计计相连，一计累敌，一计攻敌，这样任何强敌，都会攻无不破。卖稿但求灵活多变，切忌一意孤行。所以，卖稿之前心中不妨早做好预算，预计客户的各种反应，然后对症下药。不过，人算不如天算，估计错误的情况时有发生。因此，负责卖稿的人临场应变能力十分重要。正如习武之人虽然手执武学秘籍，也不能临阵之际才去寻找对策。所以，负责卖稿的人平时要熟习各种卖稿的方法，在遇上不同的客户，不同的情况，自会应付自如。试想你上次成功卖稿之时，可能已经用了上述的好几个对策。

第三十六计:走为上

所谓"三十六计,走为上计",是指敌我力量悬殊的情况下,己方采取有计划的主动撤退,暂时避开敌人锋头。以退为进,待时机成熟,再伺机破敌。卖稿生涯中"走为上"用得最多。很多时候场面都会难以收拾,鸣金收兵可以减低损伤。又有些时候,在卖稿途中从客户口中获得新的资料,若一时之间又想不到如何善用,亦不妨使用走为上计。争取多些时间,重新构思,常会有意想不到的收获。又有时到了会场才发现大客户不在场,你也不妨走为上计,避免无谓牺牲。听说有位资深的创意人,在卖稿之时想不到对策,于是真的来个"借尿遁",逃之夭夭。坦白说,创意人并非个个诸葛孔明,遇有难解场面,真的不妨来个"走为上",所谓"留得点子在,哪怕卖不成"。

秘书:你们先坐,我去通知老板!

客户:你不知我很忙吗?还来烦我!

客户:人呢?不是说广告公司的人来了吗?

瓶颈一：
交通堵塞

我一直思考着一个问题：如何突破瓶颈？我从事广告创作已经三十年，在不同的阶段都会遇上瓶颈。例如初做文案的时候，有过花了三天都写不出一句标语；有过发现想出来的点子都大同小异；有过服务同一客户三年，不知怎样走下去。相信这些经历，大家都似曾相识。经历的时候会痛苦万分，甚至怀疑自己是否适合干这个活。后来发现，这个问题绝不只局限于创作。我们一生不知遇上过多少瓶颈，像学业的瓶颈、工作的瓶颈、感情关系的瓶颈，甚至是信仰的瓶颈。于是，我开始去思考大家为什么会遇上瓶颈？有没有方法可以突破瓶颈？当然，我不能说自己已经想到了解决的方法，但我很想在这里与大家一起探讨这个问题。

相信大家也有类似的经历。本来是畅行无阻的马路，忽然堵塞起来，通常是因为前面有交通意外、修路，或者遇上个刚拿驾照的司机。其实,这种现象就是一种瓶颈。假设原本是三线行车，却因交通意外而封闭了其中两线，于是三线的汽车挤在一线之内，速度当然减慢。加上司机大都有好奇心，所以经过肇事现场时，惯性地减慢车速看个究竟，于是就更加缓慢了。但一过了肇事现场，一线又变回三线，司机也知道发生了什么事，于是车速又恢复正常。甚至因为之前浪费了时间，司机车速一般都会加快。

另一种情况是在遇上多年没见面的朋友，一时间竟想不起对方的名字。这也是一种瓶颈现象，因为大脑同时涌出了很多个名字，于是就如前述的交通事故，出现了堵塞的问题。我的习惯是在脑海中从 A 到 Z 去寻找合适的名字，幸运的话可能很快想起对方是 Albert，不幸的话想了很久才记起对方是 Zion。为什么从 A 到 Z 去思考对方的名字会有效呢？原因是这样就等于替大脑作了分流的工作，让那一大堆的名字不会同时涌现出来，而是分批流出。就好像交通意外时，若有交通警察在场指挥交通，行车会比较顺畅。所以，分类绝对是一种克服瓶颈的方法。平日看到新的广告，我都习惯把它们分类，例如夸张、幽默等等。遇上创意瓶颈时，就会尝试从电脑中找出合用的分类，然后看看有没有什么灵感。这绝对比在茫茫大海中随意找灵感有效得多！

瓶颈二：
跳高的瓶颈

我翻查了一些跳高的纪录。1839 年，加拿大人沃弗兰德以"屈膝纵跳"的方式，跳过了 1.69 米的高度。1864 年，英国运动员柯奇，首先采用"跨越式"跳过了 1.70 米的高度。1895 年，美国人斯维尼用"剪式"，跳过了 1.97 米的高度。1912 年，美国运动员霍林，用独创的"滚式"，跳过了 2.01 米的高度。1923 年，苏联运动员伏佐洛夫，采用了"俯卧式"，但因成绩不高，未受到人们的重视。直到 1936 年，美国运动员阿尔布里顿，用这种姿势创造了 2.07 米的世界纪录，才引起人们的注意。到 1956 年，美国运动员杜马斯跳过 2.15 米之后，俯卧式跳高才被公认为最先进的跳高技术。直至 1968 年，美国运动员福斯贝里以"背越式"刷新了 2.24 米的纪录。从此，"背越式"成为所有运动员使用的方法。这里我们看到，无论是"屈膝纵跳""跨越式""剪式""滚式"或是"俯卧式"，在刚开始时都有很好的成绩，然后慢慢步入了瓶颈，开始停滞不前，直至有新的方法出现为止。

我想这至少给了我们一个很好的提醒，在遇上瓶颈的时候，有时需要改变方法。试想，若我们一直保持"屈膝纵跳"的方式，恐怕到今天都无法超越两米的跳高纪录。即使是雄霸跳高界几十年的"背越式",也有瓶颈的一天。现在的世界纪录,是 1993 年古巴人索托马约尔以"背越式"所创造的 2.45 米。但已经有很多年无人能够打破了。相信要打破这个世界纪录的话,又得有人创造一种全新的跳高方式了!

我们从事广告创作何尝不是如此?如果永远遵循同一思考方式,恐怕很难有新意。有些时候不一定要按着简报去思考,可以试试从媒体入手,也可以从市场洞察开始,又或是从执行手法展开。总之,不要把自己局限在同一方式之中,要做多方面的尝试!

瓶颈三：缺乏新鲜感

什么人会没有瓶颈？当然是新人。当你刚进入一个行业时，什么都新鲜，什么都敢尝试。这个时候，你只在瓶底，距离瓶颈还有一段很长的日子。你会像一块海绵不断吸收、不断成长，直至你到达瓶颈。

我曾经当过老师。我之所以会执起教鞭，主要是因为我遇到过几位好老师。对我来说，教师不是个能够致富的职业，所以当老师的多少都是为了培养英才的理想。不过，事实并非如此。我在学校当实习老师的时候，发现绝大部分的老师都只把教学当作一份工作。他们既不备课，也不管学生操行。同一份笔记可以用上二三十年，功课可免则免，懒得批阅。全学校就只有几个刚毕业的教师会准备一下教材，组织一下课外活动。当时，我以为只是教师这个行业出现问题，所以到广告公司应该会好得多。结果大家应该知道。

即使是一个讲求创意的广告行业，仍然有很多把广告视作一份工作而已的创意人。问题出在哪里？相信是因为每个行业的保鲜期都是有限的，无论是多有趣的行业，新鲜感总是无法长久保持的。于是，任何工作最后都会变得缺乏新意、失去动力。

其实，无法维持新鲜感就是一个导致瓶颈出现的原因。最初因为有新鲜感，所以全情投入，但慢慢发现日光之下无新事，于是渐渐就会对工作麻木，什么事情都提不起劲。我认为问题并不是来自工作，而是来自自己的心态。即使天天更换工作，不改变自己心态的话，最终于也会失去新鲜感。要解决这种工作瓶颈，必须从改变心态着手。即使多沉闷的工作，也可以找到有趣的一面。

我曾经在玩具厂里当兼职。工作相当简单，只是把几个零件组装在一起。我看到身旁的女工都像机器一样，十分机械化地工作。我与几位年轻人想了一个解闷的方法，就是看谁组装得最快。起初是五分钟，然后十分钟，三十分钟……一天转眼就过。只要愿意用心发掘，工作其实比你想象中有趣！

瓶颈四：
输入与输出

本来好好的创意人，忽然有天大脑"便秘"了，什么都想不出来。这并不是什么新鲜事，我们每天都有可能遇到。其实，只要回想一下近日的情况，马上可以知道问题发生在哪里。是不是原本每周工作五天，每天八小时，忽然工作增加了？变成每周工作七天，每天十五小时以上，而且持续了一段日子？试想你的生活只有输出，没有输入，怎可能不遇上瓶颈？创意来自生活，我们至少要让自己有机会生活，才有机会有创意。

不过，我们可能人在江湖，身不由己。但无论多忙也不可停止输入。有时可能只是听听音乐、看看网页，又或是与同事聊聊天，便可以有不错的输入。可能的话尽量出外走走，哪怕只是吃顿午饭或是吸口新鲜的空气。你必须明白，只是输出，没有输入，创意很快会遇到瓶颈，然后有天无论花上多少时间都想不出什么。

所以，要在还未到瓶颈前就好好准备，有空多花点时间出外吸收一下新事物，将来自然用得着。有个建议，每天提早半小时上班，然后先别管手上的工作，先上网看看有什么有趣的事情，或者翻开报章看看新闻。怎样都比一开始就不停输出好。许多时候这随便看看的信息就成为你当天的灵感，让你可以提前下班好好享受人生！

医生：你的外表是20，实际年龄是30，身体状况却是70！

不停输出会导致瓶颈的出现。其实，过分的输入也一样会造成瓶颈。现代社会资讯泛滥，书籍、报章、杂志多不胜数。很多人每天看三两份报纸，每周至少看几本杂志。亦有很多人像我书不离手，背包里总有一两本书籍。当然，时下的青年人，每天不知会消耗多少时间在手机之上。只要打开手机，就犹如跌进大海，可以随时迷失好几个小时。但我曾说，脑海中忽然同一时间涌出大量资料，有时反而会适得其反，出现交通堵塞的现象。资料过多，有时反会令人无从入手。于是，又会出现瓶颈。

我认为吸收资讯不是问题，问题只在怎样吸收。很多时候，我们只是把资讯塞进大脑，没有经过任何消化过程。结果，资讯像杂物一样胡乱寄存在大脑内，令大脑变成一个垃圾站。所以，我一直建议要对资料进行分类及整理。在分类及整理的过程中，我们对资讯进行分析及理解，换句话说，是在进行消化及吸收。只有这样，这些资料才有机会转化成养分及能量，帮助我们从事创作。否则，杂乱无章地吸取资讯，最终只会造成消化不良，妨碍真正的吸收。因此，我们常看到很多人案头全是广告年鉴、广告杂志等等，却从来做不出什么好创意。一方面当然是资质的问题，另一方面却是不得其法的原因。

瓶颈五:
随身听的瓶颈

大概1998年开始,我先后在香港及上海三家广告公司服务索尼这个品牌。那时主要负责随身听与数码相机两类产品。记得刚负责索尼随身听时,正好遇上随身听二十周年纪念。随身听(Walkman)这个概念来自索尼,在此之前大家听音乐就只能安坐家中。第一代的随身听使用的是卡带,年轻一代的朋友可能从没使用过这款记忆体。它是一卷只有几厘米宽的磁带,以模拟方式记录音乐资料。后来,出现了CD,卡带就慢慢被替代了。

其实,CD之后还出现过MD之类的记忆体,不过,流行了一段时间就销声匿迹了。当我为索尼做随身听的二十周年贺稿时,根本没法想象数年后索尼随身听的地位,会被苹果的iPod所取代。现在回想起来,索尼随身听的问题就是遇上瓶颈,却无法突破,把整个移动音乐装置的王国拱手交给了苹果。

我想索尼的瓶颈在于无法放下自己所创立的不同记忆体,总认为音乐必须被刻录在可以更换的卡带、CD、MD、MS记忆棒等等之上。没想到苹果居然可以研发出一个容量大、体积小的硬体,足以容纳无数的音乐。任何令我们成功的因素,某天都有可能成为我们的绊脚石。要突破瓶颈,其中一个重要的元素就是要愿意放下自己所拥有的，正如一杯水要倒空才可以重新注入。作为广告人，你的强项又是什么，它们会成为你的绊脚石吗？

瓶颈六：
手机的瓶颈

大家或许没见过真正的大哥大电话，但必定在港产电影里边见过。八十年代，香港的流动电话仍不普及。作为第一代流动电话的 Motorola，被称为"大哥大"，价格高达两三万元。更重要的是当时的通话费用每分钟就要一二十元。所以，Motorola 在那个时代绝对是身份的象征。

后来，手机来了一场革命，从水壶型的电话变成了折叠式的电话。这款 Motorola 5200，人称"折龟"，现在看来当然很笨重，但在当时来说实在太突破了。Motorola 雄霸了手机市场约十年，类似"折龟"的手提电话就推出了很多款，直至大家开始觉得它没有新意为止。

上世纪九十年代中期，寂寂无闻的 Nokia 开始在芬兰兴起。起初 Nokia 的电话十分方正，没有任何吸引力，直至它在 1998 年推出了 Nokia8110，人称"香蕉"的手机就一炮而红。然后是 Nokia8810"须刨王"，让 Nokia 取代 Motorola 成为手提电话的龙头大哥。

不过，不到十年，Nokia 又步上 Motorola 的后尘，开始停滞不前。到了 2007 年底，苹果推出 iPhone，短短几年内就夺去了消费者的心。从 Motorola 到 Nokia，再到 iPhone，我们可以看到一个如何善用瓶颈的好机会。当别人陷入瓶颈之时，正是竞争对手成功的良机。换句话说，若 iPhone 早几年推出，它不一定能胜过如日中天的 Nokia。但刚好 Nokia 遇上瓶颈之际，iPhone 就能乘虚而入。所以，现在要超越 iPhone 并不容易，但当 iPhone 步入瓶颈之时，就正是另一品牌冒起之时！

瓶颈七：沟通的瓶颈

两个人在倾谈，你一言、我一语，本来是好好的，后来变成各执一词，最后不欢而散。造成这种交恶的关系，往往因为以自我为中心。因为，双方都只从自己的角度去看事情，渐渐就会走到瓶颈，无法再讨论下去。这种情况，不单发生在同事之间，还会在男女朋友之间、夫妇之间、婆媳之间发生，总之是有两个人或以上，就很容易会出现这样的关系瓶颈。

当然，人与人相处，引起冲突的原因很多，但其中一个重点就在于我们的以自我中心。假设甲与乙在讨论，甲不停地发表自己的意见，乙又不停地发表自己的看法，起初大家或许也会聆听一下对方的论点，然后再反驳，但时间一久，大家往往都只会急于发表自己的观点，而忽视对方的。于是本来是交流式的沟通，渐渐变成意见争论，结果甲的意见与乙的意见同时涌现，你没有听到我的，我也没有听到你的，大家没有互动，问题自然无法解决，只剩下一大堆没有答案的论点，于是变成了胶着的状态，大家卡在瓶颈上。

无论是广告公司与客户，创意人与客服，文案与美指，等等，都同样会遇上沟通的瓶颈。解决的方法是要至少其中一方愿意放低自我，聆听一下对方的意见，并且尝试反省一下自己有没有问题。当然,若双方都愿意让步,冷静下来的话,情况很快就会改善。大家重新交流,回应对方的看法,表达自己的观点,慢慢会发现问题没想象中复杂。当大家愿意交流的时候,瓶颈地方就会慢慢畅通,事情很快会得到解决。回头一看,也不明白刚才大家在争论什么,为什么会卡在某个观点上,浪费了那么多的时间!愿意退一步的话,真会路路畅通!

创意:有三样东西就可取代你们客务人员,就是快递、录音机和收银机!

客务:但只要一件东西就可取代你们,就是广告年鉴!

瓶颈八:
晋升的瓶颈

常有后辈问我那些前辈去了哪里？据我所知有些去作老板,有些去当导演,有些去炒股票,但绝大部分都不知去向。记得刚入行时,前辈就跟我说,创意人在这个行业活不到四十岁。说真的,像我这样年过四十的创意人在广告圈内真的越来越少。看来很奇怪,但真一点也不奇怪。

试想一个广告人二十二三岁入行,大概两三年晋升一级,到四十岁已升至少六七级。假设你是个美指,入行是 AAD,三年后 AD,五年后 SAD,八年后 GH,十年后 ACD,十二年后 CD,十四年后 GCD,十六年后 ECD。没有多少广告公司有 CCO 一职,于是 ECD 就变成了瓶颈位置。再说假设一同入行的 AAD 有十人,三年后只剩九个 AD,有一个转行了；五年后只有七个人升 SAD,又有一个转行了,一个到了瓶颈；八年后只剩五个 GH,又有一个转行了,一个原地踏步；十年后只有四个 ACD,还有一个已无法转行,但又无法升职；十二年后只有三个可做 CD,有一个工资太高被裁员了；十四年后只有两个成为 GCD,另外那个因病辞世；十六年后只剩一个 ECD,另一个被气死了；十八年后,ECD 也被下边的 GCD 逼走了。所以,广东话有句"升得快、死得快",就是这个意思,你晋升越快,也代表越快到达晋升的瓶颈。因此,我常劝下属不要心急,凡事按部就班,至少可以多待几年。

ECD:为满足大家要求,我们决定全创意部同事各升一级!

其实,任何行业情况都大同小异,晋升的机会永远都像一个金字塔,越上越狭窄。怎样可以跳出瓶颈?一种方法就是扩大战场,例如跑去大中华区或者亚太区。

另一种方法是改变战场,例如转行作导演、摄影师、供应商等等。因为无论做导演或摄影师,就等于到了一个新行业,又可以从瓶底再开始,至少可以工作十年八载。做导演、摄影师或供应商的好处是,既有新战场又有旧脉络,怎样都比从零开始好一点。

还有一种方法就是自己开广告公司。我从前不太明白为什么那么多广告人开广告公司。因为,据我理解广告公司赚钱不多,可能盈利还不如一家饭店。但后来发现,一家小型广告公司,若只聘请一两个刚毕业的美指的话,每月只要有十万八万的营业额已经足以维生。所以，开小型广告公司不一定可以致富，但至少生活无忧。所以，2019 年中，我也开始了自己的广告公司 Kids & Dogs。

忘记一：
得意忘形

我自小记忆力很差,基本上需要背诵的课目都是零分。(其实,是否零分我也不是记得很清楚!)现在年纪渐长,记忆力就更加衰退,每次开会没人复述一下,我会不知道发生什么事情。老婆也预言我将来必定有老年痴呆症,一定会忘记自己的女儿已经长大成人。记性差一直是我人生的一大困扰,直至近日我才终于想通了。记性差非但不是我的缺点,反而是我的一大优点。我甚至认为大家应该效法我的做法,好好训练一下自己,让自己的记忆力减退。

我从不鼓励创意人看广告奖年鉴,反而建议大家多看杂志或其他的书籍,因为,我担心大家的记性太好。大家很容易发现,每年广告大奖的某些作品曝光之后,就很多人一窝蜂地去抄袭。我们当然会觉得这些人无耻,身为创意人,怎可以去抄袭他人呢?不过,我们试试从另一个角度去看这个现象。这些人并非刻意抄袭,只是他们记性太好了。对于那些成功的作品,大家都过目不忘,把每个细节都铭记于心。当自己进行创作时,这些成功案例就会不期然地干扰着我们的创意,有点挥之不去的痛苦。所以,我建议大家看参考书籍时,要尽量学习"得意忘形",只记其意义,忘却其形式。形式是最容易被视为抄袭的，例如人家用某种插画手法，你又用相似的插画，即使是不同的概念，人家还是会觉得你是抄袭的。相反，同一个概念，人家是一张平面，你把它变成一个公关活动，就没人会说你是抄袭的。

相信大家都会看过武侠小说，那些剑术大师都会教导他们的传人，要学懂秘籍后，尽快把它忘记。当你忘记剑式时，剑术才会真正达到人剑合一。否则，一招一式，分分秒秒呈现脑海之中，如何可以应用自如？据我从事广告三十年的观察，我发现记性越好的人，越难做出与众不同的创意。你总会在他或她的作品中，看到别人的影子。所以，当你见到某个创意人博学强记，你问他什么广告，他能马上说出出处，你千万不要羡慕他，这人的创意应该不会怎么出众。除非这个人深懂"得意忘形"之法，可以去芜存菁，把形式全都忘掉，只记得创意的精华所在。若有这种创意人，必定是出类拔萃的创意高人！

039招

忘记二：
忘记过去

前阵子，我被邀请参加比稿，客户劈头的第一句就是批评现有的广告公司创意没新意。相信类似的话大家会听过很多遍，幸运的是在比稿时听到客户投诉另一家广告公司，不幸的是客户所说的就是自己。其实，所谓没有新意并不难理解。任何一家广告公司服务同一个客户超过一年，都可能会出现没有新意的问题。当然，所谓没新意也可以话分两头说，既可以是广告公司真的旧瓶新酒，亦可以是客户贪新忘旧。

客户那方面我们改变不了，可以改变的就唯有自己了。首先，为什么会没有新意呢？这往往是因为我们对客户已经太过熟悉了。大家收到简报，很自然就会开动自动挡循着客户的喜好去想点子，例如他们喜欢什么故事，什么样的场景，什么样的产品示范结果，客户自然觉得没新意。

文案：怎么办？到提案还未想到什么！

CD：我想到啦！

CD：平时都是我们不停地说！今天我想先听一下你们的意见！

跟新客户合作就没有这个问题，因为你没有历史包袱，你不知道他们喜欢什么，讨厌什么，所以，你做什么对客户来说都是新意。对于现有客户，我们可以怎样做呢？

当接到新工作时，就把它当作一个新客户，尽量忘记它的过去。对自己说他们是新客户，什么都可以尝试。忘记产品的定位，忘记产品的标语，忘记创意的模式，忘记一定要用明星代言，忘记一定要有产品示范，忘记一定要放产品，忘记制作预算的限制，还要忘记会被客户痛骂，甚至把你炒掉！

当你什么都忘记得一干二净时，你还会想不到有新意的点子吗？我不是说你每次都要这样冒险，但最低限度，你在做一套既安全又符合客户要求的创意之余，多想一套有突破的创意。客户不能再说你没创意，最多只是说不适合。

事实上，很多时候客户没我们想象中保守，只是他们未见过真正能够令他们动心的创意。希望大家都可以忘记客户的过去，不要丢了客户后，才在电视上看到他们的新广告，然后惊讶地说："原来他们也可以接受这个！"

忘记三：忘记台词

040招

记得中学时参加过一次辩论比赛。由于是第一次参赛，经验不足，所以早早准备好了台词。不过对方的论点与我们预设的有些出入，于是我站到麦克风前，看到台下的老师及同学，脑海立刻空白一片，站了良久都哑口无言，然后就尴尬地走回座位。

今时今日的创意人，已经不是困在办公室内闭门造车了，我们也得常常走到客户面前提案。我认识很多创意人都有很好的准备，甚至把提案预先写好，把它背得滚瓜烂熟。可惜，现实的生活中，情况很多时候都难以预料。多年前曾经与同事去提案，同事也把台词准备好了，但说了两句就被客户打断发言，并提出了一些不同的想法。那位同事就呆在那里，不懂怎样招架。我认为准备充分是必须的，但也不能缺少灵活变通。很多时候，我们越想得仔细，就越容易密不透风，也就越难做出变化。例如，你把每句话的转折都想得一清二楚时，偶然出现一些打断的话，就会牵一发动全身，很难改变。

写好台词也有另一弊病，就是把沟通变得单向。因为，台词本身是由你自己预备的，所以一切都由你自己的观点出发。当然，你可以假设一些客户的提问，然后自问自答，但无论是什么假设，都是基于自己的主观设想，仍是十分主观的。相信很多人都会同意，客户是另一个世界的人，他们有些问题，是你永远都没法想到的。因此，临场反应往往是最重要的。但要是你已有很多想法的话，就不一定能听过去。一杯满了的水，很难再添加了！

我的建议是可以先想一下怎样提案，也可以假设一下对方的提问，但千万不要把它写下来，更不要背诵。怕忘记的话，可以写一些重点，列出就可以了。然后，在会议上最重要的是聆听，先听清楚客户的意见，有不清楚的要发问，了解后再作回应。真有想不到的就坦白回答，回去想清楚再给回复，不要为回答而回答！

忘记四：忘记成功

有什么比成功最易令人失败？我们常听到某些广告伟人谈论十多二十年前的陈年案例，当年拿过些什么奖项。据我的经验，这些人一般都不会怎样杰出。我收到很多新人的求职信，每每都刻意强调自己拿了些什么新人奖，一般来说，我都不会聘请这些人。一开始就背着包袱走，进步哪有别人快？我情愿招那些四大皆空的新人，白纸一张，什么都没有，教起来比较容易，学起来也比较轻松。

其实，广告奖是慢性毒药，杀人于无形。今年拿入围，明年你就希望有铜；明年有铜，后年你就希望穿金带银；然后当然是全场大奖。今年拿的是本地奖，明年就是亚太区奖项，后年当然是世界性比赛。拿奖本身不是坏事，但要保持纪录就容易令人利欲熏心。本应是寻求突破去赢取奖项，但为求保持纪录，甚至刷新纪录，于是就唯有被广告奖的模式牵着鼻子走。偶然做了一个广告拿了奖，明年为求保持水准，就不得不做飞机稿了，结果中毒日深，不能自拔。

很多广告人都渴望有成名作，谁不知最阻碍创意人前进的，就是这些成名作。试想，你做了一个成功的感性广告，受到各界的认同，本是美事。可惜，若走不出这个框框，做什么广告都要感性一番的话,就是悲剧了。创意人需要的是不断突破,不断超越自己,成名作只能是一个里程碑,立在路旁后,你就要继续上路,绝不可贪恋风光。

无论过去拿过些什么奖项,就把它们当成过去吧!无论你做过些什么成名作,也让它变成历史吧!真正的成功应该是"忘记背后,努力面前,向着标竿直跑"。忘记成功,才会成功!

现象一：
前无古人

不可否认 SUNDAY 广告在香港广告史上是一个经典案例，影响之深可以说是前无古人（希望不要后无来者）。要谈论 SUNDAY 现象最合适的人选莫过于 K.C. 与 Paul，不过，在他们的大作《十个广告九个丑》中 SUNDAY 只占了其中一章的篇幅，不禁令人大失所望。自己有幸曾经参与其中，希望借这个机会与大家分享一下我从 SUNDAY 看到的点点滴滴。

说起 SUNDAY 大家很自然地就会想起 BBDO。其实，SUNDAY 最初的广告公司并非 BBDO。早在 1997 年初，香港政府发出第二代无线电话牌照后，SUNDAY 就开始投入服务。SUNDAY 这个名称，据闻是负责设计商标的香港知名设计师 Alan Chan（陈幼坚）的建议。而当时为 SUNDAY 负责广告的是 Saatchi & Saatchi（盛世广告），记忆中他们只拍了一个电视广告。广告是这样的，画面看到不同人的生活片段，背景听到一些不同人的电话对话："有什么可以帮忙呢？""我怀疑太太有了男朋友。""我不想一厢情愿！"……然后出现字幕："很多人已经收到，你收到吗？"（注：广东人说收到，一语双相关，也指意会得到）接着看到年轻人把吸管抛进牛奶瓶、老人家在浴缸洗澡、中年人坐在闹市中的一张透明充气沙发上、另一个年轻人穿起黄色黑边的贴身运动衣在扮演李小龙……最后字幕再次出现:"SUNDAY,一个满载生活情趣的电话网络。"旁白:"收到!"这个广告的制作很花心思,不过概念一般,没有太多人留意。

不到半年,SUNDAY 果然再次公开比稿。不过,BBDO 并没有在这次比稿中胜出。当年,BBDO 的亚太区总部设在香港,称为 The HUB。担任区域行政创意总监的正是 David Alberts。David Alberts 先后在 DDB Needham(恒美广告)及 Bates(达彼思广告)工作,是我最尊敬的行政创意总监之一。David Alberts 早年曾以百佳黄老太系列在香港夺取金帆大奖,声名大噪。其后,在 Bates 任行政创意总监,带领 Bates 成为香港 4A 广告奖中获奖最多的广告公司。

话说 David Alberts 在 SUNDAY 比稿失败后,立刻亲自领军,与澳大利亚帮 Glue Society 再次提案。就凭"feels like: SUNDAY"(感觉就好像:SUNDAY)这个创作平台赢得了 SUNDAY 这个客户的垂青。那时,K.C. 与 Paul 还没有加入 BBDO。

你有注意到每次比稿前都有工人在外擦窗吗?

BBDO 的第一个 SUNDAY 电视广告系列其实很富争议性。一个广告只见女人夸张的胸部，然后字幕出现："feels like: SUNDAY"；一个广告是见男人在立法局前站立，然后听到放屁的听音，字幕出现："feels like: SUNDAY"；一个是一只玩具驴子随着印度音乐在舞动，然后字幕出现："feels like: SUNDAY"；一个是一位老婆婆很高兴地在弹跳，然后字幕出现："feels like: SUNDAY"；一个是音乐录像，小孩画的图画配以歌曲 I won't grow up(我不想长大)，然后也出现字幕："feels like: SUNDAY"。其实，SUNDAY 还有一系列的平面广告，一张是婴孩对着母亲的乳房在舔舌头；一张是一头猪在泥浆里高兴地打滚；一张是一对老人家在大排档用茄汁射向对方。这些广告引起了很大回响，基本上很多人都不明所以，甚至有点反感。业内人士认为创意过于松散，不明意念在哪里。我问过当时已在 BBDO 工作的同事，SUNDAY 的创意是如何得来的。同事对我说，全部是出自 David Alberts 与 Glue Society 的几位老外手笔。他们似乎做得很轻松，全是顺手拈来之作。例如，驴子广告就是因为看到同事桌上放了一只玩具驴，平面就在 Stock Photo 书中随便挑几张，再加上 "feels like: SUNDAY" 字句及商标即可。

David Alberts 完成了这套广告后就洗手不干了，而 Glue Society 的几位老外也返回澳大利亚工作。而 K.C. 与 Paul 就在这时被 David Alberts 邀请加入 BBDO 成为行政创意总监。至于我、Tony Wong 及 Leslie Mee 等人也跟随 K.C. 与 Paul 成为负责 SUNDAY 的三位副创意总监。

现象二:
走火入魔

初接手 SUNDAY 工作可以说是自己创作生涯最痛苦的时期。人家看 SUNDAY 广告感觉做得很容易,只是随便想想日常生活趣事就可以了。但也因为看来太容易,所以要求也实在太高。那时在 BBDO 有十六七位创意人。有一次,K.C. 与 Paul 召集了各人到他们的办公室,然后吩咐自由组队,每两人一组,每小组要负责构思有趣的平面及电视点子。之后的日子就每天都是武林大会,十多人围在 K.C. 与 Paul 的办公室内当众轮流说出自己的点子。有趣的就记录下来,由我负责收集。很多时候自以为有趣的事情,说了出来大家会毫无反应,真的尴尬万分。又有些时候别人说了些没趣的点子,却弄得大家笑得人仰马翻。所以,所谓有趣的事情,有时真的主观得很。构思有趣的点子本应是件乐事,但每天都要构思十个八个点子,有时真的会江郎才尽。

当时的 SUNDAY 广告,平面就是一张有趣的相片,加一句有趣的话,再说一句有关产品的讯息,真是风马牛不相及。例如一大群少女在玩跳绳,文案写着"用 SUNDAY 电话在地铁接收得很清晰,感觉就好像:SUNDAY",另一张是一只满头发卷的狮子,文案写着"88 逛街指南为我安排晚上节目,感觉就好像：SUNDAY。电视广告也如是，一个有趣的片段再加一些有关产品的信息。例如超声波片段中的婴孩，忽然像李小龙般叫喊跳动，旁白却说"用 SUNDAY 电话打 *28Jetso，优惠全部知道，感觉就好像：SUNDAY"。

这个时期的 SUNDAY 广告惹来很大的回响，K.C. 与 Paul 被业内人士讥讽为走火入魔。但业外人士反而很喜欢，尤其是年轻人，大家都把 SUNDAY 广告当成茶余饭后的话题。这种现象其实是可以理解的，心理学上称为"认知失调"(Cognitive Dissonance)。广告人对广告早有一套先入为主的观点，看到与认知不同的创意手法，就会出现失调现象，要么觉得非常新鲜有趣，要么觉得不知所云。相反，市民对广告没有既定的想法，只视之为娱乐，看到有趣的图画或片段，就凭直觉反应。其实，这也是广告人常遇到的问题，我们称之为思路陷阱 (Mental Block)。从事广告越久，可能越难跳出陷阱，这也是为什么创意人反而接受不了新事物。

姑且勿论 SUNDAY 广告是否有出色的创意，这些广告确实为 SUNDAY 塑造了一个很独特的品牌形象。我们称这些广告为产品形象广告 (Product Thematic)，透过一系列的产品广告，建立了品牌的性格、形象，在消费者心目中未必完全了解产品的特点，但至少觉得它有很多好处。

044招

现象三：
反明星广告

当年 SUNDAY 广告确实对广告界产生不少冲击。其实，在客观环境中也让 SUNDAY 不得不走与众不同的路线。从前香港的流动电话网络只有 GSM 制式，SUNDAY 是首批使用 PCS 新制式的网络商。由于是新兴起的，在很多人心目中存在着次等选择的观念。当时，PCS 较 GSM 的最大优势只在价格。所以，绝大部分网络商都走减价路线。SUNDAY 也不例外，劈头就来个 88 元任打的策略，吸引了不少客户。不过，这类以本伤人的策略，始终不可能长远使用。尤其是当时的网络商均属大财团拥有，资金远较 SUNDAY 丰厚，SUNDAY 必须另辟蹊径，才能在市场中分一杯羹。

而 SUNDAY 选择的就是以具创意的形象去吸引用户。那时的网络商都喜欢以明星作为代言人，吸引用户。例如，和记用的是黎明，One2Free 用的是郭富城、金城武，1+1 用的是温拿五虎、萧芳芳，数码通用的是周润发、张学友、梁朝伟等明星。明星效应确实能在最短时间内引起最多人留意，不过广告的创意往往受制于明星。明星所收取的报酬往往比制作费还要高，而且常会参与广告创作，使广告变相成为明星的宣传工具。基本上，明星广告早已陷入了既定的创意模式，有型有款配搭一位美女，一个邂逅的故事，再加上一首新唱片的主打歌曲，毫无创意可言。SUNDAY 所用的方法就是反其道而行，拒绝使用明星，甚至高调宣判明星广告已死。记得当年我曾为 SUNDAY 做了一个反明星的广告片。我们以手机网络商代言人的照片做了一个电视广告，表面上看来是电视台的游戏节目，让观众用电话投票，选出心目中最佳的流动电话网络商广告代言人。结果投票十分踊跃，甚至打破了电话公司的电话投票纪录。数天后，我们再投放了另一个版本的广告。广告开始的时候，旁白问观众："你认为找哪位明星做代言人，代表那个流动电话网络品质会最好？"然后看到周润发、黎明、金城武、温拿五虎的照片，接着出现婴孩、家庭主妇、小孩、老婆婆、点心的照片。最后旁白说："其实找谁做代言人与网络品质有什么关系呢？SUNDAY 就情愿以 30 亿去加强网络品质！"这个广告一经推出立刻引起很大回响，唱片公司的经理人、网络商、广告公司纷纷向 SUNDAY 发出律师信，要求停播广告。结果当然是不了了之！不过，此举确实给网络商及广告公司当头棒喝，让广告创意重新被肯定。SUNDAY 弃用明星，当然在创意上要比其他网络商做得更突出，才能引起用户的注意。而综观 SUNDAY 的广告，在短短三年多来确实达到了创意挂帅的目标，令整个广告界对广告创意有了一番新的体会。

现象四：
不一致就是一致

"Inconsistence is consistence（不一致就是一致）"，这是 Paul Chan 所创的理论，与传统广告对系列广告的定义正好相反。

所谓系列广告，一般指透过两个或以上的创意去销售同一产品。传统系列内的每则广告有如双胞胎兄弟，无论意念、执行，同出一辙；SUNDAY 的系列广告就有点像兄弟姊妹，同中有异，各有特色。我们就曾为 SUNDAY 做了一辑系列电视广告，主旨同是更正消费者对 SUNDAY 的误解，但四个电视广告，无论执行手法，意念都是完全不同的。第一个是偷拍形式，一个兔女郎在街上找人蒙着双眼试用不同月费的电话网络。虽然所试用的均是同一网络的电话，但路人却有不同的反应。这是针对"一分钱、一分货"的误解。另一个广告是一群老伯穿着不同国籍的游泳裤在水中慢慢地游泳，取其同音"漫游"，主要是针对客户普遍认为 SUNDAY 漫游服务不及老牌电话网络。第三个广告是先前说过的反明星广告片，利用电话投票形式，道出 SUNDAY 不是没有资金用明星做代言人，只是情愿花费于改善网络品质之上。第四个广告是一群精神病院的护士在地铁站内捉拿正在使用 SUNDAY 电话的用户，旁白是

"别以为在地铁使用 SUNDAY 就是疯子！SUNDAY 网络已经覆盖地铁全线"。这是因为早年的电讯条例极不公平，只有 GSM 网络商可以覆盖地铁，PCS 网络自然变得很不便利。不过，条例后来终得平反，所以有必要投放广告以正视听。SUNDAY 的系列广告常给人杂不成章的感觉，参加广告奖也被评审质疑是否合规格，行内人更加认为这样的系列太松散、太容易。但试看看我刚才所举的"误解"系列，表达手法虽然不同，不是也传递着同一信息吗？

在这里我要说一些我对传统系列广告的一些反思。

（一）身为创意人，我常会自问这个产品真的需要用系列广告去销售吗？为什么呢？还是系列广告一般较易吸引评审的注视，获奖机会较大呢？

（二）系列广告真的要像"八股文"一般吗？真的要每则广告都要严守每样规范？这样的手法，不会局限了创意吗？

（三）系列广告如果只是双胞胎兄弟，甚至三胞胎、四胞胎、五胞胎，意义何在呢？每一则广告不是也应该有自己的存在价值吗？当观众看到整个系列时就会对产品有更深的认识，如化学作用，一加一不等于二吗？

（四）观众会喜欢一式一样的广告吗？广告讲求的是意外惊喜，每个广告都相似，还有追看性吗？别浪费了客户的金钱。

（五）客户的预算真的足够应付系列广告吗？不会因为预算不足而削弱了每个广告的执行吗？还是又要压榨导演、摄影师、电脑修图师呢？

（六）一定要局限于电视或平面吗？点子不可以扩展到户外、直销、互联网，且让系列更具影响力吗？

试试回答上述问题，相信你的下一套系列广告将有一番新面貌。

现象五：地道文化

SUNDAY 还有一样备受争议的手法，很值得在此谈谈。这就是直译手法（Literal）。

直译手法是一种文字游戏，把一句街知巷闻的俗语，按照字面意义直接用图像表达出来。例如说女孩子用了某牌子的唇膏会"靓爆镜"（广东话，很漂亮之意），画面就真的见到女孩子对着一块爆裂了的镜子涂唇膏。又例如说某宽频上网速度"快过打针"（广东话，速度很快之意），就真的见到一个人在打针。看过例子，相信大家对直译手法应该有一些认识。我就听过有行政创意总监讥笑这种手法是低手所为，与小公司所作无异，分别只在执行较好，毫无创意可言。试看看 SUNDAY 所做的几个使用直译手法的例子。

例一：

"哈哈哈哈，SUNDAY 出机好平呀！"（广东话"哈"与"虾"同音，画面就真的见到四只虾。）

例二：

"仲唔滚水渌脚走去出机？"（广东话"滚水渌脚"即是立刻之意，画面就真的有人把开水倒在脚上。）

例三：

"哗！劲笋！SUNDAY 手机平到你唔信！"（广东话"劲笋"即超值之意，画面就真的有人发现一个很大的竹笋。）

之前举过的"漫游"电视广告例子，也是以一帮老人在海中"慢慢地游泳"来吸引观众。这几个广告所用的直译手法与产品是毫无关联的，纯粹是借字面意义去大做文章。究竟 SUNDAY 为什么会喜欢用这种直译手法呢？

（一）很多产品根本没有任何特别卖点去吸引消费者，于是就借助广告的创意去吸引消费者。

（二）像"大减价""新型号"这些卖点，早已司空见惯，每月重复做同样的广告必会江郎才尽，不如另辟蹊径。

（三）类似的广告不同的网络商会在同一时间推出，要在芸芸广告中突围而出，需要借助与众不同的手法。

（四）SUNDAY 的形象一直与众不同，我行我素，所以直译手法人弃我取。

虽然 SUNDAY 所用的直译手法惹来不少诟病，但却不自觉地成了一种创作潮流，除了 SUNDAY 外，不少其创意人也争相仿效。我见过有创意人由鄙视这种创意手法，变成很喜欢采用这种手法。原因是发现电讯公司、信用卡等产品卖点千篇一律，而且每月都有一两个相类似的工作，实在令人筋疲力尽，直译手法无疑是一条出路。

其实，国外不少获奖广告也采用直译手法，不过，使用了英文看起来好像高档了一点，骨子里还是同样的东西。如一张 Handmade（手工制作）皮靴广告，画面就是以人手扮成皮靴；又例如一张发廊广告，就用上了 Haircut 的直译意思，把一个少女的头颅切了出来。只是由于用英文创作，外国评审也明白，所以同样获奖，换上中文就要翻译出来，早已失去了原来的趣味。下次江郎才尽之时，也不妨试试直译手法。

047招

现象六：
哗众取宠

为什么一直以来 SUNDAY 都给人哗众取宠的感觉呢？我想是 SUNDAY 实在有太多引起舆论的广告。事实上，从 BBDO 接手 SUNDAY 的第一个系列广告已注定走上了不归路。当年一个广告拍摄女人的胸部足足 15 秒钟，惹来了不少妇女团体的投诉；另一个广告是男人站在立法局外放屁，也被视为藐视政府。不过，投诉归投诉，市民对 SUNDAY 的品牌注意程度 (Brand Awareness) 却不断飙升。"引起讨论话题" (Create Talking Point) 竟然成了 SUNDAY 的不成文创意指引。引起舆论不一定代表要哗众取宠，但负面的广告往往是最能引起舆论的。例如，一个广告是一位男子四处去访问市民对 SUNDAY 月费减至 88 元的观感，其中一位路人答得不好就被男人打掉头颅，当然那只是个道具而已。然后是另一位路人因不懂回答被人从高空掷下，当然那也只是一个道具。广告投放不久共接获百余宗投诉，被指过于暴力。又一是广告是洋人在街头不论男女老幼见人就打，说的是 SUNDAY 终于出手染指长途电话市场。这个广告有几百宗投诉。另一个广告是一位夜间出租车司机遇上女鬼，吓得魂不附体，这是说电话月费低得惊人。这支广告有过千宗投诉。大家或许会问电视台为何会容许这些广告的投放？说到底就是金钱作怪。SUNDAY 的电视广告投放量高得很，平均每月都有至少一个系列投放，一年就有二三十个广告，为电视台每年带来不少收入。所以电视台虽然照例审批，但常会有灰色地带可以利用，例如投放时段晚一点，加警告字眼，等等。而每当接获投诉，电视台与电视广播审裁处照例也会开会讨论，不过每次讨论也得花一两星期，审裁结果还未公布，广告早已投放完毕了，于是就不了了之！

SUNDAY 这种"出位"的创意手法，令 SUNDAY 的名字经常在各大报章出现。全盛时期，每周有三家报馆或杂志社的记者在 BBDO 做访问，SUNDAY 已俨如明星级的品牌。坦白说我却不甚认同这类创意手法。这不单基于我是一位基督徒，也因为我认为传媒工作者应具有社会良知。广告投放一两星期，每天十次八次，耳濡目染下对社会所造成的影响是不容忽视的。我认同广告应该引起讨论话题，但可以选取有正面价值的手法。例如当年我们为 SUNDAY 所做的 Saltimbanco 地铁系列广告，首次以铺天盖地的手法善用地铁站内每处宣传的地方，就引起过广泛的讨论。又例如我们为 SUNDAY 所做的天气报告形象广告系列也成为热门话题。我总认为太负面的广告，只能收一时之效，长远来说是弊多于利的。正如 SUNDAY 的一个广告以电钻钻破男女老幼的假模特儿的头颅，借喻 SUNDAY 月费计划可以随你转换（广东话"钻"与"转"同音），就引起市民的反感。

现象七:
没有想清楚

虽然是二十多年前的事,但我仍清楚记得当天的对话。我们在一个 SUNDAY 电视广告投放两天后发觉音乐仍有可以改善的地方,于是约了客户到后期音乐制作公司听新版本的音乐。客户听过新版本后有点不耐烦,对 K.C. 说:"广告已经投放了,你们还三番四次地修改,事前没有想清楚吗?"当时 K.C. 有点激动地对客户说:"对!我们没有想清楚!"

"没有想清楚"似乎是一种很不负责任的行为。但反过来说却是一种最负责任的行为。一般来说,创作广告只有一至两星期时间,创意人要在既定的时间内完成创意,与此同时可能还要为一次比稿、两个电视、三张平面、四个直销而烦恼。顺利的话,一次就成功卖稿,于是立刻筹备制作。基本上,卖稿完毕,创意人的责任已完,可以逍遥自在。听说十多年前的创意人,卖稿完毕就会销声匿迹,直至制作完毕才会现身,其余工作全交电视广告的制片。这种操作模式,我认为更不负责任。创意人很易受外界事物刺激,遇上新的冲击自然有新的想法。卖稿之时可能还未有时间去看电影,待看到可取之处自然想修改原来的创意。又或者创意人与导演大脑激荡后有新的想法,也是平常得很。有时过于专注于一件事情,会当局者迷,看不出问题所在。反而过了一段时间，会灵机一动，有突破性的想法。把新观点放进旧创意，每每有意想不到的惊喜。所以，我们只相信一件事，就是要让广告力臻完美。今天想到的点子或许已经拍案叫绝，但明天起来或许会有更好的想法。不少创意人只徘徊于"好"的创意瓶颈，而不能达到更好，就是由于太容易满足，太快停了下来。相反，SUNDAY 的广告，很多时候在开始时其貌不扬，但经过一天一天的创意累积，到投放之时已更进一步。

"没有想清楚"，还有想不出的好处。由于无需思考得很清楚，所以大脑激荡之时，较易擦出火花。"没有想清楚"，意味着你的限制较少，成见也较低，相对来说创意也会更强。我认识的一些创意人过于谨慎寡言，没想得思路清晰透彻绝不出口。与此等人进行大脑激荡可能一两个小时仍然鸦雀无声。我却喜欢在大脑激荡之时胡言乱语，甚至十居其九是"废话"。即使正式提案，很多时候都只有概念，没有确定的故事，没有确定的文案。待客户接受了概念才去慢慢构思故事、文案、执行等等。这样就可以更专注在点子上，而非执行手法。现在很多创意人就是执行手法想得太清楚，基本上执行手法就是创意，可以改变的空间少之又少。我认为卖稿只是创意的起步，而非终点，如果拍摄出来的广告与我最初所想的一模一样，恐怕我早已闷死了。我喜欢电视广告就是那种集体创意，是创意人与导演、摄影师、剪片师、配乐师、演员等等的共同成果，不到投放之日仍有很多未知之数。这种刺激是我最乐于面对的。我认识一些创意人刚好与我相反，他们最害怕一切不在掌握之中，更不喜欢导演的左右，于是每每把精力都放在平面上。一般来说，做平面的都会想得较清楚，基本上草稿与正式刊载的没有两样。

我曾向一位新客户提案，客户问我这个镜头有多少秒？主角穿些什么衣服？说对白的时候他有什么动作？为什么要用远镜头？这个点子是基于对消费者的什么洞察？我对客户说："没有想清楚！"试问要一个创意人事事想得那么清楚，他还能想到好的创意吗？庆幸当年 SUNDAY 的客户没有要我们事事想清楚，否则今天广告界就会少了一个如此经典的案例。

切记：创作不是回答问题。创作只是一刻的灵感，然后经过慢慢地琢磨，才能变成真正的创意。

049招

现象八：
客户也疯狂

有好的创意人、好的导演，也不一定做到好的广告，因为，你未必遇上一位懂得欣赏创意的客户。SUNDAY 较其他品牌优胜的，正是它有一位支持创意的客户。SUNDAY 的前首席市场推广总裁 (Chief Marketing Officer) 马冰洁，我们都称她 Bing Zeat。Bing Zeat 曾于 O&M(奥美广告)、DDB(恒美广告) 等多家广告公司任职客户主管，一向以注重策略及创意见称。Bing Zeat 离开广告界之后，就先后任职于麦当劳及 SUNDAY。

Bing Zeat 是马来西亚华侨，个子矮小，却绝不可以轻看，是个典型的性情中人，敢做敢言，不畏强权。与 Bing Zeat 合作，你实在又爱又恨，因为她接受能力很强，却又非常主观，很难捉摸。向 Bing Zeat 提案是件十分有挑战性的工作。她从事广告多年，深明卖稿伎俩，所以每次提案都不准我们有什么铺排，单刀直入，立刻进入创意部分。基本上，每次提案只有五分钟左右，喜欢的话她会多问两句，不喜欢的话她会立刻说："Next!"！

Bing Zeat 非常情绪化。某次两位同事提案，由于迟到了数分钟，Bing Zeat 看也没看一眼，就把他们的故事板没收，从此石沉大海。Sunday 的办公室就在 BBDO 邻近，提案十分方便。SUNDAY 的工作量也实在多得很，经常好几组同事同时负责几个不同的项目。有一次，遇上 Bing Zeat 心情很好，某组同事提案出奇的顺利，客户部立刻致电回公司通风报信。其余各组同事知道，立刻收拾东西，赶往提早提案。各组同事站在 Bing Zeat 的办公室门外轮候召见，犹如在医院候诊。

客户：我这个星期天没事做！不如你们想点什么过来提案吧！

Bing Zeat 跟 Louis 是多年好友。很多时候遇有大型的广告提案，我们都会找 Louis 一起提案。基本上，Louis 说一句话比我们说上半天更奏效。试过，某些电视广告的点子 Bing Zeat 不喜欢，我们却喜欢得要死，于是找 Louis 打电话游说 Bing Zeat，结果真的起死回生。

Bing Zeat 也确是一个怪人，她是马来西亚华侨，对中文认识不深，却偏偏很喜欢地道的创意。SUNDAY 的创意很多都地道得很，除了香港人，实在很难理解的。但 Bing Zeat 又不喜欢我们提案时多作铺垫，偏偏她又十分主观，听不明白就硬说它不好，有时真的让人气结。

　　Bing Zeat 是少数相信创意的客户，她明白 SUNDAY 与其他大财团支持的电讯公司相比并无任何优势，唯一可以杀出重围的，就是它的独特形象。所以，她十分重视创意，愿意接受其他客户望而却步的点子，也愿意花钱投资在制作之上。SUNDAY 电视广告片的制作费平均 80 万至 120 万港元一个，是十分难得的。《独立日篇》及《进化论篇》更高达 400 万和 900 万港元，实在是当年罕有的。对比今天，这种制作预算实在是天文数字！

050招

现象九:
SUNDAY也获奖

创作 SUNDAY 的第一年,我们在多个广告奖中都空手而回。大家付出了那么多时间与心血,却得不到认同,多少有些失望。但 K.C. 与 Paul 却毫不在意,似乎早已心中有数。K.C. 与 Paul 说得不到奖是意料中事,只因我们所做的过于反传统,而广告奖的评审大都入行已久,早已习惯传统广告模式,根本没有能力欣赏我们的创意。SUNDAY 从开始就不走这些路线,基本上是故意唱反调,让人摸不着头脑。

ECD:今年各大广告比赛我们都空手而回!

ECD:是我们创意不好吗?

ECD:是我们突破不够吗?

秘书:都不是!只是我忘了寄出参赛表格!

起初,SUNDAY 广告确实受过不少恶意批评,令我们也开始有些动摇。幸好,K.C. 与 Paul 依然故我,不为所动,而且对 SUNDAY 的品牌个性掌握得越来越好,创作起来也越得心应手。创作 SUNDAY 的第二年，我们已开始在多个本地及亚太区广告比赛中获奖。例如《天气报告》系列在台湾时报广告奖得到最佳电视广告奖，更在 Asian Awards（亚洲广告奖）、Adfest（亚洲广告节）、香港 4A、龙玺华文广告奖等等都获得很好的成绩。同期的《怒火街头篇》除了在上述的比赛中有很好的成绩外，更夺得了龙玺大奖。记得 K.C. 与 Paul 初到 BBDO 之时把公司从前的奖座、奖状都丢掉，大家就由零开始，把奖座一座一座地放到会议室的长柜上，在我离开 BBDO 的时候早已堆满了世界各地广告比赛的奖座。估计 SUNDAY 为 BBDO 带来了二三百个大大小小的奖项，成绩实在有目共睹。

就在我刚离开 BBDO 的那年，SUNDAY 凭《一分钟毫七子篇》夺得了香港 4A 的金帆大奖。当晚我也有出席颁奖礼后的卡拉 OK 祝捷会。临走前我见 K.C. 面有难色觉得奇怪，连忙问他什么原因。K.C. 对我说："SUNDAY 也可以获奖，下一步实在不知怎样走！"原来 K.C. 所忧心的正是 SUNDAY 已被评审所认同，换一句话说也被纳入传统创意之中，成了另一种创意模式。事实上，在短短两三年间，香港的创作模式已被 SUNDAY 彻底打破，不少创意人已放弃了最初的鄙视态度，纷纷走入反传统创意洪流之中。SUNDAY 的反传统作风忽然变作了传统发源地，渐渐失去原有的独特性。实在难怪 K.C. 对 SUNDAY 获奖有如此大的感慨。

现象十：
创意VS生意

从创意角度来说，SUNDAY 不可否认是个经典案例。但从市场学的角度来说，SUNDAY 却常被评为失败案例 (Failed Case)。论者一般认为 SUNDAY 广告的创意只建造了一个徒具形象的流行品牌，却未能为品牌带来正面的营运利益。又有论者认为广告是建基于产品之上，没有良好的产品，纵有如何吸引的形象，最终只会希望越大、失望越大。我却认为大家忽略了客观的环境，只从结果去推论动机。

首先，SUNDAY 为 PCS 电话网络，客观条件已给人次等的感觉。在市场开放 PCS 电话网络之前，早已有多家大财团的 GSM 电话网络雄踞市场十年之久，不少高用量的客户早已根深蒂固，不易动摇。而 PCS 推出市场之时，也有多个 GSM 网络商以高价竞投，或者收购，进一步形成垄断的局面。与 SUNDAY 同时获得 PCS 电讯牌照的几个网络商，由于资金不足，有些早已被收购、合并。SUNDAY 以有限的资金与雄厚背景的网络商角逐，实在要有自己的生存之道。我认为 SUNDAY 已经选择了一条最聪明的路线，不在价钱或素质上与人相比，而在形象上另辟蹊径。SUNDAY 把不少资金都押在形象广告上，令 SUNDAY 在消费者心目中迅速建立形象。

SUNDAY 的独特形象不单为它带来不少用户，也成功地吸引外国财团注资，令 SUNDAY 得以在网络品质及服务上进一步提升。

在一片科技股热潮之下，SUNDAY 也正式筹划上市，希望集得更多资金做将来发展。就在 SUNDAY 上市前一个月，Tom.com 就创下科技股纪录，转眼间飙升十多倍。可惜好景不长，一个月后 SUNDAY 上市，不到 15 分钟就跌破底价，之后就随着科技股暴跌，跌得一发不可收拾。记得我当年内部配股股价是港币 3.85 元，至我到上海前卖出只得 0.166 元，跌幅惊人。之后，SUNDAY 要再得外国财团注资，自然是难上加难。面对剧烈的竞争，SUNDAY 根本没有足够实力与大财团硬碰，胜负自然已分。

SUNDAY 在劣势下仍能与群雄逐鹿，分一杯羹，已属异数。至于它在短短几年间对广告界所造成之影响，更是毋庸置疑的。自己有幸能参与其中，亦是广告生涯中一个不可多得的经历。

规则一：
兵不厌诈

很多年前一位国际知名的老外到一家跨国广告公司担任亚太区创意总监。这位获奖无数的创意总监有次亲临香港分公司对一群创意人面授机宜,教导后辈如何在广告奖中稳操胜券。大家以为这位创意总监必定会教大家如何提升创意,岂料这位老外却告诉大家要在广告比赛中胜出,最重要的并非创意,而是了解游戏规则。

今年的广告奖,我建议严打飞机稿,不允许它们参赛!

那就没什么作品可评了!散会吧!

原来,很多广告奖都有一些评分标准,例如好作品得 7 分、中庸作品 4 分、劣作 1 分。透过这些评分标准,就可以很容易计算出哪些作品可以晋级、哪些作品要被淘汰。而本着公平起见,评审都不可以替自己公司的作品投票。一般情况下,评审都会按照这个客观准则来评分,作品高下立见。这位老外却深明游戏规则,他想了一个十分聪明的办法,让自己公司的佳作能顺利过关。首先,他对那些威胁到自己公司的作品只给1分,让这些作品在总分上比自己公司的佳作低。为了掩人耳目,他又故意对某些劣作独具慧眼,给予7分。至于平庸作品就仍旧4分。这样在他的评分表上就不会一面倒的只有1分、4分。结果如何,大家都心中有数。那些劣作根本无法得到其他评审认同,虽有他慷慨地送上7分,最终仍被摒诸门外。首轮获得最高分数的自然就是自己公司的作品。部分威胁力较高的作品可能已在首轮惨被淘汰。

首轮晋级的作品基本上已获铜奖,次轮投票就会在众多铜奖中再选出银奖,然后再在银奖中投票选出金奖,最后在金奖中选出全场大奖。一般来说,次轮的投票都以举手形式表态。很明显,这位老外又会重施故技,不投最具威胁的作品,只投毫无威胁的作品。不用多说,广告奖的大赢家最终必定是这位老外所属的广告公司。

这位老外的如意算盘虽然厉害,但始终有漏洞。假如其他评审都对老外公司的作品给予普通分数,最终还是会给比下去。所以,后来有两位创意人想了一个更加天衣无缝的方法。这两位创意总监原本是一对好友,后来分别到了两家广告公司担任行政创意总监。他们都十分热衷于担任广告奖的评审,于是在广告奖中就可以来个串通。玩法基本上与老外相同,威胁到两家公司的作品给1分,平庸作品4分,但遇上对方公司的佳作却一律7分。举例说共有4位评审给分,自己公司的佳作就至少可得 9 分，平均分为 3 分，保证可以至少获得一个铜奖。这种双打方法，确实比老外更胜一筹，是绝对的双赢游戏 (Win Win Game)。

不过，这种双打方法，只适宜四五位评审的本地广告比赛。今时今日，大家的目光早已放在国际广告大赛中。国际比赛的评审动辄五六十位，只靠一两位评审串通给分，根本起不到任何作用。于是又出现了所谓"插旗"的玩法。一般国际比赛为显示自己的国际性都会在全球不同的地方邀请创意人出任评审，而挑选评审的责任就落在主席评审身上。这些主席评审通常都是各家跨国广告公司的全球创意总监或区域创意总监，很自然地他们会尽量安排自己公司位于各地的创意总监担任评审。为了掩人耳目，他们亦会邀请一些从前的旧部属担任评审，大家同气连枝，自会互相帮助。其实，看看每年国际大赛的主席评审为谁，就大概估计得到该年大赛的奖项会花落谁家。

053招

规则二：
闭门造车

谈到广告奖，很自然会想起"飞机稿"。"飞机稿"英文叫"Scam Ad"，即是假广告。从前的"飞机稿"真的假得很厉害。创意人真的创意惊人，竟然可以虚构一个品牌出来，度身定做一张平面广告去参赛。也有不少创意人未经客户同意，自行创作广告参赛。记得从前香港有位知名的外籍创意总监闲来无事，就拿公司的客户名单来看，想想有什么创作机会。竟然给他想到一套惊天动地的创意，老外兴奋莫名，也没有想过知会一声客户，就把平面弄了出来，而且在多个国际比赛中获胜。客户要待得奖名单公布，有朋友致电道贺才恍然大悟。更甚的是，创意人所用的品牌根本不是他所属公司的客户，只是顺手拈来，以为"神不知、鬼不觉"。Cannes 就曾经有一张获得铜奖的平面作品，被查出根本不属该公司的客户，结果要被褫夺奖项，并且公告天下。不过，东窗事发未必一定带来提醒，创意人只希望下次做得干净利落一点，不会露出破绽！

其实，做"飞机稿"的最先决条件就是要懂得自圆其说，人家捉到你做"飞机稿"，你就可以拿出什么广告奖不是奥林匹克运动会、时装比赛得奖作品也没人穿上街、戛纳电影节作品大都是邀请参赛而没有在戏院投放等等的歪理去支持自己。

说得越动听越好,因为第一个要说服的就是自己的良心。

话虽如此,近年不少广告奖开始提倡正视"飞机稿"问题。当中有些广告奖想出了一些方法去辨证稿件真伪,例如户外广告则要在实地拍照证明。不过,"道高一尺、魔高一丈",现今修图技术几可乱真,所以又有创意人索性把"飞机稿"修在户外照片中,令人真伪难辨。

不要以为平面广告才有"飞机稿",电视广告也有"飞机片"。不少导演都想拍些代表作,无奈始终找不到好点子。于是在互利互惠的情况下,导演就会半卖半送地与创意人合作。这些作品不一定是低成本之作,我就知道有个"飞机片"是远赴外地摄制,真的不计成本。至于有没有真正投放,就真的天晓得了!

CD:我想免费为你们做一套平面广告。　客户:这创意不符合我们的品牌性格!

CD:别担心!我会在没人看到的杂志刊登!　客户:既然没人看到,为什么还要做广告?

当然,很多广告公司都不会冒险做"飞机稿"。这不等于他们不做"飞机稿",而是做得更加小心、更少漏洞。大家必定会留意到,每年广告奖截止参赛前,广告必会如雨后春笋。听说有些广告公司甚至会在广告奖截止报名前,停止公司所有工作,全民皆兵,一心一意赶制"飞机稿"。这些广告可能只会在某份小报刊载一次或在某电视台的深宵时分投放一次,目的昭然若揭。所以,很多时候出席广告颁奖礼,感觉犹如出席首映礼,很多广告片是根本没法在电视上看得到的。为保安全,这些广告公司都会事先通知客户一声,以免广告奖筹委致电询问时,客户无言以对。我曾经亲眼看见客户部同事对客户说想出一个平面广告作参赛之用,会尽量选择最少人看到的杂志,以免太多人看到,当然费用全由广告公司支付。刊载广告而希望没人看到,实在是匪夷所思,却是千真万确的事实。

我认为请求客户批准"飞机稿",根本就是一种很荒谬的行为。这只会令创意人在客户眼中变得毫无地位。

客户:我要把logo放得很大!创意:没问题!

客户:我要卖两个信息!创意:没问题!

客户:我要用我的故事!创意:没问题!

创意:我要做飞机稿!客户:没问题!

当年,我在某广告公司工作,有次与客户争论创意问题,谁知客户竟然对我说:"这次就照我的心意去做吧,年底我就让你做一套自己喜欢的广告。"那刻我感到很大的羞辱,感到创意人的尊严尽失。原来,公司的创意人习惯了对客户千依百顺,目的就是要换来年底的一次"机会"。

　　为什么我们经常与客户争论创意,讨论商标及标题的大小?就是希望做出一个真正的好广告。但如果妥协可以换来一次"机会",你还会坚持下去吗?客户要什么就给什么,商标要多大就多大,标题要多长就多长,反正年底可以做回自己喜欢的。我觉得这是一种"不道德的交易"!

054招

规则三：恃强凌弱

常听到印度在某某国际大赛中获得平面广告奖，中国又在某某国际大赛中获得电视广告奖，国人都欢喜若狂，认定是国家的创意已达国际水平。先别高兴，这其实也只是一条游戏规则而已。每年广告界所办的国际广告大赛不下 10 个，不是每个都具代表性。很多所谓国际大赛，其实全是老外圈内的游戏，不过是欧洲与美洲的创意较量。翻开国际广告大赛的年鉴，不难发现得奖广告多是欧美作品。真的是吃马铃薯长大的老外比吃白米长大的亚洲人有创意吗？还是只因这是他们所定下的游戏规则？不过，这些广告奖为要显示自己的国际地位，近年都积极在其他地区找些评审，也在当中找一两件作品给它一两个安慰奖。试想，这些得奖作品换上是欧美所作，真的可以得奖吗？

基本上，所谓的国际大赛其实并不国际，所用的语言普遍以英文为准。虽然英文以外的作品是可以附上英文翻译。但试问翻译作品有多少能尽得原著精髓。于是美国人写一篇长文案可以得金奖，中国人写一篇长文案，即使水准相若，就连一个入围奖也拿不到。此外，不要以为附上翻译就有一线生机。只要你明白广告奖的运作，你就明白有等于无。每年国际大赛来自世界各地的参赛作品都过万件,评审要分作几组,花几天的时间才可完成初选。所有平面作品都放在桌上,林林总总,情况一如在超级市场挑选货品,试问哪有时间翻转作品,去看看他的翻译如何?电视作品更甚,全都投影在银幕上,下边纵有字幕,但情况就如看有字幕的电影,看得到画面就看不到字幕,看得到字幕就看不到画面,顾此失彼的情况必定发生。所以,能够在国际大赛中胜出的非欧美作品,不是改用英语,就是根本没有文字,单单看画面已经可以意会得到。

文化的差异亦很严重。老外常用一些生活细节大做文章,老外看起来自然懂得会心微笑。要是换上中国人的生活趣味,他们就摸不着头脑了。更不用说什么文字游戏的作品,无论附上多详尽的解释,最终只会给人太过复杂的感觉。换成Levi's牛仔裤用"Twisted"(扭曲了)拍摄成一支广告片,大家又会觉得蛮有趣味。

那么多得奖广告片都从没在电视上看过,我还以为在看首映呀!

再说国际广告奖的评审,十居其九是老外,五六十人的评审团中只有象征式的一两个亚裔人士,懂不懂中文也成疑问,试问哪有代表性？奖项的讨论也全是英语的，曾经有过台湾创意总监担任国际赛评审，还要私自聘请一位翻译随团出发，很不方便。有些评审可能真的英语了得，但要把中文作品中的精彩之处用三言两语去解释给其他评审知道，也是一件不可思议的事情。

难道中国人要在国际广告大赛中大放异彩，就得学好英语，或是干脆做些没有文字、没有文化差异的广告？我们常听到中国创意人说要摒弃老外的创意手法，做具有中国文化特色的广告。这是一件非常好的事情，但首要条件就是国人不要再受这些国际广告奖所限制，尽情发挥自己的创意。日本人在这方面做得比较成功。可能是受到岛国文化影响，日本广告很地道，与西方广告有着不同的美感与表达形式。虽然日本人没有采用西方的创意手法，但多年来日本广告在国际大赛中一直都有很好的表现，那些老外评审对日本人的表现形式十分欣赏。所以，只要大家能够齐心协力地找出中国广告的创意之路，显示实力给西方社会看，终有一天，我们还是能在国际舞台上以具有中国特色的广告为中国人争光的。

055招

规则四:
荼毒心灵

对不少创意人来说,奖项就是他们的唯一本钱。奖项的多少就等于他们价值的高低。有些广告公司把拿奖的客户与挣钱的客户分得很清楚,某些客户的存在价值只是金钱,用他们的钱来帮他们替其他客户做"飞机稿"。另一些客户的目的只在拿奖,能否赚钱不是问题,甚至赔上金钱亦在所不惜。这些公司的创意人也分两类,一类是毫无创意的,每天像工厂工人般做些满足客户要求的广告。另一些创意人则不食人间烟火,无需为客户工作,每年的工作就是替公司做一两套可以拿奖的广告。这种二分法简化了公司的双重压力,就是既要拿奖,又要拿钱。不过,这种二分法亦很易让公司分化。试想,这边厢我努力地为公司赚钱,每天却要面对毫无创意的客户;那边厢他却轻轻松松地做"飞机稿",反而名成利就。最终这些公司只会钱拿不到、奖也拿不到,变得名利双失。

AD:想了整个星期什么点子都想不到! 　文案:反正想不到,不如先做飞机稿吧! 　AD:好啊!可以这样这样……

我听说有些创意人为了稳定自己的身价,经常会把"飞机稿"储存起来,每年只拿一套出来,以免江郎才尽。在面试的时候就拿一两套"飞机稿"出来显示一下自己的实力,甫一到任就即刻让旧作面世,以确保能为新公司带来一定的奖项进账。曾经有广告奖揭发新到任的创意总监把未正式投放的广告参赛,结果在颁奖礼举行前被褫夺奖项,不单不成功,更换来同行的窃笑。我认为创意人把自己的价值与奖项画上等号,实在是一个可悲的现象。广告奖已经成为一种新兴的软性毒品,令创意人慢慢上瘾,直至不能自拔。今年你拿到10个奖,明年就至少要11个。今年拿的是本地奖,明年就要是区域奖,甚至国际奖。哪年一无所有,哪年就一沉百踩,这样的生活委实辛苦。

我庆幸入行之时无缘各大广告奖。那时的作品其实亦不太差,却偏偏连番失利。记得头3年无缘所有广告奖,失望得很。慢慢地就把广告奖颁奖礼变为一年一度的广告界聚餐,趁机与同行欢聚,也乘机看看"首映",吸收一些灵感。经过3年的训练,开始对奖项没那么在意,反正自己仍会努力地创作,作品仍能得到一些同行的认同,甚至有些行政创意总监找我面试。我开始发现人家欣赏我的是我的创意,而不是那些奖项。那年之后,我开始在各大广告奖中得到一些奖项。第一次踏上台阶,感觉真的很兴奋,强烈的水银灯打在脸上,根本看不清前路,台下掌声雷动,令你听不清声音,然后拿着奖座返回座位,沿途享受同行艳羡的目光。不过，之后上台多了，发现原来又没有什么大不了。对我来说，奖项犹如年终奖金，有没有我也足以养生。有年终奖金当然会开心一点，但没有也没什么大不了。我的价值是在我的创意，而不在奖项，拿不到奖项不代表我没创意，只代表我所做的不合评审口味。当年我们创作 SUNDAY 就故意与广告奖唱反调，虽然拿不到奖，但早已赢得大家的喝彩。如果当年 BBDO 背负着拿奖的压力，我敢说做不出今日的成果。SUNDAY 广告就在毫无压力之下，"无心插柳柳成荫"，成为广告奖的大赢家。其实，大家不妨问问自己，若没有拿过任何奖项，自己的作品仍然受人欣赏吗？还有没有行政创意总监愿意找你做他的下属呢？你还会被同行尊敬吗？你的下属还会把你奉若神明吗？相信答案已经早在你的心中。

056招

规则五：
看不起这个游戏

很多年前，一位香港创意人杨家杰为 Diesel 广告写了这番话："看不起这个游戏，就更要令自己了不起，否则这个游戏，你玩不起！"广告奖是一场名副其实的游戏，当中有很多游戏规则。有些人很了解游戏规则，知道怎样可以走得更快，怎样可以省些力气，于是很快就遥遥领先。有些人却不屑跟从，于是我行我素，拒绝再玩。前者虽然有点过于功利，但后者亦未免过于抽离。我听过有些创意人以看不起游戏为借口，从不拿奖。其实只是做事马马虎虎，毫无创意，所以无法得奖。我认为能否得奖不是最重要，最重要的是你的作品是否有创意。但有否创意也不可以只是自吹自擂，要有客观的标准。而众多广告奖也不失为一个较为客观的指标。所以，你越是看不起这个游戏，你越要多拿些广告奖，证明无需旁门左道，无需跟风创作，一样可以得到各大广告奖评审的垂青。在这方面，我认为 K.C. 与 Paul 绝对做得绰绰有余。他们从不做"飞机稿"，也懒得做"自发稿""公益稿"，但屡创创作潮流，带领广告界不断向前。他们虽然看不起这个游戏，却真的做到很了不起。多年来他们获奖无数，相信是香港广告界中获奖最多的创意人之一。

我从事广告三十年，也从没做过"飞机稿"，却仍能凭着公司的现有客户夺取超过 300 多个本地、亚洲区及国际广告奖。我相信无论你花多少心血，做多少"飞机稿""自发稿""公益稿"，也只会枉然劳力的。因为，今天你似乎巧取豪夺，赢了不少奖项，但最终你也敌不过你的良心。

第一A: Acceptance接纳

057招

我看过一本教育子女的书籍——《六 A 的力量》。我一边看、一边想，这不也是我们身为 CD 所要学习的吗？我常说，CD 是有遗传的，你是个怎样的CD，就会教出怎样的CD。CD 与下属之间，不单存在师徒的关系，也是父母与子女的关系。这书所说的不是我现在全都能做到的，但却应该是我追求的一个境界。让我们都来学习怎样做个"6A" CD 吧！

先来谈谈第一个"A"（Acceptance，接纳）。接纳的条件就是无条件。我们接纳一个人，常会因为这个人对你很好、这个人很聪明、这个人长得很漂亮，都是带有条件的。要是他或她不再对你好、不再聪明、不再漂亮，你就不再接纳他或她了。回想我三十年来带过超过一百人，对绝大部分都很好，但主要还是因为他们在某种程度上符合了我的某些标准，绝对是有条件性的。但这本书告诉我们一个很重要的原因，为什么我们要接纳别人？不是因为对方如何，而只是因为他们都是照上帝形象来造的人。我们每人都拥有这样的形象，我们被接纳，不因我们的行为与外貌，而是因为我们自身。即使你是一位无神论者，你应该也会同意，我们生来平等，不管上司或下属同样都是人。

试回忆一下,我们把文案或设计给 CD 看时,是多么渴望得到他们的认同!我们希望自己表现得好,可以换来 CD 的接纳。我们存在的价值就在于我们的表现如何。当表现好时就会趾高气扬,表现不佳就会整个人陷入低谷,自信心大跌。这不是说我们不用做好我们的工作,而是说作为 CD,我们不应因为下属的表现而决定喜欢或不喜欢他们。我们接纳他们,只因他们是和我们一样的人。

我们的自我形象与我们是否被接纳有莫大的关系。若你的上司接纳你,你的自信心就会较强,表现也会较好。相反,不被接纳的人一般自我形象偏低,自信心也不强。更重要的是工作对人类太重要了,我们把人生最美好的时间都献给了工作。要是我们在工作上能感到被接纳,在生活中的各个方面都会比较健康及正面。否则,你就不单在工作上显得软弱无力,甚至会影响到生活的每个层面。所以,作为 CD,不要以为自己只是在工作上不接纳一个人而已,你同时破坏了这个人的其他层面。试想,他的作品拿不到奖已经够惨的了,你还要给他脸色看?不如给他一些鼓励,让他明白他是否拿奖,你也同样接纳他。

CEO:过去一年,我们丢了不少客户,没拿过什么奖项……

CEO:不知大家有什么好建议?

AAD:我们原谅自己吧！　　　CEO:好建议!就这样决定吧!

我发现很多广告人都渴望被别人接纳，所以就喜欢拿奖或升职，来证明自己的价值。我亲眼见到我的一位男同事在颁奖礼后因拿奖没去年多而大哭。我也有下属来跟我说，我的同学都是 ACD 了，我还是组长，以后我没脸跟他们聚会。我觉得这些广告人十分可怜，他们的价值观都建基于一些外在的条件上。难怪他们要不断地保持自己的表现，生怕偶有失手，就会失去在别人心中的地位。你不妨幻想一下，要是你没了今日的职衔、作品、奖项等等，别人还是同样接纳你吗？记住，真正的接纳应该是无条件的！

第二A：
Appreciation赞赏

058招

中西方教育最明显的一个分别就在于赞赏。从小我们就很少受到父母的称赞，做得好是应该的，做不好就要受到惩罚。换了在西方社会长大就截然不同，做得好不好都会称赞一番。我刚入行作文案的时候，老板就要求很严格，你写得好，他马上写几句比你好十倍。每天交稿的时候就如行刑一样，不期然便会心跳加速、呼吸困难。那时不用说什么赞赏，只要老板没有黑着脸，自己已经心满意足了。后来，我到了另一家公司，老板是个老外。我想了什么点子，他第一句话就是"Great"，然后一句"Brilliant""Genius""Fantastic"之类，有时连他称赞什么也不太知道，回去翻字典才明白。当然，你会说不稀罕这样的称赞，但我就很受用。我不是喜欢人家奉承，而是被称赞后自信心真的增强了很多。特别是自知没做得很好时，就更会努力去干，以报老板隆恩。其实，大家都明白创意与情绪关系甚大，心情好的时候创作力也会增强。当然，你要创作感性广告可能例外。心情好的时候，自信心也会高涨，有自信自然就会灵感如泉、创意澎湃。

不过，可能是受到老板的遗传，以及完美主义性格所影响，从前我也是个很吝啬于称赞的人。我的下属常向我诉苦，很难达到我的标准。由于标准定得太高,对于很多本来已经不错的创意,你会觉得是想当然的。有时眼见大家把自己认为很棒的点子给我看的时候,我却面无表情,大家失望之情可想而知。现在,我的情况已经改善了一点。每次与下属过创意时,会提醒自己高抬贵手,要尽量找出可称赞的地方。当然,赞赏也不能虚伪,要真心地欣赏别人的心血之作。我看得出下属被称赞后不单会很开心,而且创作能力也会提升,实在是双赢。

其实,更好的方法是先称赞,然后给予一些有建设性的改善方法,这样就能大家开心,又有进步。大家不妨试试!

第三A:
Affection关爱

059招

这里所说的爱不是男女之爱。当然，有不少广告人上司真的会恋上下属。但这里想说的是友情，或是近乎父母对子女的爱。

客户总监:过去客户部太自私,没为创意部着想,我承诺今后会同舟共济!

CD:抱歉!我们也从没体谅你们,今后我们也会好好配合!

客户总监:太好了!客户有个很急的工作,下午提案。辛苦你们了!

爱是恒久忍耐：上司对下属必须有耐性。试想下属与你过点子，你没耐性，人家说了几句，你就插嘴，把你的宏伟言论说出。结果怎样？大家会觉得你狠心，没有关心别人的感受。工作可能做得好，但大家肯定没有好关系，更不用谈什么爱不爱了。我也是个急性子，我也没有耐性等候下属出点子。不过，我会问自己，你想独乐乐？还是众乐乐？要大家开心，就必先对人有耐性。

爱是恩慈：恩慈是仁慈之意。很多时候，做上司的都会对下属很残忍，尤其是过点子时。我是个没人性的人，我杀点子可以杀得很凶。你给我十个点子，我可以杀十个，而且黑着面孔，令你无地自容。不过，这是很久之前的事了。现在，我会比较仁慈，没错的点子不会杀，不够好的也不会杀，尽量在人家的基础上发展。为何会有改变？其实，这是己所不欲，勿施于人。我想没人会随便给你点子，一般来说都是自己认为不俗的。不过，各人的喜好可能不同，所以标准也有差异。我试过很多次把自己认为惊世的好点子向客户提案，结果被杀得遍体鳞伤。我不认为是自己的点子有问题，很多时候只是观点与角度的关系。既然没有对错，为何要那么绝对，那么残忍。不如网开一面，大家开开心心，想想怎样可以把点子打磨得更好。

爱是不嫉妒：所谓"长江后浪推前浪"，你永远会遇到比你出色的下属。这应该是你的福气，有个才华横溢的下属为你效劳。要是你没容人之量，怕别人抢你风头，那你就太傻了，你不值得有这种福气。嫉妒会让人有偏见、让人看不到好点子、让人变得紧张、让人生活得不安。何苦呢？与其嫉妒别人，你不如善用别人，或者提升一下自己。老是嫉妒下属的上司永远不会进步，这样的老板不跟也罢！

爱是不自夸、不张狂：整天在下属面前说自己多厉害的上司，恐怕不会怎么厉害。我见过不少创意人把自己拿过的奖座都放在办公室。这有两个可能性，一是他开始缅怀过去，二是他开始恐惧。前者是因为他深知自己已经度过了最辉煌的日子，要藉缅怀去提醒自己及别人，自己曾经是很有创意的；后者是这些创意人的压力太大了，终日诚惶诚恐，害怕自己没法超越自己，所以不断鞭策自己。无论是哪种人，都不会开心。这些人会因自卑而变得自大，对身边的人没有爱心，变得冷酷无情。作为下属的应该对这样的老板多些关怀，他们实在太可怜了！

爱是不做害羞的事：我不怕老板对我凶，最怕老板暗箭伤人。所谓"明刀易挡，暗箭难防"。不少上司做事并不光明磊落，表面上可能对人客气，实质等候机会向人报复。我对下属不满，会直接找他倾谈。我会把自己的观感说出来，也容许对方做出解释，这样才是光明正大的做法。

爱是不求自己的益处：人都是自私的，不求自己益处谈何容易。我认识有位创意总监，在挑选下属时会先算一下生辰八字，看一下谁对自己有利。与这样的上司合作会有很大的压力，因为你深知对方凡事只为自己，遇上问题会不惜牺牲别人以求自保。对于这样的上司，你不会为他卖命，大家只能以利益挂帅，你对我有利时，我就帮助你，你没利益时马上把你丢掉。这样的关系，你喜欢吗？

爱是不轻易发怒：认识我的人都知道，我是十分情绪化的。我常忽然痛骂别人一顿，然后又对人和颜悦色，好像没发生过一样。不过，关系一旦破坏了，其实并不容易修补。一时的冲动要花上很多功夫才能填补，有时甚至破镜难圆。所以，不要为小事抓狂，好好控制一下自己的情绪。

爱是不计算人的恶：做上司千万不可小心眼，你老是计算着人家的不是，就会对人有偏见。不过，创意人大都十分小气，什么事情都放在心中。这可能是自尊心作祟，也可能是自信不足。人家说一句话，马上无限上纲，替人家扣帽子，结果往往变成文字狱。做上司必定要学习有广阔的胸襟，这样才会有进步，人家对你不好千万不要记在心中，反而要多想人家对你多好，时常心存感谢，这样才可多活几年！

爱是不喜欢不义：有时面对不义之事，我们常会视若无睹，但求名节保身。但有爱的人就不能这样。在面对不公正时，有爱的人就会伸张正义，不畏强权。试想，你的上司遇事畏缩，你还会信任他吗？你还会认为他这样做是对你好吗？

爱是只喜欢真理：对于善的事，要择善固执，这样才是好上司。有些事情是非黑即白的，不容灰色地带，面对这些情况，你必须坚持真理。没有人喜欢跟随没有立场的上司。左摇右摆的人，很容易会不分是非黑白，甚至助纣为虐。

爱是凡事包容：就像以前所说的接纳，能够包容的人，是不会在乎你是成功，还是失败，他接受你只因你也是人。人谁无过，对于做错事的人，我们要有容人之量，多给机会改过，也要加以指引，这样才会有改过自身的机会。

爱是凡事相信："用人不疑，疑人不用。"这是做上司的一大道理。有什么怀疑之处不要放在心上，要开心见诚。猜疑一旦开始了，就很容易破坏双方的关系，合作也会有问题。所以，你要是不相信某人，就干脆请他离去，否则，你就要抛开疑虑，诚心相信。这样大家才会合作愉快！

　　爱是凡事盼望：即使是力所不逮的下属，我们也不能轻言放弃。很多时候，我们要对别人心存盼望，相信别人的能力，今天不行，明天可能有改善。对别人心死，人家也会察觉得到，于是恶性循环，做得更差。不如想想有什么法子可以帮他改进，不要对人失去希望！

　　爱是永不止息：爱，不是三朝两日可以建立的。它需要不断灌溉，才能开花结果。上司与下属要是有爱，这关系就不会只限于在公司的四堵围墙，也不会限于某时某地。即使大家分道扬镳，关系仍能细水长流。我感谢在过去多年来，我能有些很爱护我的下属，即使分开多年，还是常会联络，互相关心。我深信这种爱的关系，是永不止息的！

第四A：
Availability时间

在6A原则中，最重要的可能是时间。因为，不愿意付出时间的话，根本没法对下属表示接纳与赞赏。整天忙这忙那的话，你又怎样对他们表示关爱呢？或许，你会说自己实在太忙了，每分每秒都塞满了会议与工作。等到有空的时候，就会与下属好好沟通。但事实是一个工作结束了，另一个工作马上开始，更多时候是几个工作同时进行，永无休止。这样下去，我们与别人只能维持工作的关系，私底下没法建立任何感情。所以，当某人离开工作岗位，什么关系都马上结束。其实，这个很容易察觉得到，无论是你或是别人离开了公司，若大家仍能保持联系的话，这就是真正的友谊，否则，只不过是工作的关系而已。我庆幸离开公司后，仍能与一些下属保持联系，虽然有些只是短讯沟通，不一定会见面吃饭，但那些都是值得珍惜的友谊，没有半点利益关系。

我是个内向的人，很喜欢把自己困在办公室内独自工作。除非别人主动找我分享，我自己很少去找别人的。我吃午饭的时候，也大多是一个人，尽量挤点时间来看书。现在想起来，从前都没有花太多的时间在下属身上。我们的关系都只能靠长时间的累积而来。我很珍惜与下属一起去拍片或做后期工作。

因为，一般来说比较专心做一件事情，过程中又有较多等候的时间，最好用来与人交流。我是平日不太说话，但一说话可以是口若悬河的人。我也很珍惜在开会的路上与同事聊天，有时是谈谈工作，有时是聊聊生活。人与人的关系是必须靠时间才能建立的。

实习生：早啊！我是实习生。　　ECD：很高兴认识你！我保证会尽力去教导你的！　　实习生：可惜今天是我的最后一天，我已经在这里实习一年了！

我认为身为 CD，无论多忙，每周都要花短短的十五分钟与每位下属沟通。当然，若你手下有数十人的话就会困难得多。但一般 CD 只会带五六位下属，合起来也只不过一个半小时。若真的没时间，就可以找同一时间与大家相处。例如一起吃午饭，或是去哪里集体活动。我个人比较自闭，害怕人多的场合，所以，我情愿单对单地聊天。不过，形式并不重要，最重要的是你有没有心与对方建立关系，还是你只把别人当作你的工具？

第五A:
Accountability责任

当我们愿意负起责任的时候，就代表我们长大了。我常听到很多下属说不想做 CD，原因就是害怕负上 CD 要承担的责任。做一个文案或美指，可以专心做好自己的创意，但身为 CD 就要承担一些创作以外的事情，包括与客户建立关系、与其他部门好好沟通等等。很多创意人就是害怕这些事情，所以迟迟不想升职。当然，有更多的人是向往 CD 的虚荣，做了几年文案或美指就嚷着要升职。这些人眼中只有权力，并不一定愿意承担责任。

我认为身为 CD 就要对下属负责任，我们有义务去培养他们成长，把应该要懂的专业技能及待人处事的方法教懂他们。CD 也要对客户负责，要常留意市场情况，在问题出现前先预见危险，并提出解决方法。今时今日的 CD 不能只是等待简报，然后按本子办事，更多时候应该比客户跑得更快，否则，就会被客户牵着鼻子走。当然，CD 也要对广告公司负责，不能变成了客户的代表，漠视公司的利益。多想一下怎样可以令公司做得更出色。现在的社会竞争实在太激烈了，大家可能为免失掉工作，而不敢负责任，结果遇上问题大家就想办法推卸责任，但求自保，而不是想法子去解决问题。这实在是个可悲的现象！

导师:请跟我学一下如何回应客户。是,是……没问题,没问题……可以,可以……

虽说 CD 要对下属负责,但并不表示要溺爱下属。下属遇上问题,我们不能永远第一时间跳出来帮忙。有时候需要静观其变,让他们学习承担责任,学习怎样面对问题。我是个急性子的人,习惯第一时间解决问题,于是养成了下属的倚赖。后来,反省到自己的缺点,学会了应放手时便放手的道理。我想最重要的原则是,作为 CD 要做一个负责任的人,要让下属知道在遇上困难时,在背后会有一个人愿意为他们承担责任。但在承担之前,他们要愿意自己先尽力而为。当然,要放手给下属前,我们也必须先给予适当的指导,对下属有绝对的信心,这样才能是真正负责的上司。

第六A:
Authority权威

世上有几种不同类型的CD。

专制型:"你非听我的不可!"

传统的 CD 大都属于这类。这类 CD 是绝对的权威,任何人都只能听命于他。下属不能有任何异议,任何情况下都只能顺服于他的决定。很多专制型的 CD 都会给下属很好的工作环境,他们会决定所有创作方向,甚至提供所有点子。他们会与客户及上司搞好关系,并不需要你操劳。不过,往往是严于规条,却疏于关系。专制型 CD 会给下属带来很大的压力,下属要常常猜测老板到底喜欢什么,长远来说下属就会缺乏主见,变成言听计从的一双手。

AD:每晚加班的是我!周末加班的是我!为何加薪的不是我?

财务:为了你加班,你知道公司多付了多少电费?你还说要加薪?

溺爱型:"你想怎样做就怎样做!"

专制型的另一个极端是溺爱型。溺爱型的 CD 对下属提供好的支持，有什么困难 CD 都会第一时间出现，解决问题。他们会用尽所有方法去保护下属，甚至情愿与客户服务部对抗。在溺爱型 CD 带领下，下属大都会轻视客户部，因为有什么不如意，就有老板出面，所以对别人态度十分嚣张。跟从溺爱型 CD 的下属，一般都不容易转工，因为在其他地方不可能获得同等待遇。

忽略型："我才不管你做什么！"

创作人都比较自我，所以不少 CD 都属于忽略型，永远活在自己的世界，对下属不闻不问。我认识一位 ECD，做了二十多年广告，还是自己一个人闭门造车，只做自己喜欢的工作，下属是生是死，他毫不在意。忽略型 CD 的下属一般都比较独立，所以能在被忽略的情况下仍能生存下去。或者可以说，是环境迫使他们独立，否则无法生存。因为老板永远不会管你的死活，你要不就另谋高就，要不就尽快长大。

关系型："我们要这样做，因为……"

这里所说的关系，并不是指那种吃喝玩乐的关系，而是指之前所说的接纳、赞赏、关爱、时间与责任。关系型 CD 不是高高在上的，反而像仆人一样服侍他的下属。真正注重关系的 CD，会接纳下属的一切，不管他做得好与不好，只因他也是平等的人。他们会不吝于赞赏下属，凡事从正面入手，以鼓励代替责骂。关系型 CD 会真心关怀下属，把他们视为子女或朋友，而不是一双手而已。他们也愿意在工作以外花时间与下属建立关系,他们与下属不只是同事关系,而是存在真正的友谊。当然,他们也是愿意承担责任的人,在困难时能够挺身而出,是值得信赖的人。

你愿意成为"6A"CD吗?

一不易为：
CD要放下三样东西

从事广告创作已经 30 年了，我发现广告行里有个很奇怪的现象。好的文案、好的美术指导擢升 CD 本是一件美事，但不少文案与美术指导当上 CD 后，却渐渐失却了从前的风采，甚至不称职。我看看自己的情况，正好相反。30 年间，我当了 5 年文案，25 年 CD，任文案的时候我只是中规中矩，但当上 CD 反而有些表现。于是，我开始思考为何好的文案、好的美术指导，无法做好的 CD？

AD：我们的CD真的很认真，这几天都在埋头苦干！

CD：什么鬼游戏，花了几天都搞不定！

小时候在电视上看到的古装粤语长片，故事内容大都是穷书生十载寒窗苦读，一朝金榜题名，便飞黄腾达，升官发财。中学时期开始读中国历史，在大学副修中国历史，对于中国传统以来的科举制度实在有些莫名其妙。为什么读书好的人，一定可以做好官？古时的人读的是诗词歌赋，与政治、管理毫无关系，充其量只能修身、齐家，未必真能治国、平天下。所以古代位于高层的大都只是有学识之士，在管理上可能只是个庸才。在广告界又何尝不是？一直以来，广告公司、广告书籍、广告人都只教我们怎样做好的文案、好的美术指导，却从没涉及怎样做个好的 CD。仿佛创意好，其他就不成问题。但事实并非如此，CD 每天所面对的事情，往往比构思一个电视广告，参与一次比稿来得复杂。处理不好不但令整个团队变得一团糟，更甚者会摧毁你的创作心情，令你的创意每况愈下。这里先与你分享做 CD 要学习放下的三样东西。

一、CD 要放下创作欲

创意人大多都有与生俱来的创作欲，不是自小喜爱涂鸦，就是中小学已经写得一手好文章。这等人长大成人，当然不甘于朝九晚五的刻板工作，广告创意人自然成为他们的理想职业。所以，不论是文案或美术指导，都想争取每个表现机会，尽情发泄自己的创作欲。哪管他是一个电视广告、一张平面、一份直销函件，甚至一个商标设计，只要是能表现创意的机会都不会轻易错过。但作为 CD，一个团队的领袖，你却不能独揽所有的创作机会。很多时候，你需要抽身出来，暂时放下一己的创作欲，看看整个团队的需要。我认识不少 CD，与文案或美术指导的工作基本上没有任何分别，分别只在职衔之上。每天的工作仍是闭门造车，与下属全无关系。在这些 CD 眼中，下属只是双手，负责去完成他觉得没有创意的工作，或是把他的想法执行出来。当然执行的手法也得按本子办事。对很多 CD 来说，自己创作可能比指导别人容易。与其浪费时间去指导他们怎样改善，倒不如自己来干简单得多。而且把工作交给下属，往往把大好的机会白白浪费，还是自己负责比较有把握。但须知你的下属也同样拥有无穷的创作欲。每次把他们不完善的点子扼杀，强行采用自己的点子，或是把他们当作双手，最终只会让你众叛亲离。

二、CD 要放下虚荣感

每次看广告年鉴，你不难发现在作品旁边创意总监、文案、美术指导等等栏目上都写着同一个人的名字。无论作品是谁作的，CD 总想别人只记得自己的名字。即使要写下属的名字，也往往只能置于自己名字之后。走上颁奖台的十居其九是 CD。就算让下属上台，他也会快步走在人前，远远抛离下属，然后一手把奖座夺到手中，牢牢地握着不放，尽情享受闪光灯与掌声的祝福。这不单是虚荣感的表现，也是自信心不足的表现。虚荣感犹如鸦片，表面上加强你对自我能力的肯定，实际上却正好相反，慢慢地蚕食你的自信，让你不能自拔。我认识太多创意人把自我的价值都建基于奖项多寡之上，今年得五个奖就趾高气扬，明年又要拿七个奖，明年拿七个也不满足，后年就要拿十个。偶然遇上颁奖礼空手而回就怨天尤人，情绪失控。我亲眼见过 CD 在颁奖典礼上拿了不少金奖，却因无缘全场大奖而郁郁寡欢，比那些一无所有的创意人更失意。CD 为何有这种表现？就是害怕人家不再尊重自己，担心下属比自己更厉害。CD 越是要捍卫这种虚荣感就越不愿意让下属有出头机会。但 CD 越是忌才，就越难有进步。反之，如果愿意开放一点，与下属切磋研究，更能教学相长。

三、CD 要放下自我

作为文案、美术指导，你可以我行我素。你可以自顾自地工作而不与客户部交流，甚至从不出席客户的提案。只要你才华横溢，其余的工作，自有 CD 为你代劳。但 CD 却不可以，你不单要管理一个团队，要和客户保持良好关系，还要跟公司管理层有定期的交流。广告根本就是个讲求合作的行业，你纵有无限创意，但与他人合作不来，还是会失败的。很多 CD 实在太自以为是，从不与他人沟通，任何问题都执着己见，不去谋求解决方法。创意人应当学习聆听他人的话、尊重他人的意见、欣赏他人的观点、体谅他人的难处。不愿放下自我，不懂与人寻求共识，结果只会变成神憎鬼厌的独行侠，没有人会愿意与你为伴的。

从事广告越久，就越觉得团队的重要性。做一个成功的广告，还可依靠一两个人的力量，要建立一家成功的广告公司就绝不能倚赖一两个人的能力了。广告公司的员工越能放下自我，互相帮助，广告公司就越成功。相反，把全世界顶级的广告人放在一起，若大家各怀鬼胎，不肯放下自我，最终都只会惨淡收场。

064招

二不易为：
CD要肩负三样东西

做 CD 不单要放下三样东西，还要肩负三样东西。因为放下自我、虚荣、自尊，只能解决当下的问题，要治标治本，还得从教育工作着手。而这个教育的责任也就只有落在 CD 的身上了。

一、教育下属

CD 的眼光不应只看眼前，要看看至少 5 年、10 年后业界会是怎样。假使你目光短浅，你当然只会顾及自己，有创作机会必定会独揽。创作机会只会成为你加薪、跳槽的筹码。但你想想，每个 CD 都这样想，5 年、10 年后，广告业会变成怎样？我庆幸入行的时候遇上名师，得到不少提携与教导。记得当年只是奥美的小文案，但当时的行政创意总监 C.C. 却不厌其烦地亲自指导我们写文案，而 K.C. 与 Paul 两位 CD 也毫不吝啬创作机会，把有趣味的工作交给我们负责。今天他们已经桃李满门，很多从前的下属今天已成为各大广告公司的 CD，甚至行政创意总监。唯有他们从前只问耕耘，不问收获，努力教育下属，才有今天的成果。受到他们的影响，我作为 CD 也很重视教育下属的工作。其实，从做资深文案开始，我已经每年被分派照顾各大专院校的实习学生，记得最高纪录是同一个暑假内指导来自四家院校的 10 名实习学生。指导实习学生虽然花时间,但也借着教导而整理了自己对创意的一些看法,体现了教学相长的优点,对我日后擢升 CD,有不少帮助。其实,自己自小的志愿就是当教师,大学毕业后,更进修过教育文凭,也曾真正地当过中学教师。从前在教育学院里所学到的一些教育理论及方法,想不到在学校以外的地方也能大派用场。对我来说,广告公司就是一所学校,下属就是我的学生,所以我有义务把知识传授给他们。这些年来经我指导的下属已有几位是 ECD 了,再过几年,其余的也会陆续踏上 ECD 的路。我只寄望他们能够不忘我当日对他们的教导,能够继续薪火相传,尽力去教导他们的下属。

AD:谢谢你!从没有CD像你这样既热心又毫无保留地教导下属做草稿!

CD:要说谢谢的应该是我!以后我就不用再做草稿了!

二、教育 AE

在很多创意人眼中客户部的同事都是垃圾。但 CD 不可以这么想。我见到很多创意人对客户部的同事很不尊重,视如信差。外国著名的广告公司 Mother 就索性取缔了客户服务部,公司只有清一色的创意人。随着广告界的转型,小型广告公司相继开业,这种只有创意人,没有客户部的趋势可能越来越多。不过,在主流的 4A 广告公司之中,客户部的影响力仍然不容忽视。其实,有一段时间我也是非常不喜欢客户部同事的,甚至经常与他们骂战。我曾经与客户部同事争执,然后把草稿全部锁起不让他们提案,也曾在客户部同事面前拍案大骂。当然更少不了把不知所谓的简报丢入垃圾箱的行为。后来仔细想想,这些 AE,十多年后就是客户总监、董事总经理、首席执行官、主席等广告公司的最高领导层。你今天不好好地教导他们,明天受害的不单是自己,更是整个广告界。虽然很多创作人都会自己写策略、会见客、会卖稿,客户部形同虚设,但你若不给他们机会,他们会做得越来越差。结果只会恶性循环,一代不如一代。平心而论,创意人比客户部的同事幸福得多。很多出名的广告人都是创意出身,所以创意人可以从他们的身上或著作上得到很多学习的机会。但客户部是无师自通的。你脑海中有哪位广告大师是客户部出身的?你看过哪本广告书是教你怎样做 AE 的?幸运的话,一个 AE 会遇上一位名师,从旁指导教育他如何去做一位出色的客户部从业人员,不过这种机会微乎其微,稍微受过正统训练的客户部从业人员已经为数不多了。所以,与其漫骂这些 AE,不如循循善诱,好好教育他们,将来得益的也是自己。

三、教育客户

不要小看客户的重要性,好的广告能否成真,不单取决于好的创意人，更重要的是客户的首肯。创意人很喜欢给客户加标签，这些是懂创意的客户，那些是能赚钱的客户，分得十分清楚。我认识一些创意人，看到客户的名字，自然会有两种截然不同的处理手法。若是着重创意的客户就全力以赴，听说那是不重创意的客户，就马马虎虎了事。我就十分反对这种二分法。我认为客户只有一种，但创意人却有两种，一种是愿意改变客户的，一种是被客户改变的。一直以来，我对客户都是抱着有教无类的心态。很多次，客户部同事，甚至创意人讥笑我愚不可及，与其浪费时间在那些不懂创意的客户身上，不如多放些心机对待那些有潜质的客户。只是我生性喜欢舍易行难，越困难的客户，我越觉得有挑战性。当然花在这些客户身上的时间与作品的品质，并不一定成正比。很多时候时间是花上了，最终一事无成。但我始终认为客户对创意的接受能力是可以通过教育得来的。我的策略是每次提案都要做到最好。不管对方要求的只是一张单张，一个企业形象纪录片，或是一个销售点的宣传品，都要尽力而为。面对保守的客户，就情愿多做一套，一套保守、一套创新。第一二次提案，不妨做得大胆一些，然后再慢慢收敛，一步一步地把客户对创意的接受程度提升。此外，你亦可以多给他们看国外成功的广告，开阔他们的视野。甚至为客户办创意讲座，教导他们创意的基本常识。遇有广告节不妨邀请他们参加，有广告颁奖礼更要为他们预留一席。经验所得，经过长时间的教育，客户是会慢慢改变的。

065招

三不易为：
独行侠CD与二人组CD

CD有两种不同的组合：一种是独行侠，一种是文案与美术指导二人组。两种组合各有自己的难度。

先说独行侠。顾名思义是指由一位文案出身或美术指导出身的CD做领导。困难是无论CD是文案出身或美术指导出身，都要兼顾一样不属于自己专长的东西。正如我是文案出身，在与下属讨论文案时当然问题不大，但面对美术方面就困难重重了。我想主要不是美感的问题，这是与生俱来的本能，文案同样可以有美感。不过，遇上技术上的问题就真的力有不逮了。试想印刷上的问题、分色上的问题、正稿上的问题，不是外行人所能解答的。在公司内还可以找有关部门的同事相助，面对客户时就尴尬得多了。此外，与下属美术指导讨论美术问题，很多时候也会遇上困难。美术是一种很主观的东西，你不是美术出身，如何能说服下属采纳你的意见呢？我看到文案出身的独行侠，要么有强权没公理，要么唯有倚赖美术指导了。反过来说，美术指导出身的CD也有类似的问题。他们大都强于画面，弱于点子，很多时候点石成金的一句话都在文字上。偏偏很多美术指导CD都是"文盲"，文字对他们来说只是符号而已。我从前有位美术指导搭档从小"放洋"，对于汉字真的目不识丁。他常常要求我标题多写三两个字或少写一两个字，为的就是排版比较好看。所以，要美术指导出身的 CD 在点子上以文字画龙点睛并不容易。结果，不少有潜质的创意就可能被人埋没了。

做了多年独行侠 CD，对我来说最大的难处就在自律。我从小就爱做白日梦，很难专心致志去做事情。最常见的情况就是出房门打算去洗手间，结果途中遇上一位客户部同事，闲聊了几句，于是见到眼前的汽水售卖机忽然想到要买可乐，于是一边呷着可乐一边走回房间，坐在椅子上饮了半罐可乐，才记起自己忘了去洗手间。像我这样喜欢魂游的独行侠 CD，面对简报时常发呆好几个小时，甚至花上几天也无进展。我很羡慕那些自律性甚强的独行侠 CD，能够独自困在房间内闭门造车。幸好，我发现了自己的大脑似乎是与嘴巴连在一起的，只要嘴巴说话，大脑就开始运作，说话越多，思路越清晰，点子越丰富。于是，我会经常找一两个下属来与我闲聊一下。很多时候，他们不需要说任何东西，只要乖乖地坐着已经足够了，我自会口若悬河地爆发点子。后来，我发现对方反正只要坐着不动已可，是否创意人也并不重要，于是我偶然也会找一两个客户部同事闲聊。基于客户部同事与创意人的思考模式不同，有时面对客户部同事反而会有意想不到的创意点子。

至于文案与美术指导二人组，当然可免去独行侠 CD 所遇到的个人局限问题。不过有利也有弊，文案与美术指导二人组很易出现不合拍的情况。文案与美术指导要找个合适的拍档并不容易。我们常听到文案与美术指导因误会而结合，因了解而分开，离离合合与情侣无异，作为 CD 问题可能更大。两位独当一面的 CD 能够互相尊重、互相欣赏吗？究其原因还是自我中心作祟。当有好的作品投放，无论是文案或美术指导都想把功劳据为己有。文案会认为作品成功全在那句画龙点睛的标题，美术指导却认为一切全凭那些巧夺天工的执行手法。结果名为搭档，实为冤家，你写你文案，我做我设计，最后才把两者拼凑在一起。我也与不少美术指导做过搭档，当年思想不成熟，确也曾有类似的看法，幸好得上司 K.C. 与 Paul 的提点，教我要放下自己，两人互相信任，互补不足，才会有机会擦出火花。

文案：是"莫明其妙"，还是"莫名其妙"？
AD：当然是"名字"的"名"！真是文盲！快帮我拿红笔过来吧！
文案：那是绿的！真是色盲！

　　如果文案与美术指导在升任 CD 前已经合作，一般都会较为幸福，创作力也会较强。升任 CD 后才合作的就困难得多了。两个火车头走向两个方向，往往苦了下属，令人无所适从。

　　话虽如此，这类 CD 二人组也存在着客观的经济效益问题。若经济不景气，要同时聘请文案与美术指导 CD 二人组作领导是一种奢侈的行为。一位 CD 的薪酬动辄是几位文案与美术指导的总和，多聘请一位 CD，就没有能力去聘请下属了。一家广告公司的创意部若花太多的金钱在创意人的薪酬上，长远来说仍是不健康的，遇有什么客户流失，裁员、减薪就在所难免了。所以，近年越来越多独行侠 CD 出现。相信这会是一种趋势。

四不易为:
平面CD与电视CD

　　这是我 30 年来的观察——平面强的 CD 做不好电视,电视强的 CD 做不好平面!很邪门!但这是事实。所以,广告界只存在三种 CD,一是平面强的,二是电视强的,三是两样都不强的。两样都强的基本上不存在,或者基本上不是那么强。残酷吗?但这是事实。

　　平面广告是一格画面的事,电视广告是 30×25 格,即 750 格画面的事。平面广告讲究的是在一格画面中把事情说好,但电视广告却可以把故事借起承转合带出来。要电视 CD 做平面,就真的是个难题,如何能在一格内道出原是 750 格的点子呢?你看!很多电视 CD 做起平面来,只是把电视广告的其中一格拿出来,本身根本没创意可言,只是纯粹电视广告的辅助而已。反过来说,平面 CD 做电视也困难得很。他们所做的电视广告只有两类:一是全片定镜拍摄,画面没有变化,只是广告片的末段有点趣味;二是全片以类同的片段组成,犹如把一个平面系列广告串联。要平面 CD 做些特别一点的广告,恐怕也是力有不逮。

　　一般情况下,我们接获一份工作简报,是电视广告与平面广告兼顾的。每一个广告人通常都希望电视广告与平面广告做得同样出色。但事实上，从你构思的起点已注定了这次是电视广告，还是平面广告主导。若你是电视 CD，你很自然会先构思电视广告，然后看看平面可以如何配合。换上平面 CD 就刚好完全相反。很多时候，在构思的过程中，你已经发觉，某些点子做电视广告会较强，某些则做平面较好。甚少点子是电视广告与平面一样强的。于是 CD 就要取舍，究竟挑选哪一个方向。当然，电视 CD 就会挑选电视广告较佳的点子，平面 CD 就会挑选平面广告较佳的点子。

这种情况并不单单发生在我们身上。你看看新加坡的 CD 很明显全是平面 CD。每年新加坡在多个国际广告奖中都有好的成绩，但这些得奖作品全以平面广告为主。即使是电视广告偶然得奖，其实也是定镜之作，简单得与平面无异。你再看看泰国广告，每年在全球广告大赛中胜出的，基本上全是电视广告，平面广告寥寥可数。

我身为 CD 也难逃过这个宿命。我属于电视 CD，入行 30 年来，我做过几百个广告片，有三分之一得过奖。与电视广告相比，我的平面广告实在相差甚远，我也想改善一下，但始终不能达到与电视一样的水平。我接到简报，很自然就会先想电视广告，而且点子源源不绝，但到了要想平面，就有点捉襟见肘了。不单我一个人是这样，我身旁的创意人也如此。有些时候，甚至电视广告越进步，平面广告就越退步。反过来说，若某段时间较少机会做电视广告，专心做起平面来，又会好一点。

很奇怪吧！但这真是我们常遇到的。

我认识不少电视 CD 使用舍短取长的方法，即是索性不做平面广告。荒谬吗？但不少行政创意总监就是这样的。方法很简单，所有电视广告一手包办，到了平面就交由下属负责，自己只负责指指点点。对一个电视 CD 来说指点别人总比自己出手容易！

我也试过客户本来需要一个平面广告，自己却做了电视广告去提案，结果客户喜爱得很，加了预算，还拍了三个电视广告。所以，不要被简报限制了创意，胆子大一点，常有意外的收获。与其做些不入流的平面广告，有时专做擅长的电视广告也是乐事。我从前的行政创意总监就理直气壮地跟客户说："对不起！我们只懂电视广告，何不加些预算费用做电视。"只要你有名气，客户也会无奈地接受。

一般来说平面 CD 比电视 CD 优胜。我不是指创意，而是他们较易弥补自己的缺点。一个平面 CD，在平面方面一定没有问题，但遇到自己的弱项电视也有解决方法。平面 CD 只消花心思在点子上，画面如何可不理会，责任一概交由导演负责。导演必定是电视高手，但大多只在执行上，点子未必强。平面 CD 的点子一般都不会弱，所以，大可找位可信的导演把点子告诉对方，然后静心等候成果。因为导演是另一种"动物"，与创意人的思维方式完全不同。他们可以把你的平面点子化作电视，而仍能保存精髓。当然我是指那些高品质的导演。很多导演只会把你的点子弄得乱七八糟，只有执行，没有创意。

怎么分辨出自己将来会是哪类 CD？其实只要从你喜欢的漫画类别，就可以看出你将会是平面 CD，还是电视 CD。一般来说漫画分两大类：单元格漫画与四格漫画。单元格漫画其实就是平面广告，四格漫画则是电视广告。你看单元格漫画有些只有图画没有文字，但一看就明当中玄机。这正是明信片式平面广告常用的伎俩，近年不少国际大奖的得奖作品也是这类。另一些单元格漫画是图画配上文字，产生爆笑点。这不就是我们常见的平面吗？至于 3 格、4 格、6 格、8 格等漫画，其实就蕴含了电视广告中起承转合的元素。有些时候只要图画就明白，有些时候加些对白，效果更佳。当然，若你喜欢的是连环图那就更好。你构思的电视广告的画面调动，气氛营造，必定比别人更好。所以，若你要做平面 CD 不妨多看单元格漫画，想做电视 CD 就得多看四格漫画或连环图了。

五不易为:
新丁CD

067招

资深文案或资深美术指导擢升为副创意总监,实在是件可喜可贺的事。不过,这个转变未必人人能够适应。文案或美术指导的工作,跟 CD 的工作有很大的差异。这不单意味着你的工作比从前更繁多、更繁复,亦代表你除了自己的工作外,还得照顾你的下属。跨国广告公司对初任的文案或美术指导都有一定的培训,若公司没有系统的训练课程,工作就落在 CD 身上。但文案或美术指导擢升 CD,就从来没有什么培训。那么一位文案或美术指导怎么可以一夜之间摇身一变成为 CD 呢?一般就只有凭观察,或者在错误中成长。新丁 CD 不单要学习成为 CD,还要教导下属,实在是件不容易的事情。

新丁 CD 有三类,第一类是表现出众,所以被上司提升;第二类是跳草裙舞高手,每跳一家公司就升一级;第三类是在业界服务多年,无功都有劳,勉强提升的。先说第一类:我认为在原来公司被上司提升为副创意总监是件最美的事情,一来是对个人工作成就的肯定,二来副创意总监一职与资深文案或美术指导的分别实在太大了。同时要适应新职位及新工作环境不是一件容易的事情。在原有的公司内部提升,不单可以减少适应的时间,也因为内部同事对自己的认识及信任,做起工作来自然更得心应手。不过，我见过好些新任副创意总监的，为了要向世界证明老板没有胡乱擢升，就处处争取表现。不但自己做足 24 小时，还要求下属亦同样做足 24 小时，结果无法休息，创作力随之下降，而下属亦饱受摧残，变得行尸走肉、不似人形。新丁 CD 不宜急功，首要是在一大堆工作之中分辨出哪件工作应该优先处理、哪件工作可以容后处理。没有人能做好所有的工作，除非他的工作根本不多。如果你努力去令每件工作都做足 100 分，结果只有两个可能性，一是你做死，二是你的下属做死。作为新丁 CD 应懂得事情的轻重缓急，有机会的工作不妨花多点力，其余的只要达水准以上就可收手。在讨论点子时必要定死线，在指定时间内总结。须知创意永无尽头，有时间永远还会有更好的点子，但人不过血肉之躯，有衰残之时，不宜过于追求完美。

第二类新丁 CD，大都是机会主义者，绝不会在同一家公司逗留太久。在同一公司内只会尽力争取表现机会，然后尽快整理作品集到另一家公司面试。两年三级跳的创意人大有人在。不过行内亦有一句警世的名言，就是"升得快，死得快"。做 CD 当然比文案或美术指导风光，不论薪酬或福利都有很大的改善。但急功近利，虽然勉强升职，最终不是力有不逮打回原形，就是只有继续走快捷方式，在广告公司间走来走去。

对第三类新丁 CD 来说，能够任职副创意总监已经是自己的人生目标。好处是踏实行事，没有非分之想；坏处就是创作生涯已经画上句号。创意人意识到自己已经到了尽头，他还会有能力突破吗？所谓不进则退，创意人没有向前的动力，自然会失去创作的能力。我认为创意人不应把自己定形，认为自己再无法突破。我认识一些创意人，是入行十多年后才忽然开窍的，结果后发先至，成就反而超越他人。每个创意人都会遇上创意瓶颈，换句话说，每个阶段都是有机会突破的。问题只在于你有没有放弃自己。

有些忠告，新丁 CD 是不可不留意的。首先，新丁 CD 应调节一下自己的工作习惯。不少文案或美术指导都习惯夜间工作，久而久之把工作时间表往后推，午饭后才上班，晚上两三点才是黄金时间。但作为 CD 就绝对不可这样作息。要知道广告公司每早 9 时半已经开门营业，客户可能更早，于是大家就要苦等你几小时才可以工作。你晚上两三时才有灵感，其他人就要待你出了点子才可开始工作，结果必定通宵达旦。为建立健康与有效率的团队，你的些许改变是在所难免的。

CD:你这个草稿做得不对，试试把标题放这里！　　CD:不是那里，是这里！

CD:让我来吧！　　　　　　AAD:不是那里,是这里！

　　新丁 CD 还有一个不易适应之处，就是要决定创作方向。从前做文案或美术指导，方向大都由 CD 决定，于是习以为常。忽然一夜间变了 CD，处处要自己定夺方向，就变得无所适从了。有些新丁 CD 就把方向性的工作交给行政创意总监，自己仍旧只顾创作，但面对与下属讨论点子时，还是要给予方向的，绝不能每次请示行政创意总监。

　　对不少新丁 CD 来说，最困难的工作莫过于指导下属，于是不少新丁 CD 索性全部自己动手，下属就只能做其双手。工作少的时候，你或许还可事事亲力亲为，但遇上比稿，或有好几个客户同时有新工作，你怎么办？所以，分工合作是 CD 不可不学习的功课，分配得宜不单各司其职，更可以令大家都有发挥的机会，工作起来自然更加起劲。我建议做资深文案或美术指导时就应该做好准备，找个机会学习指导别人，最简单直接的就是找个实习生做训练，教学相长。大家不妨与各大专院校联系一下，既可训练自己的指导能力，也可以给后辈一个学习的机会，何乐而不为呢？

做新丁是个必经阶段，没人天生就懂做 CD。所以，做资深文案或美术指导时已应该训练独立工作的能力，学习自己思考创作方向、自己负责广告片制作、自己领导比稿。当然不是每家公司都愿意放手给文案及美术指导去自己工作，但你必须主动一点让自己成长。我在做文案的时期已有自己负责比稿及制作多个广告片的经验，后来升为 CD，一切就来得比较容易处理了。没有人可以一夜间变成CD,必须按部就班,慢慢学习,假以时日，你就会成为一位不折不扣的 CD 了。

六不易为：
CD遗传

我越来越觉得 CD 的性格是遗传的。这不是说 CD 的父母也是 CD，所以有所遗传。而是你曾经做过哪位 CD 的下属，你多多少少会受到他的影响。换句话说，你看到一个 CD，你大概可以估计得到他从前的 CD 是什么模样。同样的，你看到这位 CD，也大概可以想象得到他的下属将来会是怎样的 CD。当然，若你是一位文案与美术指导 CD 带大的创意人，你就会混合了两人的优点或缺点，正如小孩子集父母之长短于一身。例如，你从前的 CD 是位喜爱做"飞机稿"的 CD，你就自然也是一位"飞机"能手。相反，若你从前的 CD 对"飞机稿"深恶痛绝，你就绝不会染指"飞机稿"。若你的 CD 只喜欢做电视广告，对平面广告毫无兴趣，那么，你也很有机会是只懂做电视的 CD。以我自己的经历为例，我最初跟从的 CD 就是 C.C.、K.C. 及 Paul Chan，他们是行内捍卫创意的 CD，多年来都坚决不做"飞机稿"。我加入奥美，连广告是什么也不懂，已经听过他们多番教训，教我不要走捷径，不要做"飞机稿"。一方面是耳濡目染的教导，让我对"飞机稿"产生反感，另一方面是当年的奥美根本不容许"飞机稿"生存。再加上我亲眼所见他们不用做"飞机稿"，居然也能创作出不少叫好又叫座的广告，我就更加深信自己他日要做个不做"飞机稿"的CD。这些年来，我也能坚守他们从前的教诲，无论机会如何缺少，也从不做"飞机稿"。而我教导出来的下属，也秉承着这种美德。但假若我当日所进的广告公司并非奥美，所跟随的CD并非他们，我还会有这种坚持吗？试想，你一开始就加入一家天天不务正业，只做"飞机稿"的广告公司，而且还有"广告奖不是奥林匹克""广告奖就像时装表演""奖项就是你的本钱"等等歪理每天给你洗脑，你仍能洁身自爱吗？你看到上司做了一个"飞机稿"系列，赢尽 Cannes、Clio、D&AD、One Show，报章杂志争相访问，薪金翻了两番，职位越升越高，你会毫不心动吗？

关于 CD 的遗传，影响最深的往往就是你初入行时所接触的第一位 CD。一个新加入广告的人就如一张白纸，你要在上面画些什么都可以，但画上的图案却不容易擦掉。更悲哀的是，你可能终生也不察觉自己存在的问题。当你年资越深，你对自己的看法就更深信不疑，于是就更加无法自拔。所以，作为广告人最好培养自己的分辨能力，知道何为善、何为恶，否则"好的不学，恶的反去学"，就很难回头了。

当我仔细反省自己，发现今天的我仍残留着不少当年带我成长的 CD 的模样。不论 C.C. 或 K.C. 都属于那种不喜欢抛头露面的 CD，衣着平实，毫不起眼。受他们影响，我也不太愿意出席公开场合，即使出席颁奖典礼也是 T恤、牛仔裤，乖乖地坐在座位上，甚少与其他同行交流。我也深受当年达彼思广告(Bates Advertising)的行政创意总监David Alberts的影响。这位洋人对下属十分亲切，永远都能从你的作品中找到一些地方对你称赞，而且绝无责骂，让你工作得特别轻松、起劲。现在，我对下属也尽量鼓励多于批评，希望大家能在正面的气氛下发挥潜能。David Alberts另一样对我影响很深的就是他的家庭观念，无论工作多忙碌，他每晚9时前必定回到家中与子女讲故事，待他们入睡后才继续工作。女儿小时候，我每晚也跟她讲圣经故事，从她完全听不明白，到会跟我一起祈祷，实在很值得回味。我常想到我老病在床的时候，女儿能在床前给我读圣经，就是我人生最幸福的日子了。

　　CD对下属的影响不一定就是依样画葫芦，有时会刚刚相反。我认识某位美术指导，他从前所跟随的第一位CD也是美术指导出身。这位美术指导CD对点子兴趣不大，每天把时间都花在怎么把字体修改一下、怎么把字距调整一下之类的鸡毛蒜皮的事情上。这位美术指导在CD的蹂躏下简直生不如死，每天通宵达旦地工作，换来的都是尖酸的批评。结果，这位美术指导忍无可忍请辞了。后来，这位美术指导当了CD，就来了一个180度大转变，把重点都放在点子是否有创意之上。何解？正是物极必反。长期在家长式管教的CD下成长，到自己可以作主时，当然会来个翻天覆地的大改变。

所以，将来的广告界会变成怎样，就视乎现在的 CD 是怎样的 CD。如果大家都只求急功近利，又焉能期望将来会有个健康成长的创作环境。大家千万不要小看自己的影响力，你今天做 CD 的理念已经植根于你下属的脑海中，或者潜意识之中，你不好好正视自己的缺点，发掘自己的长处，他日广告界就会多了几个像你一样的 CD。只要你今天愿意做好榜样，若干年后广告界就会开花结果，福泽后人。正如多年前大卫奥格威 (David Ogilvy) 的言论今天仍影响着不少广告人。所以，不要以为你的行为、你的信念是很个人的事，很多后辈早已用眼睛盯着你的一举一动，模仿着你的一言一行。

069招

七不易为：
CD的EQ

CD 最需要的不是 IQ（智商），而是 EQ（情绪商数）。

作为创意人大抵 IQ 都比一般人高，要想出好点子根本不是难事。身为 CD 在 IQ 高之余还加上了经验，本应如虎添翼。不过，人生不如意事十之八九，做广告人更甚。CD 所面对的逆境，往往是下属人数的总和。换句话说，就是难上加难。如果 CD 被逆境打垮，就会牵连甚广，整个团队就会瘫痪。所以做 CD 的应该好好锻炼 EQ。我是个 EQ 奇低的人，但当上 CD 后意识到问题的严重性，所以买了不少有关 EQ 的书籍研究。有一本名为《别为小事抓狂》的书，我看了好几遍，获益良多。

书中有一篇名为《降低你对压力的容忍度》。曾经有位香港高官在国外一个公开场合宣传香港，说香港人最值得自豪的就是拼搏精神，可以一天 24 小时不睡眠。结果立刻被一位专栏作家点名批评，指出香港人的拼搏精神根本就是一种病态，完全不值得骄傲。事实上，我们从小就被训练要面对种种不同的压力，就如考试一般，承受得来就有好前途，承受不了就是失败者。社会教育我们的就是如何提升自己面对压力的容忍度。但这本书提醒我们，当你提升了面对压力的容忍度，就意味着你要面对更多的压力，直至你的健康亮起红灯、你的婚姻出现问题、你的父母离世……原来出现压力就代表我们的生活跑得太快，应该慢下来，重新恢复控制，而不是训练自己跑得更快去超越它。创意人就常被压力逼疯，工作接踵而至，每天通宵达旦，年终无休，疲于奔命。试问创意水平又如何能够保持呢？相反，当你降低压力的容忍度时，你会发现要处理的问题少了，反而有更多创意去处理剩余的工作。

另一篇名为《想想你拥有什么，而非你想要什么》。我们常会说："当这项欲望得到满足时,我们就会快乐起来。"可是，一旦欲望满足后，其他的欲望又会接踵而至。有没有试过想在广告比赛中拿奖，最初只是希望拿个入围奖，觉得有机会入围已心满意足。很快你真的拿到入围奖，你会发现只差一点点就可以得铜奖了，可以上台领奖。待拿到铜奖你又会想银、想金。金银也拿到，你又会希望得到全场最大奖。拿到本地的奖又如何？你还想得亚洲区的奖项。拿到地区的奖项又如何？你还想得国际奖。拿到国际奖又如何？你还想每年都拿到，而且比其他人更多。欲望真的永无休止！这书教我们"把想要什么转为我们拥有什么"。不要抱怨你的薪水太低，要心存感激你有一份工作可做；不要奢望老板会换人，想想他的优点；不要期望拿些什么奖项，能够做到好作品已经值得高兴。如果你能这么做，你的人生就会开始变得比以前更好。

还有一篇名为《察觉自己的情绪，不要被情绪低潮愚弄了》。作者认为情绪是很会骗人的。心情好时什么事情都好，问题不可怕、人际关系融洽、自信心较强、被批评也会欣然接受。但心情不佳时，生活就变得很糟糕、困难难以忍受、很多是是非非、毫无自信、对任何意见都会勃然大怒。有没有试过早上出门还是心情很好的，却因为赶不上电梯就心情欠佳，然后回到公司在简报会中与客户部同事争辩，接着与上司在创作方向上起争论，到客户提案全被拒绝，回家后与太太吵架，于是立刻写辞职信，打算明天向上司请辞。结果隔天邻居按着电梯等你进来，客户部同事按你心意改了简报，上司称赞你的点子有突破，客户接纳了你原先的创意，太太烧了一顿丰富的晚餐，于是辞职信就丢进垃圾箱了。这样迅速而剧烈的转变看来虽然荒谬可笑，可是这确实是我们的写照。作者提醒我们："心情沮丧的时候不适合分析你的生活。这样做只是情绪自杀而已。"

《赞美与苛责都是一样的》也是一篇很有启发性的文章。

没有一个人可以同时取悦全世界的人。"即使在压倒性的选举中获胜,得到55%的票数,依然有45%的人口希望别人获胜。"创意人大都很重视别人对自己作品的看法,总希望上司很满意、客户很感激、消费者很接受、评审很欣赏,偶然听到一些相反的意见就会耿耿于怀、彻夜难眠、食欲不振、心神恍惚,甚至反目成仇。为什么会这样呢?是太自信还是太自卑呢?作者说得很好:"人人的生活都有起有落,有好有坏,有赞成有反对。"试过作品在电视上投放,很快就收到朋友的来电,说点子很有创意、很喜欢;刚放下电话,又收到另一位朋友的来电,说我的新作大失水准,要好好努力。很多时候自己认为挺好的作品,客户部的同事却毫无反应,自己深知是勉强交差的东西,其他人却拍案叫绝。所以,我们要学习把赞美与苛责看成一样的事情,只代表不同的人有不同的意见而已。自己觉得满意才是最重要的,别人称赞就当作额外的奖赏,他人苛责就当作是一次提醒,不必介怀。

这本书一共有 100 篇文章,有一段时间我每天早上都看一篇。不过,"江山易改,本性难移",某段时间改善了的品性,过一阵子又会故态复萌。所以,每隔一段时间我又会重看一遍。现在,我虽然已经重复看过好几遍,每次重看仍有不同的收获。记住!其实工作上很多事情没有想象中那么严重,不过是一些鸡毛蒜皮的小事而已,何必为这些小事抓狂呢?

070招

八不易为：
CD的领导

看过近年有关管理学的文章，发现现今管理的模式已有了很大的转变。作为 CD 或多或少也牵涉到管理的问题，这正是不少CD遇上的最大困难，往往比构思一个好广告艰难10倍。西方有一种名为 Relationship Leadership 的管理方法，有人译作"注重关系的领导"。不过，中国人对于"关系"这个词可能有点敏感，因为中国人就是喜欢靠关系，不靠实力。这里所译的"注重关系的领导"却有点不同，主要是强调领导者的人性，与传统高不可攀，家长式领导刚好相反。

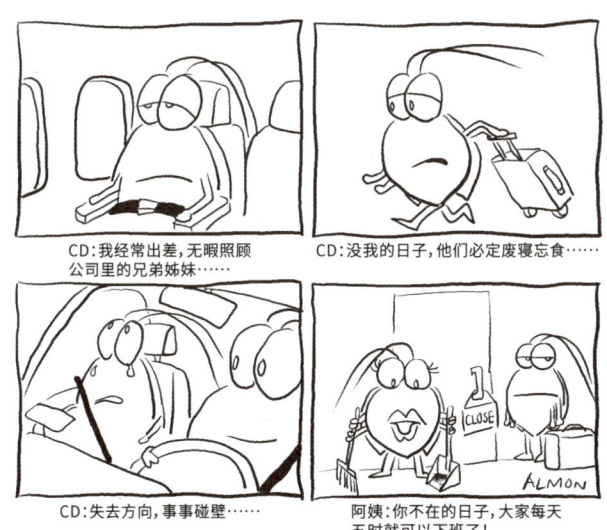

CD：我经常出差，无暇照顾公司里的兄弟姊妹……

CD：没我的日子，他们必定废寝忘食……

CD：失去方向，事事碰壁……

阿姨：你不在的日子，大家每天五时就可以下班了！

Relationship Leadership 有五个重点，若 CD 懂得善用将会受益不绝。

一、领导就是服侍他人

在创意部中，CD 犹如宰相，一人之下万人之上，永远高高在上。某些 CD 会故意把自己抽离群众，制造一种深不可测的假象。我见过有些 CD 从不与下属共进午膳，为的就是保持距离。文案与美术指导在 CD 眼中就仿如手脚，是没有脑袋的，只是生产线的一颗螺丝。每一位下属的存在价值就是绞尽脑汁，像被置于榨汁机里，直至干涸而死。不过，在 Relationship Leadership 之下，CD 的身份将会变作仆人。做 CD 的不是要下属为自己服务，而是看自己有什么可以帮助他们。

我常会问自己下属需要些什么训练呢？我可以怎样提升他们的创意水平呢？我可以怎样打磨他们的点子而不是硬用自己的创意呢？我可以怎样开解他们的波动情绪呢？

二、领导必须有远见

在创意人心目中常常只有奖项，成王败寇全取决于奖项多寡。每次创作都会计算是否合乎评审口味，是否能在比赛中脱颖而出。结果创意人成了奖项的奴隶，被奖项牵着鼻子走。君不见国际大赛的平面广告不是白底就是黑底，只有一张小小的图片及商标，完全没有文字。电视广告则从不见产品，到最后一秒才出现商标。广告讲求的是创意，当创作沦为公式化，还可以称为创意吗？

从前我的上司 K.C. 与 Paul 最为我欣赏的就是他们对广告界的抱负。他们从不甘于重复地创作千篇一律的获奖广告，而是不断寻求突破。记得当年他们为眼镜 88 所做的感性广告获奖无数，成为广告人争相模仿的获奖方程式。但他们却放弃了再做类似的广告，而尝试其他创作路线。记得初与他们创作 SUNDAY 时，大家实在不知如何入手，很多时候也想走回头路。但他们却不为所动，坚持要把反潮流的广告实现出来。起初，不少同业都窃笑他们走火入魔，甚至在广告奖中拿不到任何奖项。记得他们说过："没关系，评审根本没有这个水平去评审我们的作品。"后来，SUNDAY 在广告奖中大获全胜，又成了广告人争相学习的典范。他们却说："不成了，评审也接受了！看来我们要另找方向。"

至于我，实在希望为广告界略尽绵力，提倡一种健康的广告态度。我希望提醒大家工作只是生活的一部分，也要注意家庭、健康、信仰等等。更希望广告人与广告人之间，广告公司与广告公司之间，客户与广告公司之间，创意部与客户部之间，都能和平共存，齐心为广告界努力。

三、领导必须有诚信

在商业社会，大家注重的是结果。至于怎样达到结果却不重要。因此，常有为求利益不择手段的情况。近年，美国大企业纷纷传出丑闻，竟然制造虚假账目以求鱼目混珠。领导的诚信备受质疑。作为 CD 你未必会牵涉有关账目的问题，但个人的诚信仍会时刻面临挑战。在办公室里流行着一种名为白色谎言（White Lies）的谎言，以为无伤大雅，没有害人之心时就可以说谎话，殊不知这才是最大的谎言。白色谎言在广告公司里普遍得很，创意人不想见客户，客户部同事会说他病了；客户问创意人有没有试过产品，他们会说试过好几次……这一类的谎言看似无伤大雅，但往往很容易影响个人的诚信。

有时某些同事为令某些事情可以顺利完成，会故意编造一些谎话。起初，这只是一个很小的谎言，后来却越滚越大，难以收拾。我们曾经为一个客户做电视广告，客户部对我们说制作预算是某个数字，于是，我们千方百计请求导演迁就一下，导演因为喜欢剧本，勉强接受了。岂料，在制作会议中与客户交谈时才发现客户是给了足够的制作费的，换句话说是客户部从中取利。由于事前大家全不知情，于是闹出了笑话，大家尴尬得很。

所以，我们必定事先与客户部同事声明，有什么问题不妨坦诚地说出来，大家从长计议，千万不要隐瞒真相。当然，你也要真的平心静气地与他们共同解决问题，他们才会对你有信心，愿意与你吐真言。

四、领导必须注重团队

广告没有个人主义。无论你是多强的创意人，你始终需要导演、摄影师、文案、美术指导、客户经理、监制、平面制作经理等等。你必须倚赖互相合作，才能成功让一个广告诞生。

所以，你必须能塑造一个团队气氛，让大家同心卖命。如何能达到这种气氛？这关乎互相的尊重、欣赏、合作、认同、了解等等。你关心别人的工作之余，关心过别人的感受与生活吗？

导师：这是信任游戏，创意部从上面跳下，客户部在下面接住！

曾经有下属犯了错，我连忙指出对方的错误，却没有留意对方的感受。对方不是不承认错误，而是因为在众人面前被指出错误感到尴尬万分。换在一个单对单的环境，同样的话不是更有效吗？

你是喜欢发表伟论，还是善于倾听呢？我们太多时候只用嘴巴，却忘记了自己也有耳朵。善于倾听的人，可以及早发现问题；只懂说话的人，可能到关系决裂，还毫不知情。

你发现问题时会直接处理，还是不了了之呢？很多人害怕处理问题，以为鸵鸟政策可让事情淡化，殊不知伤口处理不好，很容易受到感染，到时只会药石无灵。

作为团队核心人物，CD 必须与每位下属保持良好关系，无论是工作、生活或信仰等等都要照顾得到。好的团队可以发挥强大的生产力，相反，恶劣的团队不单影响生产，更会影响每个人的心情。

五、领导必须承担责任

作为 CD 必须愿意承担责任。队伍中无论是一位小文案或美术指导出错，做 CD 的都责无旁贷。CD 不能逃避责任，托词自己不在场或不知情。若自己授权下属出外工作，下属所做的就等于自己所做。换句话说，下属犯错也就是自己犯错。所以，你必须评估风险，衡量对方是否胜任。

作为负责的 CD 与下属讨论创意时不应含糊其辞，模棱两可，应该给予明确的方向及指引。不能给予清晰的工作指导，其实已经是不负责任的行为，往往会令下属无所适从，白费时间及心血。

其实，身为 CD 不单在工作上要负责，在个人方面也要负责。这包括了 CD 必须持续进修及阅读，透过学习增强或保持自己的创作力，也要改善自己的领导技巧，令整个团队受惠。

当然，做上司的也需要为下属的学习及晋升负责，要有完善的训练去提升团队创意，也要为下属向上司争取合理报酬及晋升机会。唯有愿意负责任的 CD，才能做称职的上司。

九不易为：面试

071招

身为 CD，在案头发现一大堆求职函件，有的是简单的一封书信却妙笔生花，有的是简单的一份直销却内有乾坤；有的谦虚有礼，有的不可一世；有的应征者只有你儿子那么小，有的应征者比你老爹还要老；有的用心经营，有的马马虎虎。总之，千奇百怪，让你目不暇接。假如你是 CD，收到这些五花八门的求职函件，你会怎么办呢？

A. 立刻扔掉；

B. 拆开来看看，然后扔掉；

C. 拆开来看看，然后把它收藏好，永不再看；

D. 拆开来看看，然后打个电话约见；

E. 拆开来看看，然后推荐给别的 CD。

实际的答案可能不只上述几个。别人的心血是否白费，很多时候全是运气。

应征者：我想知道为何我的求职信写得那么好，你都不给我面试的机会？

ECD：你这里写的是另一家ECD的名字，你要问的应该不是我吧？

从前，我也会把这些求职函件扔掉，现在就会好好处理。这主要是自己想起从前的上司 C.C. 与 K.C.，见到他们很乐意给新人面试，我也不期然地受到影响。我跟随他们多年，常见到他们的房间内坐着一些面试者。这些面试者有些是初出茅庐的大学生，有些是慕名而来的创意人。我就曾经因为 K.C. 忽然有要事而替他面试过一两次。当然，那些面试者发现我并非 K.C. 就好生失望。那时，我常常不明白他们为什么浪费自己的时间，面试动辄要花半小时，甚至一小时，每周约见一个已经很不划算。更奇怪的是，今时今日 K.C. 还会给那些小朋友面试的机会。是什么原因驱使他那么热心呢？我想是他们对广告的远见及热诚。K.C. 常说，做广告最要紧的是心术正。透过面试确实可以把正确的广告观浇灌在未萌芽的种子上。假以时日，这些小种子就会变成广告界的参天巨树。种的是什么，收的就是什么。要日后广告界好，今天就要多花一点功夫。回想自己入行，何尝不是有人愿意给予机会，没有这些机会，自己又如何能有今天呢？

我认为面试本身就是一个互动的学习机会，让应征者与 CD 各取所需。我曾经见过两位应征者，自己也很受激励。两位应征者各有不同，一位刚刚毕业，一位在社会滚打多年。两人虽然背景不同，但对广告的热诚却不分高下，大家都愿意为广告付出很多。见到别人的热诚，自己也有点汗颜。于是也不断反问自己有没有因为时日而冲淡了自己对广告的热爱？或是在俗世洪流中失去了自己对创意的坚持？自己就在与别人分享对广告的观点时，重新肯定了自己对广告的信念。

初到上海由于真的要聘请一位文案与一位美术指导，于是收到很多求职信。我把来信一一细看，也接见了绝大部分的应征者，试过一天见五位，每位半小时，总共见了二三十位之多。只可惜空缺所限，只能在当中挑选两位。不过，在面试的过程中也认识了不少内地的创意人，现在有部分仍与我有联络。你在面试当中只是说了一两句话，他们也会认真地思量，甚至在工作中应用。我也从他们的作品及广告的观点，对内地的广告有了更多的认识。面试就变成不单是一个招聘的活动，也是一个经验的交流。

其实，面试不一定是与招聘挂钩的，面试本身可以是一个独立的教育工作。从前，我也会在有职位空缺时才会接见面试者。但今时今日，有多少广告公司还有空缺可以招人呢？很多怀才不遇的人，连一个面试的机会也遇不上，就要被迫放弃理想，实在可惜！我听过不少应征者异口同声地表示，至少也给个机会让他们尝试，不成功也不会怨天尤人。事实上，在面试当中，你真会遇上一些可造之才。今天你或者没有空缺，难保他日你会有这个需要。千里马纵好，也需要有伯乐的提携，否则只会埋没于荒野之上。

面试者也不单限于新人，很多行内的创意人，也希望转转工作环境，或是从其他 CD 口中得些指导。我曾遇上一些业内的创意人,水准实在不差,只是一直在不太注重创意的广告公司工作,以致无法发挥才华。又有些创意人,作品不俗,只是欠缺突破,若能得到CD的提点,或会脱胎换骨。记得多年前,自己还是文案之时,就拿自己的作品集去给不同的 CD 看,那时自己并无跳槽之心,只是一心想知道自己的创意到达什么水平。偶然听到一些 CD 的提点,也觉获益良多。毕竟每位创意人都有自己的一套创意哲学,多听一些宝贵意见,对自己都会有裨益。多出去见见世面,你会觉得一山还有一山高。

CD 自己也常有面试的机会。不过,CD 的面试与文案、美术指导有很大的差异。一般来说,CD 不会主动地发信应征,绝大部分 CD 跳槽都是行政创意总监主动接触的。基本上,对方都从不同的渠道对你有一定的认识。所以,CD 面试通常不用带备作品集。理论上,到达 CD 级数的创意人都在业内滚打了至少 5 到 7 年,作品应有一定的曝光率,行家早有留意。若身为 CD 多年仍不见经传，恐怕此人亦不见得怎样出色。再者，广告界实为小圈子，在行内一段日子，自然有更多机会与人共事，是好是坏实难逃人家法眼。亦基于 CD 早已在广告圈内混熟，所谓面试其实只是例行公事，行政创意总监或许已经与 CD 认识多年，面谈只是要看看 CD 是否愿意跳槽。

所以，将心比心，下次收到求职函件，不要立刻把它扔掉，试试拆开来看看。有可能的话给他或她一个面试的机会，不成的话也好歹给个回复，说一两句鼓励的话也好。若知道哪里有机会，不妨转介一下，给人家行个方便。记住！今日种的是什么，他日收的就是什么！

072招

十不易为：
聘请下属

聘请这件事情好比择偶，弄得不好会痛苦一世。不过，聘请比择偶更困难。在结婚之前，大家可以拍拍拖，互相认识认识。但在聘请的过程，双方只有半小时至一小时的沟通。如果对方有心作假，只要在面试的过程中刻意掩饰，就很容易瞒天过海。或者，你会说可以看看对方的作品集。须知道一个广告染指的人不计其数，你如何得知对方的贡献究竟有多少？我知道有些初级美术指导只是负责字体设计，但也把东西放进自己的作品集之内。加上有些人口齿伶俐，说话似模似样，你真会以为是他个人创作。记得从前在香港有位美术指导绰号"偷稿贼"，专把别人的作品当作自己的作品，也竟然骗到工作。江湖传闻，某次这位美术指导面试，把自己的作品给 CD 看，CD 一看立刻愕然，原来有张平面广告竟是他自己多年前的旧作。

CD:你的作品从概念到执行都跟去年戛纳得奖的一模一样……

应征者:那不是证明我的创意有国际水平吗？

我从前的 CD 就比较聪明，他面试不看对方的作品集，只与对方闲谈。我问他怎知对方是否适合，他说只凭感觉。就以我自己为例，当年 K.C. 与我面试时就没有看过我的作品集，因为我根本没有做过什么与广告有直接关系的东西。到我自己做 CD，我面试的时候也只是简单地看看对方的作品，然后与对方谈天说地。对我来说创作是一种气氛，气氛和谐、愉快，自然会产生好的作品。所以，人与人的化学作用比一切都重要。眼前的一位是创意无限，但不可一世，另一位中规中矩，但虚心受教，你会选哪一位？创意是可以透过教育而得到的，但江山易改，本性难移，面对劣徒，你会痛苦得很。

看过一本名为《从优秀到卓越》(Good to Great) 的管理学书籍，作者研究了 1965 年以来，《财富杂志》(Fortune Magazine)500 强排名中的每一家公司，发现在能够把公司从优秀变成卓越的管理人中，都会先人后事，设法找到"合适的人才"，然后才决定发展方向。所谓"合适的人才"，就是指与管理人拥有相同价值观的人。衡量"合适的人才"主要看他们的内在性格特征与天赋能力，而不是他们的专业知识、背景或实际技能。卓越的管理人决不会挑选与自己价值取向不同的下属，然后试图把他们改变。"合适的人才"还有一些特点。首先，他们不需要严加管理或提醒，便会因为内在驱动力而自我调整，以期为公司取得最大的成功。其次，他们都会不计较报酬的多少，只要认定是对的，就会全力以赴。再者，他们大都拥有良好的职业道德及高尚的个人品格。

我认为挑选下属是可以跟自己有不同性格、创意风格、对事物喜好的,但必须有相同的价值观、创作取向。比如不做"飞机稿"就不做"飞机稿";要做"良心广告"就做"良心广告";要注重创意实效就注重创意实效。一个团队是不可能有两个火车头的!

应征者:我要求作CD,月薪税前三万。

ECD:抱歉!我们只要一个文案,月薪只有三千!

应征者:职位只是虚衔,薪金只是数字,就照你的意思吧!

我所聘请的下属都有些共同特点,就是不计较工资、任劳任怨、行事光明、注重团队精神。看过K.C.与Paul的广告著作《十个广告九个丑》,你或许明白我为什么聘请那些不计较工资的人。因为,这些人很明显就不是 K.C. 老师所说的那种"叻仔",绝不会急功近利,只为区区一千或几百元而频频跳槽。这等人大都对广告有抱负,目光远大,具有牺牲精神。面对这些创意人,你会知道自己花在他身上的心血是不会白费的,假以时日必会有所收成。其实,不斤斤计较的不应只是工资,更应包括工作。见过太多面试的人好高骛远,不肯从低做起,以为自己才华横溢就可以一步登天。聘请了凡事计较的人,你将会非常苦恼,有趣的工作他会全力以赴,呆板的工作他会毫不起劲，甚至拒绝参与。须知创意人不是每件工作都有发挥机会，十居其九只属刻板工作，若大家终日怨天怨地，不愿承担，就只会破坏整体气氛。我也喜欢聘请行事光明的人，因为广告圈内实在太多只懂抄小路的创意人，为求利益不惜放下自己的是非标准，明明是"飞机稿"，却自圆其说，甚至厚颜无耻，直认不讳。我更不喜欢下属为求工作方便，不惜说谎话，企图瞒天过海，欺骗客户或刻意隐瞒事实。我认为谎话只会越弄越糟，如雪球般越滚越大，唯有行事光明才是长远待客之道。最后就是团队精神。我认为团队成败就在于大家是否愿意放下自我，以大局为重。我见过不少创意人，素质很高，唯独合作性不强，结果团队犹如一盘散沙，溃不成军。相反，一个注重团队精神的人，愿意为团队而放下自己的荣辱，共同向一个目标迈进。我所聘请的下属都很注重团队精神，常会不分你我，互相帮助，以致大家如同一人，发挥强大的化学作用。

我是基督徒，我选下属的时候还会有些与众不同的方法。我不会只挑基督徒，但我会先祈祷，求神给我明亮的眼光去看清对方。多年前我在网上看到一位有心做文案的朋友留言，于是相约对方面试，言谈间被对方的热诚深深感动。愿意放下高薪厚职，花半年时间为自己弄好作品集，而且屡败屡战，永不放弃。我把他引荐给上司，上司也很欣赏，结果他获聘了。现在，这位同事已经入行多年了，工作表现备受赞赏。

多年来我所聘请过的人都没有令我失望，有几位现在已成为行政创意总监。这些从前的下属虽然已经多年没有跟我合作，但大家依然保持良好的亦师亦友的关系。

073招

十一不易为:
分配工作

或许,大家没想过分配工作是一件困难的工作。假设你只有两位下属,一位是文案,一位是美术指导,遇到有趣的工作怎么办呢?自己干还是给下属一个机会呢?要培训下属还是要他们做自己的双手呢?如果你学会了放低自己,春风化雨,教育英才,问题就简单了一点。但如果你有两队下属呢?究竟把工作交给A组,还是B组呢?如果你的下属有A,B,C三组,问题就几何级数地上升。人数一多就难免厚此薄彼,处理不好就会令组与组之间关系紧张。

其实，分配工作可以有几个参考原则：

一、视乎经验

较大型的比稿或较困难的工作交予比较资深的组别。资历浅的由浅入深比较容易。经验是必须累积的，贸然把高于能力太多的工作交予下属，只会令下属无所适从，也会丢掉公司的生意。但也不可以过分保护，把工作全放在自己肩头上，这样只会让下属永无成长机会，也令自己疲于奔命。我从前做小文案时，已经负责小型比稿及协助大型比稿，慢慢累积经验。

二、视乎能力

每个人都有不同之处，作为 CD 就要尽力了解下属，然后按能力分配，让工作能够发挥得最好。我有一位下属很喜欢创作充满童心的作品，你要他做较为成熟的风格，他就痛苦得很。创意人当然不可以只有一种风格，应该多方尝试。但有些个人喜好就不易改变，勉强他只会吃力不讨好。所以，能够了解下属的能力，就能更有效地分配工作，也让作品的水准可以发挥得更高。

三、视乎工作量

做 CD 要知道下属的工作量如何，定时跟进，方能妥善分配，避免"有人没事做，有人没命做"的情况出现。我见过很多创意部的分工都有问题，把工作定得太死，毫无弹性可言。虽知客户不是每天都有工作，但要忙的时候可以几个火头同时燃起。唯一可以解决这种情况的当然就是 CD。CD 要灵活调配工作，又不破坏团队之间的关系，有时真有一定的难度。最要紧的是日常培养好团队的关系，大家要自觉地互相帮助，各人不能太过斤斤计较，要以团队健康运作为大前提。这样遇有突如其来的工作，大家就能灵活调动了。

四、视乎培训计划

CD 不能只要下属付出，而不给予输入。所以，遇上某些工作，是可以让下属从中学习的，就要把握机会，好好分配。作为 CD 应该明白下属有些什么不足之处，除了透过口头的提醒，还需实际的改进机会。比如说下属做平面已有一定水平，却不太懂得做电视广告，遇有一些较为简单的电视广告，就可以分配给他负责，再从中指导。又例如有下属不善策略的，遇有工作需要多些策略建议的，就不妨给他一个机会。没有好好的培训计划，下属不能成长，最终辛苦的还是自己。

五、视乎机会多寡

同一团队有很多创意机会当然可以容易分配，但遇上机会不多怎么办呢？事实上，不是每家公司都有很多创意机会的，即使有机会亦要与不同创作团队平分，机会就变得少之又少了。若是机会真的不多，怎么办呢？我建议就来个集体创作。大家不分彼此，同心协力地做好唯一的创意机会。要做到这一步，当然要团队关系好，不然就会大家争着表现，结果可能会弄巧成拙，白白浪费大好机会。作为 CD 也可以主动出击去寻找机会。这并不是要做"飞机稿"，但可以向客户自荐一些创意，只要客户真的接纳，愿意付款制作与投放，不单公司可以得到额外的生意，自己也得了一个创作的机会。

　　不过，我认为分配工作最要紧的还是没有私心，尽量保持公正，不要因为与某人关系好而偏私。我见过不少 CD 把有机会拿奖的工作都分配给同一下属，结果有些创意人变成了为公司拿奖的精英，另一些则变成了为公司赚钱的工具。久而久之，下属之间的关系就会变得紧张起来，团队关系就很容易瓦解。不妨问问自己，究竟想要一两个得力助手，还是一个好的团队呢？

十二不易为：指导下属

074招

对很多 CD 来说最困难的工作并非创意的构思，而是指导下属的工作。先从心理因素来说，每位 CD 都有很多不同的工作，但下属所负责的只是其中一部分。下属接获简报，当然会全力以赴，投入工作。但与此同时，CD 已经为其余的工作而苦恼得很。下属花了一两个星期去做一个广告，文案与美术指导已经完全融入创意之中，心理状况几达亢奋地步。于是，两人一腔热诚地把点子与 CD 交流。CD 却可能满脑子其他工作，对于简报已经忘得一干二净。CD 怎么办才好呢？

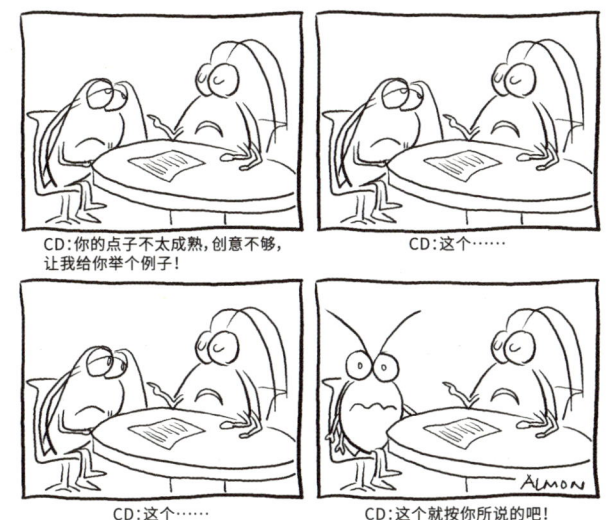

有几点 CD 必须留意。

一、先要下属简述一下简报

此举既可让自己重温简报一次，也可趁机看看下属是否明了简报的要求，理解上有没有问题，有没有偏离了卖点、销售对象、品牌性格等等。

二、必须要投入其中

身为 CD，工作实在多不胜数，很难专心致志。我从前与下属讨论创意，就常会同时处理手头上的其余工作，或是想点子，或是看电邮，没法专心。后来，我与某位客户总监讨论点子，发现他也是心不在焉，无法投入。那时，我才发现自己从前是多么不尊重他人，令人难堪。所以，尝试放下其余工作，投入一点，听听对方的提案。有时情愿把讨论的时间缩短，强过一心二用，两面不讨好。

三、学习使用耳朵

CD 可能贵人事忙，想要速战速决，或是才华横溢，要向下属显示一下实力，常会在下属还未提案完毕就加插意见。太早发言暗示你比下属聪明得多，发现他们看不到的地方。这等于向他们说："你们真笨！"多么残忍。这样也太直接地把答案告诉对方了，少了一个让他们学习的机会，久而久之，下属便会养成了倚赖心。所以，与下属讨论点子时，好歹让下属把所说的话说完再发表意见。用心地聆听、认真地思考，才不会扼杀别人发挥的机会。

四、无论对方的点子如何烂，都不要直接出口指责

你的每句话都会对下属造成不能磨灭的伤害。从前我也被 CD 责骂过，每次再给那位 CD 看文案，自己都会不自主地手心渗汗，大脑麻痹，写不出好的文案来。西方人的做法较好，先找些可称赞的地方说说，加强对方的自信心，再慢慢向对方提缺点。从心理学的角度来说，人得到肯定之后，是比较愿意接受意见的。其实，即使对方的点子很烂，也不宜采用责骂的方式。创意人失去自信还能有好的创意吗？相反，循循善诱，多方鼓励，创意自会如泉涌。

五、下属向你提案时也要分清楚点子与执行两部分，一般来说是先听点子，了解以后才讨论执行手法

我从前的上司要我们把创意用一句文字写下，每套创意都应有自己的广告意念 (Advertising Idea)。能够写出广告意念就代表你的创意不是只有执行，没有点子。讨论创意之时，美术指导无需把草稿做出来，只要简单几笔即可；文案也不宜过分雕琢，只要写出点子就可。否则，CD 很容易像客户般选了执行手法，却忘掉了点子所在，弄得广告没有灵魂，徒具躯壳。不过，有时客户是时装之类的流行玩意，卖点只是潮流触觉，就可以反其道而行，先由执行手法入手，再加上一些生活态度，也未尝不可。

六、面对下属的点子，最好还是从中拣取最好的

CD 很多时候都会技痒，想到好的点子就会禁不住要公诸

于世。下属与 CD 当然有不同，无论创意经验和职衔都有距离。CD 把自己的作品与下属比较，一定存在不公平的情况，赢家必定就是 CD。身为 CD，理应把下属未尽善的点子加点意见以提升作品水平，而不应全盘否定，选用自己的点子。长此下去，只会让下属沦为你的双手，下属迟早也会逃离你的魔掌。

七、指导下属的时候也切忌模棱两可，给予空泛的意见

比如"想想有没有好一点的？""有更新鲜的入手点吗？"……给予意见应该要较为具体，例如可以举些例子。这里顺带提一下，我有个很好的习惯，我遇到喜欢的平面、电视、直销或互联网广告都会收集起来，而且分门别类，久而久之就形成了一个很好的数据库，所以我可以很轻易地找到想要的资料给下属参考。

八、很多创意人习惯到了死线前才肯与上司讨论点子

下属的点子出色固然没有问题，但遇上水准不行可就麻烦了。一来，方向走错就无药可救；二来，要修改亦未必有足够的时间。结果，不是要 CD 亲自动手，点石成金、化腐朽为神奇，就是要把不及标准的作品勉强提案。假若 CD 忽然大脑"便秘"，或是客户刚好心情不佳，这样提案就随时会得罪客户了。我建议每个工作都有两次与下属讨论的时间，第一次是初步的方向性讨论，看看有没有走错路，第二次才是真正的创意讨论，决定哪一套创意最适合提案。

九、其实，最好是在接简报之时就给予下属一些方向，让下属可以收窄范围，避免不必要的时间损失

下属有了明确的方向，就可以全神贯注地构思，想到佳作的机会自然会增加。不过，遇上较资深的下属，这个工作就可以从简。常常替下属做消化的工作，久而久之就会令他们失去阅读简报的能力，大大影响日后的独立性。部分独立性较强的下属或会觉得创意受到局限，左右他们的发挥机会。因此，面对资浅与资深的下属，有时真的要采取两种截然不同的处理手法。

要做一位成功的 CD，指导工作是责无旁贷的，做得好，团队会发挥最佳水准，做不好，就会怨声载道，摧毁团队精神。CD 不可掉以轻心！

075招

十三不易为：
改进下属

有一点CD是不可不学的，就是如何改进下属的创意。这点我做得较好，不是因为我比别人懂得教导下属，而是我比别人懒惰。很多CD精力过人，大小事情都亲力亲为，下属自然没有机会学习。CD专注于自己的工作，也自然没有时间去教导下属。而我的惰性就促使我努力地教导下属。从开始我就知道，这方面做不好，CD就要吃苦，做得好，CD可就轻松了。

CD：今天跟大家谈谈怎样才能做出得奖广告。

文案：是用颠覆方法吗？
AD：还是大创意呢？

CD：都不是！只需预订广告奖年鉴，抄袭得比别人快！

一、关于提升下属的创意水平，有两派论说：第一是先博然后守约，第二是先约而后博

所谓先博然后守约，是较正统的做法，即先要下属在各方面都有一定水准，再集中训练其中一两项，使之成为看家本领。另一种做法就是，先看看下属的性情，看有些什么路线是适合他的，就倾力相授，使之打出名堂，然后再向其他方面发展。以我为例，当年我的上司是K.C.Tsang，他希望我能多发展，做些不同类型的广告，但我却很喜欢做幽默的广告。我就与他讨论了先博然后守约，还是先约而后博的问题。他想了想也认同了我的想法，于是就专心训练我这方面的才能。后来我对幽默的广告驾轻就熟了，于是就向其他方面研究。

二、因材施教

每个人的成长背景不同、学习经历不同、性格情感不同，所以对于不同的人也应该有不同的教学方法。有些人生来是虚心受教的，你可以直截了当，倾囊相授。但换上心高气傲之辈，要么完全放任，要么先取得信任，绝不是你愿意教，对方一定愿意受。每个人的吸收能力也有不同，有些人领悟力高，说过一遍就能举一反三；有些吸收能力低，同一道理要换上几种方法，花上一年半载才会弄个明白。所以，指导下属必须要有耐性，不能操之过急，否则会弄巧成拙。

三、与下属讨论创意

我的做法是发现好的广告就会坐在一起看一遍，遇有不明白的大家研究，遇有好的地方，互相观摩学习。我们研究的不单是广告的点子，执行手法也会讨论，唯有多讨论才可以把你对广告的看法感染下属，借着讨论去提升大家的水平及开阔大家的视野。不过，我比较反对看广告年鉴。看得多，很容易落入广告奖的模式，也令大家的名利心加强了，突破就不容易了。

四、机会，是成功的必经之路

没有机会就没可能成功。机会也有很多方面，例如学习的机会。很多 CD 喜欢做电视广告就专心去做，却没有让下属去学习。我见过有些创意人入行 5 年了，也没参与过一次拍摄，失去了了解电视广告制作的机会，就很易令创意人流于天马行空，不切实际。到了片场，CD 不单要监察广告拍摄的进度，也要趁机向下属指导一番，让他们从实际的制作中增进经验。没有人在入行前就懂拍摄，除非你是就读有关方面的专才。电视广告的拍摄经验是必须一点一滴累积的，大家不要吝啬给予下属的学习机会。做广告也需要机会，日常的简报多是复杂得很，很难看到下属的创意本领。遇有较简单的简报就不妨让下属试试，发挥他们的创作潜能。每天都做些减价广告，如何能训练出创意人才？你也可以尝试以自己的产品想些简报来给初入行的下属作为功课，然后从旁指导，好的点子可以留下，日后遇有相似的简报就可以大派用场了。不过，可别把它们变成"飞机稿"！

五、提升下属的另一个方法，就是给予信心和肯定

中国人的传统教导是"玉不琢，不成器"，所以严师出高徒，徒儿必定要挨骂才会成才。但西方人却相反，你做了个小小的东西也会被大赞一番，透过鼓励去加强自信。我比较认同西方的做法，创意是要在好的心理状况下才会奔涌如泉的，老是挨骂就老是想不到好点子。我从前的上司 David Alberts 就最擅长这一套，与他讨论创意全无压力，他总会先鼓励，然后循循善诱。所以，我也习惯先找出下属点子的优点，然后才会就着

他们的缺点加以提醒，效果不俗。

六、我也喜欢从拆毁中去建立下属

每个创意人到了某个时期就会遇上瓶颈问题，无法再上一层楼，这时就不得不从拆毁中建立了。人总有些惰性或缺乏安全感，不喜欢尝试新事物。现实却是，创意是不同元素冲击而成。所以，我会劝谕下属多作尝试，从失败中学习。例如习惯用幽默手法的，试试用感性手法；习惯用长文案的，试试不用文字交代；习惯用相片的，试试用插图。我也会建议下属不要老用一位导演、摄影师、插画师等，透过与不同人合作去产生冲击。我很喜欢采用不同的导演，每次合作我也会有得益，有时成功，有时失败，都是很好的经验。使用不同的供应商，会减低我们对别人的依赖性，提高自己的警觉性，有时更会有意外的收获，做出与众不同的创意。

七、"只问耕耘，不问收获"，这是每位愿意训练下属的CD所必须谨记的

首先，训练下属不是为了要延续自己的信念，让自己多年后仍能在广告界有一定影响力。也不应像父母一样希望子女继承宏志，完成自己办不到的心愿。你付出时间教导下属，下属也不一定能有长进，出人头地，成为一代宗师。你对下属的期望越大，就越会为他们带来不必要的压力，所谓"拔苗助长"，一切还是顺其自然好。

其实，提升下属创意，自己也会不自觉地提升。你不进步，

如何能带领下属前进？难道还跟下属来 10 年前那一套？创意是要与时俱进的，眼见下属进步，你也会被迫向前。唯有永不停步的 CD 才会受人敬佩，但愿大家都努力不懈！

十四不易为：辅导下属

076招

说 CD 是辅导员并不为过。常遇到的辅导个案包括美术指导与文案不和，下属对客户、客户部、管理层不满，下属遇上创意瓶颈，甚至是感情、生活、信仰等等出现问题。不过，辅导不是人人能做，做得不好，或会"好心做坏事"，把事情弄得越来越糟。大学毕业后，我曾到过教育学院进修，其中辅导学一科对我帮助不少。而我的太太是位注册的社会工作者，在辅导方面亦对我有不少提醒。以下有几点是大家值得留意的：

一、辅导必须出于自愿

记得三十多年前上第一节辅导课，讲师的第一句话就是叮嘱我们不要"强人所难"。我们常会一厢情愿，以为自己付出了时间、精神，人家就会领情。事实上，并非人人愿意接受别人的帮忙，即使要找帮忙，也必须是他认同的对象才行。所以，遇有下属发生问题，不妨先跟他聊聊，看看他是否需要帮助。若对方婉拒，你也只好放手不管，建议他有需要时再找你交谈。你也可以想想有没有其他合适人选可以帮助他。记着，我们只是想帮助别人，不是要控制他人，所以千万不要适得其反。

二、不要替人家做决定

这是作为辅导员必须谨记的第二戒条。一个成熟的人必须对自己的行为负责，但现代的年轻人自小被父母过于溺爱，事事由父母安排。从前就不懂选择事情，所以养成了不愿为自己的行为造成的后果负责。遇有事情不如意，就把责任归咎于他人，把自己塑造成受害者。在这样的环境长大，即使步入社会投身工作，也不愿承担责任。例如，你的下属有一个到外国进修的机会，又舍不得面前的工作，于是主动找你倾诉。理论上，出于自愿的辅导是可以接受的。但是，你千万不可替对方做任何决定，无论是去是留，必定由对方自己抉择。我们常犯的毛病就是说："换了是我，我就会……"无论你的建议是去是留，都往往给了对方一个不负责任的机会。试想，这或许是他多年来的心愿，你建议他放弃，他可能会一世遗憾。于是把责任转嫁在你的身上，是你让他错失机会的。他的错误变成不是自己没有好好选择，反而是错信了你。从另一方面来说，若你建议他去进修，但他日学成归来，他找不到比现在更好的工作，或是女朋友早已见异思迁，你岂不变成了罪魁祸首？那么，我们应当怎么做呢？作为一个辅导员，我们可以使用引导（Leading）的技巧，透过提问帮助对方思考，引导对方去为自己面对的事情做出决定。譬如上述进修的例子，你可以引导他思考去或留的利弊得失，让他对事情看得更全面，明白每个抉择所可能预见的后果，并鼓励他自己做出最后的决定。

三、要有同感

同感（Empathy）可以说是整个辅导中最重要的成分，在辅导的过程中一旦欠缺了同感,就很容易令整个辅导变得一事无成。要达到同感,辅导员首先要放下自己的主观价值,设身处地去从对方的角度看事情和感受事情。唯有透过这种做法,辅导员才可以放下成见,又可以让对方感受到你能感同身受。这样你就能站在对方同等的地位,明白对方所看和所感受的事情,从而协助和鼓励对方增强个人的自觉及努力成长。例如你的下属向你表示工作压力太大,很想请辞,你就不可否定对方的感受,说对方身在福中不知福、不要胡思乱想等等。这样对方可能因为得不到同感而不会再找你倾诉,甚至会雪上加霜,感到更加无助。

四、要真挚 (Genuineness)

CD:今晚加班至二时,辛苦大家了!明天可以晚一点回来!

CD:就早上九时吧!

那就是说辅导员在辅导的关系中是一个真实的人,不会虚伪地保卫自己,而是表里一致地愿意与对方做个人分享,并坦诚地表达内心的感受。如你的下属遇上创意瓶颈,开始怀疑自己的能力,是否适合做创意人。假若对方真的力有不逮,你就不能为了留住对方而撒谎说他其实很有创意。我们可以做的就是坦诚地引导他看清自己的强弱所在,甚至分享一下自己遇上创意瓶颈的经历,让对方自己思考一下自己应如何解决问题。

五、要无条件地尊重对方 (Unconditional Positive Regards)

辅导员也应该与事件没有直接的利益冲突,而且能传达出一种温暖和关心、无条件的接纳和没有占有欲的重视。常见的情况就是对方可能是明知故犯,或者咎由自取,但作为辅导员不可对对方感到不满或存在否定的情绪。我们尊重对方,并不等于我们赞同对方的不当行为和思想。例如,你的得力助手创意很高,EQ 却低得很,经常因控制不了情绪而得罪客户。假若他再受客户投诉,要找你倾诉,你就不可以因为对方对你有帮助而包庇他,也不可因对方的行为破坏你与客户的关系而生气。对方既然相信你,找你帮助,你就应该客观地与对方交谈,抛下成见,尊重对方,让对方知道我们不赞同的只是对方的行为,而不是他本身,他仍是一个有价值的个体,让他认识到自己是有能力去对自己所做的行为负责的。

六、要聆听

对我来说,这是一个最困难的功课。我天生多言,人家找我寻求意见,我可以口若悬河地说上几个小时。其实,很多人寻求辅导,并不是真的要寻求意见,问题亦不一定是想象中那么严重,很多时候只是需要一个倾诉的对象。一般情况而言,对方透过交谈的过程,大脑就会重组事情的始末,因而发现很多从前没有留意的地方。把想法说了出来，自会发觉事情并不如想象一般，很多时候只是庸人自扰，往牛角尖钻。我们应该只说些引导性的话，帮助其思考事情更全面，而不应滔滔不绝地发表高见。在聆听的过程中，还应当真心投入，尽量站在对方立场，感受一下对方的难处。

七、不要随便责骂

我们常听人家说要骂醒某某，事实上不是每个人都可以真的被骂醒，很多时候只会把别人骂走。这不代表我们就不可以使用责骂的方法，只是不可随便使用。首先，要视乎你与对方的关系如何，也要看看时机是否适当。有些人可以接受某某的责骂，但换上他人就绝对不成，甚至把事情弄得越来越糟。有些人注重面子，在众目睽睽之下就不可责骂。又有些人很情绪化，在情绪高涨的时候就不宜责骂，待对方冷静下来再骂也不迟，效果可能更佳。不过，我还是建议，情非必要还是少用责骂为妙，关系一旦破坏，要辅导也无从入手了。

十五不易为：
工作评估

作为 CD 很容易会忽略一件工作，就是对下属进行工作评估。很多 CD 从不与下属进行评估，以为大家朝夕相见已经足够，殊不知很多不必要的误会就此产生。我听过有创意人以为自己表现不俗，某日却忽然收到大信封，被迫即时离职，这时他才知道原来上司一直不满他的表现。你想他所受的打击会是何等的大。我们常把包容放在嘴边，对不满的事情容忍，不敢作声，日积月累下来，却在某天忍无可忍，于是如决堤般爆发出来。这无论是上司对下属，还是下属对上司都是不健康的。所以，我建议每年最少一次工作评估，有可能的话就每半年，甚至每季一次。

一、评估应是全面的

一般来说公司会有些标准的评估表格，不过大都不适合评估创意人。大家不妨就自己的专业知识，度身定做。我认为评估应分为工作态度、工作能力和工作前景三个部分。所谓工作态度包括：人际关系、责任心、诚信等等。广告是个团队行业，文案能否与美术指导合作，下属能否与上司合作，创意人能否与客户部合作，广告人能否与客户合作都是很重要的。人际关系做不好，天才也无法发挥。责任感更重要，无论是会议能否守时，答应了的工作能否完成，都会影响别人对整支创意队伍的看法，因此不可容许有不尽责或缺乏诚信的表现。另外，下属到底只是醉心于有拿奖机会的工作，还是大小工作都尽心尽力，当然也是必要提醒的地方。

至于工作能力方面，就要视乎对方的职级及年资评估，资深的要求当然较高，而且要有突破，不能墨守成规，没有进步。我会看下属平均水准如何，最好的工作又是什么，最差的又是什么。我认为创意人每件工作必须达到某个水平，然后有些工作是做得特别好的，我们不能要求下属每件工作都很好，这是很不人道的。不过，下属出现很差的作品就值得留意了，必须要好好探究失败原因，从错误中学习。

工作前景指下属的晋升机会及品质的提升。我常见做上司的忽视下属的晋升问题，对于下属的前途视而不见。这究竟是下属能力不逮，还是上司要求过高呢？我们应该套用从前的标准，还是视乎社会的现况呢？记得从前我做小文案的时候，有次上司对我做评估，上司说我表现不俗，不过只有3年年资，不适合晋升资深文案。我问他是我不够成熟，能力不够，还是纯粹因为年资不足，上司被我问得哑口无声。后来，上司还是把我晋升为资深文案。晋升是一种肯定，也意味着你有更多的承担，要更加努力，所以这不失为一个提升工作能力的方法。

创作品质的提升也很重要，我们不能老走旧路，要突破才有进步。但按每个人的资质，不是每个人都可以多走一步的，所以更要为下属好好寻找他的提升方向，想些办法协助他达到目标。

二、评估应是双向的

你可以对下属的工作给予意见，下属也可以对你的指导及处事作风给予意见。我试过有些所谓评估，基本上是上司发表伟论的机会，下属只是坐着被训话，意义不大。工作评估应是一个让上司与下属沟通的机会，有时上司对下属有某些意见，下属可能有不同的看法，经讨论之后，发现事情并非如上司所想，没有正面沟通，就会错怪好人。

三、评估应该是客观的

做评估之时切忌看人不看事，同样的事情换在别人身上就若无其事，这如何能服众。所以评估之时，不妨多问几位同事的意见，听听他的拍档，客户部的同事，甚至客户的意见，自能更立体地看到一个人的强弱。这也是为什么评估要双向性，目的就是防止有人以权谋私，打压下属。有些评估方法是必须上司与下属同时签名作实的，若有不同意之处可以在上司评估意见旁边写下来。当人事部同事看评估报告时，发现有可疑地方，自然会进行跟进。

四、评估应是有建设性的

评估目的应是改进下属表现，而非处决下属。所以，上司的措辞必须谨慎，以免适得其反，令下属士气受创。从前我的一位上司与我进行评估，他一开始就数出我的不善之处，一说就是一个小时。我知道上司的目的是在帮我改进,不过那刻的感觉实在难受。在一小时内听到上司力陈我的各样不是,令我有想立即请辞的冲动。后来上司告诉我,这不代表我没有好处,只是他不说出来而已。既然是要对方进步,何不来些积极鼓励的话呢?棒下出孝子的说法,现今的社会还行得通吗?

五、评估应是实在的

评估不应太过空泛,只说不做。若下属有不足之处,应找方法改善,给予训练或实际建议。

区域ECD:你的表现达不到ECD水平,要好好反省一下!

ECD:你的表现达不到CD水平,要好好反省一下!

CD:你的表现达不到AD水平,要好好反省一下!

例如我的一个下属提案技巧不好,我们让他参加提案技巧训练班,还增加他的提案机会。评估结果都应该是可作检讨的，不宜太过抽象。如果承诺了给下属什么，就要落实替下属争取，不可空口说白话。无论是晋升与否、加薪与否，最终可能不是CD可以决定的，但都要有个交代，不可不了了之。

身为CD是别人的上司，也是别人的下属。所谓"己所不欲，勿施于人"，以后对下属做评估都要认真一点，虽不致太过拘谨，也不可太过儿戏，评估工作毕竟是件重要的事情，不可掉以轻心。

十六不易为：
CD 的家人

刚入奥美的时候，在同事口中听过一位 CD 的故事。这位 CD 年过 40，回想自己的广告生涯，就像在山脚往上爬。花了 20 年的时间终于爬到了山巅，正在一边喘气、一边老怀甚慰之际，回头一望，赫然发现自己的家人原来站在对面山上，自己竟然爬错了山头。这位 CD 经过了 20 年的拼搏，现在最需要的就是与家人分享这份成就。无奈自己一鼓作气地往上爬，却忘了自己已与家人越走越远。要再回头重新开始，亦恐怕为时已晚了。

听这个故事时，自己刚入行，未有妻儿，一切似乎与自己毫无关系。不过，这个故事一直种在我的心田中，常常提醒自己要引以为鉴。岁月不留人，转眼间自己已经 50 多岁了，结婚三十年，女儿亦有 20 多岁了。这些年来，我都没有因为工作而忽略妻女。30 年来，我在周六或周日加班的次数都不多。一来是我周日要返教会崇拜，二来是我会把周六及周日视为家庭日，谢绝工作。同行常对我慨叹"人在江湖，身不由己"，自己迫不得已要加班。我却不太认同。这些年来，我所工作的广告公司与他人无异，都是顶尖的跨国 4A 广告公司。我的同事同样是每星期工作 7 天，每天通宵达旦。我的工作量没有比他人少，只是每个人的生活模式不同，价值取向不同而已。多年来，我习惯每早 10 时半就在办公室出现，看片刻电邮就开始正式工作。我的时间表是晚上 7 时要回家吃饭，工作较多时可以延至 10 时，遇上比稿可以到 12 时，但从不通宵。我发现很多创意人的工作时间表本身已注定他们要每天通宵达旦地工作。试想你自己是不是每早十一二时才上班？更甚者可能要午饭后才肯现身。但下午三四时又出外喝下午茶，晚上又要与朋友或同事吃两三小时的晚饭，然后晚上十一二时才返回公司正式工作，等到想出点子恐怕已是深夜三四时了，明天当然又要中午才现身，不断恶性循环，永无休止。其实很多创意人不是工作狂，就是生活圈子太过狭窄，周六及周日百无聊赖，自然会回公司继续工作。在他们眼中根本没有周六或周日，假期只是每年的十多日年假。我从前的同事有些情况更严重，不但一周工作 7 天，每天工作十多小时，而且年中无休，几年来也没放过一天假。假期全留来跳槽之时作提前终止合约之用。

虽然自己很注重作息的时间，但作为广告从业人员，花在工作上的时间比一般人高。试想一般人每天工作 8 小时，上午 9 时上班，下午 5 时已可下班，回家吃饭完毕才不过 7 时，还有两三个小时可以与家人同聚天伦之乐。身为创意人，每天工作最低限度也有 10 小时，又常会加班至 12 小时。回到家中儿女早已睡觉，大家沟通根本不足。心理学家说，父母与子女的关系主要建立在零至 11 岁，之后，子女已经长大，影响他们最深的已经是朋辈了。所以,作为家长的必须把握这 11 年的光景,错过了就难再回头。太多人以事业为重作为借口,以为稳定事业之后,可以再回头与家人建立关系,殊不知为时已晚,无论你花多少心血,父子之间早已建起围墙,要拆毁并不容易。

至于婚姻问题就更令创意人苦恼。创意人的另一半若同是广告人或会有点帮助,至少同声同气,互相体谅。但换上是对广告运作毫无认识的话,就可能会时起争执。如前所说,一般人工作只有 8 小时,创意人却动辄十多小时,实在是其他人所难以理解的。不过,创意人的另一半是广告人也存在另外的问题,一个人忙碌已对家庭造成影响,父母同是广告人,谁来照顾子女呢?所以,越来越多广告人选择过二人世界,不敢有子女的负累。我的太太曾经是位社会工作者,工作也同样忙碌,所以大家都能体谅彼此的难处,很少因为工作时间过长而互相埋怨。我常与太太自嘲是"单亲家庭",女儿虽有父母,但碍于工作,同一时间只有一人出现,我要加班,太太就会提早回家;太太要加班,我也会尽早下班。我太太曾问女儿长大后希望选择什么职业。女儿想了想,对妈妈说:"还是不要做广告或社工好,太忙了,没有时间睡觉。"我的女儿较为懂事,从没埋怨我们陪伴她的时间不足,但从她的志愿当中,已看出她对于现况有点无奈。

虽然女儿说过对做广告人没有兴趣,但从她的一言一行中，我已知道自己的工作对她有很大的影响。我的女儿从小喜欢看广告，不看电视节目。乘搭地铁时亦会很留意电梯旁与月台的海报。女儿常会问我最近有些什么广告是我的作品，当在电视或地铁站看到时就会欣喜若狂。所以，我的潜意识也会教我做些儿童适宜的广告。我太太就最痛恨那些教坏小孩子的广告，每每看到那些意识不良的广告就会询问是否我所为。太太常说若我做出这些广告，她就要与我离婚。毕竟她是一位社会工作者，这方面她特别疾恶如仇。很多人都会以为创意人的另一半必定很仰慕对方的才华，但事实并不如此。我太太对我的作品就一直都不太欣赏，认为千篇一律，没有突破。这方面我一直都在检讨，实在渴望有天太太指着我的作品说："你令我引以为傲！"对我而言，这比在Cannes拿只金狮子更有意义。

我希望长大以后不用像爸妈一样从事广告！

十七不易为：
CD后浪推前浪

"长江后浪推前浪"，这是身为CD所不能不面对的事实。

CD:父母健在吗？ 应征者:都去世了！　　CD:结婚了吗？ 应征者:还是独身！

CD:朋友多吗？ 应征者:没有几个！　　CD:好！六亲断绝的人最适合做广告！

中国人常说"教懂徒儿没师傅"。为师的总是担心他日徒儿羽翼渐丰就会一走了之，甚至恩将仇报对己不利。所以，为师的不会倾囊相授，必会为自己留点必杀技。结果一代传一代，知识越传越少。我认为这是部分国人心胸狭窄所致，令我们白白走了不少冤枉路。

作为CD也常会犯类似的问题。我见过不少CD把机会全都留给自己，奖状上写的全是自己的名字，下属的功劳全被掩盖。有些 CD 害怕下属青出于蓝，非但不会循循善诱，甚至故意打压下属，令人壮志难伸。我也明白创意人的天分很重要，有些创意人入行不久，即能锋芒毕露，作为上司的难免风头被盖，那种感受是可以理解的。我从前的下属当中也有在广告奖中表现比我出色的，但我觉得自己能培养出如此出色的创意人，也不枉自己多年所花的心血，这是广告奖以外的另一种奖励，让我有更强的动力去培训其他人才。

还有一种情况是下属的资质远比 CD 高，身为 CD 的根本没有能力指导他，那么就应该好好为他找个好师傅。我从前有位美术指导，很有美术天分，但自己是文案出身，对美术认知有限，很觉得浪费了人才，于是只好介绍其他的 CD 给他认识，希望对他有多些提点。我不担心人才会被夺走，他们自有他们的存在空间，勉强留下也只会妨碍他们的成长。我反对上司挽留下属。我认为 CD 不应只顾自己的利益，也要为下属设想。下属要离去，你应当替他高兴，希望他在其他地方可以把这里所学的发扬光大，也祝福他能在其他地方有更多的学习机会。CD 与下属的关系犹如情侣，你爱他的话，应该让他得到真正的幸福，而不是占有他！

我认为 CD 担心锋芒被盖也是自信心不足的问题。创意人或多或少自信不足，很担心地位被人取缔。于是为求自保，就阻止他人前进。身为创意人，应该不断向前，持续地进修求变，才不致落后于人。其实，以一个 CD 的能力又可以压制多少人才的成长呢？最治本的方法，还是自己发奋图强，再越巅峰。

我看过一本书，名为《人生下半场》。书中提到很多人在人生的上半场都表现出色，但到了下半场就觉得筋疲力尽、大不如前。其实，很多成功人士在人生下半场干得比上半场更出色，看看杰出的广告人大卫奥格威，不是40多岁才做广告吗？肯德基家乡鸡的创办人不是退休后才开始这个事业吗？类似的伟人实在多不胜数。所以，作为CD，不要低估自己的能力，无论从前多成功，今天仍是有机会一浪接一浪的。

创意人常犯的错误就是把广告生涯看成一场100米的短跑，起步就拼命前进，要在最短的时间内倾尽身体所有潜能，把自己如炮弹一般爆发出来，直冲终点。可惜，广告生涯并非一场短跑，而是一场马拉松，一走往往就是二三十年的岁月。试想你23岁毕业加入广告行业，距离55岁退休有32年，若60岁才退休，就是37年了。当然，很多人认为创意人的创作力根本不能达到60岁高龄。这其实绝对是误解，试看已故的日本大导演黑泽明，不是80岁高龄仍在创作吗？再看日本电通的创意人，很多也是年过40才当CD的，50多岁的也大有人在，依然每年创作出多个获得国际广告大奖的作品。刚入行的时候，人家就告诉我香港的创意人创作生涯不过40岁，40岁以后不是做了管理阶层，就是做了导演或老板。我认为做成这个现象的原因就是大家错把一场马拉松比赛以为是100米短跑，结果大家一开始就遥遥领先，但不久就后劲不继，不得不中途离场。要跑马拉松，战略当然与短跑不同，首要条件就是要跑毕全程。记得我中学时期便参加长跑，不过自己并非长跑好手，跑起来十分吃力，只是我有毅力与意志力补救，无论多辛苦、多艰难，也不会轻言放弃。结果，我看着那些跑得比我快的同学一个接一个地弃权，最后我以第六名的成绩，超越几十位同学冲过终点。我常以马拉松的操练来提醒自己，不管身边的人跑得比自己多快，自己也不可以受影响，必须保持自己的平均速度，按着自己的节奏跑，才有机会跑到终点。所以，即使身边的人如何因"飞机稿"获奖而表现超越我，我也要不为所动，按着自己的战略去跑。

长跑还有一个窍门，就是要有同路人。常见的方法就是两人一组，每人轮流带领一段路，互相激励。从事广告何尝不是同理？一个人孤身上路，很容易就会放弃，找到志同道合的人一起走路就会走得特别起劲。这些同路人可能是你的搭档、你的上司、你的下属、你的同事、你的同行。只要找到志同道合的广告人，你自会跑得更轻松。

我认为广告生涯也像一场接力赛，自己跑的正是第二三棒，前面早有不少前辈为自己开路。无论自己跑得如何快，仍得有人在后边接棒，才不致浪费前人的努力。这些接棒人正是你的下属和广告界的后辈。所以，CD不单要操练好自己，让自己不断前进，也应该把眼光放远一点，以扶腋后辈为己任。广告界实在需要接棒人才可以继续发扬光大。只可惜很多创意人都只顾自己的表现，而无暇兼顾身边的人。唯有无私的教授，无尽的支持，才能一棒接一棒，让中国广告界能在国际比赛中跑出好成绩，为中国人争光。

080招

十八不易为:
ECD更不易为

行政创意总监所负责的主要是领导性的工作,一类是以创意去做领导,另一类是以管理去做领导,当然最好是两者兼得,不过实在百年难得一见。创意人大都不善管理,自己的工作都是一团糟,要管理整个创意部就更加难上加难。所以,大多数的行政创意总监都以创意去做领导,为创意部定下创作方向,让下属在良好的创作环境下发挥创意。K.C. 与 Paul 就属于这类型,他们强调的是"无为而治",其实就是不懂管理。但他们的创意真的了得,而且理论多多,为公司的创意带来了与众不同的方向。也有行政创意总监本身的创意未必最强,但他们却是出色的管理人才。他们大都很有领导的魅力,能招聚比他们出色的创意人为他卖力,制造良好的团队精神,让公司上下一心。我认识的 David Alberts 是其中的佼佼者。David 本身当然也是一位出色的创意人,但当年 Bates 在他的旗下就有 13 位 CD 之多,全是当年在香港独当一面的,有 Iris Lo 与 Chan Man Chung、Ron Cheung 与 Spencer Wong、Rachel Chau 与 Angela Pong、Annie Wong、David Szabo 等等。他们都曾经获奖无数,个个独当一面,但全都甘于屈居 David 之下。David 的领袖魅力可见一斑。

欢迎加入成为我们的ECD！

  CD 与行政创意总监是两个完全不同的岗位，并非人人能够胜任。作为行政创意总监要处理的就不单是创意问题那么简单，行政、财政、人事等等都要涉及。在跨国广告公司，还得每年汇报给分区，甚至总公司。近年香港广告业经济不景气，公司的裁员、减薪全由行政创意总监拍板，当中的难处可想而知。

  不过，不是每位 CD 都会变成行政创意总监。因为，每家公司只需要一位行政创意总监。换句话说，CD 就变成了个瓶颈位置。那么其余的 CD 去路又如何呢？不少 CD 到了某个阶段已经转行了，当中不少是转为供应商，如导演就最常见。导演的生命力较强，四五十岁仍叱咤风云的大有人在，是一个长远的投资。但四五十岁仍在创意部的已经少得很，仍未做行政创意总监的就更加少见。近年，由于经济不景气，大公司负担太重，难以生存，不少广告人或因看准时机，或因被裁员，都纷纷自立门户。因为只要在大公司做 CD 一段日子，与客户建立了好关系，手上有一两个大客户，就足够养活大家，做老板了。所以，CD 这个职位往往就是广告创意人的终点站，也是另一阶段的开始。

　　CD 不可以只看眼前，无论你现在如何风光，你也应该早做打算，你未来的发展如何呢？你适合做行政创意总监吗？你适合做导演吗？你适合自资做老板吗？这些问题你不可不想，因为无论你走哪一条路，今天都要好好安排。

向导一：
内在管理

若有人问你："你在公司需要管理什么？"你可能会很直接地说："我是小职员，有什么可管理？"那你就错了！又或者你已是管理层，你会不假思索地说："管理下属！"可惜这也是不对的！从前，我也会像大家一样地回答，但看了管理大师彼得·德鲁克的《五维管理》后，我茅塞顿开。我们都把管理的维度简化了，只看到向下的一维，而忽视了其他的重要维度。彼得·德鲁克把管理的对象重新定义为"对影响自己表现的所有人"。简单来说，五维是指：

1. 内在管理：管理自己。
2. 对上管理：管理你的上司。
3. 横向管理：管理其他部门和同级的同事。
4. 对外管理：管理你的客户和外部关系。
5. 对下管理：管理你的下属和团队。

是不是很有趣？原来，我们需要管理其他部门的同事，甚至还要管理我们的上司。好像很不可思议，但却很有意思吧！

"其身不正"是管理的重大问题。自己不能以身作则，必定难以服众。所以，《五维管理》中的第一维就是要管理自己。对自己的管理范围可以很广阔的，无论是外表形象、待人接物、情绪商数、时间控制、领导能力等等都是很重要的。

一、外表形象

在荒岛生活的人可以不注重仪容，在城市生活的人却不可。我们总不可自认有才华就不修边幅。绝大部分人都是"以貌取人"的，你的仪容不佳，别人认为你的能力也会大打折扣。我不是说要穿着名牌服饰，最重要的是穿着合宜，在拍摄现场穿西装是会适得其反的。

二、待人接物

对别人热情的人，一般来说都会较受欢迎，上司会觉得你积极，下属会觉得你有热忱，客户会觉得你有激情。最好的方法是培养自己的幽默感，你讲几句幽默的话，就会跟别人变得很融洽。我们还要学习谦虚一点。每天自命不凡、自我吹嘘的人，通常都是自欺欺人的人，也是最容易被讨厌和鄙视的人。

三、情绪商数

一次情绪失控所犯下的错，往往比曾经立下的十次功劳影响力都大。它能摧毁你在别人心中的形象，也会把你手上的工作弄得一团糟。最可惜的是诱因通常都是一些微不足道的小事！情绪是一种传染病，你情绪不稳定，你的下属或同事也会变得紧张起来，于是大家都不能发挥最佳状态。谨记：别为小事抓狂！

四、时间控制

如果你仔细地把每天的各种活动分类，你也许会发现，只有百分之二十是非常重要的事情，而另外百分之八十都是可有可无的事情。所以，只要能处理好前面百分之二十的重要事情，而减少花在其余百分之八十杂务上的时间，你的生活就会变得更加轻松。但千万不要以为延长工作时间就可以解决面前的问题，最重要的是改变自己的时间管理，分清轻重缓急，否则你只会永远疲于奔命。

五、领导能力

这包括了数种必需的才干。第一是技术才干。你是否对自己的工作拥有足够的能力，可以服众呢？现在的企业，很喜欢"以外行领导内行"，于是常有"纸上谈兵"之弊。第二是人事才干。能否知人善任、赏罚分明、团结内部、鼓励士气等，都是不可或缺的条件。第三是决策才干。能够冷静应变，找到该走的方向，不怕承担责任，才能为公司带来更大的效益。

向导二：对上管理

下属与上司的关系似乎不好处理，难有作为。但若能处理好与上司的关系，在工作中就能游刃有余。这并不代表你要故意讨好上司，与上司吃喝玩乐，而是要了解上司，以便能更有效地与他或她共事。

一、自信却不自傲

你要赢得上司信任，确信自己是公司不可缺少的人物。但你却不可目空一切，自以为是。因为公司需要的是一个团结互助的团队，而不是个人主义的英雄。

二、尊重却不盲从

每位上司都渴望得到下属的尊重。因为下属的尊重能提高上司的威望，让工作开展更加顺利。所以，下属要尽力维护上司的地位，不要在人前与上司争论，在背后也不要议论上司。但尊重与唯唯诺诺不同。我们要学会既有自己的立场，却尊重上司的最后决定。

三、独立却不独断

在自己职权范围内的事务，要懂得独立处理，不必事事请示上司。但独立不等于独断，要主动向上司汇报工作，请示他的意见。同时不可越权，职权以外的事，不可擅作主张。

四、多听却不闭嘴

与上司交谈时，应学会专心倾听，思考上司说话的意思。不可只顾发表个人伟论，而漠视上司的意见。但多听也不等于闭口不言，在适当时候要勇于表态，让上司刮目相看。

五、拥护却不苛求

工作中最重要的是团结。能有一位英明的领导，带领团队勇往直前是最美好的事情。但不要把上司理想化，也不要对他苛求。人谁无过呢？若大家能对上司宽容谅解、关心、爱护，大家才能紧密合作，发挥团队最大能力。

向导三:
横向管理

083招

一只木桶的盛水量,是由被捆成木桶的最长一块板决定的,还是由最短的一块板呢?当然是最短的一块。无论其余的木板多长,只要有一块很短的话,盛水量肯定不多。如果我们把五维比作一个木桶,而公司的业绩就是木桶所盛的水,你就会明白把最短的那块板接长才是你的当务之急。很多人个人能力很强、上司很信任、下属很支持、客户很欣赏,但就是不出成绩。也许就因为他们忽视了横向管理的重要性。

客务:待会我们一起把它卖掉!有问题再见机行事!　　客户:这是我们需要的吗?　　客务:我不是早说过有问题吗?

社会学家琼斯博士对大雁进行了研究,发现大雁具有很强的团队意识,称为"大雁法则"。这法则应用在横向管理上,最能发挥团队的互助精神

(一)每只大雁在飞行中都会努力拍动翅膀,为跟随其后的同伴创造气流,使团队的集体飞行效率增加 70%。在公司里面,如果各部门能够互相帮助,朝着同一个目标迈进,成功

率同样会高出多倍。否则，无论大家能力多强，若不同心，最后只会惨淡收场！

（二）飞在后面的大雁会不断发出鸣叫去激励前面的伙伴。因为，若有同伴掉队，剩下的大雁抵达目的地的成功率也会随之下降。在公司里，大家因为长期相处已经累积了感情，如果大家能和谐相处、互相激励，公司的业绩也会相对地提高。

（三）如果一只大雁生病或被猎人击伤，雁群中就会有两只大雁脱离队伍，靠近这只遇到困难的同伴，协助它降落到地面，直至它能够归队或者不幸死亡。身为前辈的你，要经常对后辈提点及帮助；在后方工作的你，也要常常给前线的同事正面的鼓励；表现较好的部门，也要好好照顾表现落后的部门。唯有这样互相扶持，大家才能齐"飞"并进。

最后，你得问你自己，你到底想做一只跟随大队的雁，还是一只独行独断的鹰呢？

向导四：对外管理

084招

对很多创作人来说，对外管理都做得很差。大家都会认为与客户打交道，对外搞公关等都是客户部的工作，自己只要做好创意就成。但随着时间，你会发现能够做出一个成功的广告，往往并非创意了得那么简单，很多时候还要对外有好的关系，才能事半功倍。

客户：不好意思！我忽然想起你今天的提案有些问题……

一、确定目标

创意人的外交对象，最少有三类。第一类是供应商，即是导演、摄影师等。不要以为对方是供应商，自己是客户，所以不必建立关系。事实上，我们常要借助一些私人关系才能找到好的导演帮忙。这不单是因为制作预算不足、时间太短等，可能是因为导演太忙，或者互不认识，所以不愿意冒险合作。

我与不少导演及制作公司都有很好的关系，遇到突发的事情，往往一个电话就可解决。第二类是客户。这包括现有客户与具有潜在合作机会的客户。从前，我也很害怕与客户打交道。遇到什么交际应酬，我都会避之则吉。但越来越发现在公司以外与客户建立好关系，对大家的沟通有明显的帮助。我现在也会主动找较为投缘的客户吃饭，或者出席同事安排的一些聚会。其实，很多客户在工作以外都是很容易相处的，只是因为工作立场不同，大家才有不同意见。要是大家的认识加深了，遇上工作上的问题，反而会更易互相体谅，效率自然也会提升。第三类是与业界人士保持良好关系，这包括了各大广告公司的高层及创意人、媒体、出版社、网络负责人。中国实在太大了，无论你在自己公司多出名，外边可能没有人知道你的存在。认识各大广告公司的高层，当然可以帮助你找到新工作；认识其他的广告人，也可以在有需要时助你一臂之力，成为你的团队成员。至于媒体、出版社、网络负责人，当然更加重要，若不认识丁和珍，怎有机会出书发表谬论！

二、按部就班

对外关系不是一朝一夕的，所以不要急于求成，要按部就班。可以先定一张清单，然后分阶段去建立关系。例如，可以先找出自己最乐于往来的，然后再依次递进。在外交关系中，切忌过度投资。有时过分热情也不是一件好事情。如果你过于热心，对方可能会感到压力，甚至与你疏远。最好是留有余地，适当地保持距离，让大家心灵都有一点空间。

三、克服恐惧

很多创意人都患有社交场合恐惧症。无论是出席什么社交活动，都会浑身不自在，说话结结巴巴。其实，最重要的是创意人的社交圈子太过狭窄，所以常有话不投机半句多的问题出现。克服方法是尽量出席不同社交场合，令自己对这些地方不再陌生，而且要扩阔自己的兴趣，增加自己的话题。事前做好准备，想好一些介绍或者话题，减少自己的不安感。

向导五：对下管理

大家都有意识要管理下属，理论上这一维度应该问题不大。实际上，我们却常听到下属在背后对上司表示不满。这里有些方法可以改进你对下属的管理。

一、简化管理

我们常误以为管理就是定下一些制度去控制下属。谁不知这些复杂的制度和过分程序化的做事方式，很容易会变成既形式化又没有效率。至于会议，最好有明确目标，而且定好时限，陈述简单，讨论扼要，避免为开会而开会。

二、善用下属

要懂得发掘下属的本领和智慧，这样才能让自己不用事事亲力亲为，下属也找到发挥的机会。否则，你自己一天到晚忙个不停，而下属就只是充当一个旁观者的角色。最好能让下属也能成为管理者，那么你的直接管理人数就会大大减少。当然，你要选择可以信赖的下属。所谓"用人不疑，疑人不用"，该放权时就要放权，给下属自由发挥的空间。而且要给予充足的资源，具有挑战性的机会，让他们会为自己的工作而自豪。

三、重视下属

很多上司常把"顾客就是上帝"挂在嘴边。其实，一家公司最重要的是下属，只有下属满意，顾客才会满意。要让下属感到满意，最重要的是让他们乐于工作。第一，要平等地对待下属；第二，要对下属亲切友善；第三，要乐意聆听下属的意见；第四，要亲身鼓励；第五，下属的薪金要求要尽量满足。要以员工的利益为你自己的利益，善待下属，就是善待你自己！

四、常做沟通

要多安排时间与下属进行单对单的沟通。但沟通必须先放下领导者的身段，在平等的基础上进行沟通。沟通是相向的，不能只说不听。在沟通中最好能带一些鼓励的话语或奖励，效果会更好，也要尽量抽空出席一些公司活动，例如公司旅行、周年聚餐、生日派对、联谊活动等。在工作以外建立的友谊，比在公司以内的交谈，有着你意想不到的沟通效果。

三思一：
有创意不一定能做广告

我相信人人有创意。我爸很喜欢废物利用，顺手拈来，常会创作出一些很实用的家庭用品。我妈很喜欢自创菜式，无师自通，经常炮制出令人回味无穷的美食。上天是平等的，或多或少会在各人的身上预留了一些创意细胞。所以，有人可以创业，有人可以是发明家，有人可以是作曲家，有人可以是厨师……我收过很多应征信，应征者都说自己如何有创意，大有舍我其谁的意思。但我希望大家在应征前，先想想这个：有创意的人就能做广告？

一、广告需要持续性的创意

作为一个发明家，一生可能只需发明一件传世的作品，如毕昇发明活版印刷术、贝尔发明电话。但广告人需要的却是每天靠创意为不同的客户、不同的产品构想广告。你为这个客户构思了一个很棒的广告，不代表你就能为另一个客户构思出同样分量的广告。所以，曾经做出一件好作品，曾经很有名气，都不是创意的保证，你的作品才是你的代言人。因此，BBDO的口号是"The Work. The Work. The Work."。没有好的作品，说什么也没意思。

二、广告需要全面的创意

除非你永远服务一个专户,而客户只有一个单一的产品,创意方针千年不变,否则,你必须要拥有全面的创作能力。遇过创意人一直都只做房地产、汽车之类的广告,而且一做多年,从没染指其他广告。后来转职其他广告公司,服务其他客户,发现很难得心应手,创意一落千丈。以上海 BBDO 为例,当年我们有十三个客户,二十多种不同产品,每个广告的创意要求都截然不同。但碍于人手,我们每位同事都要服务至少四五个品牌。要是我们所聘请的创意人都不够全面,我们就得多聘四五倍的人手了。我说的全面,也包括创意手法。一个创意人,总不能只用一种创意手法去服务不同的客户。有些产品需要幽默的创意,有些产品需要感性的创意,有些产品需要毫无感情、冰冰冷冷的创意。作为一个专业的创意人,必须面面俱到,要幽默的时候能幽默,要感性的时候能感性,要大气的时候能大气,要促销的时候能促销,不可一套板斧走天涯。今时今日做创意,更要有能力处理不同媒体的创意。广告不再只是电视或平面,越来越多是户外、多媒体、公关活动、售卖点广告等等。所以,新一代的创意人更需具备全面的创作能力。

三、广告需要触类旁通

具备创意只是一个基本要求,你更要拥有行销知识,明白消费心理,紧贴潮流动向,懂得沟通技巧,等等。现代的创意人,很少会收到简报就开始创意,很多时候要先把策略想通,找到洞见，发掘与众不同的入手点。这些工作绝非只有创意就行，必须建基于一定的市场学、心理学、传播学认识，再加上调研、观察、分析才能得出具有影响力的策略。很多创意人创意很好，但是脾气不好，人际关系很差，这样的人也很难做出好广告。广告不是单打独斗，更多是分工合作。所以创意以外，我们还需有好的情商，对内能与同事互相搭配，对外能与客户及供应商建立好关系。多好的创意，不能成真，只会空想。因此，创意人也要具有卖稿的能力及执行的能力。不少创意人都是拙于言辞的，卖稿不生动、没有技巧，很容易会糟蹋了创意。试想花了一两周构想的绝妙创意，可能会被十来分钟笨拙的提案所扼杀，何苦？成功过关的广告，若没有好好地执行，最终也是一种浪费。所以，作为创意人必须好好掌握执行的技巧与监控能力，让作品可以更上一层楼。广告这个行业变化万千，要是不能触类旁通，持续装备自己，很快就会被市场淘汰！

文案：刚才我们给你看的，其实全是美术的点子。

CD：这真的都是你自己做的？这才是我自己做的！

文案：是的！跟我的搭档无关！

CD：这就证明你做的没他好！

所以，我虽信人人有创意，但我更相信有创意的人不一定都能做广告。要入行，请三思！

三思二：
付出与收获不成正比

从前香港广告人都是纨绔子弟，绝大部分都是出身豪门，从外国学成回来的。开敞篷车的 AE，穿 Armani 的美指比比皆是。对于这些纨绔子弟几千元的工资不够他们买一件夹克或一个包包，他们投身广告界或多或少是因为那种虚荣感。在上世纪六七十年代的香港，广告绝对是一份高尚职业，电影里有性格、有品位的主角都是广告人。所以，从六七十年代开始，广告人的入门工资就一直没有涨价，始终停留在几千元月薪的水平，但仍有很多富家子弟愿意投身其中。八十年代开始，随着市场变化，日用消费品市场凌驾奢侈品，于是广告界开始平民化，我等穷人方有机会跨进广告界这高不可攀的门槛。不过，八九十年代投身广告的都是大学的精英。那时香港教育不普及，只有两所大学，每年收学生只有一二千人，进广告界的更只有十个八个。基于供求原则，当年大学生十分吃香，工作都在排队等候。但那时广告人的月薪起点还是只有几千元，远远落后于市场。今时今日，内地的情况何尝不是？在大学，广告传播系的录取分数比其他都高，但广告人的起薪点，仍然不高。面对经济起飞的市场，各行各业都亟需人才。同年的大学生，在不同的行业起薪点可以相差一倍以上。更糟的是，你不单工资比别人低,你的工作时间还要比别人长。以一个入行的助理美指而言,每天工作时间可达十五六个小时,换句话说,可以在外任职两份工作。你的收入是别人的一半,你的付出是别人的双倍,就代表你亏了四倍!我可以说广告业是一个不赚钱的行业,公司的收入,除了每年上贡外,真的所余无几,因此,每年的薪酬调整都是有限的。你做了两三年广告,会开始害怕同学聚会,因为同学们都飞黄腾达,工资翻了几番,而你却原地踏步。你们发觉自己与别人差距越来越远。我的大学同学,有的月薪高达四十万,有的自己当老板,更不在话下。我从没见过做广告发达的人,除非他自立门户,或者当了导演,做了供应商,私下从事投资生意。

基本上,广告是一份饿你不死,但休想发达的工作。这一点,你必须心里有数。否则,你只会痛苦一世!那为什么还

要做广告，唯一可以解释的就是你有澎湃的创作热情，为了要释放你的创意，而不介意回报。

或许，你会说自己是个有抱负的人，愿意为理想而牺牲，绝不介意收入多寡。但你还要知道所谓付出与收入不成正比，并不只限于工资。越有理想、越有抱负、越不计较工资的人，可能会希望越大、失望越大。因为，他们都寄望付出的热情可以换来发挥创意的机会。可惜，加入广告的头三年，他们的工作都会沉闷得很。一个美指的一天怎样过？老板要你到网上找找图片，然后要你把一个完稿拉成几十个不同版面配合不同杂志需要，接着是不停地修图再交给上司放到草稿内，最后是把长篇大论的说明放到宣传单内，还要加入很多大大小小的图片。一个文案又怎样？一早回来就要为一百个产品想名字，还要尽量有不同入手点，然后到网上为上司找资料，接着写几千字的软文，然后校对完稿的文字。不管你是助理美指或新任文案，最初的日子，你每天都在干这些活。家人、朋友问你有什么作品，你只好顾左右而言他，慢慢地你会与他们疏远。电视广告？平面广告？你可能要有三年经验才有机会接触。即使有机会参与，可能都只是前期，大家一起头脑风暴，画画故事板，写写描述文字，但从没机会去拍片，也不知道后期是什么。这样又要经过好几年，你的热情还能撑得下去吗？

我无意在大家的热情上浇下冷水，但我必须让大家看清真相，这是每天在广告公司发生的实况。很多胸怀大志的创意人，不到三两年就失望而回，或是终日怨天尤人。我希望大家在付出之余也要先计算一下代价！我经过了那段艰苦的岁月，开始在工作中获得肯定，我的热情没有减退，我仍热爱创作。关键在于我早就做好心理准备，我计算好了我的代价，我知道我付出的远比我收获的多，但我却为这一丁点的收获，甘愿放弃其他。你愿意吗？

088招

三思三:
广告是条不归路

常见到新人入行三两年，过了蜜月期，就嚷着要转行，然后过了数个月又重操故业。原因很简单，广告实在拥有一些其他行业所没有的特点。首先，广告时间颠倒，上班时间与众不同。早上很晚才上班，晚上很晚才下班。工作时间虽长，但胜在可以较迟起床，较迟下班，完全避开上下班乘车高峰期。我每天 10 时才进公司，差不多已是创意部最早的一位。晚上 7 时左右下班，也几乎是创意部最早离去的一位。我不管坐地铁或出租车，都很方便。偶然因为要 9 时到客户处开会，在高峰期挤在车厢之内实在苦不堪言。广告人弹性上班，没有明文规定要什么时候进公司。偶有什么私事，迟一时三刻，没人会怪罪于你。午膳说是 12 时，但从 11 时许到 2 时许，都有人在吃午饭，其他行业哪有这样的福利？

再说广告人的服饰，基本上除了睡衣，有什么不能穿？你看广告公司的年轻人，什么奇装异服都有，头发可以染得五颜六色，喜欢可以穿背心、短裤、拖鞋，不高兴可以整天戴帽，衣服由头包到脚。不要说创意部，客户部同事的服饰何尝不是百花齐放？现在的客户部已经少有像从前要穿套装、打领带。虽不至于像创意人率性而为，亦可以天天像时装表演。

广告人还有一个优点。那就是，广告人的生活比一般行业多姿多彩。哪有行业可以像广告人一样可以接触那么多不同的媒体？拍电视广告，你有机会环游世界，与不同的艺人合作。以 BBDO 为例，每年有三四十个广告片，百分之八十都在外地拍摄。远至欧洲、美国、澳大利亚、新西兰，近至泰国和中国台湾、香港地区，都是我们经常拍摄的地方。BBDO 更有不少工作坊，足迹遍及全球，刚有同事到过巴西受训，又有人到伦敦开会。还有泰国的亚太广告节，法国的戛纳，都是广告人常去的观摩胜地。再说与艺人合作，不少中外影视歌星都早已为国内产品担任代言人，过去数年，我就与刘翔、姚明、周杰伦、F4、张艾嘉、孙燕姿、王力宏、古天乐、罗志祥、张韶涵等等天皇巨星合作过。你还会常常与不同的摄影师及模特合作。你会参与互联网设计，筹办大型公关活动，出席记者招待会，等等。这些经历不是每个人都能有的。

不过，话得说回头，就是这些广告人与众不同的特点，让广告业变成了一条不归路。试想你可以回到那些朝九晚五的岗位吗？早上你要在高峰期与人抢出租车或者挤在地铁公车之内。下班又要重复早上的动作。在办公室的八个小时，你要乖乖地坐在办公椅上，除了饮水、去洗手间，你哪里都不能去。你休想再穿什么奇装异服回办公室，每天可能要穿套装、打领带。你的工作不会再那么有趣，你不会服务多个不同的品牌，不会接触到日新月异的产品，客户不会要求你要每个工作都有突破。你可能会闷得像条死鱼！

实习生：这几个月的实习让我发现到自己不太适合从事广告！

CD：为什么我当年实习发现不到！

所以，广告人不易转行。要离开广告行的，不是做了导演，就是成了供应商，或者投资生意（已经可以提早退休了）。我认识的广告人，能够成功转行的实在不多，很多过了一段时间，还是会重投怀抱。因此，不要抱着试试看的心态去做广告。广告是一个很特别的行业，也可以说是一条不归路，没有转弯调头的机会。我刚入行的时候就有人对我说了一个故事。一个创意人把他二十年的青春都放在工作上，他形容自己像是在山崖下不断往上爬。到了四十岁，他终于爬到了山顶。可惜他回头一看，家人、朋友仍在对面的山顶上。他要回头，却为时已晚。我把这个故事讲与大家共勉，在入行之前，请三思！

089招

忠告一：
能力比金钱重要

跟同事做年检，发现工作观与表现好坏有很直接的关系。有正面工作观的人，工作表现会较主动、积极、乐观、进取；反之会显得被动、消极、充满埋怨、自我放弃。我看过一本很有意义的书《你在为谁工作？》。这本书言简意赅，提出了每个员工需要自我反省的许多问题，难怪成为多个网上书店的畅销书榜首。这亦足以证明大家都渴望拥有一个健康的工作观，能够主动、积极、乐观、进取地工作。

AD：同是AD，为什么他们的工资都比我高？我要加薪！

ECD：是吗？那我把他们减至与你一样好了！

基本上，每次年检每位员工都会提出加薪，但没有多少能回答出他们对公司到底有多少贡献。我常听到下属对我埋怨别人的年资比自己低，工资却比自己高。不过，他们或许没有反问自己，为什么别人年资比自己低，工资却会比自己高？实在是太多广告人工作了一辈子，能力却不如一位新人！更可悲的是，很多人因为不满意自己目前的薪水，而将自己的工作表现降低。他们或会说，我取得这样的薪水，当然只能交出这样的工作。结果往往是，老板看到你的马虎表现，更深信他的决定是对的。其实他们没想到，先付出更好的表现，去证明自己值得更高的薪水。即使老板并不是一个聪明人，没有注意到你所付出的努力，也没有给予相应的回报，也不要灰心失意。或许，我们应该换个角度来思考，现在的努力不是为了现在的回报，而是为了将来。今天努力做好自己的工作，装备好自己，明天一定会有好的收获！能力比金钱重要万倍，因为它不会遗失也不会被偷。你的老板可以控制你的工资，却不能阻止你去学习、进步。所以，不要为自己找借口，不要为了对薪水不满意而不努力工作，埋没自己的才华，最终毁了自己的一生！

忠告二：
工作是上天赋予的使命

许多人把工作只当作糊口的工具，所以对工作敷衍了事，忽视了工作背后的真正意义。心理学家认为，工作可以使人获得尊重的需要和充分发挥能力、自我实现的需要。工作就是一个让人施展自己才能的舞台，人可以透过工作展示自己的应变力、决断力、适应力、协调力。除了工作没有哪项活动能提供如此高度地充实自我、表达自我的机会，以及如此强的个人使命感和一种活着的理由。人若不投入工作，不单丧失发挥自己的机会，也会辜负了上天赋予我们的使命。我们常听到有人说工作是谋生工具，好让自己可以在工作之余找到自己的兴趣所在。殊不知，我们花在工作上的时间，每天8至10小时，每周5至6天，一生工作大概40年。工作占据人生的时间实在太多了，若我们不能好好地享受工作，这种负面的情绪将会影响我们的整个人生。慢慢地，你的工作做不好，工作之余也没劲去干其他的事情。相反，若你能认真地回应上天赋予我们的使命，尽力把工作做好，你不单能一展自己的才能、发挥自我，也可以让整个人更加积极、上进，对生活的每个方面都能好好享受。

AD：我们每天的时间都花在公司，公司就好像家。

文案：可惜老板不把我们看作家人。

忠告三：
珍惜目前的工作机会

"如果一个年轻人在他的工作和生活中不能发现任何机会，而他认为自己可以在其他地方做得更好，那么他会感到非常灰心失望。"这是著名成功学家奥里森·马登给年轻人的忠告。因为，你越是对工作不满，负面情绪越会影响你的判断，于是公司的任何人都变得面目可憎，任何事情都变得枯燥无味；相反，你对新工作的期望会大于实际情况，新公司什么人都是伯乐，什么工作都充满挑战。可是希望越大、失望越大，过了蜜月期后，负面情绪又会再度出现。我们要学会的是珍惜现在的每个机会。

很多时候，我们离开了现在的工作岗位，没了负面情绪，才能客观地看到从前公司的各种好处。其实，眼前的困难就是锻炼自己的机会。如果我们能怀着感恩的心情去工作，牢记"为拥有工作而感恩"的道理，我们就会竭力回报，努力做好手中的每件事情，努力与身边的人快乐地相处。

千万不要视工作如鸡肋，食之无味，弃之可惜，结果心不甘、情不愿，于公于私都没有裨益。

爸妈,我今天到广告公司上班,
不知何年何月才能再见!你们保重啊!

忠告四:
点燃你的工作激情

我喜欢聘请实习生。一方面是希望借此发掘新秀,另一方面是重燃自己的工作激情。实习生初次接触广告,对什么事情都感到新奇有趣,而且精力充沛、任劳任怨。看到他们对工作的激情,自己或多或少也会受到感染。我相信几乎每个人刚加入广告这个行业时,都是充满激情的。可惜,这种激情不易持久。随着对工作的新鲜感减退,工作变得驾轻就熟,激情就会随之烟灭。于是,对工作失去热情,所有工作都变得平平淡淡,每天的工作只是应付完了即可。结果,他们由上司眼中前途无可限量的杰出员工变成了得过且过的普通员工。怎样才能重燃对工作的激情呢?

CD:你实习了一年,鞠躬尽瘁,我们决定待你毕业后正式聘请你!

实习生:可惜我忙于实习,无暇上课及写论文,恐怕今年无法毕业了!

一、无论大事小事都要同样重视

若我们每天只盼望大工作的降临,而对手头上的小工作马虎了事，久而久之，老板也会觉得你表现不济，不会对你委以重任。

二、若你把工作视作一份差事而已，你的工作激情很快就会失去

相反，若你把工作当作你的事业，你就较能容忍眼前的压力和单调，因为你明白从长远来说这是一份有价值、有成功感的工作。

三、不断定立新目标

没有目标的人很易失去方向，但目标太高的话，也很容易无法坚持。所以，最好是能为自己定立一些不同阶段的目标，让自己可以保持对工作的激情。例如，我在现阶段的工作，很难有创意上的突破，我就为自己定立一些管理上的改进目标，让自己的注意力转移，可以在其他方面得到成功感。

四、消灭负面情绪

很多创意人都颇情绪化，情绪高涨时可以创意十足，情绪低落时想马上辞职。所以创意人必须学习从正面看事物，保持心情轻松。

五、切勿自满

人若自满，就会失去再前进的动力，也会失去对工作的激情。要是我们能谦卑，知道天外有天，人外有人，我们就能保持对工作的激情，不断挑战自己。

093招

条件一：自学能力

《世界是平的》一书，除了"世界是平的"这个观点颇有启发性之外，还有它提及的几点"必备的知识"很值得我们去学习。

第一种"必备的知识"是自学能力。现今社会，从幼稚园到大学毕业，大约要接受二十年的教育。这二十年的教育都是被动地学习，大家在考试的要求下学习。于是大家都习惯了跟随课程的要求来学习。但在一般的工作场所上却没有什么特定的课程可供跟从学习。所以，很多人在开始工作之后就停止了学习。一般来说，只能依靠前二十年学习的知识来应付以后几十年的工作。

对于一个广告人来说，大学里所学习的都只是一些理论，与广告界实际所需的有很大的距离。但在广告界并不是很多公司会为员工提供有系统的课程去学习广告。即使是上司专业能力很强，也不代表能对下属作出有效的指导。因此，绝大部分的广告人只能透过观察去学习广告。

在平坦化的中国广告界，每日千变万化，根本没有任何指定的课程可以教导你去面对未来的挑战。换句话说，唯有拥有自学能力才能与时俱进，才能在平坦的中国广告界里生存下去。试想,同一届毕业的大学生,为什么会有不一样的发展呢?除了是际遇和天分外,还要看看谁有较强的自学能力。

我遇过一些广告人,每天都埋怨没有好的上司指导,公司没有培训课程,所以自己无法进步。但在同样的环境下,却有人不断前进,成为杰出的广告人。很明显就是后者拥有自学能力,懂得怎样去充实及改善自己。

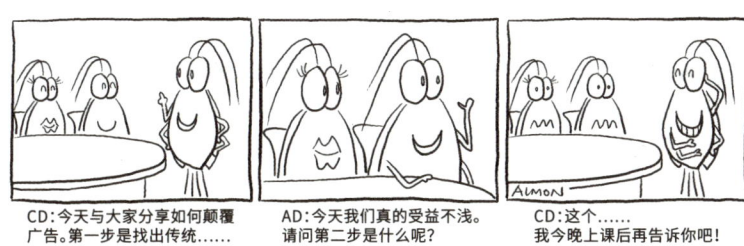

CD:今天与大家分享如何颠覆广告。第一步是找出传统……
AD:今天我们真的受益不浅。请问第二步是什么呢?
CD:这个……我今晚上课后再告诉你吧!

最简单的自学方法就是多看。无论是广告年鉴、杂志、书籍、网页等都有很多广告可供学习。但同一个广告,为什么有些人能举一反三,有些人却只能依样画葫芦?区别就在于有没有真正把广告吸收过来。让我分享一下我的学习方法。我认为最有效的学习方法是通过思考和分析,而非只是单纯地背诵。

我看平面广告的习惯是会把好的广告进行分类,透过归纳去学习构思广告的不同方法。分类的方法每个人都不同,但这并不重要,最重要是在分类的过程中看出创作手法的差异。我更会把这些好的例子影印下来分类储存。分类的方法会随着时日而改变,有时会合并,有时会再细分,有时会重新归类,有时会另创一类。日子越久，收藏的广告越多，你会更易掌握不同的创作手法。当然，更佳的方法是按不同的分类去学习创作，直至自己可以完全掌握为止。

至于电视广告，我习惯在看得奖作品时，边看边做笔记。笔记内容不单是作品的点子，还包括执行的手法，不论是广告片的拍摄手法、剪接、色调、音乐等，只要有参考价值都会一一记下来。你也可以把这些广告都转换成电子档案分类收藏，情况一如平面广告。拥有自学能力，你将会在平坦的广告世界里无往而不利！

条件二：
热情与好奇心

在平坦的世界里，社会越来越变化万千。可惜很多广告人慢慢对创作失去热情与好奇。回想在大学时代，很多人热爱广告，千方百计要投身广告创意。起初对任何事物都充满好奇，对每件工作都投入百分百的热情。但随着时日，很多创意人早已对广告失去热情与好奇，做一张平面不外如是，拍一个广告片也不过如此，什么都变得可有可无。由于对新事物失去好奇，对广告失去热情，所以创意都是千篇一律。对于新的媒体、新的潮流、新的方法更是毫无兴趣，创意人变成最没创意的人。这样的广告人很容易在平坦的广告界里被淘汰。

文案：给你重新选择，你会做文案还是美指？　　美指：我会不做广告！

好奇心是与生俱来的。小孩子最有好奇心，凡事都会寻根究底。所以，要做个充满好奇心的创意人，最简单的方法就是保持童心，以孩童的目光去看世界。可惜的是很多创意人的心态已经犹如老年人，对生活失去兴趣，每天就忙着工作，周未就忙着睡觉。我认为创意是来自生活的，没有生活就没有创意。若每天只看广告年鉴，做出来的广告就会缺乏生命。创意人应该多看杂志，多看书籍，认识多些新事物。要多浏览网页，要多去旅游，要多与不同的人聊天，要有广泛的兴趣。这些就是创意的源泉，也是让自己保持好奇心的方法。

怎样的人才会充满热情呢？我相信有明确目标的人才会有热情。没有目标的人很容易会放弃。因为没想过为何要做广告，所以遇上挫折就会失去热情。有热情的人正好相反，虽然眼前是困难重重，但想到无限风光在险峰，仍会咬紧牙关去面对挑战。有热情的人会比较容易在平坦的广告界生存下去，因为他们知道要达到目标就要懂得求变。对于充满热情的人来说没有比平坦的世界更能让他们产生激情，因为平坦的世界充满着机会，只要你愿意探求，成功就在眼前。

好奇心与热情是相辅相成的，有好奇心就容易对工作充满热情，有热情就容易对事物产生好奇。我是一个老顽童，对很多事情都很好奇。我很喜欢到网上浏览，很喜欢看不同的杂志，遇上什么新鲜的事物，我就会进行研究。我会在网上搜集资料，会买书籍研究，会向朋友询问，会亲身尝试，会与其他人分享心得。我习惯无论对任何事物产生好奇，都会四处找志同道合的人交流。因为有群体的互相影响，好奇心就容易坚持下去，也容易转化为热情，否则就会变成三分钟的热度，很容易放弃。就像我忽然对摄影产生兴趣，于是我花了很多时间去研究摄影器材与拍摄技巧，无论是有关摄影的网站、书籍、杂志，我都经常看，还与很多对摄影有兴趣的同事一同研究，互相交换拍摄的心得。

  我也会为自己定下很多长短期的目标，让自己的热情可以持续下去。如我很想画漫画，于是我给自己定下了出版漫画书的长期目标，然后为自己开一个漫画博客作短期目标，好让自己能有热情继续下去。现在，我经常鼓励下属去发掘可以发挥自己创意的兴趣，借着对事物的好奇心去加强自己对创意的热情。你也不妨想想什么事物能令你产生好奇，说不定它也会让你再次对创意充满热情。

条件三：右脑思考

人的大脑可以分为左脑与右脑，左脑负责文字、排序和分析，右脑负责表达情感、演绎和注意环境。所以，左脑主数学、逻辑和分析能力，右脑主艺术、统筹和追求卓越。在平坦的世界里，左脑所做的工作基本上都可以被电脑等仪器所取代。其余的也会被外包到世界各地劳动力更便宜的地方。唯有要依靠右脑思考的工作，在未来的日子相信还不能被电脑等所取代。所以，要在平坦的未来世界生存，我们必须好好地训练自己的右脑思考能力。

在平坦的广告世界里，产品的差异性越来越低，广告也会变得越来越功能化。在这样的环境下，要突出产品的形象就更困难了。那些很功能性的广告，基本上已经大同小异，一家国际规模的广告公司可做的，一家本地小店也可做得到。要在平坦的广告世界里让产品突围而出，可能需要借助感性的诉求去打动消费者。感性的诉求与理性的诉求最大的区别在于没有既定的模式，要做出好的感性诉求广告，需要具备很强的洞察能力，看到消费者内心深处的真实渴求。这些不是一般数字性的调研可以发掘出来，也不是机械性的创作模式可以创造出来的。

培养右脑的最佳方法是去做自己喜欢做的事情。因为人在做自己喜欢的事情时，右脑会在无形中产生一些东西，这些东西都不是能轻易被别人模仿的。所以，若你对自己的工作充满热情，你的右脑亦会比别人较为发达。而当你右脑发展比别人强，你的创造力亦会相对地加强。于是，你会觉得自己的工作更有成功感，你的热情亦会提升。这种良性循环，实在是平坦的广告界里不可或缺的生存要素。

来信一：
应届毕业生进4A广告公司很难吗？

瑞刚：小强老师您好！我想咨询一下应届毕业生进 4A 广告公司很难吗，是不是要拿很多奖才行，但是我大学四年没参加过什么大赛，只有大学二年级暑期和大学三年级整个学期在本地的设计公司实习工作过。临近毕业，一般的设计公司工作也能找到，但是我对自己也有要求，希望能找到正规的大一些的公司工作。我放弃了一些工作机会，不知现在再找晚吗？这边没有 4A，所以我对这些都不太了解，现在有些茫然，还请老师指明一条道路。期待您百忙之余的回复，谢谢！

小强：我不知其他人怎样看，我就从来没留意过那些毕业生拿过什么奖项。校内的奖项，只代表老师对学生的评价，与业内的标准明显有所不同。至于各大广告奖所设的新人奖，似乎鼓励性质强于实际意义，相信没有人会拿这个来衡量应征者的高下。那么，我们会看什么？最直接的当然是从实习生里挑选。经过几个月，甚至一年的实习，好与不好，应该可以看得出来。当然，也要视乎公司当时有没有空缺。没有的话，你多好也是没用的。

CD：实习生有两个，空缺只有一个。
我希望你们能真正体会到什么是竞争！

至于毛遂自荐的又怎样呢？最简单当然是一份有趣的自荐信。简历与自荐信不同，前者只是一些资料而已，一般创意总监不会有兴趣细看；后者是应征者的自我表现，好与不好可以相差很远。自荐信等于一份直销邮件，并不限于文字，可以是千奇百怪的东西，完全视乎你的创意水平。获得面试机会也只是过了第一关。有些创意总监纯粹想给后辈一些鼓励，本身并非真的要招人。即使你真的才华横溢，也要看看当时公司的实际需要。如果当时只需要一双手的话，对方可能会害怕浪费了你的才华。

最后，希望大家也不要对 4A 抱太大的期望。4A 也不过是广告公司而已，并没有想象中那么传奇。很多 4A 同样没有流程，乱七八糟的。做好了心理准备，即使真的进来，也不会希望越大失望越大！

来信二:
在本土公司
就是蹉跎岁月吗?

另一个小强:您好,您一直是我学习的榜样。我是一个本土的广告人,在各种小型本土广告公司蹉跎了8年。不知是否应该坚持广告这个行业。希望您能给予我们这些本土的广告人些许指点。

小强:从你的用词"蹉跎"两字,我猜你对现状十分不满,似乎觉得每天都在浪费时间。我没有在本土公司工作,所以我对本土公司的理解可能有所偏差,若有错失,恳请大家指正。我从很多应征者的口中得知本土公司虽然都叫广告公司,却有两大主流。其一是与跨国广告公司相仿,以电视、平面、户外等媒体的创意为主。另一类是以营销为主,为客户构思有效的市场策略。两者分别可以相差很远,所以主要视乎你的兴趣所在。

跨国公司较少涉及营销,通常只是给予策略而已。若你是想在电视、平面等方面发展,跨国公司也可以是个选择。不过,跨国公司与本土公司的分别也会差距很大,前者比较注重流程,很多时间都会花在开会中,而且公司内部阶级分明,一个点子要过五关、斩六将,才有机会向客户提案。后者可能欠缺制度，做事或会比较随意，但弹性相对亦较大。

今时今日的跨国公司已没有传说中那么厉害了。若论国际广告奖，跨国与本土几乎平分秋色了。我认为跨国与本土广告公司各有特色，不宜有高低之分。其实，工作最重要的是心态，心态正确在哪里工作都一样开心，心态不正确的话就会终日埋怨，于是眼前的工作做不好，理想的工作又得不到，结果就真的是蹉跎岁月了！

098招

来信三:
非科班出身
可以做广告吗?

小任:小强老师好,我是一名大三的非广告专业的学生。虽然说学的是和广告无关的东西,但是自己一直对广告抱有很大的热情,特别是对 Creative 里面 AD 这一角色。我从小热爱艺术,打从幼儿园起就开始手不离笔,但由于家庭的传统教育背景,迫于母亲以"绘画拖成绩的后腿"的劝导,只好接受要荒废绘画很久的事实。但到大学之后便开始重燃激情,只要和设计有关的东西一切都要去接触。平时也通过看专业书籍来弥补自己"非科班出身"的漏洞,自己也参加过一些比赛,还帮助学校做过一些公益广告。

我是一个典型的理想主义者,所以 4A 就是我的目标。只是不知道像我这样的一位非广告专业、非美术专业的学生。面对 4A 这样的招人高门槛应当如何选择?是出国修艺术类课程以弥补不足?还是先就业积累经验? 期待小强老师的回答!

小强:从字里行间看出你是个对广告充满热情的人,广告界实在需要这样的人才。不过,"非科班出身"这个问题似乎一直困扰着你,让你不能释怀。我尝试从正反两方面去解答一下。首先，我不认为有科班与非科班之分，大学里所教授的广告专业都是学术性的，换句话说，是实用性不高。所以，所谓的科班出身没有比非科班优胜之处。

话说回来，科班出身确是广告公司招人的一个最低要求。所以，科班与非科班出身没有能力分别，却有认可的分别。因此，我认为你需要的是让别人认可你的能力。我的建议如下：第一，非科班出身的文案成功入行的机会远比美术要高，你可以先做文案，再在工作中表现你的美术才华，然后等待机会，实践你的梦想。第二，你找一家小规模的广告公司，身兼文案与美指，一物二用，成功率会比单作文案或美指要高。第三，初级美指一般工作就是修图或做完稿，所以你只要多花时间熟练 Photoshop 及 Illustrator，就会比科班出身的同学还受欢迎。因为，很多大学毕业生都不是很熟悉这些软件的。第四，你在本土公司努力，尽快升职，然后再跳槽到 4A，到时有大学生作你的下属，你就不用自己动手了，可以专心想创意。只是一些想法，希望对你有些帮助。

来信四：
我应做实习生博取转正的机会吗？

099招

Jacky：我是个大学四年级的学生，今年就要毕业了。我觉得自己是个有冲劲的人，很适合从事广告。但是现实的打击是挺大的，我面试了很多公司，都没有空缺。现在，有一家公司给我做实习生的机会，等待机会再转为正式的。你认为我应做实习生博取转正的机会吗？

小强：看出你是个有理想的人，很想在广告界大展拳脚。不过，事与愿违，你几经辛苦也只能博得一个实习生的机会。有关实习生这个问题，我觉得有必要与大家分享一下我的看法。顾名思义，实习原指某些专业需要在课本以外进行实践，以让所学能从理论层面进入实际应用范围。理论上，实习应在就读阶段进行。一般来说，是在大学的最后一年，因为课堂上的理论已经基本完成，可以到单位里进行实践。以广告公司为例，每年都有不少广告专业的学生会到公司实习数月至一年不等。在实习的过程中，公司必须与学校配合，除了提供实习的机会外，也要有专人负责指导，否则，学员的实习成效就难以得到保证。

实习生：感谢你的厚爱，给我一个实习机会！　　ECD：不只你一个，他们都是实习生！

　　我发现现在的实习制度出现了不少问题。很多公司招请实习生，都只把他们视为廉价劳工，甚至免费劳工。实习生在广告公司中并没有合格及负责任的导师进行指导。有些实习生整日无所事事，有些则通宵达旦，但都只是为同事到图库找找图片，或者画画插画而已。我发现不少实习生，实习一年，连一张平面或者一个电视广告的基本制作流程都全不知情，更遑论可以参与其中了。实习一年就等于白费一年。如前所述，实习应在大学的第四年进行，而不是毕业之后。所以，让毕业生继续实习，实在已经违反实习的原意。我认为实习生不应急于求成，实习与工作是两回事，在实习阶段最要紧的是找到一个可以真正实习的机会，而不是一块踏脚石。怎样可以找到好的实习机会？首先，可以向老师及学长查询。前者可从过去学生的实习报告及学生的回馈中略知一二，后者可以把亲身经历与你分享。当然，你也可以从网络上找到不少有关各公司的实习情况。其次，留意一下广告公司是在什么情况下招请实习生的，若是"急需数名实习生"，就千万不要去了，很明显是人手不足，又没有经费请兼职，所以找数个实习生来代替。第三，最好是与指导导师直接联络，而不是任由公司分派。须知实习好坏与指导导师有直接关系，没有固定导师的话就十居其九沦为一双众人共享的手。最后，若你还是想把实习当作踏脚石的话，我建议你留意一下公司有没有实习转正的案例？这些实习生转正后的发展机会如何呢？公司有否完善的培训呢？所跟的上司又是谁呢？但愿这番话能对你有一点帮助！

来信五：
何时才能施展所长？

　　Phoebe：我现在就处于刚入行的"苦难"期，每天只是写促销海报、单页、软文，做不到创意，更别提接触到什么电视广告创作。在本土公司，有时自己想把东西做得稍微有点创意，还会遭到别人打压，说我爱出风头，也许是自己水平真的不够，才会这样吧……小强老师，入行多久才能让自己的创意得到施展的机会呢？

这是你的工作间！

　　小强：我个人认为这种"苦难"期是必须的，这是是否适合从事广告行业的分水岭。我常说创意人人有，但不是每个人都适合从事广告创作。广告创作并非单纯的艺术创作，它至少要涉及策略、营销、人际、情商等等不同的能力。新人写促销、单页、软文，觉得没有创意，但很多从事广告多年的创意人，即使负责电视广告片,也可以同样觉得没有创意。何解?创意形式只是表现的媒介,本身都是中立的,高低区别在于表现的手法。若你真有创意的话,写促销、单页、软文也可表现创意,但能力不足的话,即使做电视广告也可以是平平无奇。

再者,若大家认为电视才是发挥创意的最佳媒体的话,就代表你对广告行业的认识不深。现在的电视广告创意早已大不如前,什么创意都必须经过一轮又一轮的市场调查。无论是多强的创意,往往因为部分被访者的一些意见而被杀掉,或者更改得面目全非。反而一些不太受重视的媒体,如网络、公关、活动等空间更大。因为,至少这些媒体现在仍不用通过市场调查才能投放。

我相信,真正好的创意人是不会介意到底所做的是什么工作。哪怕只是一篇贴文或一张海报都尽力把它做好。我认为小事不尽力的创意人,做大事也不会怎样出色。若你能够在这些小事上发挥到你的创意,我相信假以时日,真正机会到来时,你自然会发挥得比别人更出色。相反,要是每天自怨自艾,没把手上的小事做好,我相信没人会把机会交到你的手上。你可以随便询问任何一位资深的创意人,我想没有一位没经历过这种"苦难"期的。不过,他们都克服了。至于那些受不了的创意新人,早已不知跑到哪里去了!

谨以此书献给
曾经参与这 100 件作品的每位朋友

小强创意100招

从害怕创作到爱上创作

林永强 ◎ 著

河南大学出版社
HENAN UNIVERSITY PRESS
·郑州·

图书在版编目（CIP）数据

广告一场 / 林永强著． — 郑州：河南大学出版社，2022.6
ISBN 978-7-5649-5175-7

Ⅰ．①广… Ⅱ．①林… Ⅲ．①广告学 Ⅳ．①F713.80

中国版本图书馆CIP数据核字（2022）第102325号

广告一场
GUANGGAO YICHANG

出 版 人	于华龙
责任编辑	席 兵　马元珍
责任校对	毛晓旭
封面设计	好好想想

出版发行	河南大学出版社
地　　址	郑州市郑东新区商务外环中华大厦2401号
邮　　编	450046
电　　话	0371-86059701（营销部）
网　　址	hupress.henu.edu.cn
排　　版	河南大学出版社设计排版部
印　　刷	河南瑞之光印刷股份有限公司
版　　次	2022年6月第1版
印　　次	2022年6月第1次印刷
开　　本	890 mm×1240 mm　1/32
印　　张	30
字　　数	622千
定　　价	256.00元（共三册）

版权所有·侵权必究
本书如有印装质量问题，请与河南大学出版社营销部联系调换

序 一

务农者，粒粒皆辛苦。创意人，又何尝不是？

一本书，一段历史，更是一段历程。当天完成作品时所关心的市场业绩或比赛成绩，都不及今天沉淀过后的人生累积。

台前风光处处，幕后人事篇篇。读 Almon 一笔一笔的回忆，一字一句的总结，看得到精彩的作品和更动人的创作故事。当中谈及的所得，没有走过类似的创作之路，可能不会感同身受，但又会燃点起莫名的向往与追求。创作的文体也许不一样，但心情与收获却同样丰富。

若今天的"广告"创作人看见或读到，可会有相同的感觉？尽管是旁观者，我相信也会看得津津有味。

劳双恩
伟门智威亚太区首席创意长

序 二

还记得 2006－2011 年我任职于 bates 时，因 Regional 的创意聚会而认识了香港 bates 的 ECD 同事 Almon。

Almon 待人非常亲切，一两天的会议与交流之后，在无意间才得知他的中文名"林永强"。

等一下。

我没听错吧？

难道就是那位我在广告菜鸟时期，常在《龙吟榜》上看到许多好作品的原创者"林永强"吗？！

当年，我就是这样认识了实体的 Almon 永强哥。

有实力、有才华，却一点架子都没有，不管入行多久对创意始终保持着赤子之心，单纯又亲切的和你分享关于创意的种种心得与趣事，是让我打从心底尊敬与想要学习的哥，觉得自己很幸运成为他的朋友。

听说，Almon 要出书了，相信哥用了 30 年磨一场的《广告一场》势必充满惊喜与乐趣，拭目以待！

游明仁
ADK 大中华区首席创意长

序 三

2008年北京奥运是我广告职业最美好的回忆之一，当时我是负责Visa奥运项目的创意总监，Almon是我的老板，我们组里人才济济，有可爱伶俐的美术江畔，耍帅的文案钱佳乙，文静的ACD丁和珍，爱闹脾气的Eric和当时还是intern的侯一默，等等。现在看起来，Almon建立的团队简直就是创意界的拉玛西亚（巴萨球队的青训营），个个都是卧虎藏龙。

那一段时间，Almon带着我们一起为Visa做了许多很好玩的作品，比如一系列Visa VS Cash的病毒视频、在澳洲拍刘翔和袋鼠赛跑大片、在内蒙古阿尔山拍冬季奥运、在长城拍女子曲棍球队、姚晨摆平黑帮，等等。回想起来，工作虽然辛苦且充满各种挑战，却收获满满。

当时的我们个个年轻气盛，Almon总是微笑着给我们创意空间和点拨，但我们还是会为了不同的想法而争吵，甚至不开心。还好Almon每周都会聚集大家在他那小小的办公室内共进午餐，在这个午餐分享会他不仅会谈创意，也会分享基督教给他的一些启发，也鼓励每一个人分享生活中遇到的一些困惑，渐渐地大家也更了解彼此，慢慢地私底下成为非常要好的朋友。

做Visa这个客户，最棒的就是有机会和超级体育明星合作，像刘翔、姚明等都是当时Visa签约的顶流，因此我们也有幸见到这些明星真实可爱的一面。印象最深的就是有一次我们要找几个香港演员在北京一家运动酒吧和刘翔演对手戏，选角客户怎样都不满意，感觉要么不好看要么不自然，Almon突然灵机一动，把我们组几个说粤语的都拉到镜头前,导演见状十分配合马上喊"roll camera",我们几个人扮演游客,用港腔把刘翔叫成"楼上"!刘翔顿时被逗得乐呵呵,演出十分自然,客户当然也非常满意。最后,我们和客户也玩开了,连澳洲籍的 BBDO 亚太创意老大也被拉下水一起演出。那一年的 Visa 奥运 campaign,是我第一次参与国际盛事营销活动,从预热到上市历时超过两年,Almon 作为我们组的领袖,以他幽默的风格,启发了我们团队每一个人,也和客户打成一片,多年以后即使大家不再做 Visa 了,也不在 BBDO 了,甚至不在同一座城市,我们还是一群好友,也许这就是所谓的革命情感。

Almon 是把我带入中国广告界的恩师,也是给我许多人生启发的好友。他总是乐观的、正能量的,带有一点童心,还创作了漫画 IP "广告小强",永远对创意充满热情,更积极传承广告的理念,他没有刻意树立门派,却已桃李满天下。30 年广告一场,一晃而过,祝 Almon 继续动力满满,小孩和小狗越做越好!

许统杰
上海 180 首席创意官

自 序

入行 30 年，有幸能够做一个小小的回顾。

起初，我只打算出版《小强创业 100 招》及修订《小强广告 100 招》，并没有想过出版这本书。出版此书的主意来自此书的策划人，也是我在上海的第一位文案丁和珍。我自问不是什么广告伟人，相信没有人会对我的作品产生兴趣。但在丁和珍的鼓励下，我也不得不认真思考一下。

当我重温这 30 年来的作品时，竟然连我自己也深受感动。我看到自己的每件作品，背后都有故事。很多创作人都和我一样，懵懵懂懂地入行，跌跌撞撞地成长。每件作品都成为我们成长的印记，记录了我们许多的学习与尝试，迷茫与寻索，失败与成功，感动与感恩。

现在，幻想这是一场展览，你从我的第一件作品开始，陪伴我走过这漫长的 30 年。你站在我的每件作品前，细听我的导赏。

文案是我的起点，却从来不是我的终点。从一开始，我就没有把自己局限为一位文案，我把自己定位为创作人。所以，我没有停留在文字的雕琢上，而是把更多的时间花在构思概念上。你也会发现，我并没有比别人幸运，得到些什么机遇。我只是从没有放弃任何一件工作，即使只是一句文案的翻译、一张名片的设计、一个只有几秒钟的报价短片、一个只有很低预算的工作，我都视为一个机会，尽我的所能去把它做得出色。

事实上，我的作品原没什么可夸的地方，要夸的只有我 30 年来从没做过一件飞机稿。我知道飞机稿是条捷径，让我可以更快功成名就，但我选择攀上陡峭的山壁，经历登峰的挑战与满足。

当你听罢我对 100 件作品的导赏，希望你能从中找到些微的鼓励。若你觉得怀才不遇，请你看看像我这样的材料，也可以有些少的成就，你应该有信心可以做得比我更好。若你正处于瓶颈阶段，也不要怀疑自己，我也同样走过高高低低，只要不放弃，只要仍然热爱创作，你必定会找到出路。若你自觉已到事业的巅峰，开始担心走下坡路，你也不要害怕，这个行业每天都有新奇事，每天都有新机遇。虽然我已入行 30 年，但我仍然对创作有热情，并相信最好的作品现在还未出现，将会有更精彩的作品与大家分享！

（注：因作品年代久远，参与者名单难免有所出入，如有错漏，敬请见谅！）

林永强

香港 Kids & Dogs 广告公司创始人

目　录

文案时期

001 招　从零开始	002
002 招　善用比喻	004
003 招　心有不甘	006
004 招　多走一步	009
005 招　冲出香港	012
006 招　人弃我取	014
007 招　让人羡慕	016
008 招　短片王子	018
009 招　生活态度	020
010 招　无中生有	023
011 招　予人机会	026

资深文案时期

012 招　创意平台	029
013 招　感性手法	031
014 招　点石成金	034
015 招　系列广告	037

016 招	借尸还魂	040
017 招	跳出框框	043
018 招	善用幽默	045
019 招	颠覆传统	047

ACD 时期

020 招	化弱为强	053
021 招	过关斩将	056
022 招	转危为机	059
023 招	生活灵感	061
024 招	资料搜集	063
025 招	美梦成真	066
026 招	无分大小	069
027 招	另辟蹊径	071
028 招	集体创作	077
029 招	直译手法	084
030 招	水银泻地	086
031 招	勇于尝试	088
032 招	美术主导	090
033 招	创意提案	093
034 招	画面冲击	095
035 招	不断突破	098
036 招	讽刺广告	100
037 招	公益广告	102

038 招	变态广告	105
039 招	实地考察	108
040 招	混淆视听	111

CD 时期

041 招	放下自我	115
042 招	因祸得福	118
043 招	制造悬念	122
044 招	胡言乱语	124
045 招	童心未泯	126
046 招	电影制作	129
047 招	主动出击	132
048 招	互动广告	135
049 招	黑色幽默	137
050 招	灵机一触	140
051 招	载歌载舞	143
052 招	合作无间	146
053 招	形象广告	148

GCD 时期

054 招	中国特色	152
055 招	洞见取胜	155
056 招	明星广告	157
057 招	来奔跑吧	159

058 招	偷袭营销	161
059 招	电脑动画	163
060 招	全球比稿	165
061 招	天气难料	168
062 招	长期客户	171
063 招	粉墨登场	173
064 招	自编自导	175
065 招	音乐取胜	178
066 招	与时竞赛	181

ECD 时期

067 招	洞悉先机	185
068 招	改变角度	190
069 招	学懂放手	194
070 招	执行力量	196
071 招	真人真事	201
072 招	审慎取材	203
073 招	疯狂搞笑	205
074 招	美轮美奂	209
075 招	量身定做	211
076 招	激励人心	213
077 招	发掘人才	215
078 招	精辟对白	217
079 招	连载广告	219

080 招　群星拱照	224
081 招　打破闷局	227
082 招　卖点入手	229
083 招　认识条例	234
084 招　小孩广告	236
085 招　亲情广告	238
086 招　锦上添花	240
087 招　灵光一闪	242
088 招　生活片段	244
089 招　软硬兼施	246

创始人时期

090 招　不惜工本	249
091 招　轻松小品	252
092 招　型格路线	255
093 招　回馈社会	257
094 招　助人为乐	260
095 招　结合兴趣	262
096 招　积极应变	264
097 招　永不停步	266
098 招　小孩与狗	269
099 招　自我要求	272
100 招　与众不同	275

001 招

从零开始

作品名称：玻璃杯篇
客　　户：凡士林润肤露
广告公司：香港奥美广告
创意总监：Kevin Geeves
文　　案：林永强
美　　指：Wayne Knowles
发表日期：1993 年
曾获奖项：贝登公司每月最佳海报

《玻璃杯篇》

标题：特别的你需要特别的爱

你可能觉得这张作品平平无奇,但它却改变了我这平凡的一生。那时我刚加入奥美,一位老外创意副总监找我帮忙为两套凡士林润肤露广告翻译文案。我花了整天时间去做,尽力把文案翻译好。入睡前,我问自己还有什么方法可以把它弄得更好?那个晚上,我多想了三套平面创意,自己还用铅笔把草图画好。第二天,我战战兢兢地把翻译的文字和我的新点子给老外看。没想到他很喜欢,马上把我的点子跟他的老外文案及美指分享。那次提案很顺利,客户当场买了其中一套,而且马上就要执行。

　　这是一张地铁的月台海报。作品发表一个月后,我获得了我人生的第一个广告奖。这不是什么大型的广告比赛,而是由地铁贝登公司所举办的每月最佳海报。那时每月只有一张海报可以获奖,还会在媒介杂志刊登得奖者的合照。这张海报没有再为我带来什么奖项,但它让我发现自己在翻译之余,是有能力从事广告创作的。我在那些看似沉闷无聊的翻译工作及小册子写作中已经不知不觉地掌握了一些创作的技巧。更重要的是让我明白到,不要老是自怨自艾,要珍惜任何一个发挥的机会,即使只是一件小事,也要尽力而为!

002 招　　　　　　　　　　　善用比喻

作品名称：仙人掌篇、马桶刷篇
客　　户：飞利浦电动剃须刀
广告公司：香港奥美广告
创意总监：陈大仁、曾锦程
文　　案：林永强
美　　指：梅万德
发表日期：1993 年

《仙人掌篇》《马桶刷篇》

标题：不用飞利浦，难怪外貌不讨好

创作手法之中，最基本的莫过于比喻。借助某个物件，让人明白你想要说的卖点。就像使用了某牙膏，让你牙齿洁白如雪。除了洁白如雪，也可以是像珍珠、白云、白色衣服、白色灯泡等等。所以，使用比喻不难，但要使用得绝妙却并不容易。初任文案，比喻算是一种最容易掌握的手法。构思飞利浦电动剃须刀平面广告时，马上想到使用产品之后，你的脸面可以像鸡蛋般光滑，也可以像个桌球一样。这是最简单直接的比喻方法，但却欠缺了趣味。我与拍档多走一步，以负面入手，尝试以不同的物品来比喻没有使用飞利浦电动剃须刀的问题。于是，我们想到像仙人掌，甚至马桶刷的画面。大家看到仙人掌与马桶刷，马上会心微笑，完全感受到不刮胡子时那种刺手的感觉，还有那不修边幅的形象。如果我们只停留在鸡蛋、桌球之类的比喻，可能只会像一般的护肤品广告，而错过了一次发挥创意的机会。

006 | 小强创意 100 招

003 招　心有不甘

作品名称：现场演绎篇、找出不同篇
客　　户：飞利浦音响
广告公司：香港奥美广告
创意总监：陈大仁、曾锦程
文　　案：林永强
美　　指：林明
发表日期：1994 年

《现场演绎篇》

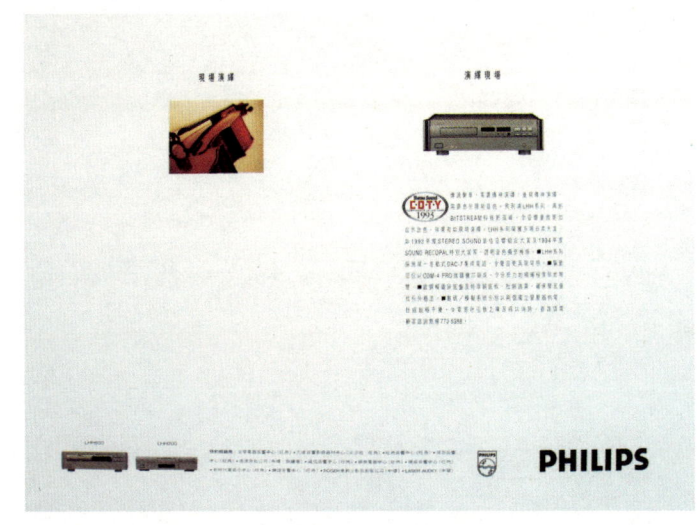

标题：

现场演绎（左）

演绎现场（右）

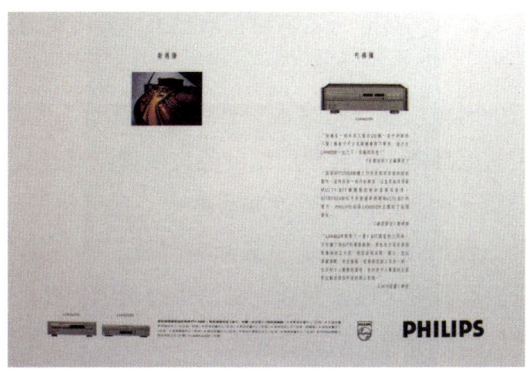

标题：

有得弹（左，意思为可以弹奏）

有得弹（右，意思为无法弹奏，即无可挑剔）

《找出不同篇》

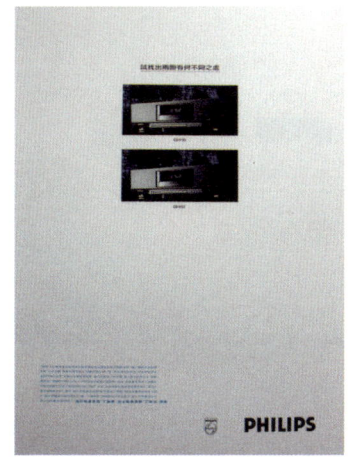

标题：试找出两图有何不同之处

CD950（上）

CD951（下）

答案：表面上，两者毫无不同；表现上，后者更为出众。

　　刚入行的时候，我与很多人一样，做的都是一些没有创意的事情。每天就是翻译一下客户所给的英文稿件，或是写一下单张。某天，客户给了两张照片，吩咐我写些产品卖点便可。这两张照片，一张是一台钢琴，一张是一部音响产品，我心有不甘，很想加点创意进去。看着这两张照片，脑海中忽然闪出几个字："冇得弹、冇得弹"。"有得弹"的意思是可供弹奏，"冇得弹"的字面意思是没法弹奏，实指很棒、无可挑剔。客户看到这张平面图很喜欢，没想到竟然可以有创意。接着，每次客户都给我们一两张图片，我与拍档都拼命把它们弄得更有创意。只要不甘平淡，就有机会做出更好的创意。

多走一步

作品名称：世界杯系列
客　　户：飞利浦无线立体声耳筒
广告公司：香港奥美广告
创意总监：陈大仁、曾锦程
文　　案：林永强
美　　指：林明
发表日期：1994 年

《世界杯系列》

标题：

它（世界杯）让你无法入睡。它（无线耳机）让你家人可以安睡。

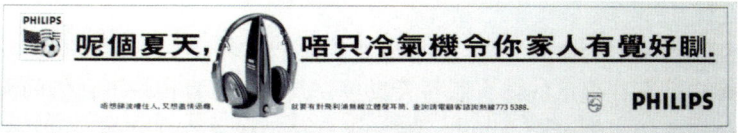

标题：

这个夏天，不止空调可以让你家人安睡。

标题:

不怕打扰你的老婆,更不怕老婆打扰你。

标题:

夜深了!请将音量调高,多谢合作!(从前香港的电视台每晚会播放提示:"夜深了!请将音量调低,多谢合作!"这里反了过来,因为有了无线耳筒,便可以把音量调高)

标题:

男人用了它,绝不会影响兴奋程度。(模仿安全套广告的宣传标语)

又是一个不甘平淡、努力发挥创意的个案。那一年的世界杯,客户打算在报纸的体育版每天投放一条横幅,宣传一下他们的无线耳筒。要求实在太低了!我与搭档觉得这是个好机会,于是围绕无线耳筒的静音与看世界杯的热闹,想了接近三十个点子给客户,希望他们可以每天更换一个创意。客户看到创意十分感动,没想到一个如此简单的小工作，我们也会如此落力用心。最后，客户就在三十句当中挑了十五句，在世界杯决赛周内每天投放。愿意多走一步，机会就在眼前。

冲出香港

作品名称：上演篇
客　　户：飞利浦投影机
广告公司：香港奥美广告
创意总监：陈大仁、曾锦程
文　　案：林永强
美　　指：林明
发表日期：1994年
曾获奖项：时报华文广告奖银奖

《上演篇》

标题：
中西猛片，大小场合均可上演。（厕纸上）
中西猛片，天花墙壁均可上演。（天花板上）
中西猛片，户内户外均可上演。（车门上）
无论地方多特别，一律可以作戏院。

初入行时，心中只想有机会能拿到香港的金帆大奖。不过，那时的作品根本未达到那个水平，所以连入围奖也拿不到。而我的目光就只有香港，根本没有留意过外边的世界。后来，台湾办了首个全球华文广告奖，我们就把作品寄往参赛，踫碰运气。没想到我们为飞利浦所创作的投影机平面广告，竟然为我们夺取了首个广告奖项。而且，这不是入围奖，是银奖；这也不是本地奖项，是全球性的奖项。这对我们来说，真的是莫大的鼓励。这个奖项，扩阔了我们的目光，让我们可以放眼世界。这个奖项，更增强了我们的自信心，使我们更有勇气去放胆创作。这次之后，我们成了台湾时报华文广告奖的得奖常客，更拿过2次全场大奖、6金、5银、8铜。

006招

人弃我取

作品名称：商人篇、青年篇、女士篇
客　　户：渔夫之宝
广告公司：香港奥美广告
创意总监：曾锦程、陈大仁
文　　案：林永强
美　　指：梅万德
制作公司：Bleu Arc Picture
导　　演：Clement
发表日期：1994年

《商人篇》《青年篇》《女士篇》

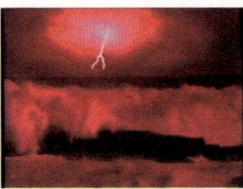

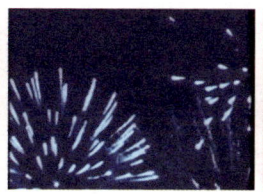

旁白：英国渔夫之宝，味道至强烈的喉糖。

　　我有个给创意新人的小贴士，便是"人弃我取"！当年在广告公司，大家都希望遇到有好预算的案子。那些预算很低、机会不大的案子便无人问津。起初，我也是因为人微言轻才被迫接这类案子。后来发现，由于预算不多，客户的期望不高，只要稍有创意，客户便会立刻买单。又因为预算不多，不会花心思在制作上，反而只可以靠创意突围。就像这个渔夫之宝的电视广告，客户只能负担一个十五秒的广告，我们就把它变成一个系列，每个广告只拍前后镜头，中间都是素材，让制作成本下降。所以，与其跟大家争夺机会，不如人弃我取，把每件工作都做得出色。人弃我取的工作，做不好是应分的，但做得好就会令人刮目相看！

007招

让人羡慕

作品名称：享受篇
客　　户：Dreyer's 皇牌冰淇淋
广告公司：香港奥美广告
创意总监：陈大仁、曾锦程
文　　案：林永强
美　　指：林明
发表日期：1994 年
曾获奖项：伦敦广告节入围奖
　　　　　亚洲广告奖入围奖
　　　　　时报华文广告奖入围奖
　　　　　贝登公司全年最佳海报
　　　　　贝登公司每月最佳海报

《享受篇》

标题：
享受原大（上）
实物原大（下）

    每个创作人都曾经是最低级的员工，负责一些大家都不太愿意负责的客户。某天，我清楚记得老板跟我们说，公司刚拿了一个新客户，很适合我们。当然，我们早就在同事口中知道这是个冰淇淋客户，预算很少，没有电视广告，每年要做很多包装设计。我们很直接地问老板："可不可以不做这个客户？"老板也很直接地跟我们说："不可以！"于是，我们就开始为这个客户服务。

    客户的第一个工作很简单，要求就是一张海报，要看到很大的产品。老板给我们的指引就是："好！我们就做一张产品很大的海报！"我与搭档在一间只有五平方米左右的房间想了好几天，竟然想了几个不错的点子。我们把草稿做好，向客户提案，客户一口气买了两个提案。后来，因为预算不足，就只做了这一张。这张海报为我们赢取了不少奖项，更赢取了客户的信任，让我们为这个客户做了不少有趣的电视广告。后来，老板告诉我们，很多同事很羡慕我们有这样有趣的客户。我与搭档相对苦笑，要是一年前大家是这样看这个客户，我们可能就没机会做到这个客户了。所以，不要羡慕别人，要让别人羡慕！

短片王子

作品名称：蛋糕篇
客　　户：Dreyer's 冰淇淋
广告公司：香港奥美广告
创意总监：曾锦程、陈大仁
文　　案：林永强
美　　指：林明
制　　片：陈文智
制作公司：Motion Picture
导　　演：杨国龙
剪　　接：Ivan Drummond、霍宝伟
音　　乐：包以正
发表日期：1995 年

《蛋糕篇》

 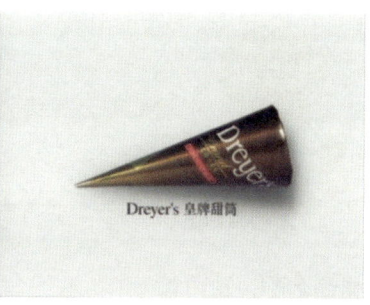

旁白：

享受 Dreyer's 皇牌冰淇淋，现在多了一种方法：Dreyer's 皇牌甜筒。

　　除了所念的专业与拍摄有关外，一般的创作人都是对拍摄一窍不通的。而我们对广告拍摄的认识，只能靠在工作中一点一滴累积。所以，我会争取每个拍摄的机会，哪怕只是低成本的制作。当年，我便是因为经常主动争取机会，制作了很多低成本的短片。这些作品不一定能拿奖，却替我拿了不少制作的经验，对我日后拍摄大制作打下了良好的基础。因为拍摄经验越来越丰富，对制作的认识也越来越多。而这些经验又帮助到我构思广告时懂得怎样以最低的成本去发挥创意。就像这个 Dreyer's 广告，预算很低。所以，我们只能拍摄产品。于是，我们以切蛋糕庆祝生日的方式来介绍最新出品的甜筒。印象深刻，又非常简单直接。有预算，搞大制作很多人都会，但在没预算之下，仍能发挥创意就不容易。而我却经常创作这类短小精悍的低成本制作，更得了"短片王子"的称号！

009招

生活态度

作品名称：独白篇
客　　户：利口乐香草薄荷糖
广告公司：香港奥美广告
创意总监：曾锦程、陈大仁
文　　案：林永强
美　　指：林明
制作公司：电影厂
导　　演：吴锋濠
后期制作：Touches、Digit Digit
剪　　接：吴锋霖
音　　乐：郭小霖
发表日期：1995 年
曾获奖项：克里奥入围奖
　　　　　纽约广告节铜奖
　　　　　纽约广告节剪接铜奖
　　　　　亚洲广告奖入围奖
　　　　　时报华文广告奖入围奖
　　　　　香港 4A 广告奖铜奖

《独白篇》

旁白：

月薪八千元，

新闻？

I'm English。

因了解而分开，

人人有书读，

本片只适合十八岁，

利口乐。

瑞士香草？

现在已经夜深了！

嘿！不如吃一粒糖果润一润喉！

瑞士利口乐香草橡皮珠。

字幕：生活有何味道，视乎有何态度。

    X 一代指美国婴儿潮、嬉皮士、雅皮士之后，出身良好，很有主见，却发展空间不大，没法表达自我的新一代。在 1997 年，香港回归之前，我们尝试以 X 一代的目光去看看那个时代。当年的香港楼价飙升得很厉害，已经达到升斗市民无法购买的地步！

我们以售价八百万却说"壮士断臂"来讽刺地产商。因为,对于月薪只有八千的一般大学生来说,根本没有可能买到房子。

此外,香港新闻界有一个特色,就是新闻娱乐化。大家为求销路,哗众取宠。所以,我们看到记者们争相访问一个垃圾箱,旁白却是:"新闻?"

香港人在英国人统治下,身份十分尴尬。我们只是英国殖民地公民,并非英国公民,所以香港人进出英国也要签证。我们虽受英式教育,却不懂说英语。所以,我们想到以"I'm English"而非"I'm British"这句话来自嘲一下!

这个广告片对我有很大的影响,它让我明白要经常留意世界各地发生的新事物,尝试把这些新思维与广告结合。广告有趣的地方,也正是这种微妙的结合!

010 招

无中生有

作品名称：火箭篇、气泡篇、碎肉篇
客　　户：飞利浦家庭小电器
广告公司：香港奥美广告
创意总监：曾锦程、陈大仁
文　　案：林永强
美　　指：梅万德
制　　片：陈文智
制作公司：电影厂
导　　演：陈澍强
后期制作：Edit Point
剪　　接：陈俊仁
发表日期：1995 年
曾获奖项：时报华文广告奖银奖（《火箭篇》）
　　　　　时报华文广告奖银奖（《水泡篇》）
　　　　　香港 4A 广告奖铜奖（《水泡篇》）

《火箭篇》

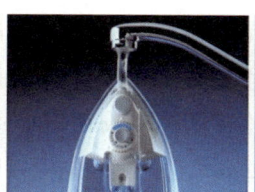
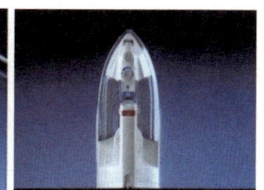

旁白：
飞利浦蒸汽熨斗备有分体式水箱，加水容易，使用安心。

《水泡篇》

 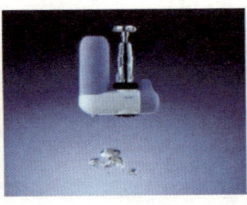 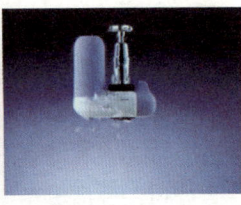

旁白：
别眨眼，看看飞利浦滤水器过滤的水多么清澈？
如此清澈，全家健康还须担心？

《碎肉篇》

旁白：
由于时间关系，不如找它帮帮忙！
有飞利浦碎磨搅拌机，对手怎可相比？

有一天，客户给我简报，希望为三个不同的产品做三张平面。我接过简报就开始构思如何做好这三张平面。可能是那段时间我刚完成了几个电视广告系列，脑海中所想到的全都是电视广告。于是，我决定给客户一个惊喜，索性把电视广告的点子卖给他们。

不过，我知道直接把电视广告的点子卖给他们，客户不一定能够接受，所以，我还是先提平面点子，再卖电视广告。一如我所料，客户很喜欢那些平面广告。就在客户打算离开之际，我再给他们一个意外的惊喜。我只希望可以卖出一个电视广告而已，没想过客户会把点子全都买下来，甚至马上答应加码二十多万元。二十多年前，在香港二十多万元的制作费已经是一个不俗的预算，我就曾经拍摄过十万元三个的电视广告片。对于这种低成本制作的广告，我早已有一定的经验。有时预算低也有它的好处，你不会浪费时间去想一些复杂的拍摄，反而会把注意力集中在点子上。因为没了花哨的制作，能够突围而出的就只有点子本身。作为创意人，有时真的需要冒险一点，不要只按本子办事，要敢于挑战客户，做一些真正对产品有益的广告。

011招

予人机会

作品名称：未来篇
客　　户：和记IDD008
广告公司：香港奥美广告
执行创意总监：邓志祥
文　　案：林永强
美　　指：Bryan Wong
发表日期：1995年

《未来篇》

旁白：
在未来，通讯世界应该更自由，（字幕：更自由的选择）

发展有更多新意,（字幕：更完善的网络）
迅速传递更容易,（字幕：更直接的沟通）
还会更物有所值,（字幕：更加为你设想）
服务更全面。
今日和记广讯推出网络八,（字幕：更出色的服务）
致力实现电话服务新构想。
网络八,更出色的网络,更出色的未来。

  我广告生涯的第一次海外拍摄，竟然是南非。那时我入行才两三年，还是个新人，负责的都是些预算较低的广告，而这个案子是我有份参与的最大的一个项目。当时知道要远赴南非拍摄，根本没想过有机会同行。但上司很慷慨，牺牲了他的商务座位，把原本两人的预算，变作三人共享，大家都坐经济舱。

  那个年代，我们很少有机会旅游，我也只是坐过一次飞机而已。能够到外地拍摄，实在是一个难得的机会。我是首次与外地制作公司合作，看到与香港很不一样的制作要求。比如我们刚下飞机，制作公司便开吉普车带我们堪景，没想到只是一棵大树，我们便翻山越岭去寻找。我们以为已经可以，制作公司仍坚持要我们再看，最后终于找到一棵在山岗上唯一的巨树，很适合我们的广告拍摄之用。

  当年，我实在没想过那次海外拍摄只是一个开始，往后我的拍摄遍及全球各地。后来，当我成为上司，我也不吝啬给予新人到外地拍摄的机会。因为，打开视野，就打开了创意的大门。

创意平台

作品名称：可靠系列
客　　户：九广铁路
广告公司：香港奥美广告
创意总监：曾锦程、陈大仁
文　　案：林永强
美　　指：何振鸿
发表日期：1995 年

《可靠系列》

标题：

有什么比九广铁路更可靠？预計得到，按时抵步。九广铁路。

要做一张平面或一个电视广告不难，要做成一个系列也不难，难就难在要建构一个创意平台 (Creative Platform)。初入行时，所负责的案子规模较小，根本谈不上什么创意平台。后来案子规模虽大，但早已有前人搭好平台，我们只在上边加建。当我们接手九广铁路时，知道要负责建造一个创意平台，实在有点胆战心惊。当年九广铁路的卖点是准时，于是想出了"有什么比九广铁路更可靠？"这个创意平台。我们以轻松幽默的手法，通过回应生活中发生的种种事情，带出九广铁路准时可靠的卖点。例如圣诞老人的驯鹿竟然迟到、春节流年运程、楼市的价格升跌等等，都是很难预知的事情，但九广铁路却可准确无误，预算得到。这个小小的练习，替我日后建造其他创意平台打好了基础，更明白建造创意平台的重要性。

013招 感性手法

作品名称：Ann 篇、阿文篇、Winnie 篇
客　　户：九广铁路
广告公司：香港奥美广告
创意总监：曾锦程、陈大仁
文　　案：林永强
美　　指：何振鸿
发表日期：1996 年

《Ann 篇》

标题：有时候，我真想火车可以迟到。——战战兢兢地回校取成绩单的 Ann

标语：预计得到，按时抵步。九广铁路。

《阿文篇》

标题：火车会准时到站，期待的始终会来。——满怀自信的阿文正回校取成绩单

标语：预计得到，按时抵步。九广铁路。

《Winnie 篇》

标题：一班错过了，一班很快便再来。——凡事乐观的 Winnie 正打算重读中五

标语：预计得到，按时抵步。九广铁路。

我是个从小只喜欢看喜剧与笑话的人，自信有些少幽默感，所以从事广告以来作品大都是轻松幽默为主。当时上司提醒我，创作人不能只有一道板斧，要面面俱到才能应付不同客户的需求。所以，创作这套九广铁路的形象广告时，我刻意使用感性诉求，借助考生放榜的心情，带出九广铁路可靠的卖点。因为自己并不擅长感性手法，开始时确实有点吃力，容易变得过于矫情，或是太过直白，不易平衡。后来想到找实习生来访问，了解更多年轻人放榜的心情，再把卖点结合，尽量自然流露。这不一定是一套杰出的作品，但绝对是个好好学习的机会。

014 招　点石成金

作品名称：开门篇
客　　户：九广铁路
广告公司：香港奥美广告
创意总监：曾锦程、陈大仁
文　　案：林永强
美　　指：何振鸿
制　　片：李嘉仪
制作公司：Zmall Production
导　　演：梁仲明
后期制作：Attraction、Video Post
剪　　接：Leo Lam
发表日期：1996 年
曾获奖项：伦敦广告节入围
　　　　　亚洲广告奖证书
　　　　　时报亚太广告奖入围
　　　　　时报华文广告奖最佳电视广告
　　　　　时报华文广告奖金奖

《开门篇》

旁白：幸好罗湖列车几分钟一班，返内地什么时候出门都没问题！

作为一个成功的创意总监，最重要的是具有点石成金的能力，能够把下属未完善的创意化腐朽为神奇。当年我还在香港奥美当资深文案时，就亲眼看到老板怎样点石成金。

那时我与拍档负责九广铁路形象广告。某个晚上我们想了很多点子，大家都觉得非常满意。其中一个点子是说九广铁路班次频密的，故事是一位家庭主妇在户外晾晒衣服，但刚把衣服挂上就被风吹走。我们都认为这个故事很好，可以不见火车，却说出火车班次频密。约在晚上十一时，当时的上司KC（曾锦程）路过我们的房间，礼貌地给我们打个招呼。我们也礼貌地把我们刚想到的超棒点子与他简单地聊了一下，没寄望他会有什么回复。怎知他想了想，就说："我很健忘，经常忘记带东西，出了门又要回去拿，你们看看这个点子如何？"然后便离开了。我与搭档呆在那里，室内一片寂静。因为，我们原以为很有创意的点子，在不到一分钟的时间内就被老板超越了！后来，我们就跟着他的建议把故事修改成这个模样。故事的结尾，主角回来好像想起忘了拿皮包，实际只是想起没关灯的一幕，是我在现场看到道具才想到的，算是为故事加了一点趣味。后来，这个广告在时报华文广告节拿了影视类全场大奖。这件事情令我明白"一山还有一山高"的道理，也让我立志要做一个能够"点石成金"的创意总监。

系列广告

作品名称：疏与密篇、泰山篇、牙刷篇、网球拍篇
客　　户：九广铁路
广告公司：香港奥美广告
创意总监：曾锦程、陈大仁
文　　案：林永强
美　　指：何振鸿
发表日期：1996年
曾获奖项：时报华文广告奖入围奖
　　　　　香港设计大奖摄影优异奖
　　　　　贝登公司每月最佳海报

《疏与密篇》

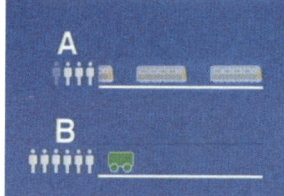

字幕：节目一　疏与密

老师：小明，有什么不懂？

小明：搭交通工具，班次疏密有何分别？

老师：A，班次频密，可以随时起步；B，班次疏落，要等很久。A，当然方便很多！

小明：难怪我们每次往返内地都坐火车！

字幕：来往罗湖每日340班。

《泰山篇》

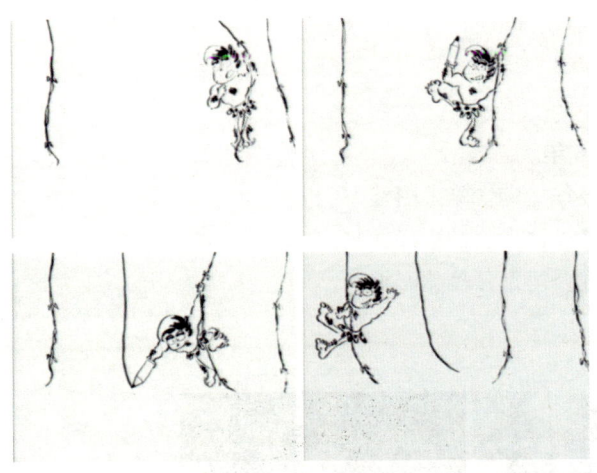

旁白：密比疏更好，所以罗湖列车班次特别多。

字幕：来往罗湖每日340班。

《牙刷篇》《网球拍篇》

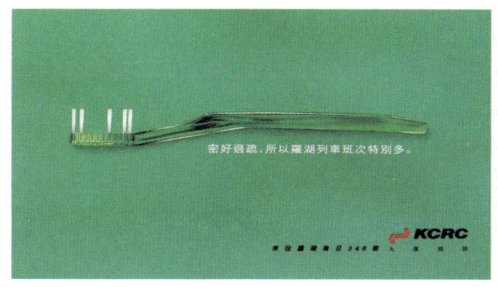

标题：密比疏更好，所以罗湖列车班次特别多。
标语：来往罗湖每日 340 班。

　　传统跨媒体广告就像双生儿，电视广告是怎样，平面与户外广告也是一样。一模一样的好处是统一，在任何媒体都看到相同的广告，但缺点也是一模一样，太过重复。而且，不同的媒体有它的特点，不一定是所有创意都适合。有时为了迁就整体，反而浪费了每个媒体的特点，变成面面不讨好。构思这个广告系列时，我们不想把它们变成双生儿，而希望它们只是兄弟姐妹，既有相似之处，也各有特点。它们唯一共同之处就是它们的点子，以不同的方法来表现班次疏密的区别。《疏与密篇》是模仿教育电视的制作，以教育小学生的手法来教导大家班次疏与密的区别；《泰山篇》是以动画的手法透过泰山以树藤穿越森林来比喻班次疏与密；《牙刷篇》与《网球拍篇》则是以刷毛及鱼丝疏密来作比喻。虽然大家画面各有不同，但点子是完全一样的。而透过不同的画面及表现手法，让整个跨媒体的广告系列能发挥各自的特点，而不是生硬地把它们复制到不同的媒体中。不止创作空间可以更广阔，出来的作品也可以更有趣。

016 招

借尸还魂

作品名称：标枪篇
客　　户：葡萄适
广告公司：香港奥美广告
创意总监：曾锦程、陈大仁
文　　案：林永强
美　　指：何振鸿
摄　　影：Stephen Cheung
发表日期：1996 年
曾获奖项：克里奥入围奖
　　　　　伦敦广告节入围奖
　　　　　时报亚太广告奖银奖
　　　　　时报华文广告奖银奖
　　　　　香港 4A 广告奖铜奖

《标枪篇》

标题：今届奥运，一定有人喝了葡萄适！

有些时候，一个好好的点子被杀掉，你不必太伤心。因为，静待时机，它或可以借尸还魂……

当年，我还在香港奥美当文案的时候，曾经参加过一次健力士的内部比稿。那时奥美亚太区的 ECD 是著名的 Neil French。我们亚太区十多个办公室都收到同一份简报，要在一两周之内，沿着几个方向去构思电视及平面广告。记得当年简报内的其中一个方向是健力士让你身体健壮。我与同事想到了一个点子，是一只健力士的玻璃酒杯，里边还有些剩下的泡沫，外边却有几个被捏得很深的指印，标语是："一定有人喝了健力士！"我们都很喜欢这个点子，可惜最终没有被 Neil French 采纳。这张草稿就一直放在我的档案内。直到半年后，我们遇到另一个机会。当时我们负责葡萄适这个健康饮料，客户希望在奥运期间做一些广告。我马上想起这个点子。我们把这个点子拿出来，按奥运的不同项目重新想了一套平面广告。第一张就是一支标枪插在月球的表面，标题还是那句话，但产品名字就改作了"葡萄适"。其余两张分别是铅球和铁饼。我们的计划是每周投放一张，所以先把三张照片都拍好了，然后逐一修图和完稿。第一张平面在奥运前投放了。刚投放了几天就收到客户的电话，要终止整个广告计划。原来客户的老板看了很不喜欢，于是要马上取消广告的投放，剩下的两张就没法按原定的计划修图和完稿了。本来好好的一套平面，忽然变成只剩一张，这当然有点可惜，但想到这张平面本来已被杀掉，现在有机会借尸还魂，已算是不幸中之大幸。更何况它替我们拿了几个奖项呢！

资深文案时期 | 043

跳出框框

作品名称：镇静剂篇
客　　户：香港广告商会
广告公司：香港奥美广告
创意总监：曾锦程、陈大仁
文　　案：林永强
美　　指：何振鸿
发表日期：1996年
曾获奖项：时报亚太广告奖银奖
　　　　　时报华文广告奖金奖

《镇静剂篇》

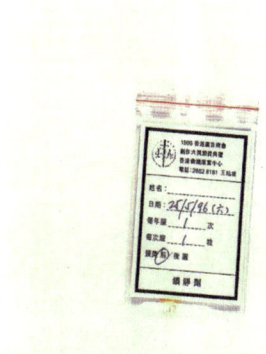

广告人常会自我设限，跳不出思路陷阱。就像做平面广告，不是拍照，便是插图，或者全文字。虽然这些都能发挥创意，但跳出框框以外，是一片更广阔天空。构思这张 4A 平面广告的时候，就想跳出框框，做些不一样的创意。我们的点子是："金帆颁奖礼将至，大家要做好心理准备。"本来，我们拍张照片便可，但我们想来些许突破。我们在平面广告上贴了一个真的塑料袋，里边还放了一颗药丸！（当然不是真的镇静剂，只是一颗白色的糖果。）大家翻看杂志时，马上被这个药丸塑料袋所吸引，停下来看看我们的创意。虽然，这只是一个小小的变化，但却让人出乎意料，带来惊喜。所以，不妨想想有些什么框框可以突破，说不定又是一个创意的机会。

善用幽默

作品名称：红包篇
客　　户：Recruit 招聘周报
广告公司：香港奥美广告
创意总监：曾锦程、陈大仁
文　　案：林永强
美　　指：何振鸿
摄　　影：Stephen Cheung
发表日期：1996 年

《红包篇》

标题：既然上司如此刻薄，何不另觅新工作？

标语：机会涌现，把握今天。

记得旧上司曾经这样教导我们。构思幽默广告就如同画一个圆圈，整个圆圈画出来，大家自然明白，但就欠缺趣味；若只画一小部分，虽然有猜灯谜的趣味，却未必人人看得懂。所以，幽默的难度在于如何拿捏分寸。这则招聘报纸的广告点子是老板如此刻薄，不如早点另觅工作。我们用春节派红包的习俗来突显老板的刻薄。一般老板春节都会派 100、500、1000 元不等的红包，但这里只有一个两元的硬币，刻薄程度可想而知。但把硬币放在封外就太明显，想象力也太低了。所以，我们把硬币藏在封内，却借硬币在红包上的压线，让人知道它是个两元的硬币。我们希望读者看到这条小小的压线会有会心的微笑，这样我们便成功了！

资深文案时期 | 047

019 招

颠覆传统

作品名称：嫦娥篇
客　　户：圣安娜月饼
广告公司：香港奥美广告
创意总监：曾锦程、陈大仁
文　　案：林永强
美　　指：何振鸿
制　　片：陈文智
制作公司：一楼后座
导　　演：曹庆龙
后期制作：Edit Point
剪　　接：陈俊仁
音　　乐：Benson Fan
插　　图：马富强
发表日期：1996 年
曾获奖项：时报亚太广告奖入围奖

《嫦娥篇》

  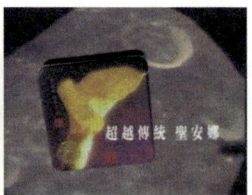

歌词：

嫦娥应悔窃药丹，将错事铸成。

仙丹吃下会飘飘似燕轻盈。

她别了尘世奔往月宫，一生孤单与寂寥。

旁白：

对于不相信嫦娥奔月的你，我们诚意推荐圣安娜月饼。

字幕：超越传统圣安娜。

标题：嫦娥奔月

昔嫦娥　身在宫　吃灵丹　祸错种
轻似烟　奔月中　成仙子　世传颂
今火箭　已升空　盘圆内　没芳踪
重传统　乐无穷　明真相　更受用

标题：吴刚伐丹桂
古云吴刚错违规
蟾宫岁岁伐丹桂
太空飞船今登陆
明月何来桂树遗

标题：月里广寒宫

古人咏月　叹嫦娥孤孤清清

谁怜独处广寒宫

飞船升空　见明月荒荒凉凉

那有传闻栖身地

　　有一种名为 Disruption 的创作手法，中文译作颠覆广告。这种方法最适合为某类已被定型的产品做广告，例如，洗发水广告，必定看到长发美女在摆动秀发；汽车广告，必定看到汽车在山路奔驰；房地产广告，必定出现一家三口在草地上跑来跑去，而且小孩一定在中间被父母拉起。

　　颠覆广告的方法很简单，就是别人做过的你都不去做。你会说还有什么可以做？奇怪就在这，你会发现柳暗花明，你想到的是从没人做过的好点子。很多年前，我还没认识这种方法，在误打误撞下却使用了这种方法，而且十分奏效。记得当年我要做一个月饼广告。大家也认为月饼广告十分没趣，因为广告中全是明月、花灯、嫦娥、团聚、蛋黄、莲蓉等等。我对自己说要做个与众不同的月饼广告，所以我想点子时提醒自己不可重复上述的东西。于是我想出了画面是太空人登陆月球的历史片段，然后用粤曲填上嫦娥奔月的故事，结尾是说："对于不相信嫦娥奔月的你，我们诚意推荐圣安娜月饼。"圣安娜当时已推出月饼四年，但一直没有人知道，大家只知她是卖糕点的。这个广告推出后，她的月饼销量升了四成。所以，颠覆广告有时真的可以很有效。

020 招

化弱为强

作品名称：香皂篇、相片篇、鲸鱼篇
客　　户：汇丰银行
广告公司：香港达彼思广告
创意总监：周佩如、庞婉贵
文　　案：林永强
美　　指：何振鸿、古佩珊
摄　　影：Partick Poon
发表日期：1997年
曾获奖项：时报亚太广告入围奖三个
　　　　　时报华文广告奖系列铜奖

《香皂篇》

标题：吃香皂？

自问不会弄出上述笑话，即电香港电台普通话擂台战比试一下！

《相片篇》

标题：泡相片？

自问不会弄出上述笑话，即电香港电台普通话擂台战比试一下！

《鲸鱼篇》

标题：养鲸鱼？

自问不会弄出上述笑话，即电香港电台普通话擂台战比试一下！

缺点，很多时候会变成优点。像我这样从小说广东话，又没语言天分的人来说，三十岁才学习普通话，是非常困难的。但因为有这个缺点，更能体会其他香港人的难处。所以，创作这套广告时，我就把自身的经历变成创意。我常因说错普通话而引起笑话，而这些笑话便成为大家共鸣的地方。自小说普通话的人可能完全看不懂这套广告，但同病相连的香港读者必会会心微笑。所以，不要小看我们的缺点，只要善加利用，或会做出别人意想不到的创意。

021招 过关斩将

作品名称：的士篇
客　　户：汇丰银行
广告公司：香港达彼思广告
创意总监：周佩如、庞婉贵
文　　案：林永强
美　　指：何振鸿
制　　片：林绮薇
制作公司：Zmall Production
导　　演：梁仲明
后期制作：Touches、Digit Digit
剪　　接：麦德文
音　　乐：戴乐民
发表日期：1997年
曾获奖项：时报亚太广告奖铜奖

《的士篇》

男：红棉道！（香港婚姻注册处所在之处）

司机：结婚？很花钱的！

男：有理财户口，没有抵押也可借贷20万！

司机：那么，你借了多少？

女：我们好像只是去观礼！

司机：结婚？有房子没有？

女：刚刚下了订金！

男：还好你聪明，早已转账到支票户口。

女：不是你负责的吗？

男：幸好，打电话也可转账！

司机：结婚？

女一：她已迫不及待！

女二：替他开个综合理财账户，储蓄、外币、定期，全部列明，看他还能搞什么花样！

女三：说得有道理！

旁白：面对人生转变，即使六百万人想法不同，我们也会尽力为你解决！你也来倾谈一下吧！

字幕：有商有量。

有些客户很相信调研。先要办一轮市场调研听取顾客的意见，然后在谈话中找出洞见，再凭洞见写成策略。策略又要经调研确定，才能给创作人简报。创作人经过几轮提案胜出的点子，还要接受调研，看看消费者喜好如何，有什么需要修改。调研过关才可拍摄，但拍摄后还要经过一轮危机测试，统统过关才能投放。当中必需有无比的耐性与不屈不挠的精神，因为只要其中一关有误，便要从头开始。所以，每关都要小心翼翼，不能掉以轻心，以免前功尽弃，或是把创意越磨越平。庆幸当年能够过三关斩六将，花了十个月的时间完成这个广告。而客户也非常满意，把这个广告变成了亚太区的样板，并且连续投放了六年之久。

022招

转危为机

作品名称：伙篇
客　　户：香港达彼思广告
广告公司：香港达彼思广告
创意总监：周佩如、庞婉贵
文　　案：林永强
美　　指：何振鸿、古佩珊
发表日期：1997年

《伙篇》

标题：是一场火，是它让我们变成一伙！

二十多年前，我刚到香港达彼思工作不到两个月，公司竟然发生火灾。那天是平安夜，公司空无一人，刚巧遇上电线短路，整家公司付诸一炬。我是圣诞节那天，在电视新闻看到公司的老板在火场中接受访问才知道发生了火灾。之后，现场解封，我们才有机会回到现场视察灾情。基本上，真正火烧的地方不多，但满地都是消防洒水系统及消防员灌救留下来的积水。室内所有物品全都熏黑，电脑全都毁坏，不能使用。当年广告公司很少备份资料，所以损失颇为严重。但我们这些广告人，就只懂在现场拍照留念，完全没有半点担忧。当年行政创意总监想到的是让大家分组构思一张平面广告，把危机变成创作的机会。而我与当时的拍档也就把握了这个机会，在众多作品中胜出，完成了这张平面图广告。我们相信很多客户与供应商都担心这场火会影响我们的运作，而我们希望告诉客户，这场火不但没有对我们造成负面的影响，甚至带来正面的效益。我们的标题"是一场火，是它让我们变成一伙"，便是把危机化为转机的想法。我们不但没有被火灾影响，甚至令我们更加团结。结果，我们几天后已找到临时办公室，恢复正常的运作。而翌年的香港金帆广告大奖中，我们更成为获奖最多的广告公司。

生活灵感

作品名称：李小龙篇
客　　户：SUNDAY 电讯
广告公司：香港 BBDO 广告
执行创意总监：曾锦程、陈大仁
创意总监：林永强
文　　案：林永强、赵崇兴
美　　指：黄颂君、赵慎明
制　　片：邓颖怡
制作公司：电影厂
导　　演：吴锋濠
后期制作：Touches、Digit Digit
剪　　接：吴锋霖
音　　乐：戴乐民
发表日期：1998 年
曾获奖项：香港设计大奖金奖
　　　　　亚太广告节铜奖
　　　　　香港 4A 广告奖入围奖
　　　　　香港 4A 广告奖入围奖（系列广告）

《李小龙篇》

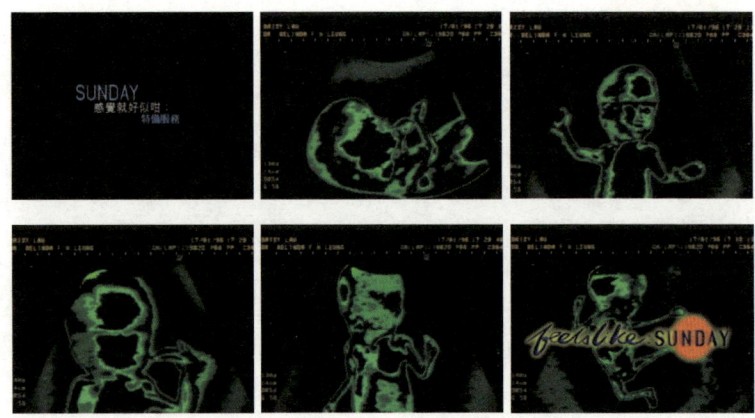

旁白：以SUNDAY电话在时代广场、兰桂坊、海港城按★28Jetso，优惠全都知道，感觉就好像这样。

灵感来自生活。那年我刚为人父，经历过太太怀孕、生产。我清楚记得首次看到超声波的扫描，见到胎儿那种兴奋的心情。我留下了每张超声波扫描的照片与视频，常常观看女儿的成长。特别是胎儿每个有趣的小动作，都给我很深刻的印象。所以，当我构思SUNDAY这个广告时，这些超声波影像马上涌现在我的脑海中。当然，里边添加了创作人的狂想，还有电脑动画的配合，让生活中的一个小片段，变作出乎意料的创意。不要忽视生活中一些细微的片段，它们或会成为你下一个创意的灵感。

ACD 时期 | 063

024 招

资料搜集

作品名称：至酷防滑裤篇、神奇打的手篇、腋下电风扇篇
客　　户：SUNDAY 电讯
广告公司：香港 BBDO 广告
执行创意总监：曾锦程、陈大仁
创意总监：林永强
文　　案：赵崇兴
美　　指：赵慎明
摄　　影：陈汉全
发表日期：1998 年

《至酷防滑裤篇》

标题：全新 *28Jetso 有新消息。

副题：SUNDAY 双侠至酷防滑裤。

《神奇打的手篇》

标题：全新 ★28Jetso 有新消息。
副题：SUNDAY 双侠神奇打的手。

《腋下电风扇篇》

标题：全新 ★28Jetso 有新消息。

副题：SUNDAY 双侠腋下电风扇。

  我很喜欢收藏东西，尤其与创意有关的东西。我在网络上看到有趣的视频会马上下载，在手机里看到有创意的图片也会立刻截屏。久而久之变成了习惯，也建立了强大的创意资料库。我收集的时候，还不知这些东西是否有机会大派用场，只知道今日不收藏，他日可能无迹可寻。

  创作 SUNDAY 这个平面系列时，我们的目的是要大家报料，把有趣的吃喝玩乐资讯告诉我们。所以，我们需要一些有趣的画面去吸引读者。当时脑海一闪，便出现了当年看过的一本日本图书《真道具》。作者是位日本天才发明家，但他发明的不是什么大创意，而是生活上的一些无聊小发明。我们马上找出他的设计，再发展成我们的有趣设计。如果当年没有好好收集资料，负责这个广告时便未必能够想到这样有趣的点子。所以，平日要多用功，好好收集有用的资料，他日或会大派用场。

025 招

美梦成真

作品名称：SUNDAY 双侠篇
客　　户：SUNDAY 电讯
广告公司：香港 BBDO 广告
执行创意总监：曾锦程、陈大仁
创意总监：林永强
文　　案：赵崇兴
美　　指：赵慎明
插　　畫：Sunny Loo
发表日期：1998 年
曾获奖项：亚太广告奖系列入围奖
　　　　　亚太广告奖插画入围奖
　　　　　龙玺广告奖系列入围奖
　　　　　龙玺广告奖画入围奖
　　　　　香港 4A 广告奖画入围奖

《SUNDAY 双侠篇》

　　相信不少广告人与我一样，从小看漫画长大，很渴望某天能够自己创作漫画。当年服务 SUNDAY，我们便曾花了九牛二虎之力来说服客户接受我们出版 SUNDAY 双侠的想法。我们建议每周出版两次，每次一页漫画，预计维持一年，一年之后再决定是否继续。起初我们都雄心壮志，构思、分镜、绘画、着色、排版，俨如一家小型的漫画社。但只持续了两个月，我们已经筋疲力尽，无法再兼顾手上其他的工作。于是，我们又花了九牛二虎之力劝服客户提早把漫画结束，美其名曰见好就收，留个美好印象。幸好，客户也体谅我们的难处，让我们画上了一个完美的句号。经一事、长一智，之后我们提案时也会好好计算自己的执行能力，不会作茧自缚！

ACD 时期 | 069

026 招

无分大小

作品名称：SUNDAY 在此系列
客　　户：SUNDAY 电讯
广告公司：香港 BBDO 广告
执行创意总监：曾锦程、陈大仁
创意总监：林永强
文　　案：林永强、赵崇兴
美　　指：黄颂君、赵慎明
发表日期：1998 年
曾获奖项：时华报文广告奖入围奖
　　　　　龙玺广告奖系列入围奖
　　　　　贝登公司全年最佳系列海报
　　　　　贝登公司全年最佳海报

《SUNDAY 在此系列》

（左）从 B2 金马伦道出去便是 SUNDAY 店，感觉就好像这样：阁下在此　　SUNDAY 在此

（中）由 D2 戏院里出口前往 SUNDAY 店，感觉就好像这样：阁下在此　　SUNDAY 在此

（右）多走几步便是罗马喷泉附近的 SUNDAY 店，感觉就好像这样：阁下在此　　SUNDAY 在此

或许，这是我做过最小的一个工作。客户需要的是一块告示板，告诉消费者他们的分店就在附近。客户还给了一个他们以往所做的样板，就是一个大大的商标，然后加上店铺地址。简单得不能再简单，我们五分钟便可以完成。不过，我们没有这样做，我们觉得 SUNDAY 这个品牌应该需要做出更有创意的东西。客户没有预算，所以我们的美指自己动手画插画。我们想表达的是 SUNDAY 店铺就在附近那种兴奋的感觉。我们提案，客户被我们吓了一跳。他们没想到这么小的工作，我们也会花心思去想创意。客户不止买单，还希望我们多作两款用于不同的分店。更意想不到的是，这套创意竟然拿了当年地铁的最佳广告奖。不要小看每个机会，自有意想不到的回报。

027 招

另辟蹊径

作品名称：误解系列
客　　户：SUNDAY 电讯
广告公司：香港 BBDO 广告
行政创意总监：曾锦程、陈大仁
创意总监：林永强
文　　案：赵崇兴、黄明汉
美　　指：赵慎明、黄颂君
制　　片：郑锦花
制作公司：电影厂
导　　演：吴锋濠、Adrian Brady
后期制作：Touches、Digit Digit
剪　　接：吴锋霖
音　　乐：戴乐民
发表日期：1998 年 11 月
曾获奖项：亚洲广告奖摄影优异证书奖
　　　　　亚洲广告奖导演优异证书奖
　　　　　亚洲广告奖导演入围奖
　　　　　亚洲广告奖入围奖
　　　　　亚太广告节入围奖两个
　　　　　龙玺广告奖银奖
　　　　　龙玺广告奖系列铜奖

龙玺广告奖入围奖三个
时报华文广告奖入围奖两个

《月费篇》

旁白：很多人觉得月费高一点，网络好一点，让我们看看是不是真的！

女生：（拿出一个电话让对方试用）试试这个，月费88元！

男人：……还可以啦！

女生：（还是使用原来的手机）这个239元！

男人：好一点！好一点！

女生：（还是使用原来的手机）这个368元呢？

男人：相差太远啦！这个好很多很多！

旁白：看见吧！只是错觉而已！SUNDAY月费88，覆盖率也有98.9%！

《慢游篇》

旁白：很多人觉得 SUNDAY 太年轻，没有国际漫游，看来要示范一下了！

示范一：英国漫游。

示范二：中国漫游。

示范三：加拿大漫游。

看见了吧！SUNDAY 已经跟全球 60 个网络签订了漫游协议！

《地铁篇》

旁白：别以为在地铁使用SUNDAY就一定是神经失常。其实，SUNDAY已经打通地铁。

《明星篇一》

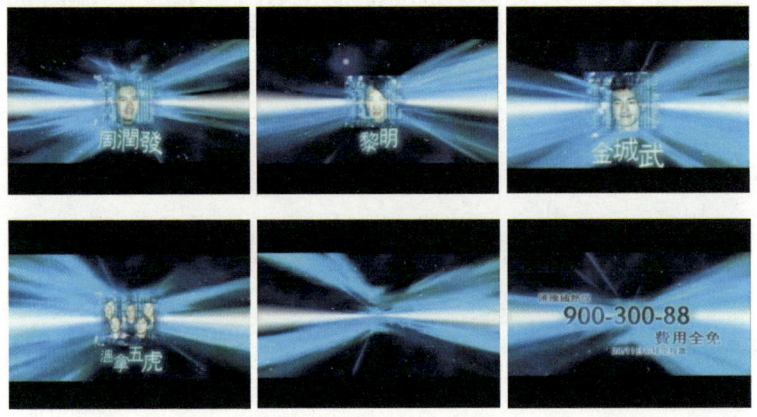

旁白：周润发、黎明、金城武、温拿五虎，你觉得找哪位做代言的流动电话网络才最强？请即刻致电投票。

《明星篇二》

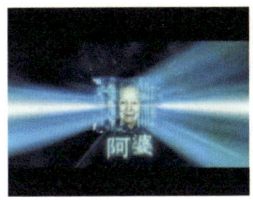  

旁白：你觉得找哪位做代言的流动电话网络才最强？周润发、黎明、金城武、温拿五虎、婴儿、阿姨、小孩、老太婆、虾蛟、烧卖……

其实，找哪位又有何干呢？

SUNDAY 就情愿花 30 亿去加强网络质素！

那个年代，香港的电讯广告都是清一色的明星代言。不同品牌的区别，就在于使用不同的代言人。消费者只是选择最喜欢的代言人，而不是选择最好的网络服务。所以，构思这个广告系列时，我们希望澄清消费者对电讯服务的误解，让他们找到真正适合自己的网络供应商。我们一共制作了四个广告片。《月费篇》使用了偷拍的手法，透过试用服务去向消费者揭示，月费高低与服务高低成正比的误解，让消费者明白 SUNDAY 月费虽低，服务却同样出色的诉求。《慢游篇》玩的是文字游戏，中文"漫游"与"慢游"同音。我们以搞笑的示范方式，通过一群老人家慢慢游泳，告诉消费者我们已经可以"漫游"到世界各地。《地铁篇》是因为香港的电讯业一直由大公司垄断，只有他们的网络才能覆盖地铁。SUNDAY 投入服务后，率先解决在地铁接收信号的问题，要让消费者知道在地铁使用 SUNDAY 再不是痴人说梦。最后是针对明星的问题，我们特别设立了一条投票热线，让市民真的可以参与投票。《明星篇》表面上是电视台的游戏节目，让观众选出心目中最佳的流动电话网络商广告代言人。数天后，我们才向大家说出找哪位做代言人与网络质量高低无关的道理。这个广告一经推出立刻引起很大回响，唱片公司的经理人、网络商、广告公司纷纷向 SUNDAY 发出律师信，要求停播广告。结果当然是不了了之！不过，此举确实给网络商及广告公司当头棒喝，让广告创意重新被肯定。

集体创作

028 招

作品名称：天气报告系列
客　　户：SUNDAY 电讯
广告公司：香港 BBDO 广告
行政创意总监：曾锦程、陈大仁
创意总监：林永强
文　　案：赵崇兴、黄玮
美　　指：赵慎明、黄颂君
制　　片：邓颖怡
制作公司：电影厂
导　　演：吴锋濠、陈澍强、黄伟基、陈敏聪
后期制作：Touches、Digit Digit
剪　　接：吴锋霖
音　　乐：戴乐民
发表日期：1999 年
曾获奖项：戛纳媒体广告入围奖
　　　　　亚洲广告奖金奖
　　　　　亚洲广告奖系列优异证书奖
　　　　　亚洲广告奖优异证书奖两个
　　　　　亚太广告节系列铜奖
　　　　　时报亚太广告奖系列铜奖
　　　　　时报华文广告奖年度最佳电视广告大奖

时报华文广告奖系列金奖
时报华文广告奖铜奖
龙玺广告奖系列银奖
龙玺广告奖铜奖三个
龙玺广告奖入围奖两个
香港 4A 广告奖系列金奖
香港 4A 广告奖银奖两个
香港 4A 广告奖电视美术银奖
香港 4A 广告奖铜奖
香港 4A 广告奖系列入围奖
香港 4A 广告奖最佳音乐入围奖

《武士篇》

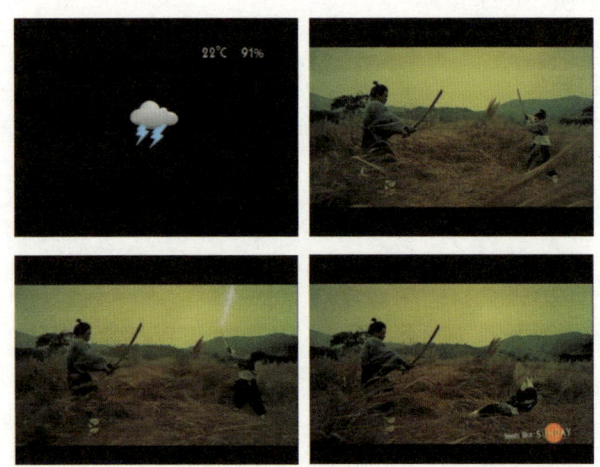

旁白：雷暴警告现正生效！

《绵羊篇》

旁白：外边阳光普照，简直热血沸腾！

《云与日篇》

旁白：今天阴晴不定，很有情调！

《云与月篇》

旁白：今天密云没有月光！

《飞鸟篇》

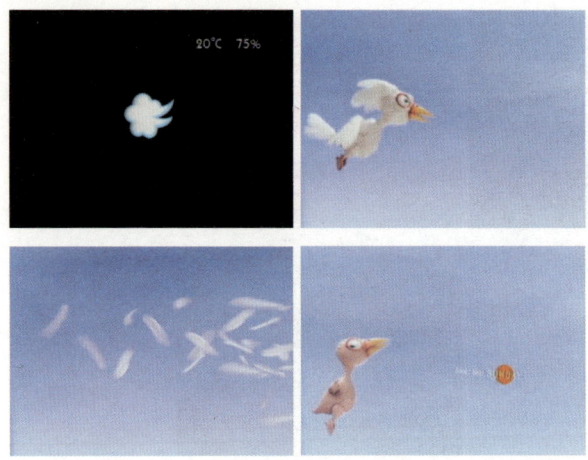

旁白：强烈季候风讯号现正悬挂！

《苍蝇篇》

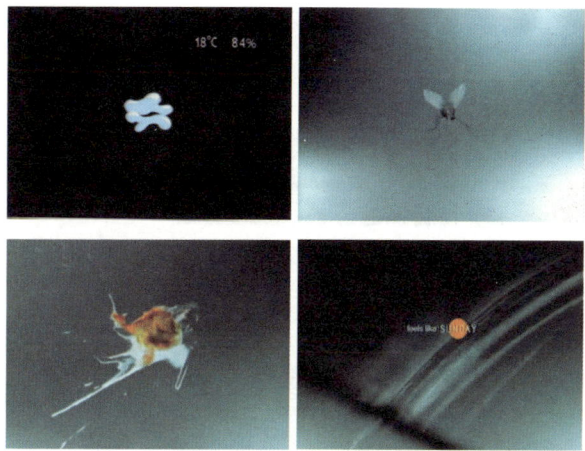

旁白：今天很大雾呀！

《冰棒篇》

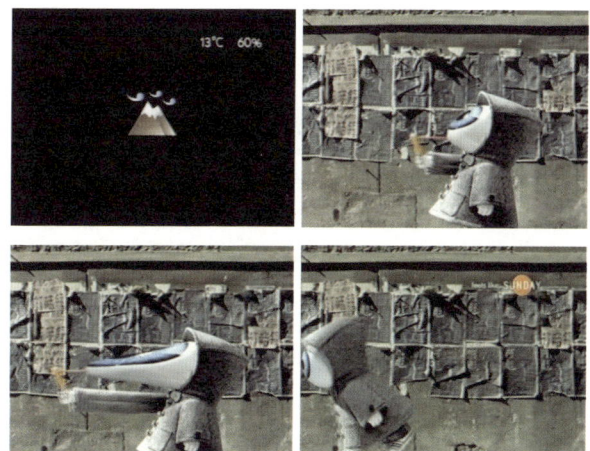

旁白：真的很冷呀！

《小虾篇》

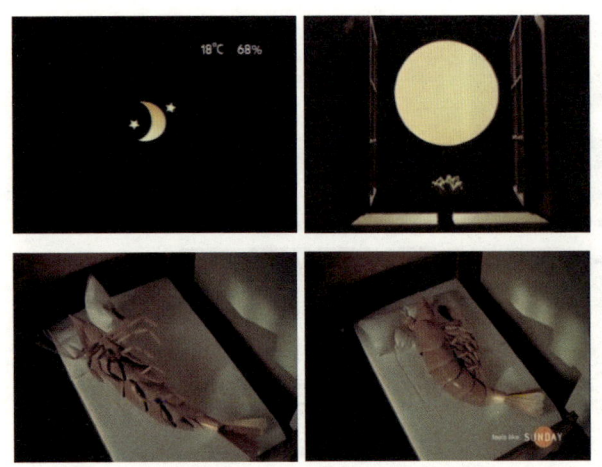

旁白：今晚月色很美！

唱：月光光，照地堂，小虾你乖乖睡在床！

从一开始这就是一个集体创作。

当时 SUNDAY 还是一个年轻品牌，记忆度很低。客户、广告公司、媒体公司聚首一堂，就是为了要为 SUNDAY 构想一个强化品牌形象的方法。媒体公司建议在天气预报时段，因应天文台的气象资料，播放有 SUNDAY 特色的天气预报片。大家计算过至少要拍摄十七款电视广告片，才能配合不同的天气情况。

虽说总数只需十七个广告片，但每个不同的天气情况，都要提案十到二十个点子，换句话说，总共提过数百个点子。这是一个极度艰苦的工作，我的队伍只有四人，每人都要想近百个点子。幸好，那时我手下有好几个实习生，可以一起参与头脑风暴。当时 SUNDAY 广告的御用制作公司电影厂的导演都是顶尖的创意人，于是动用了全部五位导演参与拍摄不同广告片，务求让每款天气预报都有不同的风格。这十七个广告片的制作历时一年多，制作费高达一千万。刚刚播出，即获得很好的反应。SUNDAY 的品牌记忆度，在广告播放不久已经得到很高的增长。业界都对这个系列广告有很高的评价，其中八个广告片，在多个广告比赛中都获得佳绩，共得二十多个大小奖项，是我入行以来获奖最多的一个系列广告。这次成功绝非任何一个人的功劳，而是客户、创意部、客户服务部、媒体公司、导演、电视台等等的共同努力。这是一个集体创作的好例子，让我明白到个人的不足，集思广益的好处，为我能好好与他人合作奠下了一个很好的基石。

029 招 直译手法

作品名称：足球篇
客　　户：SUNDAY 电讯
广告公司：香港 BBDO 广告
行政创意总监：曾锦程、陈大仁
创意总监：林永强
文　　案：赵崇兴
美　　指：赵慎明
制作公司：电影厂
导　　演：黄伟基
后期制作：Touches、Digit Digit
发表日期：1999 年

《足球篇》

旁白：覆盖这么强，不就与 SUNDAY 相似？
字幕：户外覆盖率 98.9%。

直译手法可说是一种文字游戏，按照字面意义直接用画面表达出来。这支 SUNDAY 广告，我们想传达的是她的网络覆盖范围很全面。我们想到把覆盖得很全面这个卖点，以直译的手法演绎出来。所以，我们看到足球场上，不论球员向球门哪个位置射球，都难逃守门员严密的覆盖。至于我们为什么要到印度拍摄这个广告片？其实也是一个很简单直接的原因，就是印度人的头布把头部覆盖得很全面，就如同 SUNDAY 的网络覆盖。有些时候，广告创作也不一定是什么惊天地、泣鬼神的大创意，偶然来点无聊一点的小玩意，也有很意想不到的效果。

030 招

水银泻地

作品名称：Saltimbanco 系列
客　　户：SUNDAY 电讯
广告公司：香港 BBDO 广告
行政创意总监：曾锦程、陈大仁
创意总监：林永强
文　　案：赵崇兴
美　　指：赵慎明
发表日期：1999 年
曾获奖项：纽约广告节入围奖
　　　　　美国 OBIE 奖入围奖
　　　　　香港 4A 广告奖美术指导优异奖
　　　　　贝登公司全年最佳善用媒体海报

《Saltimbanco 系列》

　　那个年代,所谓的地铁广告就是大堂与月台的灯箱广告牌和扶手电梯两旁的小型广告牌。但我们接到SUNDAY这个案子时便想做些破格的广告。我们花了很多时间与地铁倾谈,研究每个可以做广告的地方。就像站内的柱子、墙壁、地板,又或是车门、座椅、扶手柱子等等。每处地方都要研究安全性的问题,还有是否符合防火的条例。结果,我们以水银泻地的方式让SUNDAY太阳马戏团的广告成了全城的热话。而我们的广告也成了其余客户的案例,大家争相询问地铁公司能否购买我们使用过的地方。而这个户外广告系列也替我们拿了些国际的奖项,实在是锦上添花。所以,不要被媒体所限制,大胆一点,尝试别人想都没想过的做法。

031 招

勇于尝试

作品名称：香蕉篇、纸巾篇、手指篇
客　　户：SUNDAY 电讯
广告公司：香港 BBDO 广告
行政创意总监：曾锦程、陈大仁
创意总监：林永强
文　　案：赵崇兴
美　　指：赵慎明
制　　片：林绮薇
制作公司：电影厂
导　　演：陈敏聪、黄伟基
后期制作：Touches、Digit Digit
剪　　接：Adrian Brady
音　　乐：戴乐民
发表日期：1999 年
曾获奖项：龙玺广告奖系列入围奖

《香蕉篇》《纸巾篇》《手指篇》

  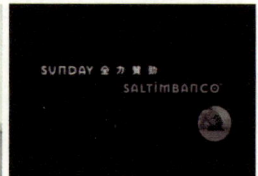

旁白：SUNDAY 月费 88 元，难道要赞助这类表现？
SUNDAY 全力赞助 Saltimbanco！

　　我很喜欢与不同的人合作，尤其是新晋的导演。与新人合作，好处是有新鲜感，常有意外的惊喜。负责这个广告片时，我刚有一位同事转职导演。由于是新导演，还没有工作。我与这位同事认识多年，非常欣赏他的美术。我也是其中一位鼓励他投身导演行列的人。知道他成为导演，我马上主动联络他，希望他能接拍我这套系列广告。但对方初为导演，有点担心自己不能应付。我花了不少唇舌，才劝服对方愿意接拍。结果没令我失望，导演以很独特的方式来演绎我们的故事，很有舞台的喜剧感。现在，这位导演已经成为香港最著名的导演之一，我也庆幸能够与他合作。

美术主导

032 招

作品名称：欧洲小姐篇、东南亚先生篇、澳纽小姐篇
客　　户：SUNDAY 电讯
广告公司：香港 BBDO 广告
执行创意总监：曾锦程、陈大仁
创意总监：林永强
文　　案：赵崇兴
美　　指：黄颂君
发表日期：1998 年
曾获奖项：时报亚太广告奖系列入围奖
　　　　　时报华文广告奖系列入围奖
　　　　　龙玺广告奖系列铜奖
　　　　　香港 4A 广告奖美术指导铜奖

《欧洲小姐篇》

标题：你也可以成为漫游欧洲小姐。

《东南亚先生篇》

标题：你也可以成为漫游东南亚先生。

《澳纽小姐篇》

标题：你也可以成为漫游澳纽小姐。

我是文案出身，却从不忽视美术的威力。很多时候，一张漂亮的图片，胜过千言万语。人类天生追求美善，看到美丽的东西，不期然会多看一眼。这套电讯漫游服务的平面，目的相当直接，只是要大家知道 SUNDAY 的漫游服务已经遍布澳纽、东南亚及欧洲。由于信息简单，我们就光靠漂亮的画面来吸引注意，然后马上告知卖点。当时香港正有选美热潮，两家电视台都有不同的选美比赛。于是，我们模仿选美广告，把平面里的主角打扮成漫游澳纽小姐、漫游东南亚先生及漫游欧洲小姐，以漂亮的模特儿及美轮美奂的画面去吸引注意。本是沉闷的信息，因有漂亮的画面，便变得不再一样。

ACD 时期 | 093

033 招

创意提案

作品名称：纸 Walkman 篇
客　　户：Sony CD Walkman
广告公司：香港 BBDO 广告
执行创意总监：曾锦程、陈大仁
创意总监：林永强
文　　案：赵崇兴
美　　指：赵慎明
发表日期：1999 年

《纸 Walkman 篇》

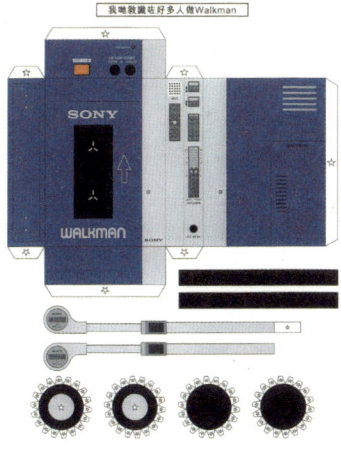

标题：我们教懂很多人制造 Walkman。

创意不止发生在广告本身，有时也可以是提案的方法。那年是我们首次替 Sony 做广告，负责的是一张 Walkman 二十五周年的杂志广告。我们的点子是把二十五年前的首台 Walkman 变成纸模型，大家只要按照图示，便可以自己拥有。提案的时候，我们想来点新意。我们发现创意部的同事集体制作了一个 1.2 米高的高达纸模型，颜色与 Sony 的第一台 Walkman 一样。于是，我们带了这件道具到客户那里提案。客户本来不知道纸模型有什么有趣的地方，但看到那个栩栩如生的高达纸模型马上就喜欢，接受了我们的创意。那次之后，我们经常视乎点子构思一些别出心裁的提案方法。或是使用道具，或是表演话剧，每次都有惊喜。客户曾经告诉我，他们每次都非常期待我们的提案，感觉如同看了一场表演，印象难忘。

画面冲击

作品名称：插门篇
客　　户：Sony CD Walkman
广告公司：香港 BBDO 广告
执行创意总监：曾锦程、陈大仁
创意总监：林永强
文　　案：赵崇兴
美　　指：赵慎明
摄　　影：陈汉全
修　　图：甘达峰
发表日期：1999 年
曾获奖项：克里奥广告奖海报入围奖
　　　　　亚太广告节平面铜奖
　　　　　时报亚太广告奖平面铜奖
　　　　　时报亚太广告奖海报入围奖
　　　　　时报华文广告奖平面金奖
　　　　　时报华文广告奖海报银奖
　　　　　龙玺广告奖平面银奖
　　　　　龙玺广告奖海报银奖
　　　　　香港 4A 广告奖海报优异奖
　　　　　香港设计大奖海报入围奖

《插门篇》

标题：我们首创插入式，请勿模仿！

创作海报比设计平面难度更高。路人行色匆匆，很少会驻足观看墙上的海报。所以，海报要具有吸引力，能够抓住路人的眼球，甚至停步观看。我认为具冲击力的画面，是抓住眼球的一个好方法。

创作这张海报时，我们的点子很简单，就是让大家知道我首创插入式 CD Walkman。至于执行手法，我们想以奇特的画面来把卖点带出。我们构思了很多奇怪的插入方式，最后挑选了把人插入大门的信箱之内。我们挑选这个画面，是希望在最平常的场景里发生最不寻常的事情，让画面更有冲击力。若是场景太过奇特，反会减弱把人插入的怪异感觉。事实证明我们是对的，这张海报在地铁站内吸引不少路人的目光，也吸引了评委的注意，替我们在不同的广告比赛中拿了不少奖项。

不断突破

作品名称：遗失篇
客　　户：Sony MD Walkman
广告公司：香港 BBDO 广告
执行创意总监：曾锦程、陈大仁
创意总监：林永强
文　　案：林永强
美　　指：黄颂君
发表日期：1999 年
曾获奖项：时报华文广告奖入围奖
　　　　　龙玺广告奖银奖
　　　　　香港设计大奖入围奖

《遗失篇》

标题：太小，很容易遗失！

　　广告人不怕做新事情，新事情空间大，创作机会也大。但全新产品并不常见，常见的只是旧酒新瓶，只有靠创意让它不一样。当年负责 Sony 的时候，卖点不是颜色，便是细小。仅细小这个卖点便出现过很多次，我们曾经试过以比喻、比较、相反等等手法去演绎这个卖点。再接到简报又是同一卖点时，心中有点担心，是否还能做到同样出色的作品？但创作的趣味，往往就在它的难度，越难的事情，越能激发创意。由于最易想到的方法已经用过了，于是迫使我们去想更不一样的创意。这张平面，我们用了夸张的手法，画面中可以看到一位年轻人把衣服都脱光，怎样都找不到产品。产品完全没有亮相，却更能让观众发挥想象。所以，不要害怕有难度的工作，越挖越深，才会发现宝藏。

036招 讽刺广告

作品名称：好看不好吃篇
客　　户：美心快餐
广告公司：香港 BBDO 广告
行政创意总监：曾锦程、陈大仁
创意总监：林永强
文　　案：林永强
美　　指：黄颂君
制　　片：林绮薇
制作公司：这里广告制作
导　　演：李锐峰
后期制作：Touches、Digit Digit
剪　　接：陈文俊
发表日期：1999 年

《好看不好吃篇》

旁白：
一般宣传礼品都好看不好吃！（意即不实用）
美心快餐送的礼品，就好看也好吃！
每购四个东南亚晚餐，即送一个！
美心快餐，餐餐有心！

看国外的电视广告，最喜欢的是比较性广告。就像汉堡王对麦当劳、百事可乐对可口可乐、DHL 对联邦快递等比较性广告，都是令人拍案叫绝的创意。但不是很多国家或城市都允许比较性广告的，所以只能去摸索，尝试一下讽刺性的做法。当年负责这个促销广告，卖点是每购四个晚餐，即送一个。卖点平平无奇，不像其他促销活动礼品那么吸引人。不过，我们灵机一动，想到赠送的礼品不是每个人都适合，反而吃进肚子里的食物较为实际，人人适用。于是，我们在电视广告中，干脆让一位男士把即影即有相机、录音机、时钟等等常见的促销活动礼品全都吃进肚子里。这些礼品好看不好吃，无法与实际的美食相比。我们没有直接与其他促销活动比较，却借着讽刺的手法去暗示其他促销活动不切实际。

公益广告

作品名称：夫妇篇、父子篇
客　　户：学园传道会
广告公司：香港 BBDO 广告
创意总监：林永强
文　　案：赵崇兴
美　　指：黄颂君
制作公司：华连战队
导　　演：黄文杰
后期制作：www.production
剪　　接：郭集伟
音　　乐：金培达
发表日期：1999 年

《夫妇篇》

字幕：他们最后的一句对话——住口！

旁白：打破你我的围墙，建立真爱的桥梁。

《父子篇》

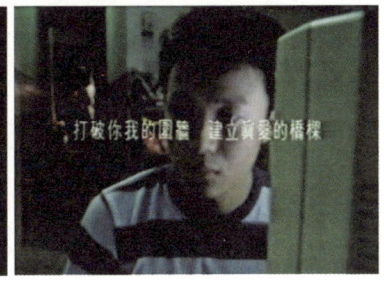

字幕：父亲给他的最深印象，是14年前的一记耳光！

旁白：打破你我的围墙，建立真爱的桥梁。

我对做"公益稿"的兴趣一向不大。一是因为日常的工作已经非常忙碌了,故不想忙中添乱;二是因为自己没有特别的团体想去帮忙,故不想只为拿奖而大做文章。记忆中自己只为某宗教团体做过两个公益性的广告。为了不想让出发点被污染,这两个广告片从没有参加过任何广告比赛,真的纯为公益而做,没有半点个人利益。当然,真的参赛也不一定可以得奖。

　　我认为做公益广告,最重要的是有想要帮助的群体。我发现人与人之间常有一道围墙,妨碍了人与人的沟通。这道围墙可以在夫妻之间,也可以在父子与母女之间。最可悲的是,这道围墙会随着年月越来越厚,把人与人隔开。构思文案时,我们故意使用对比的手法来加强张力。夫妻的最后一句话,竟然是"住口";父亲给儿子最深刻的印象,竟然是"一记耳光"。毋需多言,已把双方的矛盾表现出来。

038 招 变态广告

作品名称：小鸡篇、小牛篇、小猪篇、小虾篇
客　　户：家乐牌腌味宝
广告公司：香港 BBDO 广告
执行创意总监：曾锦程、陈大仁
创意总监：林永强
文　　案：林永强
美　　指：黄颂君
发表日期：2000 年

《小鸡篇》

标题：香蒜鸡翅，自己腌制也可以！

《小牛篇》

标题：黑椒牛排，自己腌制也可以！

《小猪篇》

标题：香茅猪排，自己腌制也可以！

《小虾篇》

标题：椒盐中虾，自己腌制也可以！

这个家乐牌广告有点变态，它的变态之处是看来绝不变态，而且有点可爱。而这种可爱，正是它的变态所在。试想一只可爱的小鸡，拿起家乐牌腌料在腌制自己，岂不是自杀？更何况我们故意把小鸡、小猪、小牛、小虾弄得超可爱，那种对比就更强烈。还有它们脸上的笑容，完全不像是即将受死。当然，我们并不是真的变态，不过想玩弄一下黑色幽默的趣味，使一个本来平凡得不可能再平凡的调味料广告，变得更吸引人，令人印象更难忘。创作就是这么一回事，越是平凡的事，越要显得不平凡，才能让产品突围而出。

039招 实地考察

作品名称：许愿篇
客　　户：新世界发展
广告公司：香港 BBDO 广告
行政创意总监：曾锦程、陈大仁
创意总监：林永强
文　　案：赵崇兴
美　　指：赵慎明
制　　片：郑锦花
制作公司：会馆
导　　演：彭文淳
后期制作：Touches、Digit Digit
发表日期：2000 年

《许愿篇》

男：奇妙的地方，总有奇妙的传说。
相传在这里看着夜景许愿，一定能实现。
女：是吗？我的心愿从来没有实现过！
男：那么？你的心愿是什么？
女：我不想一辈子当服务员！
男：看夜景的时候，我为你许愿！
女：你知道吗？像你这样的傻小子已经不多了！
男：之后，我便再没有见过她！
但每年这一天，我依然会回到这里，
只求看着夜景，为她许愿。
字幕：那天后，再没有华尔登酒店。
今天起，有尔登华庭。
旁白：华尔登旧址，九龙半山豪宅——尔登华庭。

　　那是我参与的第一次房地产比稿项目，我特别带了创意团队一起到现场视察。现场是一个地盘，没有什么特别之处。但离开的时候，却有所发现。地盘对外有个公车站，站上写着"华尔登酒店"。原来这里的旧址便是一家酒店。我们在网络搜寻，发现这家酒店曾经叱咤一时，有不少电影在此取景。电影巨星李小龙便经常到此地用膳。因为有着这样一个独特的背景，以致我们很想创作一个与此有关的故事。我们构思了一个在酒店发生的爱情故事，男女主角在这里有个约定。可惜，多年后男主角重游旧地时，酒店早已拆迁。他只能入住在这里新落成的住宅，期望某天与女主角重遇。我们更把项目取名"尔登华庭"以纪念华尔登酒店。若那天我们没有实地考察，恐怕我们便没有这个浪漫的故事。而我们也因此胜出了比稿，拍摄了这个浪漫的广告。

混淆视听

作品名称：炫耀篇
客　　户：周大福
广告公司：香港 BBDO 广告
行政创意总监：曾锦程、陈大仁
创意总监：林永强
文　　案：赵崇兴
美　　指：赵慎明
制　　片：邓颖怡、郑锦花
制作公司：这里广告制作
导　　演：李锐峰
后期制作：Touches、Digit Digit
剪　　接：麦德文
音　　乐：包以正
发表日期：2000 年

《炫耀篇》

旁白：

你猜她在干什么？

猜到了吗？

每月一千五百元起，便可以买一只 GIA 钻戒来炫耀一下！

字幕：Show Time。

旁白：周大福 GIA 钻石狂热，Chase 免息分期诚意献上！

香港广告界有句名言："不能说服对方，就混淆对方。"记得有次为某信用卡构思了一个广告，故事是说一名少女在街上挥手截停出租车却从不上车，原来是要炫耀手上的戒指。客户一开始便很喜欢这个点子，所以卖稿相当顺利。后来，我的上司忽然心血来潮，打算这个广告在外国拍摄，大家因为有免费旅游，所以都很支持。岂料在出发前的制作会议上，客户的高层忽然反对出外拍摄这个广告，认为会减低顾客的代入感。当时场面非常混乱，前期制作早已开始了，订金亦已经付出，要改变拍摄地方根本是没有可能的。幸好我们训练有素，知道既然无法说服对方，就混淆对方。我们举了这张信用卡曾经也在台湾拍了两个广告，这次应该也要出外拍摄；香港的广告常有出租车出现，恐怕会被误会是其他广告；其实拍摄会多用近镜，所以观众未必知道在外国拍摄；百余万便可以飞到外国拍摄，其实相当划算……总之，我们一口气列举了很多似是而非的论据，客户的注意力给我们分散了。

结果，在客户既不赞成也不反对的情况下，我们便到了法国拍摄这支广告。广告投放后，同行都不明白我们为什么要到老远的地方拍摄这个广告，更不明白我们如何说服客户，而我们只有苦笑。

041招

放下自我

作品名称：牙膏牙刷篇、叉匙篇
客　　户：好e食
广告公司：香港灵智广告
行政创意总监：周佩如、庞婉贵
创意总监：林永强
文　　案：霍倩宜
美　　指：黄颂君
制　　片：张颖思
制作公司：电影厂
导　　演：黄伟基
后期制作：Touches、Digit Digit
剪　　接：麦德文
音　　乐：戴乐民
发表日期：2000年
曾获奖项：香港4A广告奖银奖两个

《牙膏牙刷篇》

牙膏：牙齿很重要，失去了你会后悔！

牙刷：好e食，好弹牙！

牙膏及牙刷：好e食、好e食、好e食拉面！

《叉匙篇》

匙：回家洗衣服！

叉：以后不用你买菜！

好e食意大利面，内含配料。

叉及匙：好e食、好e食、好e食意大利面！

我是个很以自我为中心的人，很喜欢事情的每个细节都按我的心意而行。就像构思广告时，我会把拍摄的镜头、演员的表情、剪接的方法等等都想得很清楚。任何事情与自己想法有所出入时，我便会大发雷霆。记得剪接这个广告时，导演便弄了一个完全不同的版本。我一时间控制不住自己的情绪，说了些很伤害导演的话，然后愤而离开了剪接室，要有劳两位上司追上来开解。我稍微冷静了一下，再回剪接室重看导演的版本，才发现导演的版本虽与我心中所想有很大的出入，但其实比我所想的更好，把故事变得更有日本风格，更符合产品来自日本的卖点。只是我先入为主，脑海里只有自己的版本，没有认真去看待导演所花的心思。当我放下自我时，才能打开眼睛，看到之前所看不到的。这两个广告片，不单开了我的眼睛，让我懂得放下自己，欣赏别人，更为我在香港的金帆广告奖中拿了两个银奖！

042招 因祸得福

作品名称：地铁篇、电梯篇
客　　户：维特健灵五色灵芝
广告公司：香港灵智广告
行政创意总监：周佩如、庞婉贵
创意总监：林永强
文　　案：霍倩宜
美　　指：黄颂君
制　　片：张颖思
制作公司：绿点制作
导　　演：胡兴宇
后期制作：先涛数码
剪　　接：陈坚伟
音　　乐：霍倩宜
发表日期：2000年
曾获奖项：克里奥入围奖
　　　　　纽约广告节银奖
　　　　　纽约广告节系列入围奖
　　　　　伦敦广告节入围奖
　　　　　亚洲广告奖银奖
　　　　　亚洲广告奖入围奖
　　　　　时报亚太广告奖金奖

时报亚太广告奖系列入围奖
时报华文广告奖金奖
时报华文广告奖铜奖
时报华文广告奖系列铜奖
龙玺广告奖金奖
龙玺广告奖铜奖
CCTV广告盛典铜奖
香港4A广告奖金奖
香港4A广告奖铜奖

《地铁篇》

旁白：助你保持青春，维特健灵五色灵芝。

《电梯篇》

旁白：助你增强抵抗力，维特健灵五色灵芝。

大家看到的这个版本，并非我们的原意。我一向喜欢使用新晋导演，不过这次却出了些乱子。我不能说导演拍得不好，只能说与我的原意不同。在拍摄当日，我与导演对这个脚本的理解已经南辕北辙。到了粗剪的时候，发现导演所想的与我们所要的实在相差太远。一时间不知如何是好，唯有一个人出去好好祷告。后来，整个人冷静下来，开始有些不同的想法。我干脆把这个脚本当成一个新故事，按着已拍的片段重新整理，想不到竟然"柳暗花明又一村"。我把《地铁篇》变成了一个音乐椅的游戏，更找来公司的文案用小孩的玩具琴弹了一首大家耳熟能详的儿歌，然后把人物动作加速，变得有点卡通，再在背后加上一些罐头音效笑声，令整个广告变得尽量儿戏。大家看了这个版本觉得比原先的构想更有趣味，于是按着这个方法再去修改《电梯篇》。我们把这两个作品给客户看时，心中真有点担心，害怕客户会不满意我们的大幅改动。岂料，客户看过最新的剪接，高兴得很，认为这样的创意比原来的点子更加有趣。这两个电视广告客户非常满意，从 2000 年底一直播放了三四年。我们也意外地凭着这两个广告片获得不少广告奖。《地铁篇》更成为我作品集中获奖最多的一个电视广告片，这实在是因祸得福！

043 招　制造悬念

作品名称：访客篇
客　　户：开利冷气
广告公司：香港灵智广告
行政创意总监：周佩如、庞婉贵
创意总监：林永强
文　　案：霍倩宜
美　　指：黄颂君
制　　片：张颖思
制作公司：快乐坊
导　　演：庄永新
后期制作：Edit Point
剪　　接：高志伟
发表日期：2001 年
曾获奖项：香港 4A 广告奖银奖
　　　　　龙玺广告奖系列铜奖
　　　　　时报华文广告奖入围奖

《访客篇》

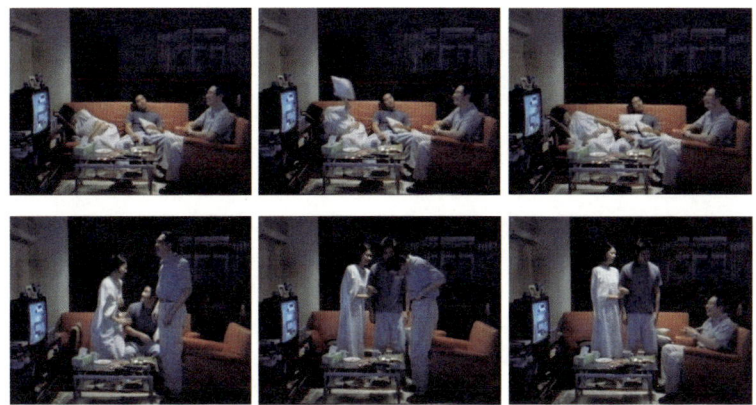

旁白：家里有开利，请也不走！

电视广告不一定要画面很丰富、节奏很明快、故事很复杂，有时候近乎静止的沉闷，反而产生悬念，吸引观众的注意。这个广告片，镜头从第一秒开始便没有移动过，甚至只有一个镜头，没有任何剪接。基本上，三十秒的广告中，前十五秒三位演员动也没动过。即使后边的十五秒，也只有老婆用枕头拍打了老公一下。但就是那种沉闷，吸引观众看下去，要知道发生什么事情。最后，客人站了起来，大家以为他终要离开。不过，他只是整理一下衣服，又继续坐下。直至字幕出现，大家才明白"葫芦里卖的什么药"，原来是因为空调太舒适，客人才舍不得离开。所以，趣味不一定来自丰富的画面与复杂的情节。有时越是沉闷越是有趣，只要好好制造悬念便行。

第044招　胡言乱语

作品名称：伪泰国人篇
客　　户：李锦记
广告公司：香港灵智广告
行政创意总监：周佩如、庞婉贵
创意总监：林永强
文　　案：黄玮
美　　指：邓志刚
制　　片：张颖思
制作公司：Such Partners
导　　演：潘志伟
后期制作：Touches、Digit Digit
剪　　接：陈文俊
发表日期：2001年
曾获奖项：时报华文广告奖入围奖

《伪泰国人篇》

旁白：

（胡言乱语假装泰语）

不是真泰国人也能煮出真泰国菜！

李锦记全新泰式酱料系列，煮泰国菜一包搞定！

　　我很喜欢泰国广告，尤其是幽默的广告。很多时候，即使听不明白泰语，但光看到他们丰富的面部表情及夸张的说话语调，已经忍俊不禁。所以，构思这个李锦记的泰式酱料广告时，我们就想到假装说泰语的点子。故事的主角假扮泰国人，胡言乱语地说泰语，以为这样便能煮出地道的泰国菜。其实，只要用李锦记的泰式酱料便可以煮出正宗泰国菜式。

　　选角的时候，我们挑了一个皮肤较为黝黑的演员。他并不懂泰语，我们在拍摄前要他不停地听泰语，学习那种说话的语调与节奏，然后拍摄时就让他自由发挥。结果，演员不负所托，他的胡言乱语真的几可乱真。若非真的懂得泰语，可能真的会被他骗到了！

045 招

童心未泯

作品名称：义勇群英篇、芭比篇
客　　户：公仔面
广告公司：香港灵智广告
行政创意总监：周佩如、庞婉贵
创意总监：林永强
文　　案：霍倩宜
美　　指：黄颂君
制　　片：张颖思
制作公司：Hong Kong Film
导　　演：胡力
发表日期：2001 年

《义勇群英篇》

旁白：

辣派战士又出没了！

时空进化！

试一下我的绝招！

幸好，有公仔群英及时赶至！

冬菜、麻油、鸡蓉，各位身手不凡，看你如何招架？

进化了的辣派战士及公仔群英已经登陆各大超级市场。

《芭比篇》

唱：

公仔、公仔，长大了！

公仔、公仔，漂亮得多！

公仔、公仔，长大了！
公仔、公仔，去拍拖！
公仔、公仔，长大了！
公仔、公仔，最爱是你！
女：我要快些长大！
旁白：快些来超市，带心爱的公仔回家！

我是个童心未泯的人，所以现在公司的名字也叫作"小孩与狗"。我喜欢从事广告，也是因为贪玩，可以接触不同的客户，与不同的创作人合作，一起创作不同类型的广告。

当年如果有客户告诉我，这个广告主要在儿童时段播放时，我脑海里就闪现出很多童年时所看过的卡通片。其中印象最深刻的可能便是变形金刚与义勇群英。于是，我们便想到借助小孩子最喜欢的玩具广告形式去介绍我们的新产品。我们把各款方便面当作英雄人物，配合不同的飞机或战车登场。我们更搭建了一个大型的布景，配合舞台灯光，让效果更加逼真。

除了男生喜欢的英雄，我们又弄了一个芭比娃娃的版本，更特别作曲填词，营造童话式的浪漫气氛。广告的有趣之处，正是可以寓工作于娱乐，最适合我这种老顽童！

电影制作

作品名称：母亲篇、老师篇、老外篇
客　　户：公仔点心
广告公司：香港灵智广告
行政创意总监：周佩如、庞婉贵
创意总监：林永强
文　　案：余浩霖
美　　指：黄颂君
制　　片：张颖思
导　　演：陈果
剪　　接：陈果
发表日期：2002年
曾获奖项：时报华文广告奖系列金奖
　　　　　龙玺广告奖铜奖（《母亲篇》）

《母亲篇》

子：妈，吃东西了！

妈：看看你，一把年纪也没有进步，拿筷子怎么也教不懂！你真没用！还好公仔点心不像你，虾饺也多了鲜虾！

《老师篇》

老师：你为什么这样拿筷子？

爸爸：儿子，你又做错了什么？老师，一起吃烧卖吧！

儿子：你也不懂拿筷子！

老师：（心声）难怪没有进步！

幸好公仔点心不像你，烧卖的虾也加大了！

《老外篇》

男人:"六万",你要不要?
老外:你想针对我吗?我自己也有!
男人:不会吧?来了香港十几年,一点进步也没有!
公仔点心的珍珠鸡也多了材料!
老外:你也不懂拿筷子!

说过喜欢与不同的创作人合作,期望擦出不一样的火花。拍摄这个点心系列时,我们特别找来电影导演陈果为我们执导。陈果是香港电影界的奇葩,擅长拍摄很地道的电影,生活感十分强烈。而刚好我们这个港式点心系列也很想营造这种地道的感觉,所以双方一拍即合。

电影导演与广告导演最大的区别可能便在选角上。电影导演所选的不一定是模特儿般漂亮的脸孔,反而是更有个性、更真实的平凡人,他们并不像在演戏,更像是在做自己。所以,这几个广告很有生活的质感,完全不像在看电视广告。而我也可以趁机感受一下拍摄电影的感觉。

047招

主动出击

作品名称：普世欢腾篇
客　　户：香港灵智广告
广告公司：香港灵智广告
执行创意总监：周佩如、庞婉贵
创意总监：林永强
文　　案：黄玮
美　　指：邓志刚
发表日期：2002年
曾获奖项：One Show 互动金奖
　　　　　伦敦广告节金奖
　　　　　香港4A广告奖银奖

《普世欢腾篇》

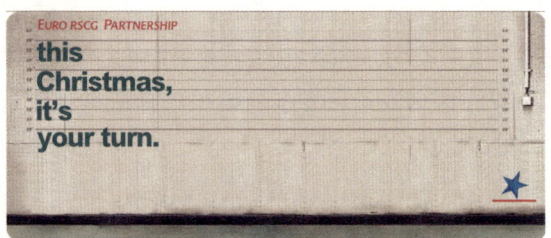

　　2002年,香港经济低迷,广告界首当其冲。我当时所属的灵智广告虽然避过了裁员、减薪一劫,但仍不免在工作上受到影响。那时,客户都收紧预算,电视广告肯定没有机会,就是平面、海报等都越来越少。身为创意人,面对毫无发挥机会,自然会士气低落。作为一个团队的领导,我看准了互联网的潜质,加上成本不高,会是一个发挥创意的机会。2002年初,我们从零开始,边做边学,为Sony做了好几个有趣的互动广告。这些宝贵的经验,让我们对互联网创意掌握得越来越好,兴趣也越来越大。圣诞前夕,ECD要求我们为公司设计一张圣诞贺卡,我忽发奇想,何不为公司做一张电子贺卡？有了这个想法后，创意不到五分钟就出来了。我们兴高采烈地把点子卖给了管理层，然后马上着手制作。由于距离圣诞只有一周，加上没有太多制作预算，于是由摄影到制作都由美指一手包办。我们找来了公司的高层人士粉墨登场，由董事总经理、执行创意总监等，分别扮演琴键的Do、Re、Mi、Fa、So、La、Ti、Do，各人随着《普世欢腾》的音乐做出滑稽的动作。

  没想到这个创意竟会得到很高的评价，先后获得One Show互动金铅笔及伦敦广告节金奖等殊荣。这些我从事广告多年都没拿过的奖项，想不到竟在这低迷的时期反会一举夺得。因此，我更加确信环境虽然无法改变，但心态却是完全可以掌握在你手中的。无论现实境况如何，最重要的是能够乐观面对，主动寻找机会，不要每天自怨自艾、呆坐空等。机会不会从天而降，你得自己主动发掘！

互动广告

作品名称：客户与供应商篇
客　　户：Pass it on 委员会
广告公司：香港灵智广告
执行创意总监：周佩如、庞婉贵
创意总监：林永强
文　　案：余浩霖、Wen Hsiu Louie
美　　指：黄颂君、Jeff Seto
插　　图：黄颂君
动　　图：Fai Chan
发表日期：2002 年
曾获奖项：One Show 互动大奖优异奖
　　　　　纽约广告节互动入围奖

《客户与供应商篇》

　　广告公司与客户之间一直存在很微妙的关系。客户一方面是广告公司的米饭班主，养活他们，但另一方面广告公司是客户的帮手，替他们解决困难。问题是双方怎样理解这段关系，究竟是平等的，还是主从的关系。所以，我们常见有广告公司与客户合作数十年之久，也有些合作一次便反目成仇。当年有见及此，我们与 Pass it on 组织合作了一个宣传活动，鼓励广告公司与客户重建关系。我们特别选择了一个互动的形式，在每个广告公司与客户可以发生冲突的时刻提供一个选择，可以停下来，还是让它继续恶化下去。在传统广告年代，互动很难发生，但在网络年代，我们便有了不同的可能性。互动的好处是传讲者与受众有所交流，而不是单向的灌输。受众也在互动的过程中有所思考，而不是麻木地接受。双方可因互动而建立更好的关系，也产生更佳的沟通效果。

049招 黑色幽默

作品名称：生日篇、美女篇、足球篇
客　　户：Sony NetMD
广告公司：香港灵智广告
执行创意总监：周佩如、庞婉贵
创意总监：林永强
文　　案：黄玮、余浩霖
美　　指：黄颂君、邓志刚
导　　演：Chris Cheung
动　　画：Chris Cheung
发表日期：2002 年

《生日篇》

 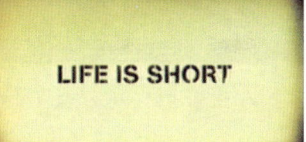

字幕：人生苦短！所以我们传送歌曲特别快！

《美女篇》

字幕：人生苦短！所以我们传送歌曲特别快！

《足球篇》

字幕：人生苦短！所以我们传送歌曲特别快！

我很喜欢创作幽默广告，因为它能让人在紧张的生活中轻松一下。而在众多幽默手法中，我最喜欢黑色幽默。所谓"黑色幽默"就是拿"老""病""死"等比较禁忌的事情来开玩笑。

　　黑色幽默的特点是受众的反应通常很极端。有些人会很喜欢，但更多的人会不喜欢。所以，广告作为大众传播媒体之一，很多客户都很害怕使用黑色幽默，怕会引起观众的反感。幸好，我们的客户百无禁忌。我们借人生苦短来带出 Sony NetMD 能够快速传送歌曲的特点。我们以火柴人短暂却璀璨的一生创作了几个很短小的黑色幽默故事。像火柴人庆祝生日，吹蜡烛的一刻却结束了他的生命。又或是两位火柴人足球员跳高顶球时擦出火花，立刻烧焦，都是有趣的黑色幽默故事。

　　黑色幽默固然是一种有趣的创作手法，但必须小心使用。比如在 911、汶川地震等灾难事件上使用这种手法就十分不明智，甚至会引起公关灾难。

050招

灵机一触

作品名称：沙皮犬篇、约克夏犬篇
客　　户：Sony Cyber-shot
广告公司：香港灵智广告
执行创意总监：周佩如、庞婉贵
创意总监：林永强
文　　案：余浩霖
美　　指：曾立人、黄颂君
摄　　影：何小黑、罗伟堂
修　　图：黄颂菁
发表日期：2002年
曾获奖项：One Show 互动大奖入围奖两个
　　　　　纽约美术指导会大奖互动系列入围奖
　　　　　纽约美术指导会大奖互动入围奖
　　　　　香港 4A 广告奖互动系列入围奖两个

《沙皮犬篇》

  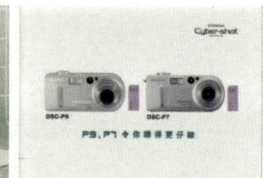

老公：啦、啦、啦！啦、啦、啦！

老婆：老公、老公，有没有见到 Lucky？

老公：没有！

老婆：再看清楚一点！

老公：真的没有！

字幕：别错过生活中美好的事物。

旁白：Cyber-shot P9、P7，令你看得更仔细！

《约克夏犬篇》

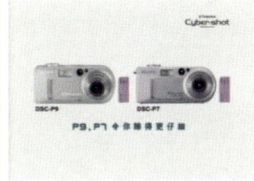

警察：是不是有人报警？

佣人：是的，警官，我不见了 Dolly！这次太太一定会骂我的！

警察：冷静一点！你全家都找过没有？

佣人：我整天打扫，每个角落都找过了！

字幕：别错过生活中美好的事物。

旁白：Cyber-shot P9、P7，令你看得更仔细！

灵感很多时候会忽然闪现，就看我们能否把握。记得那天我在看 Sony 平面广告的样稿，脑海里忽然闪出一个想法。我们平面的点子是一只沙皮犬躺在浴室的毛巾之中，因为相机像素不高，竟然没有察觉它的存在。如果当天我们把拍摄照片的过程拍下来，说不定会是一个很有趣的视频。可惜，平面已经拍摄，要重拍一次将会很浪费金钱。但我脑海里忽然灵光一闪，何不就拍下样稿，再在剪接上加上沙皮犬。我们又加上夫妻间的对话，让故事可以更有趣。我们剪接完成后便给客户看，客户高兴得不得了。于是，我们拍摄第二张平面广告时，干脆同场拍摄了视频。没想到这次灵光一闪，不单为我们带来两个创作的机会，更让我们在 One Show 与纽约广告节中拿了些奖项。

载歌载舞

作品名称：德国篇
客　　户：必胜客
广告公司：上海达彼思广告
创意总监：林永强
文　　案：丁和珍
美　　指：黄颂君、林伟
制　　片：刘德高
制作公司：秋天制作
导　　演：马宜中
后期制作：Pixel Post
发表日期：2003 年

《德国篇》

旁白：德国、德国，不只啤酒！

唱：

德国、德国，不只啤酒，

美味全都有。

Pizza、Pizza，三种香肠，

酸椰菜开胃口。

非常柏林，非常可口，

你非尝不可。

啦啦啦啦！

还有鲜香咸猪肘。

快来、快来。

开心时刻必胜客。

初到上海，第一个工作是替必胜客构思一个介绍德国食品的广告。广告需要介绍的食品，除了德式 Pizza 外，还有香肠、咸猪肘、酸椰菜等等，非常丰富。第一时间记起曾经到过德国参加啤酒节，大家载歌载舞，十分热闹。于是，想到构思一个歌舞广告，以这种开心的气氛来吸引消费者。问题是我不懂音律，再加上初到内地，普通话并不灵光，要以普通话填词，实是有难度。庆幸当年聘请的第一位文案丁和珍，精通填词，很快便完成了歌词的部分。更感恩的是我们找到一位擅长拍摄音乐短片的台湾导演，所以歌舞的编排就更加不用操心。导演先找作曲家，按我们的歌词作曲，然后找排舞师编舞及排练。现场拍摄时，导演一边打着拍子，一边指导舞蹈演员的表情及动作。这是我的第一个歌舞广告，从导演身上学了很多拍摄歌舞广告的技巧。这也是我到内地工作的第一个广告片，在导演、制片、剪接师等等身上都学到很多不同的处事方法，实在获益匪浅。

052招 合作无间

作品名称：大鸟篇
客　　户：必胜客
广告公司：上海达彼思广告
创意总监：林永强
文　　案：丁和珍
美　　指：黄颂君、林伟
制　　片：刘德高
制作公司：Moviola
导　　演：徐佩侃
后期制作：Touches、Pixel Post
剪　　接：Adrian Brady
发表日期：2003年
曾获奖项：中国广告节入围奖
　　　　　上海广告节铜奖

《大鸟篇》

小孩：这是什么呀？

女人：火鸡！过节吃的！

旁白：必胜客精选世上最大鸟类——鸵鸟，推出无比大鸟Pizza。鲜嫩的鸵鸟肉，美味无穷，让这个节日大大不同。

唱：开心时刻必胜客。

我有个建议，适合喜欢拍摄视频广告的创作人参考。选择导演时，尽量找相同的导演。我发现不少顶尖的广告人都常与固定的导演合作。起初，我并不认同，以为会局限了创意。我相信每位导演的强项都不同，与不同的导演合作，便可以把广告发挥得更好。后来，我发现它的好处是可以慢慢地培养彼此的默契，也可与对方一起共同成长。

拍摄必胜客大鸟篇时，我首次与香港导演徐沛侃合作，便一见如故。徐大导演非常资深，擅长拍摄故事，指导演员更有一手。广告中，三群人物先后进入电梯，大家一举手、一投足，已经很有戏剧的张力。我个人也很喜欢创作故事，但一直找不到能够把故事演绎得淋漓尽致的导演。所以，除了必胜客，我又与他合作拍摄了很多百事、乐事及吉列的广告。即使回港后，我也找他合作了惠康超市两个系列共二十个广告。这些作品若没有徐大导演，恐怕会失色不少！

053招 形象广告

作品名称：梦想篇
客　　户：汇丰银行
广告公司：上海达彼思广告
创意总监：林永强
文　　案：丁和珍
美　　指：林伟
制　　片：刘德高
制作公司：目击者映画
导　　演：徐卫伟
后期制作：Pixel Post
发表日期：2004年
曾获奖项：中国广告节银奖
　　　　　中国广告节入围奖
　　　　　上海广告节金奖

《梦想篇》

小孩：我想和舒马赫赛车。
老人：我想从国外搬回上海和老朋友多聚聚。
爸爸：我要她受最好的教育。
女儿：我要在金色大厅演出。
新郎：我想赚多点钱，去环游世界。
新娘：我要到月亮上结婚。
厨师：我要让全世界都知道，不光有汉堡包。
老外：我要把总部搬到上海。
孕妇：我要他的舞台比我更大。
瞎子：我特别想看一下外滩的烟火。
旁白：上海，有我的梦！

　　到上海才不过几个月，还是人生路不熟，却被安排了为上海市拍摄一个形象广告片，实在是一个很大的挑战。上海是一个追梦的地方，很多人从不同省市到来，也有从外地回流的海归派。上海又是一个拥有国际视野的城市，很多人想到世界各地闯闯，也有国际企业想由此进驻内地市场。上海更是一个经济起飞，充满机遇的城市，随时可以扬威国际。我们搜集了不少资料，挑选了一些极具代表性的人物，也撰写了一些能够打动人的心声。我们把这些不同人物的心声，配合不同的上海场景，做成了这个形象广告的骨干。这个形象广告拍摄了很多天，到了上海很多地方。

更意外的是，这个形象广告替我们在上海广告节及中国广告节分别夺得一金一银，成为我初到内地的第一个获奖作品。

中国特色

作品名称：铅笔篇、削笔器篇
客　　户：One Show China
广告公司：上海 BBDO 广告
创意总监：林永强
文　　案：郝崎、钱佳乙
美　　指：许统杰、孙孺
发表日期：2004 年
曾获奖项：中国广告节入围奖两个

《铅笔篇》

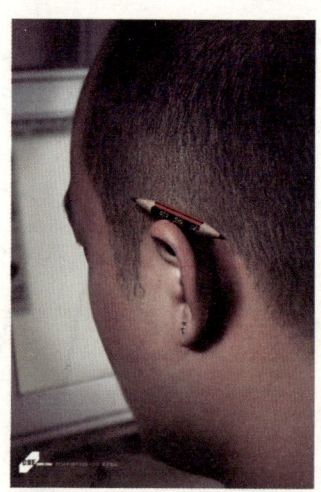

《削笔器篇》

标题：革命尚未成功，同志仍须努力！

那年 One Show 初到中国，想找我们创作一张平面广告。于是，我们很想把一些中国元素放进平面广告中，让人一看便知 One Show 已到中国。

One Show 一直以金铅笔作为奖座，看到铅笔如同看到 One Show。我们的创作团队，收到简报后很快便想到一个点子。中国有一款很具代表性的铅笔——中华牌铅笔。于是，我们想到把中华牌铅笔的两端削尖，变成 One Show 奖座的模样。为了加强中国特色，我们更把铅笔放在耳朵上。这是一种很地道的行为，从前很多餐厅的服务员都会把笔放在耳朵上。所以，一看到两头削尖的中华牌铅笔，一看到铅笔放在耳朵上，就很容易发出会心微笑，知道这代表了中国的 One Show。

与此同时，我们又替公司做了一张平面广告来欢迎 One Show

来到中国。我们把同一创意延伸，将一支 BBDO 铅笔放在削笔器之内，表明我们将会积极备战、不断努力，务求赢取 One Show 奖项。

洞见取胜

作品名称：父子篇
客　　户：百事可乐
广告公司：上海 BBDO 广告
创意总监：林永强
文　　案：方圆、丁和珍
美　　指：王利刚
制　　片：Angela Tung
制作公司：Moviola
导　　演：徐佩侃
后期制作：Touches、Digit Digit
剪　　接：吴峰霖
发表日期：2004 年
曾获奖项：中国广告节入围奖

《父子篇》

儿子：对不起，今年不能跟你们过节！
关员：先生，请打开你的行李！
儿子：雪太大，航班取消了！
机组人员：祝你百事可乐！

那个年代，国内与国外不同，可口可乐在全球热卖，却在内地敌不过百事可乐。但百事可乐虽然畅销，遇上春节却不行。因为中国人讲求吉利，而百事可乐的蓝色包装却刚好相反，以致春节期间的销量一直落后于有先天优势的红色包装的可口可乐。而我接手百事可乐的第一个案子，正是要替百事可乐创作一个足以在春节超越可口可乐销量的广告。

我们留意到每年的春运，大家都争相回乡探亲，却有些专职人员因为工作的缘故而被迫牺牲与家人团聚的机会。我们的故事便是围绕一位年轻的机长因工作不能与父母团聚而发生。父亲因儿子未能在家吃团圆饭而生气，儿子只好在出租车的玻璃上写上"祝你百事可乐"几字，向父母表达心意。当儿子在机场过安检时，他发现父亲在汽水罐上写上"祝你"两字，变成"祝你百事可乐"的贺词，心里十份感动。最后，因为大风雪，航班取消，父母得了意外的惊喜。这个广告播出后，真的让百事可乐首次在春节市场占有率超越可口可乐，而我们也因此开始了往后一年一度"祝你百事可乐"系列广告。由此可见，一个小小的洞见，可以带来大大的回响，绝对不可轻视！

明星广告

作品名称：飞鸟人篇
客　　户：百事可乐
广告公司：上海 BBDO 广告
执行创意总监：Johnny Tan
创意总监：林永强
文　　案：郝崎、方圆、丁和珍、钱佳乙
美　　指：许统杰、孙孺、江畔、毛哲、杨心华
制　　片：Angela Tung
制作公司：Bleu Arc Picture
导　　演：Richard Au-Yeung
后期制作：Touches、Digit Digit、Refinery
发表日期：2005 年
曾获奖项：中国广告节入围奖

《飞鸟人篇》

字幕：蓝色风暴，突破梦幻国度。

到内地之前，我从没拍摄过明星广告。到内地之后，我几乎每个广告都有明星。我发现自己比别的创意人幸福，因为以前的广告都没有明星，创作空间比较大，不必为了迁就明星，而限制了创意。初接百事的工作时，实在有点不习惯。因为每个百事广告都必须有明星。构思广告时，就要环绕明星去构想，看看怎样把他们最好的一面呈现出来，再把他或她的优点配合到品牌之上。负责这个百事广告时，更加是超级大阵容，既有当时红透半边天的 F4，还有新加盟百事的古天乐与谢霆锋。我们的要求是构思一个能够表现 F4 与古天乐最帅最酷的故事，结尾以谢霆锋的出现作为彩蛋。

因为不擅长构思明星广告，起初也花了不少时间去适应。不知尝试了多少个故事，最后才有这个较为科幻的题材能够打动客户。故事描述飞鸟人古天乐被恶魔所困，F4 深入虎穴进行拯救。最后集众飞鸟人之力，借着一罐百事歼灭恶魔谢霆锋。其实，难度不在构思故事，而是细节，怎样透过不同的画面与动作去表现一众明星及产品最酷的一面。例如怎样让各人登场？怎样展翅飞翔？怎样使用产品去化解危机？怎样使奸角也坏得有型？这个机会对我来说是个新尝试，对我日后创作明星广告有很大的帮助。

来奔跑吧

作品名称：相机罐篇
客　　户：百事可乐
广告公司：上海 BBDO 广告
执行创意总监：梁伟丰、林永强
文　　案：赵崇兴
美　　指：邓志刚
制　　片：Angela Tung
制作公司：Bleu Arc Picture
导　　演：Richard Au-Yeung
后期制作：Ping Pong
剪　　接：麦德文
发表日期：2005 年
曾获奖项：广告功夫大奖最佳导演铜奖

《相机罐篇》

奔跑可以说是很多电影、电视必有的桥段。即使交通如何方便，路程何等遥远，主角总是放弃使用交通工具，而情愿奔跑。奔跑代表着主角的坚持，也激发观众热血、感动、期待等等很多的情绪。所以，广告中也常有奔跑的场景。

广告中出现奔跑的好处，是可以制造悬念，让观众想知道有什么事情将要发生。奔跑也可以让很多人加入，带出各式的人物。当然，奔跑必定会经过很多场景，带出很多小故事，让故事更丰富。最后，当然还要揭盅大家奔跑的目的地究竟是什么地方。但这个广告我们"耍"了一下观众，大家看到最后一秒也说不清楚为什么而跑，所以只好继续狂奔了！

偷袭营销

作品名称：战场篇
客　　户：百事可乐
广告公司：上海 BBDO 广告
执行创意总监：林永强
创意总监：赵崇兴
文　　案：赵崇兴、钱佳乙
美　　指：邓志刚
制　　片：俞舟泓
制作公司：Moviola
导　　演：徐佩侃
后期制作：Touches、Digit Digit
发表日期：2008 年
曾获奖项：中国广告节入围奖

《战场篇》

字幕：

公元 2008 年，中国某考古现场。

公元前 210 年，中原。

战士：你找死？

将军：想都不要想！

字幕：全民携手，舞动中国

偷袭营销 (Ambush Marketing)，指竞争对手分散公众对某活动官方赞助商的注意力，使公众分不清谁是赞助者，甚至误会竞争对手才是真正的赞助商。

本来赞助商花费大额金钱夺得相关活动的赞助权益，是想借此开展营销活动，以吸引公众注意，增加品牌知名度。可惜，竞争对手使用另类手法，分散公众注意力，令赞助商得不偿失。

可口可乐是 2008 年北京奥运官方赞助商。但我们替百事可乐做了一连串的电视及网络宣传攻势，排山倒海地覆盖全国各地。结果，调研显示，有超过六成的消费者以为百事可乐才是北京奥运的官方赞助商。所以，偷袭营销的力量实在不容忽视！

电脑动画

作品名称：铁达尼篇
客　　户：七喜
广告公司：上海 BBDO 广告
执行创意总监：Johnny Tan
创意总监：林永强
文　　案：王云
美　　指：陈志高
制　　片：Angela Tung
制作公司：Bleu Arc Picture
导　　演：Richard Au-Yeung
后期制作：Touches、Digit Digit、Refinery
发表日期：2005 年

《铁达尼篇》

男演员：啊，冰山！

字幕：

助人为爽快之本！

冰爽七喜，一点就透。

在香港拍摄广告，制作成本一般都较低，所以很少有机会使用电脑动画。百事《飞鸟人篇》可说是我首次接触电脑动画的制作。其后，负责一系列七喜的广告片，每个都是电脑动画。Fido Dido 这个经典的七喜角色，在内地曾经掀起了热潮。Fido Dido 的机智，每每借助七喜替人排难解纷。我们除了每次要替 Fido Dido 构思既睿智，又有趣的故事，也要与制作公司一起研究怎样借电脑动画把故事表现出来。Fido Dido 的电脑动画，全球只有三家指定供应商。而与我们一直合作的是南非的 Black Ginger。从 Black Ginger 的老板 Hilton 身上，我慢慢学懂了很多制作电脑动画需要注意的事情。就像拍摄时怎样使用穿全身白衣的 Fido Dido 替身拍摄；怎样留意物品的光影，使动画感觉更真实；怎样看线条测试；怎样改善动画质感；怎样发挥动画过人之处；等等。我还曾经多次远赴南非亲眼目睹制作的过程，从中获益良多。电脑动画的使用，能够把很多从前不可能的制作，变得有可能，大大扩阔了我的眼光，令创作可以更加天马行空。

全球比稿

作品名称：巴士篇、水池篇
客　　户：七喜
广告公司：上海 BBDO 广告
执行创意总监：Johnny Tan
创意总监：林永强
文　　案：王云
美　　指：陈志高
后期制作：Black Ginger
发表日期：2005 年、2006 年

《巴士篇》

字幕：

没有摆不平的路。

冰爽七喜，一点就透。

《水池篇》

字幕：新七喜，激爽透心。

每年七喜都会制作一个 Fido Dido 的广告，以供全球各个市场使用。而当年，负责七喜这个全球客户业务的是巴黎的 BBDO。当时，BBDO 每年都会在全球挑出三家分公司参与这个项目。而中国作为全球最大的七喜市场之一，我们当然也有份参与其中。第一次参加全球性的内部比稿，我们便凭《巴士篇》代表亚洲区大胜欧洲区及美洲区的 BBDO。可惜的是，他们只拿了我们的创意，却没有让我们参与制作。当时我们很生气，上司就写了电邮向总公司投诉，结果还是维持原判。第二年，我们再凭水池篇，又大胜了其余各区的作品，被客户选上作为年度创意。不过，我们同样被拒之门外，无法参与制作。那年之后，我们便拒绝了这种七喜的全球内部比稿，除非他们愿意让我们参与其中，成为一份子。话虽如此，我也不得不承认，这样的全球性比稿确实开阔了我们的眼光，也增强了我们的自信，让我们知道，我们也能够拥有国际水平的创意。

第061招　天气难料

作品名称：游泳池篇
客　　户：乐事薯片
广告公司：上海 BBDO 广告
执行创意总监：Johnny Tan
创意总监：林永强
文　　案：王云
美　　指：陈志高
制　　片：Angela Tung
制作公司：Hong Kong Film
导　　演：胡希
发表日期：2005 年

《游泳池篇》

旁白：清新绿茶，加上新鲜土豆。乐事清爽绿茶口味，全新上市。

孙燕姿：来场比赛吧！谁赢谁吃！开始！

旁白：乐事清爽系列，全新上市。

字幕及旁白：一口乐事不过瘾。

那次到台湾垦丁拍摄乐事广告，却遇上台风正从日本吹至，连续数天天气都不太稳定。拍摄的第一天，早上起床立刻打开窗帘，看到阳光普照，不禁要感谢神。早上九时许，我们已拍摄了第一个环境镜头，天空虽然有薄薄的云，但蓝的天、蓝的海，加上蓝的泳池实在十分悦目。演员是著名歌手孙燕姿，十分合作，尽量配合我们的要求。所以，第一天的拍摄颇为顺利，近半的镜头五时许已经拍摄完成了。

第二天，真的是天有不测之风云，八时许到达现场，发现天色大不如前，到处都是厚厚的黑云。由于两天的光线相差很远，即使勉强补光，也恐怕难达客户的要求，所以导演建议暂停拍摄，等候阳光。换句话说，需要增加一天的拍摄时间才能完成整个拍摄工作。制片与演员经理人等立刻讨论增加一天拍摄的安排，花了半天时间才协调完毕，客户愿意承担额外的制作费用，演员也愿意免费多留一天。中午时分下了一场大雨，天气忽然转晴，于是大家立刻争取时间赶拍余下的镜头。好不容易拍下两个镜头，天空又变得黑黑的了。其余的镜头只能寄望最后一天的拍摄。因为演员已经不能再腾出档期了，明天若天气持续灰暗，就要等到六月份续拍了，客户的产品销售计划将会大受影响。

第三天，同样是八时许到达现场，天色较昨天好得多了，虽不是蓝天白云，但总算符合要求，可以继续拍摄。我们抓紧时间拍摄每个镜头，大家都不敢有半点松懈。下午四时许，拍摄最后一个镜头，导演拍了几次觉得有合用的了，方才说罢完工了，天空便下起雨来。我们一边收拾东西，一边惊叹，时间真的是不迟不早！

长期客户

作品名称：派对篇
客　　户：Sony Cyber-shot
广告公司：上海 BBDO 广告
执行创意总监：Johnny Tan
创意总监：林永强
文　　案：赵崇兴
美　　指：邓志刚
制　　片：Cherie Soh
制作公司：菩罗影视
导　　演：玲木洋
发表日期：2005 年
曾获奖项：上海广告节入围奖

《派对篇》

字幕：超级光学防抖功能。

字幕及旁白：

一定没问题，

T9防抖数码相机，

自有我主张。

Cyber-shot。

我与Sony结缘，始于香港BBDO的时期。那时，我主要负责Walkman的平面与海报。经过一段时间的磨合，与客户慢慢建立了默契，也做出了一些拿奖的作品。后来，我离开BBDO，加入Euro RSCG（Havas的前身）。客户不单主动找我帮忙做Walkman，还增加了数码相机Cyber-shot的工作。那几年，我们除了平面与海报，慢慢亦开始了数码媒体的广告。当年，若不是客户对我们信任，根本不会愿意花钱让我们尝试网络广告。结果，我们从零开始，只是一年的时间就拿到了One Show与伦敦国际广告节的金奖。

后来，我到了上海工作。客户也刚好同一时间调职上海。于是，客户又邀请我们参与比稿。我在上海BBDO又服务了同一客户几年，也做出不少有趣的广告。我相信，当初我若没有用心做好这个客户，便很难继续在不同的公司，甚至从香港到上海，服务了Sony八年之久。而这深厚的关系，不止增加彼此的互信，也让大家能够做出更出色的作品。

粉墨登场

作品名称：网球篇
客　　户：Sony Cyber-shot
广告公司：上海 BBDO 广告
执行创意总监：Johnny Tan
创意总监：林永强、邓志刚
文　　案：丁和珍
美　　指：邓志刚、毛哲、杨心华、叶路明
制　　片：鲍琤
导　　演：Chris Cheung
剪　　接：Chris Cheung
音　　乐：Eddie Hui
发表日期：2005 年
曾获奖项：中国 4A 广告奖铜奖

《网球篇》

字幕及旁白：
以为我拍照？我在拍短片！
摄像，摄影，二合一！
自有我主张。
Cyber-shot。

偶然，我们也会看到创作人粉墨登场，在自己的作品中亮相，扮演其中一角。没办法，创作人犹如作品的父母，大家都疼爱自己的婴儿，所以提案时特别落力。客户自然容易先入为主，觉得角色非君莫属。我也曾提案 SUNDAY 的电台广告，一人分演几角，演绎得眉飞色舞。结果，客户指定要我亲身演绎，否则不肯买单。我虽万般不愿意，但我也只好勉为其难。当然，我也认同创作人亲身演绎会更加传神，胜过大费唇舌去指导其他人。不过，要创作人参与演出也不容易，不少创作人都性格低调，不喜欢抛头露面。我试过在几张平面中出现，每次外出便害怕被人认出，感觉很尴尬。

Sony 这次的情况主要是因为网络视频没有太多预算，所以无法花钱请演员。而同事在提案时，也充分发挥了故事中那种尴尬的感觉。于是，大家就请那位同事粉墨登场，饰演球员一角。至于那位颁奖嘉宾，也是当时负责的制片！

064 招

自编自导

作品名称：搬家系列
客　　户：上海天联广告
广告公司：上海 BBDO 广告
执行创意总监：Johnny Tan
创意总监：林永强
文　　案：丁和珍、赵崇兴
美　　指：邓志刚、毛哲、杨心华、叶路明
导　　演：林永强
发表日期：2005 年
曾获奖项：中国广告节入围奖两个
　　　　　上海广告节入围奖三个

《搬家系列》

字幕:
我们需要更多空间,
BBDO 已经搬家。

当年 BBDO 迁往港汇广场,我想拍几个电视广告去向客户及同行宣传这件事。起初,我们想过找些制作公司的新晋导演来帮忙拍摄,但公司在这件事情上并没有任何制作的预算。再者,那时距离正式搬家也仅有十天,恐怕没有人能帮上这个忙。于是,唯一的办法就是自己当导演！电视广告我们创作了不少，但真正自己动手拍摄还是第一次。堪景、找演员、分镜、拍摄，完全由我们一手包办。自己动起手来，才发现以前身在福中不知福。这些看似简单的事情，其实并不简单。就像拍摄《洗手间篇》时，最大困难是怎样可以把那么多的人放在同一厕格内，而又不会露出破绽。因为开关门的时候，很容易在门缝内看到还有其他人藏身其中，趣味就会减低。结果拍了五次，才有一次是完全不露痕迹，而且每人的走位都十分有节奏，演得也十分自然。这些自编自导的经验，让我们发现拍摄并不容易，所以更加体谅制作公司的伙伴。不过，这次经验也让我加强了制作的信心，后来自己开了广告公司，也曾自编自导过好几次。

065 招 音乐取胜

作品名称：胜利篇
客　　户：Visa
广告公司：上海 BBDO 广告
执行创意总监：Johnny Tan
创意总监：林永强
文　　案：郝崎、钱佳乙
美　　指：许统杰、孙孺、毛哲
制　　片：俞舟泓
制作公司：Gravity Film
导　　演：Henry
后期制作：VHQ Singapore
发表日期：2005 年
曾获奖项：亚太广告节最佳音乐奖
　　　　　亚太广告节最佳剪接入围奖
　　　　　时报亚太广告奖音乐优异奖
　　　　　时报亚太广告奖入围奖
　　　　　时报华文广告奖最佳音效奖
　　　　　时报华文广告奖入围奖
　　　　　上海广告节银奖

《胜利篇》

字幕及旁白：

胜利中国，刷新梦想。

Visa

　　一首好的音乐，不止可以增加观赏价值，很多时候甚至可以把作品带到更高的层次。《胜利篇》是 Visa 的形象广告，希望通过赞助中国国家队参与冬季奥运会来建立品牌的国际形象，也增加本地消费者的好感。更重要的是为 2008 年北京奥运铺路，预告 Visa 即将赞助奥运会。所以，这支《胜利篇》的音乐要非常大气，也要配合急速的剪接去展现中国运动员的速度与技术。

　　这支 60 秒的音乐，起承转合都编排得很好。开始时故布疑阵，制造悬念。接着，音乐配合画面剪接，节奏加剧。然后，音乐忽然静止，引入高潮。最后，是一连串的欢呼与象征胜利的"V"形手势，带出"胜利中国"的祝福。

　　这个广告在亚太区多个广告奖中都获取音乐与声效的奖项，

让我们更清楚一首好的音乐对广告的重要性。所以，千万不要轻视广告的音乐，不要只把它当作可有可无的背景声音而已，它可以为广告带来天壤之别的效果。

066 招 与时竞赛

作品名称：袋鼠篇
客　　户：Visa
广告公司：上海 BBDO 广告
执行创意总监：Johnny Tan
创意总监：林永强、许统杰
文　　案：郝崎、钱佳乙
美　　指：许统杰、孙孺、江畔
制　　片：武为珍
制作公司：Luscious International
导　　演：Richard Gibson
后期制作：Emerald City
剪　　接：Karl Marks
音　　乐：Song Zu
发表日期：2006 年
曾获奖项：时报亚太广告奖入围奖
　　　　　时报华文广告奖入围奖
　　　　　中国广告节入围奖
　　　　　上海广告节铜奖
　　　　　广告功夫大奖银奖
　　　　　广告功夫大奖最佳导演铜奖

《袋鼠篇》

字幕：

需要帮忙？

2008奥运会唯一正式用卡。

那时在澳大利亚，连续几天天气都不太稳定，时而乌云密布，时而阳光普照。但因主要演员刘翔只有三天的时间，而我们的广告片基本上全都在户外拍摄，所以更不容有失。

第一天拍摄，早上天气还好，云层虽厚，但仍有阳光。主角刘翔与小女孩都十分合作，只拍了数遍就有了满意的镜头。不过，拍摄袋鼠就没有那么幸运。原来袋鼠的智商很低，要训练它们直跑并不容易。至于要它们在女孩手上取东西的镜头就更麻烦，花了一个多小时，换了好几头袋鼠，仍未能拍到一个满意的镜头。然后天色忽然变坏，下起大雨，首天的拍摄也只好被迫暂停。

第二天拍摄，虽没下雨，却有厚厚的云层，整个早上都没有阳光。上午的拍摄本来颇为顺利，但小女孩因为太早起来，有点闹情绪，忽然哭了出来。大家努力地哄了她一小时，还是徒劳无功，惟有让小女孩的镜头顺延一天。下午阳光忽然出来了，制作公司兵分两路，一路乘直升机到悉尼港口拍摄，另一路留在澳大利亚爬虫类动物公园内赶拍袋鼠的镜头。拍摄袋鼠真的很困难，训练员用尽各种方法诱导它们，也只能拍到几个合用的镜头。

第三天，天气没想象中好，云层仍旧厚厚的。中午，终于有机会一睹刘翔跨栏的风采。刘翔跑步的速度真的很快，跨栏的动作更加优美，大家在旁都看得入神。只是云层过厚，阳光无法穿透，令拍摄多次受到阻延。最后，小女孩终于不负所托，完成了与刘翔的对手戏，而且演得很好。不过由于时间所限，第三天也只能勉强拍毕刘翔部分，余下的好几个袋鼠镜头就不得不额外补拍了！

第四天，整天阳光普照，万里无云。制作公司找来一只较为合作的袋鼠，多个跳跃镜头都只拍一两次就可以。下午五时许拍罢最后一个袋鼠镜头，连续四天的拍摄终告一段落！我也终可松一口气！广告拍摄就是这样紧张刺激，而且变化万千，必须要有灵活的头脑和丰富的经验，才能处变不惊。

067 招 洞悉先机

作品名称：现金压缩机篇、现金追踪机器狗篇、高智能换算眼镜篇
客　　户：Visa
广告公司：上海 BBDO 广告
执行创意总监：林永强
创意总监：林永强、许统杰
文　　案：丁和珍、侯一默
美　　指：江畔
制　　片：俞舟泓
制作公司：菩罗影视
导　　演：来赫
发表日期：2007 年
曾获奖项：时报亚太广告奖系列银奖
　　　　　时报亚太广告奖入围奖
　　　　　时报华文广告奖系列铜奖
　　　　　龙玺广告奖铜奖
　　　　　龙玺广告奖系列铜奖
　　　　　中国广告节银奖
　　　　　中国广告节入围奖
　　　　　中国广告节系列入围奖
　　　　　香港金帆广告奖铜奖

香港金帆广告奖系列入围奖

《现金压缩机篇》

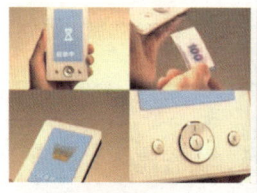

主持人：热爱出国旅游的你，是否一直为了携带现金而烦恼呢？现在，全世界的驴友都有了福音！非常现金带来颠覆性的产品——全自动现金压缩机！使用方法非常人性化——开启电源，放入现金，按下压缩按钮，缩小的钱就出来了！整个过程只要5秒，真的只要5秒哦！您便可以将现金放入化妆盒里、鞋里、创可贴里，甚至是这里！没错，它就是这么神奇！这一场现金压缩革命掀起了全世界出国旅游的热潮！走过路过千万不要错过，心动不如行动，赶快订购！

字幕：本产品3000年方可发售，敬请期待！（以上产品纯属虚构）

旁白：解决携带困扰，有更好方法，用VISA卡！

《现金追踪机器狗篇》

主持人：欢迎收看——非－常－现－金！嘿嘿！没错啦，热爱出国旅游的你们，是不是都丢过现金呢？ No problem! 掌声有请——万里追踪无敌现金狗！全球首发，最新智能科技，16核CPU，百公里加速只需要3秒！赞哦！丢失现金后，你只要让现金狗闻一下钞票，按下"寻回"按钮，它马上就会飞奔出去找回你所遗失的现金！哎，更厉害的是，它只认得自己的主人哦！现金狗还有许多种类，每一款都超卡哇伊！无论你在哪个国家，不用再担心丢失现金啦！Woo！现在，厂商还推出了真狗换机器狗的优惠活动，数量有限，欲购从速啦！

字幕：本产品3000年方可发售，敬请期待！（以上产品纯属虚构）

旁白：保障现金安全，有更好方法，VISA全球紧急服务。

《高智能换算眼镜篇》

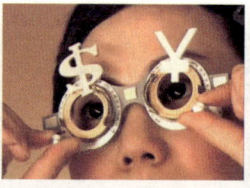
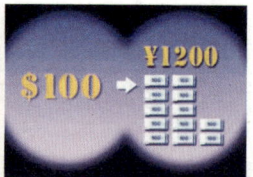

主持人：欢迎收看非常现金！这次节目的主要内容有困扰国人已久的出国换算币值问题，日前已经取得重大突破！我科学家特别研发出高智能货币换算眼镜！你只要戴上眼镜，选择所需兑换货币的镜片，旋转换算按钮，你需要换算的币值就会自动出现了！此款产品还为消费者设计了不同款式！无论去印度、韩国，还是去美国，国人都可以便捷，漂亮地换算外币！此款产品的成功研发，标志着我国先进制造业的重大突破。国际货币基金组织，世界银行，以及各大金融机构，纷纷发来贺电……

字幕：本产品3000年方可发售，敬请期待！（以上产品纯属虚构）

旁白：避免兑换麻烦，有更好方法，用VISA卡！

一切来自一个洞见。2006年夏天，BBDO到泰国旅行。大陆的同事很少有机会到国外旅游，所以大家都兴高采烈。很多同事都在网上搜查了各样的商店，打算在曼谷疯狂购物。我们留意到大陆的同事与我们很不一样，他们都没有信用卡，所以要先把人民币兑换成美金，再在曼谷机场将美金兑换为泰铢。我问同事知否兑换会有损失，大家显然没有留意。另外，携带大量现金到外地旅行也是一种颇不安全的行为。于是，我们发现大陆消费者不单对 Visa 的品牌缺乏认识，也对信用卡的使用一知半解。所以，我们决定为客户建议一套鼓励消费者出外旅游使用信用卡的广告。

我的团队构思了一套很有趣的创意，利用虚构的产品带出出外旅游应该使用信用卡的信息。我们发现出外旅游不使用信用卡最少有三个弊病。第一，人民币面额每张只有一百元，出外消费就需要携带大量现金；第二，携带大量现金，很容易会丢失；第三，使用现金，很容易在兑换上出现损失。我们沿着这三方面构思了《现金压缩机篇》《现金追踪机器狗篇》《高智能换算眼镜篇》三个有趣的广告。起初，我们很担心客户会接受不了我们的疯狂建议，没想到客户非常喜欢我们的建议。这次愉快的合作，令我们明白了洞见的重要性，一个好的点子只能做出一个好的广告，但一个好的洞见却能带出无数闪亮的点子！

068 招

改变角度

作品名称：我支持奥运系列
客　　户：Visa
广告公司：上海 BBDO 广告
执行创意总监：林永强
创意总监：许统杰
文　　案：丁和珍
美　　指：江畔
制　　片：俞舟泓
制作公司：目击者映画
导　　演：徐卫伟
后期制作：Fly Cool
发表日期：2008 年

《酒吧篇》

字幕：Visa 之队：刘翔

刘翔：奥运需要每一个人的支持，需要大家的支持！你们打算怎么支持奥运?

  球迷一：刘翔，加油！

  球迷二：是楼上！

  刘翔：楼上？

  球迷二：刘翔？

  球迷二：我支持奥运，我是Visa持卡人！

  字幕：我支持奥运。陈一文，香港球迷。

  字幕：奥运全球合作伙伴。

《奥运礼品店篇》

  字幕：Visa之队：姚明

  姚明：奥运快开幕了，大家的支持在持续升温。你一个人买那么多的东西？

  白领：对！我很多朋友未能来现场支持奥运，你能帮我把这些东西搬上车吗？

  白领：我支持奥运，我是Visa持卡人！

  字幕：我支持奥运。杨思文，外企白领。

  字幕：奥运全球合作伙伴。

《长城篇》

字幕：Visa 之队：徐莉佳

徐莉佳：现在很多外国人都来北京支持奥运！Hello, What do you think of The Beijing Olympic Games?

游客：你好！吃了吗？谢谢！太牛啦！

游客：My Visa. My Olympic Partner.

字幕：我支持奥运。Danny Searle，澳洲游客。

字幕：奥运全球合作伙伴。

《机场篇》

字幕：Visa 之队：黄钟鸣

黄钟鸣：奥运会已经成功结束了，但是大家的支持意犹未尽！请问你这次去哪？

啦啦队队长：去伦敦！为下届奥运会，我踩踩点儿！

啦啦队队长：我支持奥运，我是 Visa 持卡人！

字幕：我支持奥运。庄立筠，啦啦队队长。

字幕：奥运全球合作伙伴。

奥运是四年一度的全球盛事，每届奥运总有海量的广告出现，要在其中突围而出并不容易。常见的奥运广告都是运动员展现个人运动强项，再结合产品的卖点。但 2008 年的奥运与众不同，这是中国首次举办奥运，成为东道主。所以，我们替 Visa 选择了一个完全不同的角度，把运动员视为亲善大使，欢迎全球到来的观众。

一系列的广告中，我们看到不同的知名运动员化身记者采访各地到来的观众。运动员再不是高高在上的名人，而是近在身旁的好友。而每位观众与市民都是支持者，支持这次奥运盛事。

因为角度不同，出来的创意便截然不同，得到更广阔的视野，更可以创作出与众不同的广告，帮助品牌突围而出。

069招

学懂放手

作品名称：盛宴篇
客　　户：Visa
广告公司：上海BBDO广告
执行创意总监：林永强
创意总监：许统杰
文　　案：丁和珍
美　　指：江畔
制　　片：俞舟泓
制作公司：12制作
导　　演：袁剑伟
发表日期：2008年
曾获奖项：时报华文广告奖系列银奖
　　　　　中国广告节银奖

《盛宴篇》

男一：人民币！

男二：新台币吧！

男三：用港币行不行？

众：人民币！新台币！港币！人民币！新台币！港币！

字幕：想达成共识？

姚晨：别老土啦！到处都收 Visa，谁还用现金埋单？

字幕：两岸三地，一卡通用。

姚晨：各付各的呀？

字幕：Visa 刷新梦想。

　　越资深的广告人，越要懂得的便是放手。很多时候，做了执行创意总监，仍然技痒，不肯放手。由概念构想，到文案写作、美术运用、拍摄手法、剪接方式等等都想染指。下属遇上这样的老板，很难有发挥的机会。

　　我是小文案的时候，遇上很好的老板，给予很大的创作空间。很多案子，上司都只是给予意见，然后放手任由我们去尝试。所以，当自己成为执行创意总监时，也尽量给予下属自由。这个 Visa 广告，从概念到执行都由下属全权负责，我甚至没有到场跟拍，只在中间给予一些意见。

　　这个广告，故事有趣、对白精炼、画面漂亮，尤其是结尾姚晨的出现，更是一个亮点，让人一见难忘，使我这个老板也深感安慰。

070 招 执行力量

作品名称：干洗店篇、门卫篇、调查篇
客　　户：吉列剃须刀
广告公司：上海 BBDO 广告
执行创意总监：梁伟丰、林永强
创意总监：林永强、许统杰
文　　案：郝崎、钱佳乙
美　　指：孙孺、江畔
制　　片：俞舟泓
制作公司：菩罗影视
导　　演：来赫
发表日期：2006 年
曾获奖项：时报亚太广告奖系列金奖
　　　　　时报亚太广告奖银奖
　　　　　时报亚太广告奖铜奖
　　　　　时报亚太广告奖入围奖
　　　　　时报华文广告奖系列银奖
　　　　　时报华文广告奖入围奖
　　　　　龙玺广告奖铜奖三个
　　　　　龙玺广告奖最佳导演入围奖
　　　　　Spike 广告奖入围奖
　　　　　中国广告节金奖

中国广告节系列铜奖
中国 4A 广告奖银奖两个
香港金帆广告奖入围奖

《干洗店篇》

　　独白：如何在面试前用最少的花费取得最好的装扮？首先要找对门路，表现自己的诚意，博取对方的同情。敲定一个公道的价钱，然后求助于专业人士，并虚心向他们请教。根据自己的尺码和肤色精心挑选，记住，名牌并不一定都适合自己，最重要的是要找到一套让自己看得非常顺眼，让别人也看得非常顺眼的搭配。这样，有史以来性价比最高的面试服装就诞生了！现在，一切准备就绪。相信自己的感觉，你就是面试至尊。别忘了，最后一定要有借有还，再借不难！

　　旁白：想要更专业的求职技巧？就上吉列校园网站。

《门卫篇》

独白：如何才能准时参加面试，避免迟到带来的遗憾？在面试前一晚，将所有物品准备齐全、放置妥当，做到一丝不苟，把时间拨快。在入睡前最后再检查一遍所有细节。这样，才能为自己创造良好的睡眠环境，以保证最佳的睡眠质量。当然最重要的是，要提前一晚抵达面试现场。

旁白：想要更专业的求职技巧？就上吉列校园网站。

《调查篇》

独白：如何在面试前了解公司和老板的情况？千万别硬来，应该想尽办法疏通关系、打通人脉，克服一切困难，发扬不惧艰险，坚持到底的精神。当然，切记做好安全措施，带齐调查工具。老板的谈吐、癖好、口头禅，一切信息都要认真记录！再来，拍公司的地形、装潢、摆设！宁可拍错，不可放过！记住，时间是宝贵的。所以，一定要不择手段为自己争取更多时间！

旁白：想要更专业的求职技巧？就上吉列校园网站。

吉列是我们当时的新客户，他们希望在大学校园做点工作，让大学生开始使用剃须刀。我们做了一些调查，发现大学四年级学生是我们的首要对象，这一年他们需要好好整理仪容以便出外面试。若他们在这个阶段对我们的产品产生好感，他们毕业后很可能会成为我们的忠实用户。除了直接教育他们如何使用我们的产品外，我们建议为大学生做些形象广告，以较软性的手法让他们对我们的品牌产生好感。对于大学四年级学生而言，没有什么比求职面试更重要。我们与客户确定了要为这群大学四年级学生开设一个有关求职的网站，并拍摄几个有趣的低成本广告片吸引大学生浏览这个网站。

我们找到一位十分年轻的导演负责这个系列广告片。无论是前期制作，拍摄及后期，他都会忽然冒出很多很出色的想法。结果，这个系列广告片在一年之内竟夺得了十六个亚太区及本地的奖项。这个系列的成功，让我明白了在点子以外，其实还有执行力可以为作品加分。在这个注重执行的年代,我们甚至不一定要由点子出发。从执行入手,也是一个新鲜的方向。所以,能够有强大的执行力,对广告公司来说越来越重要。

真人真事

作品名称：车长篇
客　　户：吉列
广告公司：上海 BBDO 广告
执行创意总监：林永强
创意总监：郝崎
文　　案：马吐兰
美　　指：司燕南
制　　片：罗业文
制作公司：Moviola
导　　演：徐佩侃
后期制作：Touches、Digit Digit
发表日期：2009 年
曾获奖项：中国广告节艾菲铜奖

《车长篇》

丈夫：下一站就到家了！我不能回去过年，但我要让乘客安全到家。

儿子：爸爸！好帅！

妻子：你看起来不错！

妻子：过年照顾好自己！

字幕：吉列，男人的选择。

没有什么故事比真人真事更能打动人。真人真事与编写的故事很不同，编写的故事虽然能够剧情曲折，赚人热泪，但往往不及真实的故事来得有血有肉，容易产生共鸣。吉列这个故事便是基于一件真人真事。每年春节，火车的车长都要留在火车上，即使路过家乡，也不能回家与家人共度除夕。于是，我们便在这真人真事的基础上发展出车长篇这个故事。故事讲述尽责的车长除夕夜路过家乡也没有回家团圆，但体贴的妻子却带着孩子到车站等待丈夫的火车到达，然后在车上一起享用年夜饭，共叙天伦，再让丈夫继续他的工作。这个广告由擅长拍摄感人广告的徐佩侃执导。数年前我们也曾一起合作过百事可乐的贺年广告《父子篇》，同样是因为春节不能回家过年，却有两个不同的演绎手法。吉列《车长篇》中，妻子的一个眼神，孩子的一个拥抱，无需复杂的情节，便能道尽团圆的喜悦。广告播出后，引起不少回响，不单让产品销售理想，更获外国媒体争相报道，难怪能够成功夺取中国广告艾菲奖。

审慎取材

作品名称：美女篇
客　　户：创意功夫网
广告公司：上海 BBDO 广告
执行创意总监：林永强
文　　案：丁和珍
美　　指：王瑾
制　　片：俞舟泓
制作公司：菩罗影视
导　　演：Tiger
发表日期：2008 年

《美女篇》

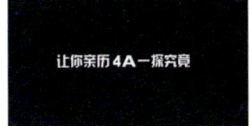  

字幕：
听说 BBDO 的女生都是 D 罩杯。
让你亲历 4A 一探究竟。
鲤跃龙门青年创意人例赛。
创意功夫网。

性感是欧美广告常用的题材，借助略带与性有关的话题与画面去吸引观众注意。不过，这类题材要审慎使用，否则会变成卖弄色情，甚至给人低俗的感觉。所以，我一直没有在作品中涉及这种题材。记忆中，只有这次例外。这个案子是替创意功夫网介绍"鲤跃龙门青年创意人例赛"，优胜者可以得到在4A实习的机会。

对很多年轻人来说，能够在4A实习是个难得的机会。但我们不想这样平铺直叙，希望以更有趣的原因来吸引他们报名参加。我们想了两个点子，其中一个是虚构广告公司里的女同事都身材很好，吸引他们来看个究竟。广告拍摄出来也挺有趣，绝对乐而不淫。但没想到这支广告竟然传到了德国分公司，并引起了他们的女权分子的不满，觉得我们歧视女性，要求我们把广告停播。结果，我们在总公司施压之下，只好把广告下架，更加不准参加任何广告比赛。这次经验，对我有很大的提醒。不能单从创意入手，要留意作品会否影响到别人，令人不安。我相信创意的方法是无穷的，不行此路还有别的，不要只顾自己喜好，而忽视别人感受！

疯狂搞笑

作品名称：拍照篇、排球篇、钓鱼篇
客　　户：肯德基
广告公司：上海 BBDO 广告
执行创意总监：林永强
文　　案：钱佳乙
美　　指：朱天成
制　　片：俞舟泓
制作公司：高莫制作
导　　演：Roland Tan
后期制作：Give Me Five
发表日期：2009 年

《拍照篇》

众：1、2、3……

旁白：奇弹无比！新鲜蜜桃汁，加入Q弹椰果，全新肯德基椰果蜜桃沁饮！

酷感夏日，就来肯德基！

字幕：酷感夏日，有乐同享。

《排球篇》

旁白：就是这么滑！醇滑奶茶，加上幼滑仙草条，全新肯德基仙草奶茶！

酷感夏日，就来肯德基！

字幕：酷感夏日，有乐同享。

《钓鱼篇》

旁白：香浓诱人！来自醇香咖啡和浓香焦糖，全新肯德基雪顶玛奇朵咖啡！

酷感夏日，就来肯德基！

字幕：酷感夏日，有乐同享。

看泰国与日本广告，常会被一些疯狂搞笑的广告吸引。这等广告让人捧腹大笑，是因为故事有点超乎现实，甚至违反常理。情况有点像周星驰的电影情节，常常给人意外的惊喜。但不知为何，类似的疯狂搞笑广告在内地并不普及。所以，创作这套广告时，我们故意尝试采用这种较为疯狂的手法，希望能带给年轻消费者一种新鲜感。

我们先为产品的不同卖点各找出一个形容词——弹、滑、香。再沿着形容词不断思考搞笑的画面，然后在众多搞笑画面中筛选出最疯狂的想法。这类创作手法看似容易，其实并不简单。因为好像什么都可以，但往往什么都不够好，要花很多时间才能想出绝妙的点子。

美轮美奂

作品名称：历险篇
客　　户：长江地产
广告公司：香港达彼思广告
执行创意总监：林永强
文　　案：Gyver Lee
美　　指：Christine Lai
制　　片：Ellis Lau
制作公司：Off-Lo-Hi
导　　演：Alfred Hau
后期制作：Ping Pong
剪　　接：麦德文
发表日期：2011年

《历险篇》

字幕：

一瞬，恬静繁华。

一望，盎绿湛蓝。

一拥，卓裕贵尚。

旁白：港铁千亿旗舰居域：领凯，瑰丽登场。

这是离港七年，回归香港广告界的第一个广告片。虽然只是阔别香港七年而已，但发现变化比想象中更大。我看到香港的美术水平不断提升，已经很有国际水平。但相对来说，大家对点子似乎没有从前看重。大家把焦点放在如何把广告拍得美轮美奂上，而不是概念。换句话说，是看重 How to say（怎样做）过于 What to say（说什么）。所以，很多广告都画面好看，却不一定有内涵。就像这个房地产广告，客户看重的也是如何把广告拍得漂亮，怎样塑造一个高贵的形象之上。我们只有一个爱丽斯梦游仙境般的故事，然后借女主角发掘项目的各种卖点。当然，客户已经非常满意，但我知道在美轮美奂的执行上，若能有一个更与众不同的概念，广告的效果将绝不止于此。

075招 量身定做

作品名称：My Card. My Vow.
客　　户：香港达彼思广告
广告公司：香港达彼思广告
执行创意总监：林永强
美　　指：全体美指
发表日期：2011年
曾获奖项：亚太广告节设计铜奖
　　　　　亚太广告节设计入围奖
　　　　　香港金帆大奖设计入围奖

《My Card. My Vow.》

广告公司以创意为主,但名片却千篇一律,毫无创意可言。那一年,我们决定来点新意,任由同事设计自己的名片。起初,大家都较为保守,不敢跳出框框。幸有一两位美指做出很有个性的设计,大家的创意便越来越酷。后来连文案与客户服务部的同事也纷纷加入,找美指帮忙执行自己的想法。这些名片不止漂亮,更能引起话题。每次接触新客户,他们都会很兴奋,逐一收集我们的名片,然后询问我们背后的故事。所以,不要小看一张名片,它让同事可以发挥创意,也让客户相信我们的创意,更替我们在亚太广告节拿到一个设计的铜奖。

激励人心

作品名称：生日篇
客　　户：大家乐
广告公司：香港达彼思广告
执行创意总监：林永强
文　　案：Gyver Lee
美　　指：Daniel Cheung、Marco Ma
制　　片：Ellis Lau
制作公司：Moviola
导　　演：Anthony Ng
后期制作：Touches, Digit Digit
发表日期：2004 年

《生日篇》

心声：今天生日，收到276个朋友的祝福，但他们三个没有发给我……

他们情愿亲口对我说……

众朋友：Happy Birthday！

旁白：更满足的还有大家乐的牛魔王焗饭，一次享受牛舌、鲜牛肉与牛肋条，给你三重最牛体验！大家乐牛魔王焗饭。

朋友：朋友是要见面的！

我认为不是公益广告才有意义，商业广告就一味鼓励消费。很多时候，商业机构比慈善团体更有资源去传递有意义的信息。志愿团体依靠的是政府资助或私人募捐，能够花在大众媒体上的资源更加有限。反而不少商业机构本身已有很好的创业理念，加上为了建立良好形象，增加公众好感，愿意花钱去鼓励环保，宣扬美德，关爱贫苦，支持弱势。所以，我们可以借着这些机会，把有意义的信息向社会大众传播。

我们发现社会中宅男宅女越来越多，终日沉迷网络世界，情愿花时间于社交媒体，却没有真正的社交生活。所以，我们希望通过一系列的广告去鼓励年轻人走出来与朋友多聚会。当然，背后的潜台词是希望他们能够在客户的餐厅聚餐，但这绝不会影响正面信息的传达。大家都很欣赏商业机构在销售产品之余，能够负起一些社会责任，灌输正面的思想。更重要的是，商业机构有更多资源去投放这类广告，让这些正面的信息能够更广泛传播，令更多人受益。

077招 发掘人才

作品名称：爱热食篇
客　　户：大家乐
广告公司：香港达彼思广告
执行创意总监：林永强
文　　案：Gyver Lee
美　　指：Daniel Cheung、Marco Ma
动　　画：Wing
音　　乐：Wing
发表日期：2012年
曾获奖项：香港金帆广告奖银奖

《爱热食篇》

这个世界有不少有才能的人，他们欠缺的只是一个机会。尤其广告这个行业，是很多人梦寐以求的职业。可惜，广告界是个小圈子，我们习惯只与相熟的人合作。但我一直喜欢使用新人，喜欢他们的新鲜感，也希望借此给予他们一个机会。而这个动画预算不多，正好是个尝试新人的好机会。我们找到的是仍在大学读多媒体的学生。对方并没有正式的广告作品可供参考，有的只是一些学生习作。但从他的习作中，已经可以看到他的潜能，就只欠一个机会。这类动画技术要求不高，但美感却很重要。既要设计出风格，也要有节奏、有感情。这位同学做到了，而且处女作便拿下一个香港金帆广告的银奖。我相信他的付出是值得的，前面将会有无限的可能！

精辟对白

作品名称：工作狂篇
客　　户：HKMA
广告公司：香港达彼思广告
执行创意总监：林永强
制　　片：Ellis Lau
制作公司：Tuckshop Films
导　　演：Anthony Yip
发表日期：2013 年

《工作狂篇》

男心声：

我相信成功是要付出的！你们下班吧！你们玩乐吧！我要每晚留到最后，这个职位一定属于我！

女心声：

你努力加班吧！我就情愿努力读书，这个职位你不够资格！

旁白：

不止靠努力，还要讲学历。HKMA DMS 课程培育管理精英。

广告与电影相似，常常要借助对白去塑造角色、推进剧情。但广告对白比电影更困难的是广告时间有限，往往只有数十秒钟的时间，却要达到同样的目的。所以，广告对白必须精辟，要在三言两语间传递所想。

故事开始，只见男主角努力工作。他的心声："我相信成功是要付出的！"非常正面。接着他语带嘲讽地说："你们下班吧！你们玩乐吧！"他盯着老板的座椅肯定地说："我要每晚留到最后，这个职位一定属于我！"两三句话已展现年轻人的自信。可惜，故事一转，女主角讽刺地说："你努力加班吧！我就情愿努力读书，这个职位你不够资格！"也是简短一句话，便凸显出女主角比男主角更有智慧，明白这个世界"不止靠努力，还要讲学历"。言简意赅，余味无穷，正是广告有趣之处。

079 招 连载广告

作品名称：至 Like 依然系列
客　　户：惠康超市
广告公司：香港 Grey 广告
首席创意官：何振鸿
创意总监：林永强
文　　案：Henry Yim
美　　指：Chris Yung、Yiu Chiu、Jill Chan
制　　片：John Lo
制作公司：Moviola
导　　演：徐佩侃
后期制作：Touches、Digit Digit
剪　　接：Adrian Brady
发表日期：2014 年
曾获奖项：香港金帆大奖电视广告优异奖
　　　　　香港金帆大奖电视广告系列优异奖
　　　　　Marketing Magazine 广告市场策划金奖
　　　　　Marketing Magazine 电视广告市场策划金奖
　　　　　HKMA/TVB 杰出市场策划银奖
　　　　　HKMA/TVB 杰出市场策划最佳电视广告奖
　　　　　TVB 十大最受欢迎电视广告奖
　　　　　TVB 最受观众欢迎大奖

TVB 专业评审大奖

《百看不厌篇》

男：老婆，孙女吃的饼干放在哪里？

男：她对我微笑？！

男：怎会那么凑巧？

女：你那么古灵精怪，我不管你！

男：啊！

女：啊，你干什么？那么多年还是那么古灵精怪！

男：那么多年也百看不厌！

女：真的吗？

女：看什么？

旁白：

真是值得喜欢的，永远不会改变！

六十多年来，惠康一直与你并肩。

多少年，至 Like 依然。

男：大家买到没有？

《购物篮篇》

　　女：我要揽！（广东话"揽"与"篮"同音，"揽"是拥抱之意。）

　　女：我是说购物篮！产品很便宜呀！

《购物车篇》

　　男：老婆，我想多要一辆车！

　　女：你发财了呀？！

　　男：产品很便宜，一辆购物车不够呀！

《喜欢篇》

男：你最喜欢什么？

女：汽水、巧克力、花露水……

女：苹果、唐生菜、洗头水！你又喜欢什么？

男：不就是你吗？

旁白：六十多年来，在惠康都可以找到你最喜欢的！

《中秋篇》

男：中秋最重要的是什么？

女：当然是人月两团圆！

男：中秋最重要的是……

女：抢购东西！还不帮手？！

　　曾经创作过不少明星广告，但以同一群演员，连续几年拍摄几十个广告片还是第一次。我们希望像电视连续剧一样，拍摄一个篇幅较长的形象广告，然后再加十个短片全年每月播放，让品牌与消费者可以建立更长远的关系。不让消费者每年重复看到同一个形象广告片，而是在不同的时节、不同的场合都会看到我们的宣传，回应他们不同的需要。而且这些人物不止在电视上出现，还会现身报纸、杂志、社交平台，与消费者建立更好的关系。

　　这个系列首年播放，反应很好，我们先后夺得多个最受欢迎电视广告奖。所以，翌年又拍摄了另一系列的十个广告片。前后几年共拍摄了几十个类似的广告片，成为其中一个常青的电视广告系列。这些广告片除为客户夺得不少奖项，也提升了消费者对品牌的喜爱度与忠诚度，可以说是一个相当成功的市场营销策略。

群星拱照

作品名称：七十周年篇
客　　户：惠康超市
广告公司：香港 Grey 广告
首席创意官：何振鸿
创意总监：林永强
文　　案：Henry Yim
美　　指：Chris Yung、Yiu Chiu、Jill Chan
制　　片：John Lo
制作公司：Moviola
导　　演：徐佩侃
后期制作：Touches、Digit Digit
剪　　接：Adrian Brady
发表日期：2015 年
曾获奖项：TVB 十大最受欢迎电视广告奖
　　　　　TVB 最受观众喜爱电视广告奖

《七十周年篇》

女店员：我们在干什么？

店长：今天是惠姐与康哥相识七十周年纪念。

男店员一：街坊一场，我们当然要略表心意！

男店员二：两位好，那边的唐生菜很新鲜，过去看看吧！

小孙女：行了没有？

男店员二：行了没有？

店长：可以了！散开！

店长：橘子很好！

康哥：今天的橘子很好！

惠姐：你懂什么！唐生菜更好！

众：哈！

男店员一：惠姐，那边的东西很便宜！

惠姐：真的吗？你双眼没事吗？

男店员一：没事！这边请！

男店员二：借给我！

客人一：没关系！

客人二：唐生菜很好呀！

女店员：跟我来！

店长：买棵唐生菜吧！

小孙女：这棵好呀！

惠姐：你也懂？

惠姐：正在搞宣传活动吗？

惠姐：竟然给我找到！

康哥：真好，找到最喜欢的！

旁白：七十年来，在惠康你都能找到你最喜欢的东西！

创作广告不容易，创作有明星的广告更难。而明星越多，难度更会以几何级数上升。首先，明星代言费用不低。客户的预算用在了明星身上，就意味着制作费用或会受到影响。即使客户预算充足，但要迁就明星档期也不容易。而且明星越多，档期就越难迁就。

构思明星广告比没明星的广告复杂。故事常要围绕明星出发，限制了创作的自由。又因要迁就演出的时间，让拍摄也被迫简化。如果明星众多，还要巧妙分配戏份。我说巧妙，是因为并非平均那么简单，而是要视乎知名程度决定。再者，不可忽视出场次序。谁率先登场，谁带起高潮，谁最后压阵，都有学问。还未说现场化妆间的安排，膳食的处理，拍摄的先后，演出的安排，等等，弄不好随时会是灾难。

我拍过不少这类群星拱照的大制作，整个过程都会胆战心惊。顺利完成已经感谢神恩，实在不敢再奢求很有创意。而且这类群星拱照项目如同慢性毒药，药性会不断加强。今年三位明星，明年便要五位，后年便要七至十位，没完没了。这个广告便有十位明星，难度大家心中有数。庆幸过程顺利，没有爆发灾难。但若由我选择，我就情愿只用普通演员，相信效果更佳！

081招

打破闷局

作品名称：全民报价篇
客　　户：惠康超市
广告公司：香港 Grey 广告
首席创意官：何振鸿
执行创意总监：林永强
文　　案：Quinn Chan
美　　指：Chris Yung、Yiu Chiu
制　　片：John Lo
发表日期：2016 年
曾获奖项：香港金帆大奖户外金奖
　　　　　香港金帆大奖媒体活动金奖
　　　　　Marketing Excellence Award 游戏类金奖
　　　　　Marketing Excellence Award 创新类银奖

《全民报价篇》

　　负责超市广告，有大量的工作是既重复又沉闷的。每周我们都要制作很多报价宣传片，就像新疆哈密瓜每个××元、泰国香米每包××元、新会甜橙四个××元。这些看似毫无创意的广告，却是客户招徕生意的重点所在，也是精明消费者所在意的东西。某次年度提案中，我们打算革新一下这些报价广告，令消费者能够更留意这些广告。于是，我们忽发奇想，打算找消费者来帮忙报价。我们把报价变成一个比赛，派出报价车到各区挑战消费者。每周胜出的参加者的报价片段，便会在电视广告时段播出。四周的比赛吸引了很多市民参加，在炎热的天气下仍大排长龙。这项报价活动更替我们在香港金帆大奖中夺取了全场四个金奖的其中两个，成为最大赢家。此外，也横扫多个市场大奖，获得不少美誉。一个本来沉闷的工作，因为注入创意元素，竟可以得到如此佳绩，实是始料不及。

卖点入手

作品名称：地道旅游系列
客　　户：香港旅游发展局
广告公司：香港 Grey 广告
执行创意总监：林永强
文　　案：Christopher Lee
美　　指：Jackie Wong
制　　片：John Lo
制作公司：Such Film
导　　演：Maisy Choi
后期制作：Touches、Digit Digit
剪　　接：Holly Ho
发表日期：2016 年

《厨师篇》

厨师心声：
我在香港生活了20年，
我第一句会说的广东话是——很好吃！好味道！
有多好吃，吃过就知道，
从米其林美食到街头小吃，好滋味无处不在，
这就是香港的特色。
真的非常好吃！
字幕：尽享最香港。

《时装设计师篇》

时装设计师心声：
我喜欢到处寻找设计灵感，
这座城市，不断给我惊喜，
色彩缤纷，活力十足，
国际潮流、街头文化互相融合。
这里找到的本地设计、潮流造型，
连巨星也会满意！
这就是香港的特色。
字幕：尽享最香港。

《外甥女篇》

舅父母：欢迎来到香港！

外甥女：

太酷了！你知道吗？

我的麦可舅舅是超人！

他带我去很多好玩的地方。

他还会飞呢！

舅舅：

我喜欢带家人游香港，

因为我可以和他们不断地探索这个城市。

这就是香港的特色。

外甥女、外甥：我会想你的！

字幕：尽享最香港。

《明星篇》

刘青云心声：
有时候，我感觉在跟时间赛跑，
但只要我想，
就随时可以到处走走，放松一下。
在香港，宁静的大自然就在身边，
我还能感受到浓浓的人情味，
这就是香港的特色。
字幕：尽享最香港。

  一个成功的广告系列，往往取决于是否有一个与众不同的入手点。

  香港是一个很特别的城市，每个角落都有很精彩的地方。相信没有人会比我们这些每天在这里生活的本地人更清楚什么才是香港最好吃、最好玩、最好看的地方。所以，最佳的入手点，莫过于找这些最熟悉香港的本地人去介绍香港，让每位旅客可以像本地人一样发掘香港的不同特色。

  这个广告系列我们拍摄了四个故事，每个故事都由一位具有代表性的本地人为我们介绍香港的不同特色。第一个故事的主角是一位在香港生活了二十年的意大利米其林三星大厨，他带领我们到香港四处寻找美食，不单美酒佳肴，还有蛋挞、鸡蛋仔、云吞面等地道美食。第二个故事，我们请来年青的香港时装设计师，带我们到深水埗布行街、太子金鱼街等等，探索香港的潮流时尚特色，最后她更把灵感变成天皇巨星陈奕迅演唱会的其中一件表演衣服。第三个故事是一对夫妇带领亲友一家畅游香港。除了走遍香港两大主题公园，又上山下海，坐直升机游香港地质公园及乘坐张保仔号畅游维港。最后一个故事，由香港演员刘青云带我们游遍香港郊外风光。最感动的是拍摄最后一幕，导演问他是否要替身？他二话不说就亲身上阵，站在山尖上俯瞰香港的大自然景色。这个广告系列可说是香港旅游发展局历来最成功的广告，得到世界各地不少媒体的好评。

083招

认识条例

作品名称：单车篇
客　　户：香港旅游发展局
广告公司：香港 Grey 广告
执行创意总监：林永强
文　　案：Keith Lam、Alison Ho
美　　指：Carlos Wong、Ella Wong
制　　片：John Lo
制作公司：Such Film
导　　演：James Ting
后期制作：Touches、Digit Digit
剪　　接：Holly Ho
发表日期：2017 年

《单车篇》

旁白：
全城一起见证，世界级单车选手疾速追风！
十月八日新鸿基地产香港单车节约定你！

每个地方总有一些特定的广告条例，若不清楚的话，随时会触礁，后果可大可小。

几年前为香港旅游发展局创作香港单车节广告。那时心中只想怎样可以把骑单车拍得酷，吸引更多人留意这件盛事。我们设计了很多场景，见到男女老少在港九新界不少地方骑单车，想带出全民支持的概念。但我们却忽略了香港的交通规则，让整个制作出现了不少问题。

首先，我们忽略了香港交通条例规定任何人士骑单车必须佩戴头盔。我们只想把画面拍得漂亮，不想每人戴头盔，不好看。可惜，法例所限，我们也不得不就范。幸好，我们在拍摄前发现，否则便要重拍了！

其次，单车不能骑在路中，只可靠在路旁一米左右的距离。但我们拍摄的时候并没有留意这条法例，结果只能在剪接时挑选符合法例的镜头，浪费了不少漂亮的镜头。

还有，原来单车必须有刹车系统。但我们拍摄的孩童单车是没有刹车系统的。于是，我们唯有把镜头放大，避免看到车轮没有刹车系统。

这次经历，给了我一个很大的教训。往后要好好留意条例的要求，不能掉以轻心。不是每次都能事后补救，搞不好便要浪费金钱与时间重拍了！

084招 小孩广告

作品名称：新年篇
客　　户：香港旅游发展局
广告公司：香港 Grey 广告
执行创意总监：Michael Knox、林永强
文　　案：Christopher Lee、Alison Ho
美　　指：Jackie Wong、Ella Wong
制　　片：John Lo
制作公司：Sweet Shop
导　　演：Andrew Lang
后期制作：Touches、Digit Digit
剪　　接：Adrian Brady
发表日期：2018 年
曾获奖项：香港金帆大奖电视广告铜奖

《新年篇》

字幕：
新春好运连连，香港精彩处处
字幕：尽享最香港。

香港广告行内有句名言："小孩与狗，拍到你呕！"意即小孩与狗的广告很难搞，随时让你呕心沥血。有人误以为我的公司叫作"小孩与狗"，便是与此有关，其实只是巧合而已。我绝非刻意挑战难度，拍摄小孩的广告。我只是不知为何与小孩结了不解之缘，作品中常有小孩子出现。就像过去几年，我确实几乎每个作品都有小孩子。可能是我喜欢小孩子的童真，喜欢从他们的角度看世界，喜欢常有的意外惊喜。

我认为挑选小孩演员最重要的是童真。我绝对不会挑选那些太会演戏的，就是怕他们没有童真，过于造作。但选纯真的小孩，便要有不受控制的心理准备。但这些出乎意料的事情，往往是让广告与众不同之处。例如这个香港旅游发展局的贺岁片，其中的小妹妹是毫无演出经验的，而且她年纪很小，不太明白我们在干什么。不过，她有的就是童真，可以很自然、很开心地在广告中跑来跑去。至于那位小兄弟，虽然有少许拍摄经验，但是位很有个性的小朋友。他不一定跟随导演的指导，常常自由发挥。幸好，这次他只是做回他自己，演绎出一位很有个性、很有想法的小朋友，要让小妹妹勇敢接受新事物，不怕面对挑战。否则，我们即使花上更多的时间，也不一定有如此自然的演出。

亲情广告

作品名称：钢琴篇
客　　户：银联集团
广告公司：香港 Grey 广告
首席创意官：何振鸿
创意总监：林永强
文　　案：Henry Yim、Quinn Chan
美　　指：Chris Yung、Yiu Chiu
制　　片：John Lo
制作公司：Tuckshop Films
导　　演：Anthony Yip
发表日期：2015 年

《钢琴篇》

儿子心声：
小时候，我真的很反叛！
我不要再学习了！
从那天起，妈妈没有再要我学习钢琴。
有些事情，原来我一直忽略了！
妈妈心声：
妈妈希望最爱的音乐能够一直陪伴你！
旁白：
用心感受，才会感受对方心意！
银联集团带给你卓越的强积金服务。
银联集团，心连心，肩并肩。

　　我认为没有什么比亲情广告更能打动人心。而在亲情广告之中，以父母与子女的关系尤为动人。即使很多父母与子女之间的关系都很紧张，甚至决裂，但大家骨子里仍然渴望能够有血浓于水的亲密关系。所以，亲情广告常常让人潸然落泪。

　　这个故事我们想分享的是现代父母与子女的关系。上一代的父母比较家长式，事事为子女安排，却没有理会他们的感受。所以，子女没有自由，好像父母手中的棋子。这一代的父母不同，他们以子女为中心，生活围绕着他们。但问题是又会容易过分迁就子女，甚至溺爱。故事中的母亲虽想儿子学习钢琴，延续他的梦想，但因儿子性格反叛，情愿顺从他的心意。直至孩子长大了，他才能体会到母亲的心意。我们身边实在太多与亲情有关的故事可以给我们创作的灵感，让我们可以创作出大家有共鸣的广告。

086招 锦上添花

作品名称：严苛老板篇
客　　户：必理痛
广告公司：香港 Grey 广告
执行创意总监：林永强
文　　案：Keith Lam、Quinn Chan
美　　指：Chris Yung、Yiu Chiu
制作公司：Spunk Pictures
导　　演：Apiruk Pangseepirom
发表日期：2017 年

《严苛老板篇》

  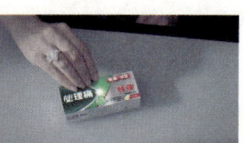

老板：跟我来！
老板：已经不是第一次了！

老板：收了它！

旁白：

新必理痛特强伤风药，十五分钟见效，自然排出体外，对病更严苛，呵护你更多！必理痛特强伤风药。

想到好的故事，只是一个好的开始，能把故事好好执行才是重点。而执行方面，先决条件是要找到合适的导演。选错导演，不单浪费剧本，还会带来一连串的问题，后果相当严重。相反，要是找到合适的导演，拍摄当然安心，更随时可以为作品锦上添花，甚至提升层次。

我们这个创意，要借口硬心软的老板带出产品的优点，拿捏不好，可以变成一个令人反感的广告。庆幸我们找到一位很称职的导演。我一直喜欢泰式的幽默广告作品，很想有机会合作。这次因为要同时拍摄大中华与东南亚版本，所以因利乘便，选了一位擅长拍摄幽默的泰国导演。导演不负所托，添加了一些泰式的夸张与搞笑的演绎，令广告更加有趣。虽然只是些微的差异，却起了很大的变化，使广告更加一见难忘。

灵光一闪

作品名称：三王来朝篇
客　　户：万宁
广告公司：香港 DDB 广告
首席创意官：何振鸿
执行创意总监：林永强
文　　案：Quinn Chan, Paul Yu
美　　指：Tommy Chung、Kuchi Ku
制作公司：电影厂
导　　演：陈敏聪
后期制作：Touches、Digit Digit
发表日期：2018 年

《三王来朝篇》

小男孩：我们忘记了买礼物给小婴儿！

店员：请问三位有什么需要？

小女孩一：我要黄金！

小女孩二：乳香！

小男孩：没药！

小女孩一：很闪亮呀！

小女孩二：很香呀！

小男孩：很多呀！

众小孩：来万宁，"关关心心"过圣诞！

  无论有多少创作经验，创作人始终难逃瓶颈。有时搜索枯肠，就是想不出满意的点子。而且越是焦急，越是脑子一片空白。负责万宁这个圣诞广告片时，我们便遇上了瓶颈。我们想过无数点子，不少都被内部杀掉。能够获准提案的，又过不了客户那关。于是，压力从内外夹击，令人喘不过气来。

  记得那时提案前的最后一次内部会议前，手上的点子都不是很满意。在乘车回公司之际，脑海里忽然灵光一闪，三王来朝的画面出现在眼前。三博士所赠送的黄金、乳香、没药，正好与客户想推销的过节食品、美容用品及药品相配。于是，我马上在车内用手机写下剧本。只花了十多分钟的乘车时间，便把剧本写好了，点子更在内部会议顺利通过，客户也很喜欢。灵感就是那么突如其来，就要看那一刻有没有好好把握。

生活片段

作品名称：付款新潮流篇
客　　户：恒生银行
广告公司：香港 DDB 广告
首席创意官：何振鸿
执行创意总监：林永强
文　　案：Quinn Chan
美　　指：Tommy Chung
制　　片：Chau Kam Chuen
制作公司：电影厂
导　　演：陈敏聪
后期制作：Touches、Digit Digit
剪　　接：Ball Lai
发表日期：2018 年

《付款新潮流篇》

男生：给诗诗 2000 元！
字幕：恒生 PP 支付平台
妈妈：忘记了交学费！
字幕：缴付各类账单。
众：转 80 元给 James！
字幕：HARO P2P 对话转账
女儿：给爸爸 8000 元！
爸爸：转回 1000 元给女儿！
旁白：
生活，可以很简单！
旁白及字幕：
有恒生 PP 支付平台，引领付款新方式！

生活片段可以说是广告最常见的一种表现形式。无论大小品牌，都喜欢采用不同年龄与职业的人在不同的场景使用产品或服务。背后的理念当然是希望给人产品很受欢迎的感觉。

这类生活片段的广告看似简单，其实并不简单。因为，生活片段太普通的话，很难吸引人注意。但太特别的话，又难引起普罗大众的共鸣。所以，很多时候会选取在普通场景发生的一些稍为特别的事情。例如在普通的餐厅里，很多人一起同时以手机付款。又或者，同样是父女间的生活片段，却加了女儿以手机给家用的情节。简言之，就是在平凡中显出有点不平凡。只要掌握到窍门，以后再做这类生活片段的广告就轻松得多了！

089招 软硬兼施

作品名称：笑脸篇
客　　户：GNC
广告公司：香港 DDB 广告
首席创意官：何振鸿
执行创意总监：林永强
文　　案：Cola Chan
美　　指：Christine Lai、Hoon Leung
制　　片：Denis
制作公司：七三一
导　　演：Lik Ho
后期制作：Touches、Digit Digit
发表日期：2019 年

《笑脸篇》

字幕：It's All About Timing...
心声：
不知何时开始，大家的时间都错乱了！
已经忘了有多少个晚上只是独自入睡，
忘记了那天没有赶着上班，
会不会某天把他也忘掉？
我记起一些感觉，
一些两个人从前在一起的感觉，
原来愿意踏出一步，生活会有更多同步。
字幕及旁白：
开始，让一切起动。GNC。

早期的社交媒体，大家一窝蜂去拍微电影。长度从几分钟到几十分钟不等，但内容全是软性的，或悲或喜，都只在增加品牌的好感。后来，又走了另一极端，很多社交媒体的内容变成了产品的示范，只是把示范变得比较有趣而已。今时今日，仅是软销或硬销都有问题。客户不愿再花钱只做形象，也知道纯粹硬销产品无法吸引观众。所以，现在是要在两者中间着墨，既要故事吸引，也要能够自然带出产品。

创作这个广告时我们便尝试结合两者。故事是夫妻之间的爱情故事，产品却成了故事的转折点。由于产品出现正是故事的高潮所在，所以观众对产品的印象会更加深刻。而因为产品自然融入故事之中，不会太过突兀，更不会破坏一直铺排的情感。当然，这种软销与硬销之间的平衡是不易拿捏的，要多做尝试，累积经验，才能发挥得好。

090 招

不惜工本

作品名称：2050 篇
客　　户：康业金融科技
广告公司：香港 Kids & Dogs 广告
执行创意总监：林永强
文　　案：林永强
美　　指：Marco Ma
制作公司：Bleu Arc
导　　演：Richard Au-Yeung
制　　片：Wenda Chan
后期制作：One Cool Cut
剪　　接：Henry
发表日期：2020 年

《2050 篇》

字幕：
2050
康业智能机械设计师 Hawkins
区块链保安系统专家 Rebecca
康业大数据分析师 Dheeraj
康业营业代表 Miko
旁白：
康业金融科技相信，要创造未来，就要有预见未来的能力。
我们早已准备好，即使再过数十年，我们仍能精英荟萃。
康业创新金融科技让你即使身处火星，一样可以发挥无限。
Miko：
其实不用到火星，在地球康业信贷同样可以帮助你！
康业领金融科技发展潮流，革新贷款流程，
为市场提供资金，贷款额可超过千万，
助你极速冲线，达成目标。
旁白及字幕：
康业人才，创金融未来。
康业金融科技。

　　自己创业，很需要有好的作品。所以，接到这个案子的时候，我心中有个想法，就是要做出好的作品，而不是为了赚钱。这次客户所给的预算并不低，按理我们应该可以赚得一笔可观的收入。但为了做出好作品，我情愿把金钱都花在制作上。

　　客户要求的是一条六十秒钟的形象广告，但我们为了做出好作品，不惜工本制作了一条一百二十秒的广告片，而且当中有不少电脑动画的制作，是需要按秒计算成本的。拍摄方面，一般来说两天已经足够，但我们用了四天的时间，而其中一天更远赴马来西亚拍摄。成本虽然提高，但为了有更好的成果，一切都是值得的。尤其是我们这些小公司，更不容易找到这种预算的案子。若不把握机会去做好作品，将来更难找到类似的机会。这个广告片让其他客户也对我们另眼相看，相信小公司同样可以做出大制作。

091招

轻松小品

作品名称：Hawkins 篇、Miko 篇
客　　户：康业信贷
广告公司：香港 Kids & Dogs 广告
执行创意总监：林永强
文　　案：林永强
美　　指：Marco Ma
制作公司：Bleu Arc Picture
导　　演：Richard Au-Yeung
制　　片：Wenda Chan
后期制作：One Cool Cut
剪　　接：Henry
发表日期：2020 年

《Hawkins 篇》

妈妈：老公！

爸爸：没问题！

妈妈：老公！

爸爸：没问题！

妈妈：老公！儿子又不知在弄什么！

妈妈：行吗？

儿子：行！

旁白：

你何时急需现金，我们都替你准备好。

康业金融科技 K-Cash，7x24 人工智能自助私人贷款，即按即有现金！

《Miko 篇》

男子：你将来会是我的太太！

女子：你怎会知道我喜欢芒草？

女子：为什么忽然要开分店？

男子：生意扩充了，而且多个人，需要多一间婴儿房！

旁白：

你还未想到的需要，我们早替你准备好。

康业信贷快递物业贷款，助你解决资金问题，
最快 15 分钟批核，24 小时到账！
男子：不如为她取名 MIKO！
医生：是个女儿！

从事广告三十年，负责创作过几百个广告。扪心自问，我最喜欢创作的并非大制作，而是这类轻松小品。这多少与性情有关。我并非那种喜欢成就大事的人，能够有些许成绩已经心满意足。况且，我怕麻烦，又性急，大制作投资太大，对我并不适合。反而这些轻松小品，只要有些许趣味便可，做起来也比较轻松。当然，偶然也需要挑战一下难度，突破一下自己，做些能力以外的工作。但其余时间，做些较易掌握的工作，压力也没有那么大。

事实上，不同性情的人会有不同的作品。有些人悲天悯人，作品赚人热泪；有些人活泼开朗，作品风趣幽默；有些人学富五车，作品字字珠玑。大家各有长短，也毋需比较。最重要的是找到自己所长，好好发挥，创作才会开心，作品才会动人。

型格路线

作品名称：日夜潮玩篇
客　　户：创新方
广告公司：香港 Kids & Dogs 广告
执行创意总监：林永强
创意总监：Marco Ma
文　　案：林永强
美　　指：Marco Ma
制作公司：Invisible Lab
导　　演：Harris Kristanto
制　　片：Ying Ying Wong
后期制作：Invisible Lab
剪　　接：Michael
发表日期：2021 年

《日夜潮玩篇》

字幕：

什么是潮玩？

狮门娱乐天地，

国家地理探险家中心，

奇幻功夫夜。

旁白：

想体验创新科技与沉浸式光影互动，就要来横琴创新方。

创新方，日夜潮玩，乐而忘返！

字幕：

日夜潮玩，乐而忘返。

创新方是珠海横琴的一个综合式旅游景点，既有商场、餐饮，更有全球知名的国家地理探险家中心、狮门娱乐天地，还新增了一个沉浸式的奇幻功夫夜互动游戏区。消费对象是年轻人及年轻家庭，他们不单想玩游戏放松一下，也想接触新的时尚事物。所以，我们想到把创新方打造成一个有型的消闲胜地。

我们放弃了创新方早期宣传所用的传统故事叙事模式，也避免了竞争对手常用的项目介绍手法，而改以色彩斑斓的画面，将不同卖点以抽象的风格呈现。观众未必完全了解每个项目，却被目不暇接的视觉元素所冲击，感受到这是一个很酷很有型的地方，必定要来逛一下。这个广告片投放以后，收到不少赞誉，都觉得全片美轮美奂，拍摄也很有风格。希望将来能有更多类似的机会，创作出更有风格的广告片。

093 招 回馈社会

作品名称：少年篇、妇女篇
客　　户：One Message One Call
广告公司：香港 Kids & Dogs 广告、Bleu Arc Picture
执行创意总监：林永强
文　　案：林永强
美　　指：Marco Ma
制作公司：Bleu Arc Picture
导　　演：Willis Wong
制　　片：Wenda Chan
发表日期：2021 年

《少年篇》

少年：是否真的很艰难？为什么没有人明白我？

在哪儿？为何不见影踪？

旁白：

别以为必定有其他人会找他和关心他。

传送短讯、打个电话，

让他知道有人关心他。

旁白及字幕：

一个短讯、一个电话，一句问候，苏醒人心。

《妇女篇》

标题：要有人开解，先可以解开

标语：一个短讯、一个电话，一句问候，苏醒人心。

最近两年，香港社会各阶层都遇上很大的压力。有些人较为乐观，遇到困难也懂得怎样去放松。但也有不少较为内向与悲观的人，会把自己困在死胡同里，无法走出困局。有时，就是一念之差，把人推向绝路。

作为广告人，我们未必有方法解决他们的问题。但我们也可以靠我们传播的知识去略尽绵力。我们发现，这些在困难中的人最需要的不一定是解决的方法,而只是有人愿意聆听与关心。所以,我们想到一个简单的宣传手法,便是借助电视广告与地铁海报鼓励大家以"一个短讯、一个电话"去关心有需要的人。

这个系列我们共拍摄了三个电视广告,分别是年轻人、妇女与老年人。他们都是最被忽略,却承受最大压力的人。我们并不是希望能够拯救世界,我们只希望能够帮助到一位有需要的人。

094招 助人为乐

作品名称：同心互助饭券
客　　户：7-Eleven
广告公司：香港 Kids & Dogs 广告
执行创意总监：林永强
创意总监：Marco Ma
文　　案：林永强
美　　指：Marco Ma
发表日期：2020 年
曾获奖项：市场公关大奖企业社会责任金奖
　　　　　市场公关大奖公共关注金奖
　　　　　市场公关大奖最佳品牌管理奖
　　　　　市场公关大奖大型社区互动金奖
　　　　　Marketing Excellence Awards 企业社会责任金奖
　　　　　Marketing Excellence Awards 消费者互动金奖
　　　　　Marketing Excellence Awards 大型活动银奖
　　　　　Marketing Excellence Awards 整合市场铜奖
　　　　　HKMA 市场大奖优异奖
　　　　　HKMA 市场大奖最佳品牌优异奖
　　　　　HKMA 市场大奖最佳预算优异奖
　　　　　HKMA 市场大奖最佳社会责任优异奖

《同心互助饭券》

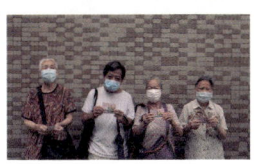

广告一直被视为替客户赚钱的工具，只想不断拿消费者口袋里的钞票。其实，广告也可以发挥它的社会功用，帮助社会民生。

因全球新冠疫情蔓延，香港的经济也受影响，不少市民失业，连最基本的饮食都无法维持。而我们所服务的便利店，因为店铺无处不在，成了一个支援社区的便利。我们帮助客户宣传"同心互助"饭券，鼓励市民购买，帮助有需要的人士。饭券只是十五元一张，很多人都能负担。一个人做不到，一起便能互助。

饭券反应很好，原定的八万张饭券，增加至五十多万张，帮助到更多有需要的人。所以，不要轻看广告的可能性，它对社会民生也可以有所裨益。

095 招

结合兴趣

作品名称：早餐篇
客　　户：7-Eleven
广告公司：香港 Kids & Dogs 广告
执行创意总监：林永强
创意总监：Marco Ma
插　　画：林永强
发表日期：2020 年

《早餐篇》

我自小喜爱画画，尤其是漫画，就像我的"小强漫画"便在内地连载了好几年，并且结集成为两本漫画。不过，我从没把我的漫画兴趣与工作结合。这次是客户看过我的漫画，很是喜欢，所以请我帮忙。

一直画画，只是画自己所想的。但变成广告，要求便完全不同，既要有创意，也要与产品结合。庆幸客户给予我很大的空间，只要与他们的早餐饮食有关便可以了。但我不想把漫画变成插画而已。于是，我想到把产品拟人化，变成一张张单格的漫画。好像一张是饭团在微波炉内晒太阳、一张是饮品左拥右抱不同的饭团、一张是饭团在鲣鱼汤上泡温泉，全是从产品卖点出发的有趣点子。

我相信不少创作人都有自己的个人兴趣，如音乐、摄影、跳舞等等，但不是所有人都想过把兴趣与工作结合。试试围绕自己的兴趣出发，说不定会有些意想不到的创意。

096 招　　　　　　　　　　　　　　　　积极应变

作品名称：香港味道篇
客　　户：7-Eleven
广告公司：香港 Kids & Dogs 广告
执行创意总监：林永强
创意总监：Marco Ma
文　　案：林永强
美　　指：Marco Ma
导　　演：林永强
后期制作：Invisible Lab
剪　　接：Samson Yip
发表日期：2020 年

《香港味道篇》

字幕：道道都有香港味道
上班族：中环人，做事最爽快！
年轻人：沙田人，简简单单！
女士：跑马地人，大方得体！
情侣：深水埗人，和蔼可亲！
少女：旺角人，聪颖过人！
旁白：
全港7-11热卖点有全新组合，更多滋味选择，真的道道都有香港味道！快来尝一下！

全球新冠肺炎肆虐，香港也不例外。为了防止疫情传播，香港也有限聚要求及必须于公众场所配戴口罩。如此情况之下，要在户外拍摄广告并不容易。所以，接获这个便利店案子时，我们便绞尽脑汁，看看怎样可以在不违反法例前提下完成工作。

因为必须配戴口罩的限制，反而令我们想到几个不同的处理手法。首先，我们想到把产品放大，置于演员头上，既可让产品更抢眼，画面更有趣，也可以把演员面上的口罩挡住。而且，我们每个镜头都只有一至三位演员，没有违反四人限聚的要求。然后，我们又采用主观镜头的手法，拍摄了另外六个小故事。每个故事都是从一位演员的主观的视线去看食物，完全避免了口罩出镜的问题。

问题总有解决方法。只要冷静面对，灵活应变，问题都可以成为创意的源泉。

097招

永不停步

作品名称：1000店篇
客　　户：7-Eleven
广告公司：香港 Kids & Dogs 广告、Serif Communication、SkyPost
执行创意总监：林永强、Matthew Kwan
文　　案：林永强
美　　指：Matthew Kwan、Marco Ma、Amy Yiu、Joe
制作公司：Plan B Film
导　　演：Manlam
制　　片：Inma Yip
后期制作：3 JBK
剪　　接：Henry Chu
发表日期：2021 年

《1000 店篇》

字幕：＃全港最多分店。

小孩：必有一间在附近！

过去 30 年，创作过数百个电视广告及无数的平面、户外、社交媒体等等的作品。当中有些好作品，也有不少烂透的。创作生涯就是如此高低起伏，充满不定的变数及可能。正如客户开了 1000 家分店，也只是一个里程碑，而不是终点。说不定还有第 2000、3000 家。

广告创作也如是，你永远无法预知下一个作品会是怎样。它可能是平平无奇的另一广告而已，也可能是改变潮流的佳作。你唯一可以知道的就是永不停步，继续努力，相信好戏还在后头，最精彩的剧情仍未上演。

就像我以为自己会在 4A 中一直工作至退休，没想到自己居然会创业。换了跑道，就会跑到不同的目的地。从前觉得不可能的，忽然变成可能。

千万不要被客观环境所限制，很多机会都是自己创造出来的。也不要觉得自己已过事业的巅峰，要相信自己仍有能力再越高峰。如果现在正处低谷，不要放弃，很多伟大的作品都是在困境中创作出来的。要是前路不清，视线模糊，也不要害怕，试试停下来稍作休息，然后再继续上路。只要朝着目标，没有放弃，终点必会越来越接近。加油！

098招 小孩与狗

作品名称：天生一对篇
客　　户：富通保险
广告公司：香港 Kids & Dogs 广告
执行创意总监：林永强
创意总监：Marco Ma
文　　案：林永强
美　　指：Marco Ma
制作公司：Midnight
导　　演：Yeung Chun Yin
后期制作：Midnight
剪　　接：Lokyi、Yeung Chun Yin
发表日期：2021 年

《天生一对篇》

  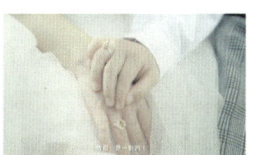

字幕：
有些事物，一定要成双成对才好！
鞋，是一对的！
戒指，是一对的！
小狗，也是一对！
富通保险的自愿医保及合资格延期年金保单，
健康保障与退休收入同时拥有，
还可以与你的"天生一对"一起扣税，
推广期内更有保费回赠。

成立 Kids & Dogs 的时候，我有一个目标。这个目标并非赚多少金钱，甚至不是做出什么有创意的广告，而只是希望能够拍出一个有小孩与狗的广告片。这个看似无聊得很的想法，正是我的童心，觉得好玩，就不顾一切去做！

直至近日，我们接到富通保险的案子。我们的点子很简单，只是一个简单的比喻，把自愿医保与延期年金这对扣税组合比喻为天生一对的男女。不过，我们把这对男女变成了小孩子。导演好像知道我心里想些什么，建议在故事里加一对小狗，变成像我公司的名字一样拥有小孩与狗。

单单拍摄只有四五岁的小孩子已经并不容易，更何况还有一对小狗，而且要同场互动？庆幸导演与制作团队都很有耐性，也很有方法，出尽浑身解数来逗弄小孩与狗开心，让他们能够愉快地完成拍摄。

小孩与狗都能让你暂时忘忧、开怀欢笑。而这也正是我自己创业的心愿，可以简简单单、开开心心地从事创作，也希望把这种欢乐带给客户与观众。现在总算完成了一个目标,又要开始朝着另一个目标进发了!

099招 自我要求

作品名称：一口气系列
客　　户：yuu to me 网购
广告公司：香港 Kids & Dogs 广告
执行创意总监：林永强
创意总监：Marco Ma、Charles Hong
文　　案：林永强、Charles Hong
美　　指：Marco Ma、Jan Chan
制作公司：Plan B Film
导　　演：Manlam
后期制作：3JBK
发表日期：2021 年

《麻将篇》

女：想要什么？要筒子？要万子？要西兰花？要香蕉？要三

文鱼柳、要虎虾、要蓝莓、要荷兰车厘茄……

　　MVO：买菜用 yuu to me now 一口气要什么都可以！60 分钟送到，首单满 100 元免运费！

　　MVO：用恒生信用卡还有 3 倍 yuu 积分！

《爸爸篇》

　　爸爸：叫爸爸、叫爸爸、叫可乐、叫薯片、叫鸡汤、叫方便面、叫柠檬茶、叫啤酒……

　　MVO：用 yuu to me now 一口气叫什么都可以！60 分钟送到，首单满 100 元免运费！

　　MVO：用恒生信用卡还有 3 倍 yuu 积分！

《电玩篇》

学生：叫谁帮忙？

看更：叫C罗？叫卡瓦尼？叫奶茶、叫咖啡、叫溏心蛋、叫鸡腿、叫三明治、叫饭团……

MVO：用yuu to me now一口气叫什么都可以！60分钟送到，首单满100元免运费！

MVO：用恒生信用卡还有3倍yuu积分！

很多时候，客户只会要求我们帮忙销售产品，却不一定要求有创意。若我们按本子办事，工作就简单得多。可惜，我们就喜欢不安于本分，总是喜欢对自己有要求，想多行一步，加一点创意的元素。

就像这个案子，客户的要求很简单，只需我们告诉消费者yuu网购有些什么货品即可。客户对我们并没有什么创意的要求，但我们对自己却有要求。我们想到yuu网购会让人着迷的点子，打麻将的主妇会时刻想起yuu买到的新鲜蔬果肉食、初为人父的上班族会想起yuu买到的家庭用品、喜欢电玩的学生会想起yuu的外卖……因为着迷，所以会时常冲口而出，引起不少笑话。而制作公司也对自己有要求，他们本可按本子办事，按故事板拍摄即可。但他们也愿意多走一里路，加入了很多有趣的元素，像主妇们浮夸的衣着与演技、年轻父亲怀旧的造型、变成绿巨人的学生……因为大家都对自己有要求，才能尽力做好创意，把作品的水准提升。所以，下次接获简报，尝试不要按本子办事，对自己有要求，尽力做出好创意！

与众不同

作品名称：至强特攻队系列
客　　户：yuu to me 网购
广告公司：香港 Kids & Dogs 广告
执行创意总监：林永强
创意总监：Marco Ma、Charles Hong
制作公司：Plan B
导　　演：Manlam
制　　片：Inma Yip
后期制作公司：18 and A Half
剪　　接：Toby Check
发表日期：2022 年

《电眼女超人篇》

　　字幕：至强特攻队
　　字幕：电眼女超人
　　司棋姐：是否新鲜？是否名牌？我一眼就知！

司棋姐：嗯！不知哪里来的！我一眼就知不－新－鲜！

司棋姐：不新鲜！不新鲜！不新鲜！

司棋姐：新鲜食品，一日内一次送上门！

旁白：yuu to me 全港至强网购平台。

司棋姐：司棋姐专属 88 元组合推介！

字幕：李司棋专属 $88 组合推介。

《达闻西教授篇》

 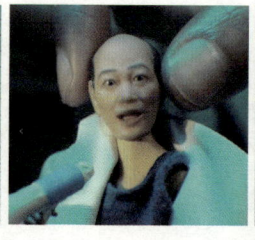 

字幕：至强特攻队

字幕：达闻西教授

家英哥：终于研究到"帮你购 3000"！什么都帮你买得到！

家英哥：我要惠康的西－兰－花！

家英哥：万宁的洗－头－水！

家英哥：Market Place 的虎－虾！

家英哥：还是用 yuu to me 更好！

家英哥：一张订单，什么都有，强呀！

旁白：yuu to me 全港至强网购平台。

家英哥：家英哥专属 88 元组合推介！

字幕：家英哥专属 $88 组合推介。

《长腿女神篇》

字幕：至强特攻队

字幕：长腿女神

王君馨：伸展一下！

王君馨：哎呀！忘记了买东西！

王君馨：只好出去买！

王君馨：哎呀！

王君馨：什么来的？

王君馨：还是用 yuu to me 网购好！

王君馨：十五件以下，还可以一小时内送到！

旁白：yuu to me 全港至强网购平台。

王君馨：君馨专属 88 元组合推介！

字幕：君馨专属 $88 组合推介。

《神拳小子篇》

 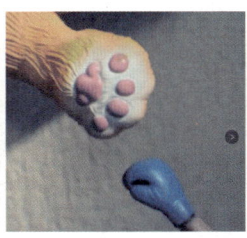 

字幕：至强特攻队

字幕：神拳小子

曹星如：放马过来！

字幕：万宁猫。

万宁猫：喵！

曹星如：输了就去买菜、买沐浴露、买维生素！

万宁猫：喵！

曹星如：剪刀－石头－布！

曹星如：有 yuu to me 网购！便不用出去买！

曹星如：还可以一日内一次过送到！

旁白：yuu to me 全港至强网购平台。

曹星如：REX 专属 88 元组合推介！

字幕：REX 专属 $88 组合推介。

我很想与众不同，但要与众不同谈何容易？不过，我相信一个人不能，一起却可以！

所以，我们精挑细选制作公司、导演、摄影师。就像最近的 yuu to me 视频系列，我们知道无法避免使用明星代言，我们就用人像模型来代替明星登场。而这些作品能够与众不同，全靠一班愿意与众不同的制作团队。我们经常被这些合作伙伴挑战——要怎样才可以做得更好。在这个系列中，每件道具、每个场景、每个镜头、每处剪接，甚至每句配音，都想与众不同！

与众不同，不代表我们就能够做得很好，但代表我们愿意踏出一步，去尝试不同的领域。与众不同，意味着我们要走出安舒区，面对更多的困难。与众不同，让我们知道不能单打独斗，要与志同道合的伙伴合作才能有改变！

小强创业
100招
从 ECD 到 创 始 人

林永强 ○ 著

河南大学出版社
HENAN UNIVERSITY PRESS
·郑州·

图书在版编目（CIP）数据

广告一场 / 林永强著. —— 郑州：河南大学出版社，2022.6
ISBN 978-7-5649-5175-7

Ⅰ.①广… Ⅱ.①林… Ⅲ.①广告学 Ⅳ.①F713.80

中国版本图书馆CIP数据核字（2022）第102325号

广告一场
GUANGGAO YICHANG

出版人	于华龙
责任编辑	席 兵　马元珍
责任校对	毛晓旭
封面设计	好好想想

出版发行	河南大学出版社	
	地　址	郑州市郑东新区商务外环中华大厦2401号
	邮　编	450046
	电　话	0371-86059701（营销部）
	网　址	hupress.henu.edu.cn
排　版	河南大学出版社设计排版部	
印　刷	河南瑞之光印刷股份有限公司	
版　次	2022年6月第1版	
印　次	2022年6月第1次印刷	
开　本	890 mm×1240 mm　1/32	
印　张	30	
字　数	622千	
定　价	256.00元（共三册）	

版权所有·侵权必究

本书如有印装质量问题，请与河南大学出版社营销部联系调换

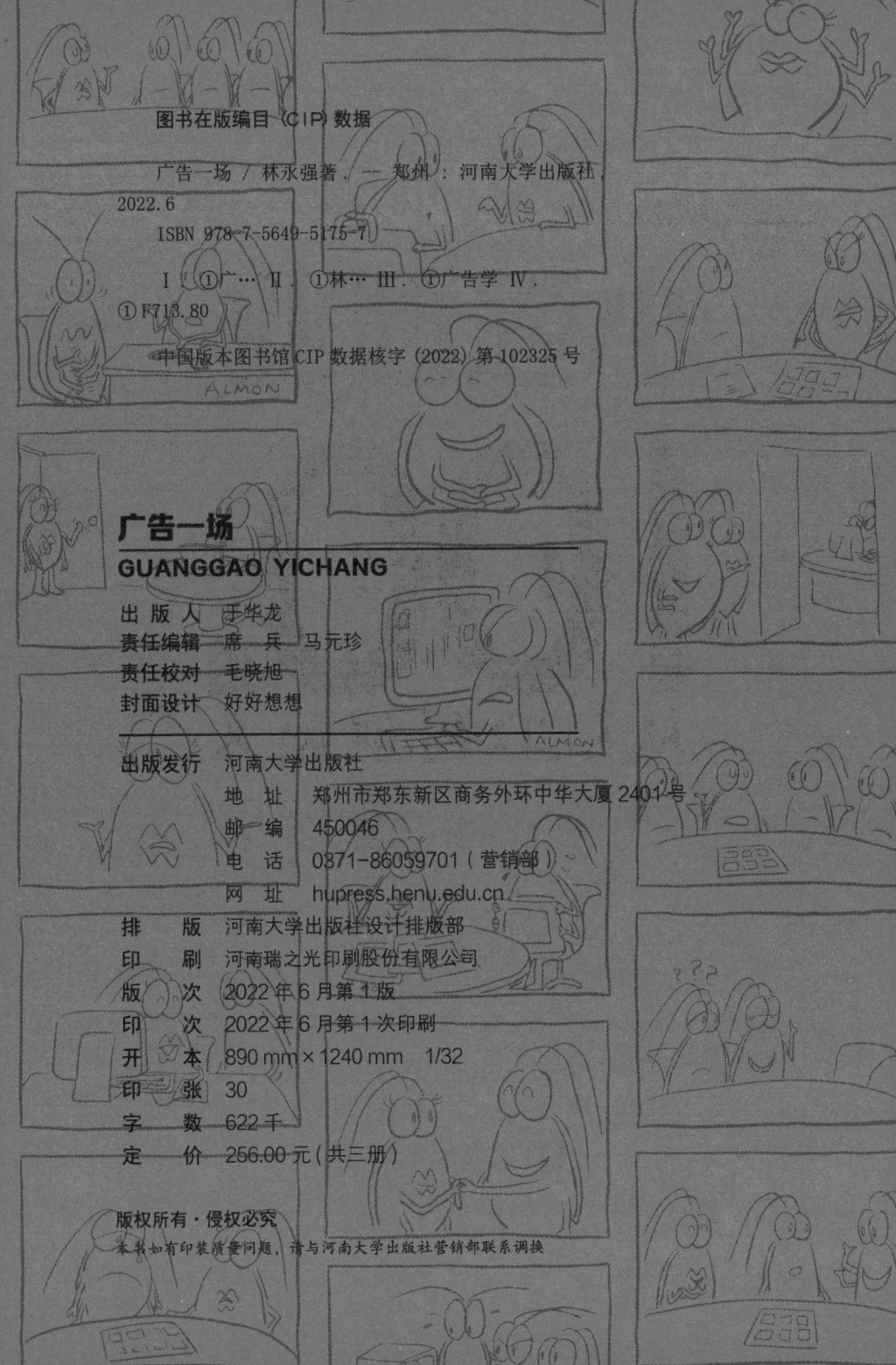

序 一

Almon 并非一个典型的创业人，他一直专注于创作，而且像大部分搞创意的人一样，不太精打细算，如果没有我的推波助澜，也许不会踏上创业这条路。

跟 Almon 的合作可以用三顾茅庐来形容，我在 The Bees 成立初期就游说他创业，甚至已经敲定了 Kids & Dogs 这个公司名字。可是因为各种原因，直至 2019 年才获得他的首肯，当时我们集团已经成立了 7 年。

如果你被坊间的负面标签影响，认为从商必奸的话，Almon 更加不像是一个企业经营者，他为人正直善良、不算计、乐于助人，如果以世俗的眼光来看，他大概会被人占尽便宜，直至公司倒闭为止。

Kids & Dogs 成立的时候，正是香港最动荡的 2019 年，接着便开始了新冠肺炎的疫情，香港广告业经历了罕见而漫长的萎缩。这就像是一个不适当的人，选择一个不适当的时机去创业的故事，但 Kids & Dogs 还是好好地生存下来。

我不相信这世上有典型的创业人，也不相信有最佳的创业时机。我自己就不是典型的创业人，我在 2012 年创业的时候，是跨国广告集团香港区的 CEO，作为企业高层，我已经非常"不接地气"，但初创企业的领导人需要扮演多种角色，这好像也不太适合我。

在跨国广告集团任职的时候，我负责的业务连年增长，在我创业前的一个财政年度，业绩更创了新高，我为集团立下的功绩，大概够我安安稳稳地做到退休。我决定创业的时候，连最好的朋友都劝我不要冒这个险，只有泛泛之交才会恭喜我。

但正如我所说，没有典型的创业人，也没有最佳的创业时机，创业要问的不是"Who"和"When"，而是"Why"，当你很清楚自己为什么创业的时候，你就是适合的创业人，而当时就是最佳的创业时机。这个"为什么"，能吸引你的支持者，甚至是你的信徒；这个"为什么"，也是面对困难的时候，能坚持下去的理由。

我的"为什么"，就是希望解决行业分配不公的问题。分配不公包括股东利益压倒一切，还有肥上瘦下的问题。The Bees 的出现，就是推广"共享成果"的理念，让出力的员工合理地分享到企业的盈利成果。Kids & Dogs 的"为什么"就是坚持"以童心创作，以忠心服务客户"，这份坚持赢得了客户的信任，无论在动荡的 2019 年，还是萧条的 2020 年，都没有让公司倒下。

此书记录了 Almon 在三年多的创业历程中的所见、所闻和所想。从文章中可以了解一个中小企业老板面对的困难与挑战，换来的自由和满足感，这都值得每位创业人士参考。Almon 创业的心路历程，喜乐忧愁，相信能引起创业者或中小企业经营者的共鸣。这本书也描述了香港广告业在 2019－2022 年的变化，广告人的心情跌宕，每一篇都是扣人心弦、有血有肉的写实故事。

曾锦强

The Bees 创始人及行政总裁

序 二

　　与小强相识了二十多年，但记忆中我们没有交谈过，我甚至记不起我有没有见过他的真人，好像有又好像没有，不知小强是否记得。

　　我们属于同年代出道，都在行头极窄的广告圈子浸泡多年，差不多的时间旅居上海，又差不多的时间回香港发展，前后脚服务过同一家公司不止一个，共同朋友206名（脸书数字，真实数字应该不止），同场出现的行业聚会只计4A年度金帆的话没有20次也有18次，都熟知对方的存在，但居然从未有机会结识。明明同处圈中却如平行时空，不可思议。假如缘份是指万中无一的概率，我们的"无缘"也算是一种"有缘"吧。

　　我们总是擦肩而过，但有一点连小强自己都不知道的，是他的"所作所为"曾在我不同阶段的生活里，掀动过我的情绪，留过或多或少的印迹。

邻校的高材生

　　考古时间。当《龙吟榜》还是纸质杂志的年代，年轻创意人最期待的是面粉叔叔的到访。西洋东洋设计天书广告集刊固然抢手，但论无可取代，肯定是人手一本的《龙吟榜》，因为它是我们知己知彼，探听敌方军情的窗口。谁家的作品上榜了，自己的入选了吗？奥美多少件？李奥贝纳呢？花最多时间钻研的是每件作品下的团队名单：主创、文案、美术、导演、摄影、剪接……谁是大咖谁是新星，谁是本校宿敌谁是邻校高手，只要看名字出现的频率大家就心里有数。我就是这样认识并记住小强的名字，曾经被我们列为假想敌的家伙，心里一直暗暗较劲，在竞争心被视为美德的年代，邻校的高材生是不可忽视的存在。至于当年是什么作品令我对小强刮目相看，老实说我都早忘得一干二净了，摆明对人不对事，这就是年轻的本钱。

SUNDAY 不跑马

老派广告人都奉行一个信条——用作品说话。小强用一系列拍案叫绝的 SUNDAY 广告昭示天下——什么叫平地一声雷。SUNDAY 广告的开创性和影响力，属教科书级别，掀起的市场效应波澜壮阔，叫行家又羡又妒。做这行的都知道，要作品收获现象级的成功，才华是必要条件但不是充分条件。要做多少好事，才能修到如此天时地利人和——有胆识的客户，有肚量的老板，有能力有默契的团队，有海量的机会，有慷慨的预算，还有神级大导演的加持。当大部分人，包括我在内，每天在烂 Brief 苦海中挣扎时，多么渴望上苍怜悯，施舍一个像 SUNDAY 一样的工作案子。此时，却听到一个令人"发指"的路边八卦：听说邻校高材生小强推掉了 SUNDAY 赛马台的工作单，理由是：基督徒不能宣扬赌博，上帝不允许。这个中经过和故事全貌，后来小强在他的博客文章里提到过，皆因对信仰的忠诚。但当年俗气如我之辈哪有心情多加深究，只是愤慨有人何不食肉糜，暗酸这个幸运的家伙，好机会你不要我要啊！

小强漫画　秒间圈粉

初到上海的那段时间，时常有孤独之感，但有幸看到小强的博客文章，从中获得了不少的温暖。而幸运也不止有小强的博客文章，还有他的小强漫画。沿着他的博客我顺藤摸瓜找到了他创作的大蟑螂，我这才发现原来小强不只文笔好还有一身好画功，多才多艺，颇有祖师爷林振强之风！用今天的话说，我被"圈粉"了。我庆幸早已放弃了视他为假想敌的想法，跟一个全才实力派较劲太跟自己过不去了，从此我决心专攻超龄花瓶路线。

五十而画　爱老婆会发达

又过了几年，大家继续平行宇宙般生活，随后分别回到香港又分别转了好几家公司，又前后脚绕了数码港一圈。他现在沉迷街头写生，这个其实我也玩过，而且还各自跟一个共同朋友一起去。但区别是他永远坚持热爱，而我永远三分钟热度。所以他的"五十而画"都快可以开画展了，我还是小学鸡的涂鸦级别。而期间他还开了自己的公司，当起老板来。正当我怀疑他的魄力何来时，他竟在脸书上发布了自己的时间管理心法（收录在他的史诗般给老婆的情书系列"改变老公的五十句话"中），小强的惊人毅力当真日月可鉴。

三十年广告一场，合指一算，虽然我们永远鹰狼传奇，但也算是三十年朋友一场,也许是时候得闲饮茶啦!

林小琪

前资深广告人

现香港某大企业品牌总监

序 三

广告公司的创意总监其实分很多种，虽然都挂着"创意"两个字，但并不是人人都真的钟爱创意，或者说钟爱的程度不那么深，不那么纯粹。比如，有人偏爱美术执行，有人喜欢玩文案技巧，有人钟情于商业逻辑，也有人享受卖稿的聚光灯时刻。

Almon 不同于这些，在我眼里他是个更加纯粹的创意人。

纯粹的创意人都有些社恐，都有些不知道怎么当有架势的老板，都有些生活小白，但都会创作欲爆棚。就在我还在拜读《CD不易为》的时候，他已经开始创作蟑螂小强漫画了。当时我颇为惊讶，因为明明他就是个文案啊，怎么还抢了我们美术的活。记得那个时候，Almon 还搞来一个手绘板，每天一大早就躲在磨砂玻璃后面，搞他的小强创作，到了晚上就会发布在微博上，还督促我们去给他点赞。

Almon 是个纯粹的创意人，还表现在他甚至不太像个 ECD。

你能想象一个堂堂的 ECD 天天和我们在开心网抢菜？能想象他在圣诞节的时候天天躲在办公室给偷偷要关心的同事糊纸胸罩，还起个大早偷挂在他电脑上？（当时 BBDO 有个"偷偷关心人"的活动，他的关心对象在留言板上写自己想要胸罩）能想象他伪造许智伟的签名，并得意的骗女下属？（也就是我，那时候我也不知道哪根筋搭错了，迷恋上曾经上过综艺的百事客户许智伟）。

可以说 Almon 完全颠覆了我对 ECD 这个头衔的认知，我本以为 4A 里的 ECD 都应该像《广告狂人》里的那样，身板笔挺，搂着客户喝酒时，就能在谈笑中卖掉稿子。比起这些，Almon 更像是在担心自己被当成 ECD，而淡忘了他是一个创意人。

他更喜欢埋头在自己的空间里捯饬各种有趣的事情，更喜欢将生活中的各种苦恼化成嘿嘿一笑的《小强漫画》，更喜欢当个纯粹的创意人。

回头想来，真是有幸能在入行的第一年就遇见真正的创意人。这么多年不见，突然好想念《小强漫画》里的那个小强。

江畔

意类创始人

自 序

入行30年，创业才不过3年。但这3年的经历，远比过去27年精彩。30年前，我误打误撞地进入广告这个行业；27年后，我又因一时冲动而创业。由于事前没有计划，每次都跌跌撞撞。从前在4A中，虽是新人，白纸一张，但有制度、有名师、有同事、有客户、有机会，怎样都有路可循。现在自己创业，没制度、没指导、没人手、没客户、没机会，什么都由零开始，见一步、行一步。

18年前，我刚到上海工作，上班一个月便爆发"沙士"。防疫半年才受控制，但也都挨过了。没想到3年前创业，又遇上百年难得一见的全球疫情，而且至今仍未受控。我们都经历了停工、复工、停工、复工的循环，每天在惶恐中度日。不过，人的适应能力还是挺强的，我们慢慢又习惯了新常态。视像提案、居家工作、云端览拍等等，从前想也没想过的事情，现在大家都习以为常。

而过去3年，我每周最期待的时刻，就是撰写一篇反思文章。它们如周记一样，记录了我的创业心路历程。我借着每周末一个半小时的默想，整理自己的思绪，计划所走的每一步。过去30年，我不断把自己的创作心得归纳成理论，与别人分享。但这次我选择了一个不同的进路。我希望能够赤赤裸裸地把我的经历与大家分享，它们可能是失败的经验，或是莫名的迷茫。大家从中未必能找到成功之道，但至少可以找到错误的示范，可以给大家引以为戒。

虽然我的经历只在香港这个小城市，无法与内地大城市相比。但我正如实验室中的一只白老鼠，不断在实践中验证我的创业理念。希望你能在这 100 篇文章中找到一些对你有帮助的洞察，或至少会在困难中得到些微的鼓励，我便心满意足了！

林永强

香港 Kids & Dogs 广告公司创始人

目 录

创业理念

001 招　创业的最大动力是一时冲动　　　　　　　　002
002 招　你的名字我的公司　　　　　　　　　　　　004
003 招　同行不必如敌国　　　　　　　　　　　　　006
004 招　创业不为赚钱　　　　　　　　　　　　　　008
005 招　共享经验　　　　　　　　　　　　　　　　011
006 招　共享共赢　　　　　　　　　　　　　　　　013
007 招　不准加班　　　　　　　　　　　　　　　　015
008 招　诚信要长期建立，却可毁于一旦　　　　　　018
009 招　不忙碌的广告人　　　　　　　　　　　　　020
010 招　唯快不破　　　　　　　　　　　　　　　　022
011 招　多劳未必多得　　　　　　　　　　　　　　024
012 招　即使明天便要结业，今天仍要做好广告　　　026

创业须知

013 招　报价，绝对是一门学问　　　　　　　　　　030
014 招　我们都是这样创业的　　　　　　　　　　　032

015 招	你是否适合创业？	034
016 招	如何创业？	037
017 招	创业顾问	040
018 招	创业第一律：自律	042
019 招	创业先要创造团队	044
020 招	要包装别人，先包装自己	046
021 招	要有新改变才有新开始	048
022 招	老板好，公司好	050
023 招	绝世好老板	052
024 招	你的商业模式是什么？	055
025 招	弄好公司的作品集	057

创业心态

026 招	变者生存	061
027 招	自创出路	063
028 招	创业者联盟	065
029 招	你比实际中强大，却较想象中渺小	067
030 招	你可以不成功，但你不能不成长	069
031 招	你可以接受自己的平凡吗？	071
032 招	往事只能回味，新事不能回避	073
033 招	创业新生代	075

034 招	你的小小分享或会对别人带来大大的影响	077
035 招	你的强项，也是你的弱项	079
036 招	不要小看别人	081
037 招	天气不能预期	083
038 招	其实没人在意你做得怎样	085

创业反思

039 招	创业要懂得聚焦	088
040 招	近朱者赤、近蜜者蜂	090
041 招	成功靠习惯	092
042 招	失败是祝福	095
043 招	向客户服务人员致敬	098
044 招	《梨泰院 Class》的启示	101
045 招	Hit me harder, make me strong	103
046 招	创业者的自我怀疑	106
047 招	细，是优势	108
048 招	客户不是上帝，要建立横向关系	110
049 招	成功最大的威胁是无聊	112
050 招	客不可以貌相	114
051 招	不要打断客户的话	117

创业难关

052 招	最坏的时间，最好的时间	121
053 招	生意不似预期	123
054 招	逆来顺受	125
055 招	一年后你还在乎吗？	128
056 招	成为创业者的啦啦队	130
057 招	创业者的浪漫：凉瓜排骨饭	132
058 招	既是同行，更是同行者	134
059 招	你的路，别人都走过	136
060 招	再坚持一下，你就会成功	138
061 招	还能坚持多久？	140
062 招	你看我好，我看你好	142
063 招	岂是担心那么简单	144

创业恩典

064 招	谢谢 KK	147
065 招	有失必有得	149
066 招	荣耀归于众兄弟	151
067 招	为亡而忙	153
068 招	撑过创业第一年	155
069 招	如坐过山车的一年	158

070 招　感恩广告界没有倒闭潮	**160**
071 招　一起广告的日子	**162**
072 招　好的开始	**164**
073 招　患难见友情	**166**
074 招　感恩创业两周年	**168**
075 招　谢谢 KC	**170**

创意理念

076 招　不做广告，你会干什么？	**173**
077 招　你到底热爱广告的什么？	**175**
078 招　创意是一种氛围	**177**
079 招　以作品说话	**179**
080 招　将缺点变成优点	**181**
081 招　不在福中先知福	**183**
082 招　对自己有要求	**185**
083 招　不要做蚊香广告	**187**
084 招　没有明星也未尝不好	**189**
085 招　小孩与狗，不拍不罢休！	**192**
086 招　一代不同一代	**195**
087 招　假如我是毕业生	**197**

创意行业

088 招	广告业骨牌效应	201
089 招	好不过三年	203
090 招	汰弱不留强，最好做中坚	205
091 招	什么才是广告的新常态？	207
092 招	创意难创业更难	210
093 招	创作人，好好控制一下你的脾气	212
094 招	从前我还以为忙得没有生活是广告人的宿命	215
095 招	为何广告界没有补假？	217
096 招	不可把广告公司当作你的家	219
097 招	遇客不淑	221
098 招	广告公司赚的都是辛苦钱	223
099 招	机智广告生活	225
100 招	4A 会消失吗？	228

001招 创业的最大动力是一时冲动

关于创业,我想了足足 7 年!

2012 年中,我还在达彼思 (Bates) 担任执行创意总监时,KC(曾锦程)与 KK(曾锦强)兄弟约我在香港铜锣湾礼顿中心的星巴克见面,邀请我合资经营广告公司。KC 是我的恩师,1993 年他在奥美升任副创意总监,我是他聘请的第一位文案。后来,他到香港天高 (BBDO) 任职执行创意总监,我又被他邀请加入,成为副创意总监,前后共事 6 年之久。至于 KK,我在奥美的时候他也在奥美的媒介部,大家一场同事。得到他们的邀请,自己是既惊又喜的。喜,是他们给予的条件相当吸引,既给我创业资金,又给我每月工资,盈利还可分作三份,一份给员工,一份给股东,一份留作未来发展。惊,是我从来没想过创业这回事。当年的我入行 20 年,工作尚算稳定,所以虽然 KC 与 KK 三顾草庐与我倾谈了三次,我最终还是婉拒了他们的美意。KK 在他的著作《商赢》的后记中说:"我曾经主动和一些认识的广告人洽谈过,助他们创业,可是最终不是他们决定自己开,而是放不下大公司的优薪厚职,不敢自立门户。"相信我就是他所说的其中一位。

有些人从小立志创业,20 多岁已经跃跃欲试;有些人但求安安稳稳,不到走投无路,永远不会踏出安舒区。我明显属于后者。有时眼见当年的旧同事一个又一个都出来创业,而且成绩不错,自己确实心痒。但想到自己没有客户在手，又不擅理财，自信又不足，念头很快便打消。若不是一时的冲动，恐怕这间公司永远也开不成。

  2019年3月31日，那天是星期日，我一早起来赶着回教会礼拜。出门前查看手机，看到一连串有关工作的短讯。连月来的工作压力，在那刻爆发出来，令我几乎崩溃。我作了一个任性的决定，我对老婆说："我决定辞职！"老婆在没有任何心理准备情况下，没有回应我的话。午饭回来，老婆说她与女儿谈过我打算辞职的事，女儿知我辛苦，支持我的决定。老婆只叮嘱我说："想清楚下一步怎么办吧！"于是，翌日我便回公司请辞。（那天刚好是"愚人节"）辞职那刻我还未有任何计划，是名副其实的"裸辞"！

  想了7年的问题完全没有解决，我仍然是没有客户在手，仍然是不擅理财，仍然没有自信心。要是没有那刻的冲动，相信我又会日复一日地工作，永远不会踏出第一步。但那一刻的决定，给我出乎意料的平安。原来愿意踏出一步，真的可以海阔天空！

贴士：

永远不会有完美的计划，踏出一步，自有下一步！

002 招 你的名字我的公司

"小孩与狗"(Kids & Dogs)这个公司名字并不是出自我手,而是拜 KC 与 KK 所赐的。

话说 2012 年 8 月 3 日,我与 KC 和 KK 又在香港铜锣湾礼顿中心的星巴克倾谈合作的事宜。KC 一见面就按捺不住,急着要与我分享他们替我想到的公司名字。认识 KC 的,都知道他温文尔雅,少有激动反应,看见他那兴奋的表情,就预知是个好名字。他对我说:"你一定想不到,就是——小孩与狗!"然后,他两兄弟相对而笑。我追问他们名字有什么意思,他们没有解释得很清楚,只说觉得这个名字很特别,很有趣,而我擅长幽默小品,喜欢带给人欢乐,这个名字最适合我。不过,我思前想后,还是没有信心创业,于是婉拒了他们的邀请,而"小孩与狗"这个名字就一直石沉大海。

直至近日辞职,我约 KC 聊天,征询他的意见,问他觉得我应该做自由人,还是开公司?KC 替我分析了一下,认为我的强项是协作,能够把不同的人拉在一起,然后产生化学作用。要是我一个人工作,可能发挥不出这优点,所以建议我还是开间小公司为佳。席间他又重提"小孩与狗"这个名字,觉得很有趣,很适合我。原来,他一直没有忘记这个名字。于是,那个冰封了 7 年的名字就开始解冻了。后来,我找 KK 倾谈加入 The Bees

Group 的时候，我认真地想了一下"小孩与狗"对我有什么意义。我不是个太有理想的人，做事只求好玩，但也胜在有点责任心，以致可在广告圈打滚接近 30 年，于是我写了"以童心从事创作，以忠心服务客户"代表我对"小孩与狗"的演绎。英文名称用了"Kids & Dogs"代表我希望这里不只我一人，而是能够聚集一群有同一心志的广告人。KK 觉得很好，公司的名字就这样敲定了。

作为一间广告公司，"Kids & Dogs"这个名字颇为特别，所以记忆度很深，不容易忘记。又因为它特别，所以容易引起话题，可以轻易借名字解释公司的理念。但因为它太特别，有时也会引起误会。KK 笑说，或会有客户以为我们专长小孩与宠物的广告而找上门。我也希望有这样美丽的误会。

彩蛋："Kids & Dogs"商标里的小孩剪影是我的女儿两岁时的照片（现在她已大学毕业出来工作），那只小狗原是我老婆从前所养的一只唐狗，但因没有照片，改为我喜欢的威尔士柯基犬。我希望在商标上注入一些个人化的元素，让商标也可以更有故事。后来，我干脆让每位加入的同事在自己的名片上加入代表他们自己的小孩与狗。所以，将来收到我们的名片，记得留意一下我们的"小孩与狗"，也可以问一下我们背后的故事！

贴士：

改个好名字，就是成功的开始！

003招

同行不必如敌国

我在 Kids & Dogs 开张的第一个半天的工作是安装 G suite。在 4A 多年的我习惯有 IT 部门服侍,但 The Bees Group 没有 IT 同事。我跟着网上指引去安装,花了半天仍然毫无进展。幸好,姐妹公司 K2 的 Alex 过来义助,不到半小时就已经搞定。创业,真的要靠朋友。

另一姐妹公司 Noah Workshop 的 Rachel 与 Charles,当年曾一起服务惠康,虽然大家隶属不同公司,但也算朋友一场。他们约我午饭迎新,又主动提出借用美指帮忙我工作。不过,最窝心的要算是 Rachel 知我不擅财务,分享了她设计的试算表给我,只要输入每月开支及收入,即可知道业务状况如何。

Innermost 的 Gyver 与我同月同日出生(但他比我年轻接近 10 岁),性情相近,亲如兄弟。20 年前我在香港天高 (BBDO) 任职副创意总监时,眼看他入行。从前我是他的师傅,现在他是我的顾问。无论业务有什么疑难,我第一时间找他。好像客户给了一个预算,我问他我到底能赚多少或是否会亏本。又或者客户要求报价,他会给我报价的建议。

Narrow Door 的 Terry 不单公司是我的邻居,他一家也是我的邻居。去年他创业时,我早上约他在会所一起吃早餐、一起分享祈祷。现在轮到我创业,他一直给予我宝贵的意见。

Secret Tour 的 Stephen，问我要不要搬到他们那里，他们除了 Secret Tour 还有 Break Up Tour, ICHI Events 及 Durian，全部是年轻人，热闹得很。

　　Durian 的钟子，未见其人，已用短讯向我介绍动画师，分享他的经验，对 Kids & Dogs 的第一件作品很有帮助。

　　其实，不止姐妹公司，不少同行都送上祝福，给我不少提醒。像我们这样规模的小公司与传统广告公司不同，我们很多都是以项目计算的，这次你做，下次我做。我们的客户规模也较小，失去一个客户也不致损失惨重，所以不会为争夺客户而你死我活。更重要的是，我们知道这不是一场零和游戏。我们非但不必竞争，很多时候还要互相合作。上周我就在公司遇到两位旧同事，他们各自成立了公司，也有自己的拍档，但因有合适的案子，所以你出文字、我出美术，然后再找我们集团的姐妹公司 The Bread Digital 负责社交媒体。所以，在现今的时代，与其竞争，我说不如协作。这样，可能机会更多！

贴士：

创业不是零和游戏，多一个朋友，胜过多一个敌人！

004招　创业不为赚钱

最近一口气看了沃尔特·艾萨克森（Walter Isaacson）的560页巨著《史蒂夫·乔布斯传》，发现当中不少点子对创业者很有启发，于是边看边记录了他的一些金句。

乔布斯（Steve Jobs）除了1976年在家中车库与斯蒂芬·沃兹尼亚克（Stephen Wozniak）创办苹果公司外，1985年离开苹果后，他又先后创办了NeXT及彼思动画（Pixar Animation Studios）两家公司。苹果公司成立4年，甫上市市值已经高达17.9亿美元，而彼思动画由起初5000万美元的投资，到上市时市值也有15亿美元。但乔布斯在苹果上市后曾说："我看到在苹果工作的一些人赚了大钱，便觉得自己非过另一种生活不可。有人买了劳斯莱斯和好几栋豪宅，每一栋都得请管家来管理，之后又得找个经理来管这些管家。他们的老婆纷纷去整形，最后变得怪里怪气的。实在很疯狂。这不是我要的生活。我对自己承诺：我绝不让金钱破坏我的人生。"彼思动画上市时，他也曾对《纽约时报》记者马柯夫表示，这些钱对他并无太大意义："我永远不会去买游艇，我做这些从来不是为了钱。"

年轻时，乔布斯曾去过印度禅修，他说："上大学和去印度那段时间会那么穷，是为了体验清贫的感觉。我的生活一向简单，上班之后也一样。我经历过穷苦的日子。我觉得很棒，反正没钱，就用不着为了钱挂心。后来变得非常富有，钱多到数不完，也不必担心钱的事。"

麦金塔的软件工程师安迪·赫茨菲尔德（Andy Hertzfeld）说："乔布斯认为自己是艺术家，也希望设计团队能以艺术家自居。所以最终目的不是要打败竞争对手，也不是获利，而是尽最大努力做出最好的东西。"

乔布斯绝不是视钱财如粪土，但他清楚知道赚钱并不是他创业的目标。他真正追求的，是创造出最好的东西。因为清楚自己是要做出好东西，而不只是赚钱，所以他会不惜工本去把事情做好，也不会计较付出多少时间与心血，或者投资回报是否合理。

乔纳森·艾夫（Jonathan Ive）因看到苹果变成一家只重获利的公司，而打算离开。但因乔布斯重返苹果的一番话而改变了他的一生，他说："我记得非常清楚，史帝夫向大家宣告，我们的目标不只是赚钱，而且还要做出最棒的产品。"而乔布斯重返苹果时，他也故意只拿象征性的年薪一美元，他说："我不希望苹果的人认为我回来是为了想发财。"结果，乔布斯与艾夫一起创造了iPod、iPhone、iPad等等划时代的产品，改写了音乐、通讯及手提电脑的历史。

乔布斯又说："我讨厌有人自称是'创业家'。这些人在创业之后，就把公司卖掉或上市，大赚一票。他们真正的目标就是暴富，不愿花心血去建立一家真正的公司——对企业经营而言，这点才是最难的。你要真的有所贡献，像前人一样发挥影响力，就应建立一家至少能撑30年或60年的公司。华特·迪斯尼（Walt

Disney）是典范，惠立（Bill Hewlett）和普克（David Packard）也做到了，英特尔（Intel）的创办人也是。他们创造了常青企业，而不是只为了赚钱。我希望苹果这家公司也能成为一棵常青树。"

老婆曾经劝我，说："不要创业，你的心思根本不在赚钱！"原来，不想赚钱也不一定是件坏事，生活简朴更是我的优点。KK在我的著作《改变老公的50句话》的序文中也说："心思不在赚钱的人才应创业，整天想着赚钱的人只会急功近利，企业即使能生存，也未必长寿；即使成功了，也不会伟大。"想不到心思不在赚钱反而是我创业的优势，下一步就是要努力做出好的作品！

贴士：

创业不为赚钱。你赚的应是生活、健康与理想。

005 招 共享经验

乔布斯刚创业的时候,他就想到"苹果电脑"这名字。他说:"'苹果'这个名称很有趣,生气蓬勃,又不会给人压迫感。"虽然"苹果电脑"只是一家公司的名称,但已隐含他的创业理念——生产有趣、有生气,又不会给人压迫感的电脑。生产苹果2号之前,他说:"我希望创造出第一部配备齐全、搬回家立刻可用的电脑。"他希望生产的电脑,是能够让一般消费者,即使不懂组装电脑,都可以买回家使用的电脑。

因为拥有清晰的愿景,苹果电脑的发展有着明确的方向。苹果2号不再只有电路板,而是从电源供应器、软体、硬体、键盘、显示器一应俱全的。而为了让苹果2号呈现简单及没有压迫感,有别于笨重、灰扑扑的传统电脑外壳,他决定采用模压成型的塑胶。

基于这个信念,他一直认为"软体与硬体一体成型产品"(Whole Widget)才是最好的产品。他希望软体是为了硬体量身定做的,硬体也是为了软体而量身定做的,这样才能避免软体与硬体发生冲突,影响产品的表现。2001年,乔布斯进一步强化他的愿景:"个人电脑将成为每个人的数位生活中枢,为我们联结起各种不同的数位生活产品。"所以,苹果往后出产的 iPod、iPhone、iPad 等,除了都是"软体与硬体一体成型产品"外,更是以苹果电脑为中心的数位生活产品,也让苹果在音乐播放器、手机、平板电脑等等领域后来居上，取得领导的地位。

　　拥有清晰的愿景，公司才有方向，才会吸引到合适的人才。KK 创立 The Bees Group 的时候，也有一个很清晰的愿景，就是"共享成果"。他看到传统广告公司肥上瘦下，即使公司赚大钱，也不愿与员工分享，故他决意改变行规推行"333 分红"制度，希望集团成员能够像蜜蜂一样勤劳，又能够共同分享成果。于是，不少广告界的精英蜂拥而至，令集团不断壮大。而我也是其中一只小蜜蜂，被他的愿景所吸引，决心离开工作了 27 年的传统广告公司，创立 Kids & Dogs。

　　Kids & Dogs 也有一个小小的愿景，就是"童心同行"。我希望公司的每位成员能够保持"童心"，坚持以创意为先，而不是为了赚钱，或是为了拿奖等等。我也希望公司能与客户同行，大家如同伙伴，一起面对各种挑战。乔布斯曾说："有些人天生就有强烈的好奇心，而且能永保一颗赤子之心，然而这样的人非常罕见。"我知道拥有童心的人不易找，但我希望 Kids & Dogs 能够凝聚到一群有这种心态的小孩与小狗，与我一同学习创业，日后再助他们成立自己的公司。我相信的不只是"共享成果"，还要"共享经验"。我撰写这些创业经历，便是希望能够与大家"共享经验"。我相信"共享经验"不仅不会让自己吃亏，反而会令自己能够遇上更多志同道合的朋友，为这个业界带来新景象。

贴士：

要有清楚的愿景，才能有明确的方向。

共享共赢

因为新型冠状病毒肆虐，香港出现两极化的现象。这边厢有人偷窃口罩、炒卖搓手液、囤积厕纸，大家只顾自己利益，不管他人死活；那边厢却有人耗资在港生产口罩、免费派发漂白水、代购搓手液，资源共享、互相帮助。同样的环境，可以有截然相反的做法。你争我夺的结果，是少数人可以暂时偷生，却牺牲大部分人的生存机会。而共享共赢，却是资源有效分配，让更多人得益，最后可以共度时艰。

这三年，广告行业因为社会事件，首当其冲，生意一落千丈。很多公司仍未步出寒冬，又再遇此一劫，实在雪上加霜。广告人同样有选择，可以像那些只顾己利，抢夺口罩、搓手液、白米、厕纸的前者，也可以效法那些情愿共享共赢的后者。

前阵子，有广告导演找我合作比稿。穿针引线的是一名资深制作人。制作人有客户，却没有人手去服侍；导演有制作团队，却没有创意人；我们有想法，却没有客户。大家都缺乏，但大家互相合作，便互补不足。若其中一方想独占所有，到头来可能一无所有。而大家合作，利益当然不及一人独占，但就能够共享共赢。

近日，姐妹公司 Noah Workshop 有一客户忽然有大量工作。理论上，他们可以多聘人手，乘机壮大公司，但他们没有。他们选择的方法是与姐妹公司分享。据我所知，他们先后找了姐妹公司 Durian 及 ICHI Events 合作。Noah 主打社交媒体内容，而 Durian 以文字取胜，ICHI Events 则是专攻公关活动。大家各有所长，自然能起化学作用。其实，他们不止与姐妹公司合作，也有与外间不同的公司合作。他们的名字是 Noah，绝对是名副其实的挪亚方舟，与大家同舟共济。

忽然想起家庭群组的一个生活片段。妹妹在药房发现有搓手液供应，于是在群组询问有没有人需要，然后不止花时间排队，还免费送给大家。弟妇又托加拿大朋友，邮寄了一批口罩回港，免费与大家分享。我老婆也找到一些漂白水，可以免费共享。我们需要的便是这样的一种互助精神，大家不要担心僧多粥少，要相信五饼二鱼，愿意与大家分享，才能一起共度时艰！

贴士：

不要只顾自己的得失，要学会双赢。

不准加班

The Bees Group 的很多姐妹公司都有一个变态福利,就是员工加班,报销晚饭无上限,吃多贵都可以。但 Kids & Dogs 有个更变态的规定,就是不准加班,没有晚饭报销,更没有加班出租车资津贴。此举不是为了省钱,而是要迫大家早点下班。

我在广告公司打滚接近30年,眼见很多同事加班已成习惯,每天中午12时才会陆续现身,然后慢条斯理吃一份丰富的早餐。稍为处理一下电邮,便要吃午饭了。而午饭绝不会一小时,很多时候都要两小时。我从前在广告公司就试过跟同事到郊外午膳,来回需要两三个小时。午饭回来也不会正式工作,有时会延续午饭的话题,继续聊天,又或是打一两个小时游戏机,接着又到下午茶时间了。扰攘一下,五六点打算开工,但又要计划一下加班晚饭吃什么。当然,晚饭又得吃一两个小时,这样正式开工都晚上十一二点了。于是,大家必定加班至半夜两三时,然后隔天又要迟起了。这种恶性循环没完没了。

我认为广告人工作不是太有效率,常常花了太多时间去"酝酿",到头来只在死线前才真正赶工。以从前在4A广告公司为例,客户给一个月时间比稿。但首两个星期都是策略部搜集资料,做一下市场调研,然后才写成简报。但分享简报的时候,创作人才发现简报内容有问题,于是周旋一个星期才有定案。最后只剩一星期去构思点子，经过多轮的内部讨论，到最后一两天才正式执行。于是，通宵工作是必然的事。

　　广告公司另一个缺乏效率的原因，是大家太习惯一起工作。很多人需要一群人互相头脑风暴才能想到点子。写文案、做设计，都要与人研究才能做得到，于是慢慢养成互相依赖，自己一个人无法完成工作。又有很多人习惯半夜工作才有灵感，于是变成了白天想不到东西。一个人有这样的习惯，便会影响到其余的人也要配合，于是加班就真的变成了习惯。

　　更甚的是，很多广告人已经把起居饮食、消闲娱乐，与工作结合得密不可分。上班的重点是吃喝玩乐、闲话家常，而不是工作本身。有些人甚至以工作为借口，逃避家庭的责任。有即使无工作在手，也情愿留在公司打游戏机而不回家的丈夫；也有宁愿加班，害怕回家无所事事的宅男宅女。吃喝玩乐都是好事，但应该早点下班与朋友一起享受，或是早点下班回家与配偶、父母及子女共度，而不是流连在公司。

　　我脱离4A，自立门户的其中一个原因，就是以往在广告公司经常要莫名其妙地加班。所以，我逃离了一个地狱，绝不可能再跳进另一个地狱。现在开业两周年，我们都未试过加班。每天我大概6时半便下班，同事也最多7时。我们从没报销过加班晚饭，更不必说报销加班出租车费。

　　现在经济不景，是一个最好的时机重新调节一下工作与生活的模式。早点上班，有效率地工作；早点下班，约朋友、回家吃饭、做运动、进修，做点什么都比加班好。我相信集团各姐妹公司最初想出变态的加班福利时,也不是想大家天天加班,而是希望这个福利,大家永远用不着!

贴士:
让工作更有效率,赚到的何止金钱?

诚信要长期建立，却可毁于一旦

从前有位著名的导演，有句出名的骂人话："你究竟有没有Integrity？"Integrity，翻译出来就是诚信。诚信是指个人的诚实和信用程度，它既体现于一个人的价值取向，又与企业的商誉息息相关。我记得那位导演骂广告公司的一个原因，便是广告公司接了A客户的工作，又偷偷以另一家公司的名义替A客户的竞争对手献计。这种一脚踏两船的情况，在4A里司空见惯，仿佛已是既定的模式。我听说很多4A的朋友口袋里都有两张名片，就是为有利益冲突的客户而设的。所以，广告公司是知道不能服务两个类似的客户的，但为求获利，就不择手段。

其实，很多时候是广告公司替A客户做出好广告，于是B客户也想广告公司帮忙。有时B客户明知广告公司与A客户的关系，但她不介意做小三，于是，广告公司在利字当头之下，避不过试探。另一种情况刚好相反，广告公司长期服务同一客户，但有从上而来的追数压力，于是想到自己精于某些范畴，便偷偷在外寻找同类的客户。不过碍于与旧客户有长期合作的关系，也不敢贸然接受客户竞争对手的工作，所以就想瞒天过海，以另一家公司的名义去接受新工作。当然"纸包不住火"，这种地下情很容易曝光，结果往往得不偿失，赔了夫人又折兵。

某次拍片，与摄影师聊天。刚好他就说起诚信的重要性。他说自己通常是广告公司找他拍片的，但有时客户为求省钱，会跳过作为中间人的广告公司直接联络他的。但他认为这是诚信的问题，他与广告公司有口头的协议，不可越过他们接触客户，所以他会要求客户通过广告公司找他。有些人对诚信要求高，有些人却很低。听过类似的故事，有客户为求节省成本，绕过了广告公司找里边的员工当Freelancer。结果，给广告公司老板发现，大发雷霆，把员工炒掉，也向客户的大老板告状。

诚信对很多广告人来说早已破产。我从前便有一位说谎话毫不眨眼的同事。记得某次，我因会议撞期无法出席另一会议。同事竟然对客户说我害了重病，要留在家中休养。其实，会议相撞是经常发生的事情，客户也不会介意。但就看出了个人的诚信问题，有些人就是喜欢自作聪明，不习惯以诚待人。

疫情之中，我们常常要居家工作。这也是一个诚信的考验。说是居家工作，就代表我们仍需要工作，不过改变了一个工作的场地而已。但不少人把居家工作变成了假期，于是闹出种种笑话。我相信这只是冰山一角，在没有人监督之下，我们是否能够如常工作，实在是个很大的挑战。更不用说什么夸大业绩，瞒骗公司；办公时间，赚取外快了。诚信需要长期建立，却可毁于一旦，不能掉以轻心！

贴士：

诚信需要长期建立，却可毁于一旦！

009 招 不忙碌的广告人

看过了一篇有关忙碌的文章，指出忙碌有两大原因：一、我很忙是为了我的虚荣心；二、我很忙是因为我懒惰。在 4A 广告公司多年，我深切体会第一点。在广告公司工作，似乎已经与忙碌划上了等号。我们的表现似乎与工作量挂钩，而不是工作的素质。无论你做得多好，只要你表现得很轻松，其他人便会怀疑你的工作。既然你可以早收工（假设晚饭前离开），说明你再加班必定会做得更好。所以，大家习惯了同一时间应付很多工作，还要不断比稿，不断参加广告奖，证明自己比别人优秀。

另一种忙碌是因为懒惰。KK 也写过一本书，名为《有一种懒惰叫忙碌》。我们忙碌是因为自己不想做决定，所以偷懒让其他人来决定我要做的事情。我们每天把行事历里挤满了工作，便没有时间去理会一些我们需要面对的事情。无论是自己的婚姻问题、子女问题、健康问题、退休问题、信仰问题、前路问题等等，都因为"忙碌"而没有时间理会。其实，忙碌只是一个借口。

我也从事广告多年，一直都很忙碌。2019 年创业，我立志不要再忙碌。我定下了永不加班，每晚六点半前必定下班的决定。除了晚上不加班，我们周末也不加班。若有要事必须加班的话，我们会有补假。但有同行提醒我不要经常分享不再加班的言论，因为没有客户会想找不愿加班的广告公司。事实上，我们的生意真的不算太多。当我宣告我不想忙碌的时候,别人会知道我的取向,我们就因而丧失了一些机会。那些想要广告公司疲于奔命地工作的客户,一定不会找上门。但奇妙的是,我们得到了一些不要求我们加班工作,只要求我们把作品做好的客户。我们会在工作的八小时内,尽心、尽力、尽快把工作做好,让他们也不用加班回复。于是,大家都能在工作之余,享受应得的私人生活。

虽然我们所赚得的可能比别人少,但以我们每周工作五天,每天只工作八小时来说,我们的回报率实在是颇高的了。更重要的是,我们赚到了宝贵的时间,可以去做我们想要做的事情。所以,别人问我最近是否忙碌的时候,我会乐于告诉他们,我并不忙碌,因为我是一个"不忙碌的广告人"。

贴士:

有一种懒惰叫忙碌!

010 招　唯快不破

俗语有云:"天下武功,无坚不破,唯快不破。"这句话用在今时今日尤为适当。新冠疫情的反复变幻,常常会打乱我们的原定计划,没有快速的应变能力,很难处理突发的事情。例如原先计划好的市场推广,遇上突如其来的疫情确诊数字飙升,活动不得不改期,甚至取消。而宣传活动自然也受影响,本来想好的创意,要马上做出修改,回应最新状况。很多时候,大家只有一两天,甚至只有数小时的时间去做出回应。而当中要考虑的绝不只是创意,更包括执行的可能性,人手的调配,各方面的协调,等等。稍一不慎,不但前功尽弃,甚至会引起更多的问题。

当然,最不幸的就是整个计划取消。原先的努力付诸流水,虽然客户或会给予取消的补偿,但花了时间去构思的创意,便出师未捷身先死,永无机会见天日。至于收入忽然减少,对于小型公司来说,也不可不说没有影响,马上又要寻找其他机会填补所失。

其实,不止疫情的影响,近年受社交媒体的影响,对创意的要求也不同了。从前传统广告,可以花一年半载去研究策略与构思创意。拍摄一支宣传广告片可以使用一两年。但现在社交媒体的生态环境完全不同,一支视频宣传片,只有两三天的寿命,然后便会石沉大海,无人问津。其实,很多社交媒体的宣传没有很具体的策略,纯粹回应一个突发的需要,看准一个难逢的机会。

于是，大家要争取时间，在极短的时间内构思，并且执行。最近，有一位同行分享，他们从接简报，到构思，到执行五六条视频，只有九天的时间，实在效率惊人。

对于我们这些传统广告出身的人，习惯了滴水不漏的创意训练，要在极短时间内做出应变，是需要下更大的功夫。我们绝不能接受因为时间的不足，而做出马马虎虎的作品，但又知道在实际情况下不能过分追求完美。于是，更要在有限的时间内，协调各方面的意见、各单位的需要，而做出最佳的作品。因为，只要广告播放出来，没有人会同情你是时间不足，或是你所遇到的困难，说到底作品才是最重要的。所以，虽然要快速应变，但也不能只是交了功课，怎样也要在有限的时间之内，做出自己满意的作品。

贴士：

应变要快，但绝不能草草了事。

011招 多劳未必多得

"多劳多得"是我们从小就学习到的做人道理,可惜却并不一定是真理。KK曾分享过一篇文章,当中有这样的一句话:"广告公司的规模效益不明显,边际成本很高,每多服务一个客户,便要多聘请一个团队,甚至成本的增长大于收入的增长,所以有些公司做得愈大,反而赚得愈少。"确实,广告公司最重要的就是人力这个成本,而这成本随时可占据总数的七八成。假设接到一个新客户,需要增聘人手,而客户所付月费扣除薪金、公积金、医疗等等所赚无几,甚至要赔本,就得不偿失了。

现在的广告公司,不少都是创作人所经营的。创作人对于数字一般都并不敏感,更加不懂计算。很多时候,看到是一个创作机会,便不顾一切地把案子接下来,却没有考虑过成本。最近听说一宗比稿,客户预算只有200万。结果,胜出公司的作品使用了天价的巨星,再加大型制作公司拍摄,估计成本已经超过200万,大家都不知道这家公司如何获利。

另一种情况与现在经济环境有关。有些公司很担心业务的情况,遇有机会便不惜工本去胜出比稿。前阵子,我们也参加了一个案子的报价。客户给出的预算有一百多万元,但要制作很多不同版本的视频。我们认真计算过价钱,给了一个相当合理的报价。结果,我们失败了。后来听说有一家公司的报价只有我们的三分之一左右,很明显是志在必得。我相信对方必定已经聘请了不少人手,急需工作去养活这些同事。不过,比稿内容涉及的工作颇多,搞不好这家公司低估了工作,最后还要聘请 Freelancer 帮忙,就真的赔了夫人又折兵!

从前在 4A,我们就常常聘请很多人手去服务客户。因为人手多、薪酬高,所以要不断比稿去增加营业额。赢到了新客户,又要增聘人手,提供服务,于是没完没了,到头来往往都是一场空。到了自己开公司,自然不敢胡乱聘请人手。每次遇到新工作,都会计算一下成本才决定是否接受。今年过了一半,工作量比去年同期要低,但收入却较去年同期高了。少劳却多得!因为,减少了一些花时间,或是要找 Freelancer 帮忙,却盈利不高的工作。某种程度来说,有些工作是做一个蚀一个的。一方面是利润不高,另一方面是以同等的时间去做别的工作,可能赚得更多。所以,今年工作量较为轻松,收入却有增无减。刚过去的工作汇报,KK 也说这是个进步的表现,长远来说可让公司更加健康。现在,时间多出了,我们可以更加用心去做好手头上的工作,也可以维持每天 6 时半收工,周末毋需加班,实在值得感恩!

贴士:

好好计算成本,不做赔本的工作。

012 招

即使明天便要结业，今天仍要做好广告

有人问马丁·路德（Martin Luther, 1483－1546）："若明天便是世界末日，今天你会干什么？"马丁·路德回答说："即便明天就是世界末日，我今天依然会种一下苹果树。"（Even if I knew that tomorrow the world would go to pieces, I would still plant my apple tree.）

这两年，新冠疫情发生，令经济不景，很多行业相继结业。广告作为市场经济的附属产品，自然首当其冲。不少广告公司，及相关行业也受到牵连。虽然 Kids & Dogs 已挨过了三年，但若疫情持续，经济进一步恶化，我也难保公司会有结束的一天。于是，我问自己："若明天 Kids & Dogs 便要结业，我今天会干什么呢？"我想了很久，答案是："即使明天便要结业，今天仍要做好广告。"

我曾经转换过三次行业，在十多家公司工作过。每次离开公司前，我仍会作战到最后一刻。很多人递了辞职信，便会变成另一个人。有些人甚至会人间蒸发，从此消失。我却仍然会坚持做好每件工作，唯恐接手的人会有困难，影响客户。即使我曾两度被裁员，我还是尽力做好手上的工作，没有责怪公司。因为，我知道自己的兴趣是创作，我绝不会因为环境的变化，而忘记自己的初衷。

抱着马虎心态去看待即将结束的工作，只会令自己的职涯蒙污。别人不会因为你即将离开而体谅你的心情，只会觉得你不够专业，将来也不会再找你合作。做好余下的工作，不单是对公司有交代，因对方仍会付你薪金，更是对自己有交代，我是因为热爱创作而工作的，不是一个敷衍了事的人。

看过一部韩剧《德鲁纳酒店》，所说的其实就是一家即将结业的鬼酒店的故事。剧中酒店的每位员工，责任就是令每位客人完成心愿，然后安心上路。最后，每位员工也达成了自己的心愿，酒店终可结业。虽然要结业，但他们并没有降低水准，仍是用心尽力服务顾客。我认为这样才是真正的光荣结业，给顾客留下最好的印象。

我很欣赏姐妹公司 Secret Tour 的老板 Stephen，他自己创办的 Break Up Tour 因社会环境而大受影响，但他从没有放弃任何机会，总是绞尽脑汁去寻求转机。虽然最后不敌疫情，终要结业，却赢得很多的掌声。他更说会保留社交媒体账户，留下一点盼望。正如马丁·路德在世界末日前仍要种下苹果树，意思就是要做的事就要做，对明天仍有盼望。

我们更要相信，即使结业，也不代表便是终结，很多时候反而是一个新的开始。没有结束，便没有开始。我试过两度失业，一次是在上海时被裁员，结果可以回流香港；一次是香港公司结业，于是转到另一家公司，反而做出更好的广告。结束，很多时候会让人走出安舒区，说不定更好的发展就在眼前。世界也是要到了终结，才会有新天新地的出现，那里才是真正的天堂！

贴士：

不要因为环境的变化，而忘记自己的初衷。

013招 报价,绝对是一门学问

刚开公司闹出不少笑话,这是其中之一。

在国际 4A 接近 30 年,人人以为你事事都知,其实自问相当无知。传统广告公司分工太细,每人只做自己分内事,其余一窍不通。做创意便做创意,懒理什么生意,赚多赚少是客户部与财务部的事。在广告公司里,美指还要负责一下摄影或修图的报价,而我文案出身,实在很少接触。后来当了执行创意总监,美指、制片会把价单给我看一下。但我主要看看总数,并没有深究细节,更没有留意条款。所以,自立门户后,客户要求报价,我竟然搞不清楚该出报价单,还是发票。于是,连忙向旧同事、老朋友打电话问功课。大家听到我不懂报价单与发票的区别,有些人会诧异,有些人会体谅,原来不少人也搞了一段时间才分得清楚。于是,有旧下属毫不吝啬,索性把自己所开公司的报价单发给我,甚至没有删掉价钱,完完全全、赤赤裸裸给我参考。(可能担心没有数字,我会看不懂!)又有朋友透过短讯一步一步教授,并发给我大量报价单及发票的格式档案及范例,让我可以东一句、西一句,拼凑成我自己公司的报价单及发票。不过,搞清报价单与发票只是入门,学懂如何报价才是真正的学问。

有一回,客户问我写一篇文案要收多少,我犹豫了一会儿就说 2000。客户马上骂我说:"2000 元你赚什么?就 4000 元吧!"

（感谢客户童叟无欺！）又一回，客户叫我为产品改个名字，我说4000，客户又骂我说："改个名字最多1500！"（我又上了一课。）从前做文案，收到新工作只会讨论简报写得怎样，没有问题便直接开工。从来不会知道那个工作到底收多少？更遑论当中有多少利润。其实，我若是平日有兼职帮忙做一下广告，好歹也会知道一下市价。但我入行多年，从不做兼职，所以对于报价完全没有概念。

前阵子，有客户找我帮忙设计品牌商标及使用指南，我问过商标设计的专家，对方建议某个价钱，我想都没想便照着对方的建议去写。但我报价后，客户便再没有下文。不论我怎么努力也再联络不上。我实在搞不懂是我报价太高，还是对方只想找张报价单比较一下。

又有一次，客户给我预算，需要拍摄一段视频。我找导演及后期公司报价，发现这个预算扣除制作已无利可图，所以直接把客户介绍给了一位导演朋友，省却了我的费用。但朋友向客户报价，竟然比原先预算高出50%，而客户居然照价付款。原来只要合理，预算还是有上调空间的。当然，报价太高会给人狮子张大口的感觉，但报价太低也会令人担心素质有问题。所以，报价绝对是一门学问，而我恐怕还要不断交学费！

贴士：

报价是一门学问，应该尽早学习！

014 招 我们都是这样创业的

我写了篇文章,讲述公司近况,坦承近日多宗案子无疾而终,没有太多新的工作。于是,接二连三收到同行好友的短讯慰问,也有相约午膳。大家见面,开场白都是些支持与鼓励的话。热身完毕,有较深入的分享,才开始见真章。其实,大家的情况都是差不多,有些公司要动用储备,有些老板要暂停支薪,有些公司要改变经营方向。其实,大家有苦自己知,只是没有告诉你而已。

广告的原意就是"广而告之",把商品或服务的优点广泛宣传。我们替客户做广告,也就是把他们最好的一面展现人前。即使有缺点,也要尽力隐恶扬善,以免破坏形象。到我们自己开公司,也自然把自己视为商品,要将自己包装得天下无敌。从前在广告公司,我们最喜欢的就是写案例。所谓"案例"(Case Video),就是把广告从创作的动机、展示的成效,以及事后的影响包装得美轮美奂。即使只是一件小事,也说成惊天动地,不可一世。至于案例中有什么不足之处,自然会避重就轻,掩人耳目。久而久之,我们也习惯了什么都要好好包装。所以,我们做了好广告,会迫不及待与人分享;做了一般的广告,会尽量低调处理。若有什么差强人意的作品,就更加不敢承认,只望没有人会发现。

我们看到广告公司的都是最风光的一面。仿佛生意源源不绝,创意滚滚而来。我们看别人接受访问,都只说自己怎样努力把握时机，做出怎样惊世的案例，却很少分享失败的经历。即使分享所遇到的困难，都是在成功之后，美化了的回忆。即使有什么辛酸、什么忧虑，都只会被轻轻带过。

我选择在此时此刻撰写创业的心路历程，就是想向大家赤赤裸裸地分享公司的经历。你看到的不一定是什么成功案例，更多时候是失败的分享。但我想把一位创业者面对失败时最真实的一面呈现在读者的面前。我经历的困难，我遇上的蠢事，并非我一个人的独特经历，而是很多创业者都遇到过的，只是他们没有对你明言而已。大家好像在看一个真人秀的节目，看到一家小型广告公司怎样挣扎求存。我不知这个故事的结局将会如何，到底是成功，或是失败？还是半浮半沉，半红不黑？这些全是未知之数。

我不担心大家看到我的分享会怀疑我们的能力。我希望透过我的分享，让那些打算创业的人士能够找到有价值的参考。至少希望他们不会以为创业便是一帆风顺，过程中七上八落的心情，以及患得患失的遭遇，都是我每天正在经历的。希望你能留意我们的经历，也愿意与我们分享你的心得，并且为我们祈祷，共同见证一家广告公司的成长。

贴士：

你绝不是最困难的一个，你的困难大家都经历过！

015 招　你是否适合创业？

我认为创业者大概可分为三大类：第一，是从小立志创业的人。这类人绝大部分是受家庭影响，父母可能也是创业者，从小受到熏陶，DNA里都有创业的因子。也有是天生的生意奇才，无师自通，满脑子都是创业的点子。第二，是半途出家的人。他们本来没想过要创业，但在工作的过程中，受到启发，发现自己创业可能更易实践自己所想。而且，与其为他人作嫁衣裳，不如帮助自己创业。第三，是从来没想过创业的人，但受时势所迫，可能是失业，可能是行业转型，可能是机缘巧合，于是成为创业者。我属于第三类。

我从没想过创业，觉得自己并不适合，更没有创业的条件与能力。可以的话，我愿意一世打工。所以，当年KK与KC三次找我，我都推却了他们的合伙创业建议。我认为自己不适合，是因为自己没有商业的头脑。骨子里甚至害怕数字，见到就会头痛。我也不擅交际，要我去主动找客路，我万般不愿意。我只有兴趣创作，其次就是指导一下下属，帮助他们成长。若不是广告这个行业不断变化，传统广告公司已经改变，我再难待下去，恐怕我真的会在4A公司工作至退休。时势所迫，我也不得不选择创业这条自己所不愿意的道路。

如前所说，我对创业并不熟悉。若不是加入了The Bees

Group，由他们帮忙处理，起步将会十分艰难。因为没有打算创业，起初我真的花了不少时间去适应。从找客户、报价、开单据等等，都慢慢地学习。不过，每月例会中，KK说过几次，我其实很适合创业。当然，这极有可能只是他说的鼓励的话，让我可以安心继续工作下去。但我也问过他，我为什么适合？他说没想到我原来有那么多方面的能力，例如能够自己拍片、剪接、画画、设计等等。更不介意做琐碎的事情，好像报价、写单据等等，而且似乎也做得挺开心的。我不得不承认自己有两个强项：第一，是我很喜欢学习，尤其是新鲜的事情；第二，我很容易赋予工作趣味，可以把苦闷的事情变得有趣。我小时候的第一份暑期工，是在工厂里负责包装玩具。本来包装是一件既重复又沉闷的工作，但我想到把它变成一个竞赛，每天与几位朋友立志刷新包装的纪录，于是每天工作都变得异常有趣。

所以，我现在认为没有所谓的适合与不适合创业。正如没有所谓适不适合工作，如果可以的话，绝大部分人都不想工作。创业与打工，其实只是不同的工作方式而已。又不是说创业便一定要像乔布斯或马云，我们创业也可以只是创造一个工作的岗位给自己而已。每份工作总有些地方是需要学习的，创业有创业的难度，打工也有打工的困难。既然工作的困难也能克服，只要肯努力，创业也不是没有可能的。

其实，我也越来越喜欢创业。虽然，我仍然有很多不懂的地方。但我发现创业、做生意，没有我想象中那么困难。而且，得到的自由，是意想不到的。我再不用像从前通宵达旦地工作，可以真的拥有些许私人的时间，而更可贵的是可以选择做什么客户。因此，我近来都常常劝朋友出来创业，鼓励他们踏出一步，离开安舒区。每次听到朋友说自己不适合创业，我都会告诉他们，其实没有适不适合创业，只有你想不想创业。想的话，没有事情是不可能的！

贴士：

没有适不适合创业，只有想不想创业。

016 招

如何创业？

近日翻阅自己写过有关创业的文章，再整理了一下自己的思绪。假若我回到过去，我会这样忠告当年计划创业的我。

首先，问问自己想不想创业？这是第一个要回答的问题。我认为有三类人会想要创立广告公司。第一类比较被动，多是广告公司的高层，在 4A 里打滚多年，处于瓶颈位置，深知在 4A 里的生存空间越来越少。总公司每年给你永远无法达成的营业及奖项数目，让你疲于奔命。大家虎视眈眈你的位置，令你终日诚惶诚恐。于是，你开始思考自己是否要另觅战场。（我明显属于这类。）第二类比较主动，主要是广告公司的中层。他们在广告公司一段日子，已对广告公司的运作有一定程度的掌握。逐渐发现广告公司的种种运作问题，也看到高层的无能，不甘再被旧模式所困，渴望把自己的理念实践。第三类，是新鲜人，没有任何包袱，也没有任何负担，可以随时放手一搏，反正自己有的是青春。

决定了创业，最需要处理的是资金问题。这不是说资金是最重要的，而是说怎样集资会影响你的发展方向。如果有足够的资金，一人独资，问题简单得多。若需要与人合资，问题便复杂很多了。实在听过太多因财失义的创业故事，无论是多好关系的同事或朋友，在钱银辘轳上常会闹翻。所以，寻找合适的合作伙伴是非常重要的事情。最好当然是能力互补，例如文案与美指合作，创意人与客户服务人合作等等，但最重要还是大家的理念是否相同？我庆幸当年找到的是 The Bees Group，KK 是业界出名的大好人。否则，我真的情愿独资经营。其实，创业需要的资金丰俭由人，不一定需要很多。最低成本就是花点钱注册，然后在家工作，有需要才找 Freelancer 帮忙。所以，年轻人的创业成本最低，实在没有什么可以损失。

　　解决了资金问题，便要决定公司的定位。这是最困难的，也是最重要的。多年来，我一直迟迟不敢创业，就是因为想不通这个问题。定位想得清楚，公司的发展就更清晰。市场上实在太多广告公司，没有清晰的定位，很容易湮没在市场里。The Bees Group 的姐妹公司中，StartPR 定位在点心纸式的公关方向上，Noah 定位在社交媒体的内容上，都是出色的例子，让公司在市场上很快突围而出。我在公司的定位上比较差，所以公司的发展亦比较迟缓，仍需努力学习。

　　很多人觉得有没有客户在手最重要，我反而觉得不是最重要的问题。因为，即使客户承诺了给你工作，都不保证一定会发生。实在有太多太多的变数，会事与愿违。很多同行手上的客户，都是创业之后一个一个累积起来的。我认为最重要的不是手上有多少客户才创业，而是你是否有足够的渠道去接触客户。例如你的社交圈子如何？或是有没有善用社交媒体？你必须有些途径让人认识你，也必须有些地方可以认识人。

　　我认为创业最重要的应该是心态的调整。假若你跟我一样曾经是广告公司的高层，更要好好调整心态，要学习亲力亲为，而不是指指点点；不要轻看客户规模，而是重视合作机会；要避免好大喜功，而要实事求是；不要介意别人的目光，而清楚自己的方向。即使是广告公司的中层，或是新人，也要准备好心态，没有人会给你指导，一切要自觅方向；没有既定的模式，每天都变化万千；没有稳定的收入，随时望天打卦。但创业所获的自由与对理想的追求，是上班族无法得到的。所以，今天你冒险创业，终有一天会知道一切都是值得的！

贴士：

寻找合适的合作伙伴是非常重要的事情。最好是理念相同、能力互补。否则，不如独资经营。

017招 创业顾问

我的创业,绝对可以说是摸着石头过河。因为创业仓促,没有充分时间准备,只能边学边做,在错误中成长。话虽如此,这三年来却有不少同行找我询问有关创业的事情。或许,大家能找的人其实不多。成功者不一定愿意分享成功方法,失败者也不一定愿意分享自己的失败经验。而偏偏我每周都定期分享创业经历,所以不知不觉成了创业顾问。我唯一的好处,是绝不吝啬分享。我说过不认同同行如敌国的说法,做生意并非零和游戏,你的成功,不会令我失败。反而大家互相帮助,更有机会双赢。

我赞成创业者多与不同的人寻求意见。我刚创业的时候,就曾向不同的创业者取经。虽然不是每个情况都与自己相同,但从不同的创业者中,都有不少值得学习的地方。有朋友建议我找公司代为申请商业登记及银行商业户口,所费不多,却可省去不少麻烦。又有朋友向我介绍价格相宜的会计公司,甚至愿意每年免费为我核算。也有朋友教我怎样开报价单,怎样定价钱等等。

同辈之中我算是最迟创业的人。其余的人十年八载前已经陆续开始创业。所以,现在找我问意见的大多数都是年轻人(至少比我年轻)。不过创业与年龄无关,有些打算创业的年轻人想得比我更清楚,而且做生意的能力比我更强。他们找我聊天,纯粹是拿不定主意,想多听不同的意见。我发现自己的角色主要是聆听,不一定要给予任何意见。很多打算创业者心里早已有谋算，只是想法太多，吸收的资讯也太多，一时间消化不良。我就让对方畅所欲言，然后对方便会整理好自己的思绪。当然，我的偶尔一言半句也可能会打通对方的任督二脉。因为旁观者清，自己很难发现自己的盲点。我们作为旁人的一句话可能就帮助到对方跳出困局。

还有，我们分享的有时不是自己的经验。因为是创业者，更容易认识到不同的创业者，常会获得一些第一手的经验分享与心得。这些都是别人跌跌碰碰得来的宝贵经验，而我却可以唾手可得，免走不少冤枉路。所以，我们与人分享创业经验时，所分享的就是集众人之大成。广告这个行业转变太大，我们要不断与不同的人接触、分享及研讨才会有能力在变化多端的市场下生存。而更有趣的是，当我们把经验与人分享时，我们会强化自己的信念，让我们能够坚持下去，也同时在别人的提问中引起反思，以致可以突破既有思维的限制。因此，与有兴趣创业的人士分享经验这个过程，是教学相长的好机会，绝对是双赢的事情！

贴士：

当我们把经验与人分享时，我们会强化自己的信念，也可在别人的提问中反思，以致带来突破。

018 招 创业第一律：自律

所谓自律，就是在没有别人监管的情况下，仍然能够自我的约束。所以，"自律"与"他律"不同，"他律"是要透过法律、规矩等使人受规范。例如法律明文规定闯红灯要受罚，于是在有执法人员在场时就守法。"自律"是即使没有执法人员在场，仍然乐意不闯红灯。上世纪 60 年代斯坦福大学的心理学家瓦尔特·米歇尔就做了一个著名的棉花糖实验 (Stanford Marshmallow Experiment)。研究员让小孩在房间独坐，若他们不吃眼前的棉花糖，15 分钟后就可获得双份。结果 600 名儿童中，只有三分之一可以得到额外的奖励。

以前在公司，上班有时间的规定，工作有上司分派，自律相对要求较少。但自己创业，特别是小公司，再没有别人监督，自律就十分重要了。好像何时上班、何时下班，甚至上不上班，完全讲求自律。

但想要自律，不是想一套规矩出来就可以做得到，否则就不会有自律的问题。自律需要有一个令人向往的价值去支持，才能让人发自内心去遵从。棉花糖实验中，小孩子就是因为渴望可以得到双倍的奖励，所以才愿意自律。我自问不太自律，自小不喜欢读书，只喜欢玩耍和发白日梦。现在我有所改善，是因为我不想重复过往不见天日的工作生活，希望下班后能够回家吃饭，与朋友相聚，或是发展一下自己的兴趣。因此，我向自己定下每天早上 10 时上班，下午 6 时半下班的规定，而且已经实行了三年。

自律不止时间，也包括工作的质素。从前，公司有老板去监察你的工作。现在自己成为老板，就只有自己把关。我发现客户对小公司的要求，一般有别于传统公司。很多时候是因为急赶才找小公司，又或是预算不够，所以只要求你又快又平，却不一定要求你做得好。于是，你可以快快搞定，或者将货就价，慢慢就会降低质素。自律就是即使客户没有要求，你仍然能够给予有水准的作品。

自律看似失去自由，其实才是真正的自由。因为，我们可以不被欲望或惰性去支配，反而可以自由地选择达成心中所渴望的。我不会再为了贪玩而浪费时间，也不会为寻求更好的创意而废寝忘食、不断加班，我知道需要自律去控制时间，在有限的时间里尽力发挥最好。所以，自己创业，自己是老板，更需要自律，否则无论不务正业或沉迷工作，结果只会令自己比以前更辛苦。

贴士：

创业第一律：自律。

019招　创业先要创造团队

每年苹果发布会时,总会想起身穿黑色长袖T恤,浅蓝色牛仔裤的乔布斯。当然,还会清楚记得他介绍最新苹果产品时那种超酷的神态。大家都把他视为科技奇才、潮流指标。其实,他最初只是个对科技有兴趣的人,对怎样研发产品一窍不通。他的成功,在于他懂得怎样找到合适的人才。硅谷公关教父瑞吉斯·麦肯纳(Regis McKenna)曾经说:"沃兹尼亚克设计了一部很棒的机器,但若不是史蒂夫·乔布斯,直到今天,这机器说不定还在玩具店或模型店里。"斯蒂夫·沃兹尼亚克(Stephen Wozniak),就是当年在车库里与乔布斯创立苹果电脑的人。沃兹尼亚克只醉心发明,完全没有商业头脑,而乔布斯就有能力把他的设计变得更易使用,并且加上包装,推到市场上。正如广告公司也不能只有创作人,还需要客户服务及策略人才,才能相得益彰、互补不足。我们需要的是一支团队,而不仅仅是一个天才。

一个有趣的故事,乔布斯研究麦金塔时,他曾去找正在研发苹果2号作业系统的安迪·赫茨菲尔德,说:"你是在浪费时间!谁还在乎苹果2号?过几年,苹果2号就死翘翘了。麦金塔才是苹果的未来。你现在就跟我走!"他话一说完,就把赫茨菲尔德的电脑电源线拔掉,说:"跟我来,我带你去新的办公桌。"虽然,乔布斯的处事手法十分疯狂,但却证明他对人才的重视。为了找对的人，什么疯狂的事他都愿意去做。

《史蒂夫·乔布斯传》里记载了他的招聘习惯。"乔布斯招兵买马，他最看重的就是新来的人是否对产品有热情。有时候，他会把应征者带到一间会议室，桌上摆着一部用布盖起来的麦金塔原型。他像表演魔术般把布掀开，然后观察应征者的表情。"广告是个既赚钱不多，又要经常加班的行业。我们更要像乔布斯一样，找到对创作充满热情的人。他们无惧挑战，不怕限制，心中永远有一团无法熄灭的烈火。团队中越多这样的人，越能做出与众不同的创意。

乔布斯的成功之处，在于他重视人才。他虽然自信满满，但他从不孤军作战。每当他开展一项新的计划，他必定先找合适的人才帮忙。好像他入主彼思动画(Pixar)之后，马上与设计师约翰·拉塞特(John Lasseter)惺惺相惜。他们合作的第一部动画短片《顽皮跳跳灯》(Luxo Jr)，立刻获得奥斯卡最佳动画短片提名。赖斯达为了感谢乔布斯的知遇之恩，谢绝迪士尼的挖角，他说："我去迪士尼，可以当导演，但我留在皮克斯，可以创造历史。"结果，他们的第一部动画长片《玩具总动员》(Toy Story)，一上映就成为年度票房总冠军。

所谓"牡丹虽好，全仗绿叶扶持"。即使天才如乔布斯，也努力寻找合适人才建立他的团队，更何况是我们？

贴士：

我们需要的是一支团队，而不仅仅是一个天才。

020 招
要包装别人，先包装自己

在网上分享创业经历、创作心得，不经不觉已有三年。每周写分享，已经成为我生活的一部分。与同业碰面，这些文章往往成了大家的开场白，仿佛大家都与我一同经历创业。而我写作的原意正正就是要赤裸裸地展示一位创业者面对的高低起伏。不过，我已不只一两次听到大家的善意提醒，忠告我不要太过坦白。

毕竟，广告是个讲究包装的行业，可以写生意，但绝不能写失意。我写过一篇文章名为《有失必有得》，说现在赚的虽然不及从前，却赚了陪伴家人、运动及画画的时间。但朋友听到的只是我的所失，把我所得的视作自我安慰。我又写过一篇题为《即使明天便要结业，今天仍要做好广告》的文章，原意是说面对未知的环境仍要自强。我的妈妈看到，马上问我是否已经结束营业。所以，最好还是写一下吃喝玩乐，拿到什么客户，赢到什么奖项。至于比稿失败、丢掉客户、出现亏蚀等等，当然只字不能提。最好隐恶扬善，避重就轻，尽量表面风光，哪怕内里枯干！

近日，我做了一个简单的实验。我的帖文尽量不用负面的字眼，只贴一下拍摄现场的照片以及获奖的消息。结果，真的收到不少同业友好的祝贺，更有不少朋友说我近来生意不错。其实，我们的业务与两周前没有什么区别。但两周前大家可能觉得我们即将结业，两周后却相信我们前途无限。说不定，我们真的会因此赢出比稿，甚至有客户主动联络，希望与我们合作。虽然这样的话有点夸张，但大家的心里可能确有这种感觉。很多人都会说"自己都不懂包装，怎去替别人包装？"不过，我认为必须先有实力，才去包装；否则，我们只顾包装，不靠实力，就很容易变成自欺欺人！

贴士：

要包装别人，先包装自己。

021招 要有新改变才有新开始

每年年初,大家都盼望有个新的开始,但为什么有些公司能够脱胎换骨,有些却依然故我?我认为分别在于有没有新的改变。要有真正新开始,必须先有新的思维、新的方向、新的目标、新的行动,才能有新的改变。

最好当然有新的思维。新的思维,自然会带动新的发展。有姐妹公司的老板说新一年要做新广告,他解释说:"新的广告,就是公关、新闻、广告和社交媒体的总和。"因为思维不同了,可以预见他们的作品将会朝向不一样的领域进发。没有新思维,就很难有变革。

我的另一位同行,明年的新方向是赚大钱。因为有了新的经营方向,所以公司必须有新的政策去配合。首先,公司可能要不断参加比稿,同事要有心理准备要经常加班。其次,可能会筛选客户,把利润不高的客户筛走,保留最优质的客户。工作上也很大机会会挑选性价比较高的项目,让利润可以提高。

当然,我们也可以只是定下新目标。比如定下拿奖的目标、增加新客户的目标、提高营业额等等。目标自定固然比较轻松,多少可以由自己控制。但若是从上而来的压力,目标往往会定得不切实际,纯粹为了保住饭碗,最终很难达标。

但无论是新思维、新方向、新目标,要是没有新的行动,永远只会是口号而已，相信不会真的带来改变。而行动越具体越好，好像定明数字与期限，都会提高行动的成效。我的一位保险朋友，定下每天要接触一位新客户。结果，一年过后，生意真的增加了不少。

我自问不是有新思维、新方向的创业者，所以只能为公司定立一些新的目标。例如我们检讨过去的表现，发现最大的问题是缺乏客路。我是个较为内向的人，害怕主动接触新客户，也很少与现有客户增进感情。听说一位同行，每周都在行事历上写下与现在客户的吃饭时间，难怪能够与客户建立稳固的关系。我也定下目标，每月会主动接触新旧客户，慢慢建立关系。

要有新的开始，就绝不能故步自封，或多或少都要有些牺牲。走旧有的路，当然轻松，但就只会走到相同的地方。要有新的改变，就要有新的开始。好好想一下有些什么新思维、新方向、新目标，然后一起踏出一步，我相信年底一定会有改变！

贴士：

先有新的思维、新的方向、新的目标、新的行动，才能有新的改变。

022 招

老板好，公司好

我相信不少广告人是因为在 4A 公司受尽老板的压迫才毅然创业的。在 4A 任职高层，常要面对业绩与奖项的压力。不少老板就把这些压力转介到同事身上，让下属饱受煎熬，身心受创。所以，很多离开 4A 创业的老板都"己所不欲，勿施于人"，变成行内出名的好老板。

先说一下 Bees Group，KK 是出名的大好人，已经不用多说，但大家或许不认识我们一家姐妹公司的两位好老板。Rachel 及 Polly，是 Noah Workshop 的老板。前者，是我在当年服务惠康时已经认识，Polly 则是我加入 Bees Group 后才认识，但已一见如故。疫情之前，他们每天中午会在公司为员工准备午膳，老火靓汤从来不缺。而且毫不吝啬，经常广邀同行参加。我被邀请数次，都因为工作关系未能出席，实在可惜。在我们刚开业时，他们更曾邀请我们一起合作。虽然后来因事未能达成，但一直铭记于心。

另一家姐妹公司老板也不得不提。Terry 是 Narrow Door 的老板，出名注重员工。我们的办公室曾同在 Bees Group 的总部，亲眼看到他如何建立团队。去年，Terry 便给 Narrow Door 的全体员工报读了一个专业咖啡师课程，大家都成了咖啡师。每天就看到他们一起研究各种咖啡的冲调，有品味之余，也有人情味。

当然，不止 Bees Group 有好老板，在外边的独立广告公司也有不少著名的好老板。其中一位朋友去年新办公室入伙时，我去探望过他。大家闲聊中提起疫情下的业务情况，他悄悄对我说，其实自己一直没有加人工，更没有拿花红，为的就是让员工可以加薪及领花红。

我的另一位好友也是一位好老板。他曾经因为客户进行全球广告整合而掉了不少生意，但他却没有因此而辞退任何员工。因为他说员工都用心去服务客户，掉了客户绝不是他们的问题，所以情愿每月自掏腰包去与同事共度时艰。幸好，好人有好报，他们的业务很快便重回轨道了。

行内有不少好老板，他们自己在4A公司身受其害，却没有加倍奉还，反而用尽心思去善待员工。我绝对相信，要有好的老板，才会有好的公司。要是老板居心不良，无论能赚多少，最终都只会落得众叛亲离的下场。

贴士：

老板好，公司好！

023招 绝世好老板

入行接近30年，遇过的老板好坏参半。很想借这机会综合一下好老板的优点，也总结一下坏老板的缺点，当作对自己的提醒。

1. 好老板不亢不卑。

能做到老板级数，自信心一般都较强。但自信与自大不同，自大是自视过高，不可一世，其实可能只是自卑。自信却是看自己合乎中道，能够不亢不卑。所谓不亢不卑，是在下属面前毋需摆架子，靠的是才德服众，而不是职衔。也绝不会在下属面前毫无地位，要想尽办法去讨好下属，求他们帮忙。面对客户更加要不亢不卑，这个年头再不是广告公司的黄金时期，在客户面前耍大牌，随时会丢了工作。但也不能事事卑躬屈膝，毫无立场，而是要敢于提供真正专业的意见。

2. 好老板互助互爱。

老板易走两极，尤其是小公司。有些老板事事亲力亲为，无论文案、美术、客服、会计等等都一手包办，有的是为了省钱，有的是犹恐下属会抢走客户，自立门户。有些老板则事事不闻不问，把工作都交了下属，就闲云野鹤、游戏人间。两者都有缺点，两者都不利公司。最好还是互助互爱，做老板的做好自己的岗位，带领方向、广结客户、树立形象、指导创意，其余就留给下属发挥，给予空间成长。

3. 好老板瞻前顾后。

一间公司的成败，很多时候就看老板的目光。说得"高、大、空"，最后只是一场空；但过于实际，最后只会成为限制。所以，好老板要平衡理想与实际，懂得瞻前顾后。尤其今时今日，社会、经济环境不断改变，墨守以往成功秘诀，往往成为绊脚石。面对目前未知变数，要懂得适时应变。但又不能被环境牵动，慢慢迷失方向。所以，好老板既要审时度势，做出应变，又不能遗忘初衷，与创业理念越走越远。

4. 好老板与下属同甘共苦。

这个时势，需要下属与老板共度时艰，大家关系越好，越有机会生存下去。但不少好老板害怕员工担心，万千压力都扛在自己肩头上，很容易被压垮。其实，好的下属都乐意与老板同甘共苦，分担一下业务的压力，分享一下面对的困难。大家互相扶持，往往会杀出血路。不过，能够共患难，未必可以同富贵。有些老板在困难时，能够与下属一起拼搏，但成功后就未必会念旧。他们害怕被下属抢风头，更害怕被他们抢客户。所以，他们凡事都说是自己功劳，处处打击下属的自信，最终弄得众叛亲离。

好老板还有很多值得学习的地方，这些只是我的一些想法，我自己也绝对未能达标。我不是要写一些条文去让下属批评老板，而是让我等创业者能够自我检讨一下。我们打工的时候，也遇过好老板与坏老板，到我们自己作老板时，我们绝对有权取舍。现在还是打工，又想创业的，也不妨想想自己将来想做个怎样的老板。现在做不到不打紧，最重要是朝着正确的方向，那终有一天会成功。

贴士：

好老板不亢不卑、互助互爱、瞻前顾后、同甘共苦。

024招 你的商业模式是什么？

看罢韩剧《启动了》(Startup)，感慨良多。他们的经历，或多或少都对我们这些创业者有所提醒。故事讲述初创三山科技的三位年轻人，有着人面识别的技术，甚至曾经因此而赢得国际比赛的冠军。可惜他们的生意十分糟糕，每次投资者看完他们的技术示范，询问他们的商业模式时，他们都哑口无言，错过了一次又一次的投资机会。女主角徐达美不懂人面识别技术，但她想到怎样应用这技术，从开发盲人应用程序，到无人驾驶汽车，使人面识别技术得到持续的发展，成了获利的商业模式。

我们广告人创业，很多时候就像三山科技的三位年轻人，只有创意，却没有想过什么商业模式。我们所倚靠的只是自己累积多年的创意与经验，以为只要做出有创意的广告，就自然有客户会慕名而来。又或者，我们倚靠自己的人脉，自然又会生意兴隆。却不知一个有效的商业模式，可以让业务持续发展，甚至不断壮大。

KK创立The Bees Group的共享成果是一个商业模式。借333制吸引广告人自己创业，减少他们创业的成本，给予高度发展空间，使大家自发地为集团获利。The Bees Group现有20多家公司，因为拥有一个成功的商业模式，能够在逆市中仍然能够有盈利，就是一个很成功的例子。

我们当中一家年轻的姐妹公司 StartPR 也有一个很好的商业模式。他们想到点心纸式的公关服务，明码实价，让顾客能够视乎自己的预算挑选所需服务。他们也因此而在疫情肆虐之下，仍然能够得到不少新的业务，在集团中有很好的表现。

我说过 KK 与 KC 曾经三次找我创业。他们劈头一句都问我有什么商业模式，我总是无言以对，所以最后都是不了了之。我也是一直只做创意，从没有花过心思去想什么商业模式。在经济好的情况下，可能没有什么商业模式，单凭创意与人脉，还能生存下去。但在经济不景之下，有没有能持续获利的商业模式就显得越来越重要了。

贴士：

一个有效的商业模式，可以让业务持续发展，甚至不断壮大。

弄好公司的作品集

最近,一位任职市场部的朋友向我吐槽,说他收到一份莫名其妙的公司作品集。莫名其妙的原因,是这家公司作品集里全是飞机稿,不知对他的业务有何帮助。所以,不明白对方发给他这样的作品集到底有什么作用?是想找合作的机会?还是纯粹炫耀一下自己的名气?听到朋友的话,我脑海里也涌现了自己公司的作品集,究竟有没有犯下类似的问题?

作品集,是公司的简介,是公司的履历。尤其是面对未认识的客户,这份作品集,就是给予客户的第一印象。从前在4A广告公司,每间都有一份作品集,主要讲解一下公司的背景,在世界各地有多少分公司,全球有多少员工,有些什么国际客户,在全球创意排名如何,等等。目的是让客户知道我们有多棒,不要有眼不识泰山,若有机会合作,绝对是你们三生修来的。当然,也会展示一下公司作品,拿过什么本地及国际奖项。现在回想,才发现有一个问题。那时,不管对方是什么客户,每次展示的都是同一份作品集。虽然4A公司最讲究规矩,但这种做法始终有点问题。试想国际客户可能关心你的公司网络,但本地客户可能完全不在乎。化妆品客户可以在意产品拍得漂亮与否,但超市客户可能只关心哪些价格图案是否抓眼球。

所以,我认为作品集量身定做是有必要的,了解一下客户性质及要求，然后挑选合适的作品及案例分享。例如对方是银行客户，就挑选些与银行、金融、保险、借贷等有关的作品；若对方是奶粉客户，即使没有奶粉作品，也可以挑选一些与儿童相关的产品，或是有拍摄小孩子的作品作为例子。相信大家都收过一些制作公司的作品集，很多都给你一条网络链接。你点击链接，却可能有好几十条完全不同的广告，眼花缭乱之余，也不知对方想告诉你什么。即使你是知名大导，人家也未必有时间看你一生的大作。花点时间筛选一下，找出最具代表性的作品，或是你最想给人家深刻印象的作品。就算这次合作不成，至少别人会对你留下某种印象，将来有需要马上就会想起你。

曾经有段时间，公司比较清闲，我也投石问路，发了公司的作品集给不同的客户。现在想起来，也是一式一样，完全没有考虑每个客户的不同需要，难怪都石沉大海。现在预备公司作品集，都会花上不少时间，看看有什么作品及案例能够打动对方。所以，每份作品集都是不同的，完全是量身定做。我相信不是要给最好的，而是最适合的。你有好的作品，但不符合客户需要，可能会适得其反。好像我从前不管客户大小，都会选取有预算的作品。但有时可能会吓怕小客户，以为你只懂做预算大的制作。又有时真的要狠心筛选，客户的时间有限，你滔滔不绝地介绍公司的作品，可能也会有反感。所以贵精不贵多，让对方印象深刻才成功。

初创业的时候，公司根本没有作品，只能拿旧作来介绍自己。不过，公司的规模不同，我也很清楚告诉对方这是旧公司的作品，不想混淆视听。随着公司的作品累积起来，现在已经减少了很多旧作，只是某些新公司没有做过的客户类型时才会勉强放一些，但重点永远都在现在公司的作品之上。若你也想看一下我们的作品集，麻烦电邮至 almonlam@qq.com 给我们，说出你是什么客户，有些什么合作的机会，我会挑选一些合适的作品给你们看看！

贴士：

花点时间筛选一下，找出最具代表性的作品，或是你最想给人家深刻印象的作品。

026 招

变者生存

曾经接过两个非常紧急的案子,一个是剪接一条视频,一个是制作一条动画。因为两个案子预算不算太高,按以往方法找剪接师或动画师,便无利润可图了。早前有客户跟我说:"现在的社交媒体预算不多,你们为何不自己动手做?"一言惊醒,于是我们真的自己动手做起来。

30多年前,我第一份工作就是在电视台做导演助理,负责剪接宣传片,不过那时用的是开卷式剪接机,机械有1.8米高。后来自学过 Window Movie Marker 及 iMovie,都是些基本的剪接软件,一直没有认真去学习 Adobe Premiere 或 Final Cut Pro。这次从零开始,一边上网看视频教学,一边剪接案子。花了一周时间,竟然剪接出一条有板有眼的视频。

另一个案子本来只是画一张漫画,但我忽发奇想,想把它变成一条动画。我一直想用 Adobe Ai 画漫画,但说了十多年都没有正式开始。于是,我便一边学 Adobe Premiere,一边学 Adobe Ai,而同事就去学 Adobe Animate。(反正给了 Adobe 月费,几十个软件随时可用。)两个人边学边研究,又真的做了一条简单的动画。

在传统4A公司工作多年,分工很细,很多工作都有别人负责,而且预算较高,一般都可外包给别人去做,自己只需指指点点。但时移势易,预算降低,利润微薄,必须要有所变通。从前我们百分之八十的工作都是传统的电视、平面、户外广告。现在百分之八十都是社交媒体。社交媒体预算不多，时间不足，付出与收入无法与传统广告相比。但不转变，可能一年只有一两个案子，难以糊口。

其实，很多公司都曾因应时势而有所转变。姐妹公司 Secret Tour 原本是带人寻幽探秘的本地旅行社，后来变成了广告公司；Innermost 本来是手机应用程序供应商，后来市场转变，改为做广告；新加入的 StartPR，原先是只替初创企业做公关的，但因香港热钱流入减少，改为主力替 NGO 服务。

KK 也说过，我们的姐妹公司，绝大部分都走出与原来创业计划书截然不同的路。一些重要的创业理念当然不能改变，但怎样去执行便有千百种可能性。不要为自己立下框架，要扩阔视野，勇于尝试，努力学习，路，便会走出来！

贴士：

要扩阔视野，勇于尝试，努力面对转变。

027 招 自创出路

有广告同行推出他们的自创品牌,并开始了他们的电商事业。据旧同事自己所说,他们花了两年时间,由构思、设计到生产,全部一手包办。当然少不了老本行,为自己的品牌建网站、拍广告、做宣传。我看过他们的介绍,产品在日本生产,广告用日本导演,在日本拍摄,真正日本制造。早前另一位广告同行,也用了另一种方式,在网上众筹,生产他自己设计的玩具,结果,不到24小时已经集资成功。其实,他近年已经成功众筹数次,生产了好几款玩具,而且一次比一次集资得快。不只广告的老板丁和珍是我的旧同事,近年他也推出自己设计的笔记本,更开始接触出版,又是另一种把广告事业延伸的方法。

广告人一直为他人作嫁衣裳,绞尽脑汁为客户建立形象、销售产品,却少有想到为自己创立品牌。从前广告人经营第二事业,一般都与餐饮有关。或许,广告人都喜吃吃喝喝,很自然想到开食肆、酒吧之类。我的一位广告朋友,若干年前辞掉高职,把积蓄投资经营一家火锅店。只是装修就搞了半年,还花了好几百万。可惜半年不到便结业,积蓄花光,又回到广告公司重操故业。创意人很多都是理想主义,加上职业病,钱都花在包装,而不是产品上。

我认识较为成功的例子是旧同事出产的茶叶。当年,他从香港亲自到杭州挑选茶叶，然后自家设计与包装。他的卖点是把中国茶叶销售到巴西等以咖啡为主的国家。他说产品卖得不错，每月都有不俗的进账。后来他把股份都卖掉，赚了一笔，可以过着半退休的生活。

疫情下，过去两年不少广告公司的生意都一落千丈。与其每日望天打卦，等待客户的出现，不妨跳出框框，把自己变成客户。像上述的例子，他们投放的资金可能并不多，所花的就只是时间与精力。一方面可以视作实验，看看自己的广告理论是否真的能派上用场；另一方面也可以体验一下客户的心情，明白他们面对的困难。更重要的是，若找到市场的空间，为产品做好定位与策略，然后由设计到生产一丝不苟，再加上精准的广告创意，说不定正是一条自创的出路。

贴士：

广告人的创业，不一定局限于广告！

028 招 创业者联盟

曾有旧同事在社交媒体发起组织创业者群组，互相交流经营心得。贴文刚发，已经有不少同行友好举手支持。我当然也不甘人后，凑一下热闹。旧同事趁热打铁，马上开了一个名为"中小微企分享"群组，转眼聚集了五六十位创业者。当中有像旧同事已经转型生产玩具的，也有在网络售卖天然宠物食品、饰物、衣物、投影机等等，还有出版社、网络游戏、餐馆、经理人，当然少不了像我这样仍然经营广告公司的创业者，绝对百花齐放。

大家所谈论的话题，由怎样应用社交媒体程序，到使用哪家速递公司，到怎样申请网上付款，怎样注册专利，只要是有关创业的，都无所不谈。虽然我也是创业者，但我所做的仍是老本行，对于大家所说的怎样生产、怎样注册、怎样物流，实在一窍不通。于我而言，实在是长了知识，认识了一大堆从前听也没听过，听过也一知半解的名词。我相信像我这样的创业者，在当中也有不少。大家参与这个群组，就是为了增广见闻。今天用不着，难保有天会大派用场。

记得几年前两位旧同事先后加入 Bees Group 成立广告公司，我也有在他们创业之时与他们倾谈。虽然起初我完全没有创业的意愿，但陪伴他们走过创业的道路，我也不经意地对创业产生了兴趣。后来，我加入 Bees Group，某种程度来说都是受他们影响的。所以，加入了这个创业群组后，说不定某天我也会生产自己的商品，卖到世界各地。

曾经有些朋友邀请我参加商会，我都一一谢绝。因为自己不喜社交，更害怕接触陌生人，要正式着装参加聚会，更非我的茶。反而这种虚拟的社交群体，大家毋需见面，喜欢可以攀谈两句，不喜欢可以完全抽离，正合我的心意。

况且，现在社会经济环境，变化实在太大。固守在老本行，未必就是好事。能够寻索一下其他可能性，也是一个较安全的做法。不少同行也是在经营广告公司的同时，尝试寻找其他的发展机遇。对很多人来说，踏出创业的第一步是困难的，要考虑的因素实在太多。但踏出第一步之后，要再踏第二步就相对地容易。有些累积的经验，某种程度来说是可以互通的。

所以，我相信类似的创业者联盟会越来越多。大家需要互相帮助与支持，才能走过这个不稳定的时期，找到大家各自追求的理想。感谢同行振臂高呼，成立一个这样的群组。也感谢各位同路人并肩前行，让我们知道创业的路并不孤单！

贴士：

固守在老本行，未必就是好事。能够寻索一下其他可能性，也是一个较安全的做法。

你比实际中强大，却较想象中渺小

你比实际中强大，却较想象中渺小。此话看似矛盾，其实不然。

在传统广告公司，分工极细，每人只专注自己负责的工作。你是文案，便专注文字；你是美指，便专注设计；你是客户服务部的，便只服务客户；你是制片，便只参与制作。对于其余工作，大家都不闻不问，甚至各家自扫门前雪，井水不会犯河水。所以，在传统广告公司太久，大家只懂做自己手上的工作，对于其他事情一窍不通。

20年前，KC与旧同事离开香港天高(BBDO)，成立"陈曾黄梅"事务所（后改名为"陈曾黄朱梅"事务所）。当年听说他要一手包办创作人、制片、客户服务，甚至财务，我就觉得匪夷所思，我们怎懂得做那么多的工作？但现在到了小型广告公司的年代，大家都必须一人身兼数职，既是创作人，也是客户服务员；既是文案，也是美指，甚至还是制片。由分工合作，到身兼数职，反而变成了新常态。现在的创作人，即使是文案，都不再只懂用Word，而是Excel、PPT、Ai、Photoshop、Premiere、After Effects、Animate等等你都略懂一二。虽不至于十八般武艺，样样精通，但至少日常操作难不到你。

近日Kids & Dogs尝试自家制作视频，从勘景、找演员、服饰、道具、制作会议等前期准备，到拍摄当天的导演、场务、交通、膳食安排等工作，以至后期的录音都要自己亲力亲为。原本在传统广告中需要十多人的协作，现在只需一两个人就可以办到，你发现自己比想象中强大。

不过，话说回来，我们不是自我膨胀，觉得自己无所不能。而是在过程中，发现自己其实很渺小。三年前成立 Kids & Dogs，打算大展拳脚，却遇上社会事件，有好几个月没有工作。好不容易撑过了半年，又遇到疫情的爆发。行内有几十年历史的老牌广告公司结业，也有近年炙手可热的新公司首次出现亏蚀。任你如何有创意，怎样有生意的头脑，在这突如其来的巨变之中，人能够改变的实在有限。

这三年，我们要学习的是谦卑自己。过去我们的成功，其实并不是因为我们如何有才能，而只是我们幸运地处身在一个比较顺景的年代，在利好的环境下分得一杯羹。当一切外在因素陆续消失后，我们才发现自己的无能为力。有些公司因着过去累积的成果，可以勉强坚持下去，另一些公司没有这种优势就只好提早离场。

这是一个让我们安静下来，好好检讨自己的时机。不要觉得自己一无是处，时势造英雄，这是一个重新洗牌的良机。但也不要觉得自己天下无敌，不断扩张，一个巨浪随时可以把我们打回原形。所以说，我们比实际中强大，却较想象中渺小！

贴士：

不要觉得自己一无是处，时势会造英雄；也不要不断扩张，一个巨浪随时打回原形。

030 招 你可以不成功，但你不能不成长

作为创业者，特别是首次创业的，我们或会不断怀疑自己，如果当初这样又会怎样？看过电影《爱乐之城》(La La Land) 的，必定会对电影的结局印象深刻。男主角多年后与女主角在酒吧重逢，男主角脑海里涌现一连串的片段：初次与女主角邂逅时没有不理不睬、当初婉拒了朋友到外地演出的邀请、没有错过女主角的首次舞台演出、陪伴她参加试镜、与她结婚生子。同样地，我们或会想：如果当初没有创业又会怎样？如果早一年半载创业又会如何？如果当初找个拍档或是不找拍档又会如何？如果那次报价调低一点又会否胜出？如果那个案子没有拒绝又会怎样？

昨天看《你的善良必须带点锋芒》，其中一句话给我一个很好的提醒："你可以不成功，但你不能不成长。"老是回想过去，甚至幻想可以改变，其实并没有太大的意义。我们根本无法回到过去，也无法改变已成的定局。一直回想过去，只会让自己困在那里，无法突围。

我们不能以现在的自己去评价过去的自己所作的决定。这是对自己不公平的！你不能预知会有疫情的发生，也不能预知将会发生的种种事情。今天的我们有了新的资讯，当然会与当初作决定时有所不同。但我们要相信自己当初在有限的资讯下，已经作了最明智的决定。未来同样会有很多未知的事情发生，我们也只能尽自己的努力在当下做出决定,然后边走边看。

过去的意义在于让我们可以好好检讨,从中找到可以改进的地方,然后汲取经验,继续往前走。我们未必现在就能成功,但我们必须要不断成长。昨天做得不好也不要紧,只要今天不重蹈昨日的覆辙便好了。只要一点一点累积经验,只要每天有些微的进步,即使是初次创业者,也总能越来越接近成功。

贴士:

你可以不成功,但你不能不成长!

你可以接受自己的平凡吗？

"你可以接受自己的平凡吗？"这是在旧同事丁和珍网志上看到的一句话。丁和珍是我初到上海时聘请的第一位文案。他在江西长大，自小凭着努力，由乡下跑到城市，再由二三线城市闯到十里洋场的上海。当年，我便在30位面试者中挑选了他。他文字扎实、创意不凡，更难得的是做事勤快、态度谦和。他与我共事7年，助我立过不少功劳，是我最得力的助手。数年前，他比我早有先见，已经在上海创立不只广告，而且生意不错。不过，文中他却这样评价自己："年轻的时候，觉得自己无所不能，不甘平凡。慢慢上了年纪，才发现自己并没有天赋异禀，其实平凡得很。"

我想每位创业者，原来都有雄心壮志的。正如KK也提及很多创业者是为了解决社会问题或行业矛盾才创业的。当然有些创业者如KK，真的能够达成自己的心愿，实践了自己的信念。但毕竟这可能只属极少数的成功例子，更多人是被岁月磨平了棱角，而变得平凡。但问题是我们能否甘于平凡？

经历社会的冲击、疫情的蹂躏，我相信很多创业者都深感无奈。在维生都困难下，如何还有力气去谈抱负？我们惊觉自己没有什么能力去改变，只是个不折不扣的平凡人。但我们又如何去接受自己的平凡？

旧同事说:"从不能接受,到不得不接受,到完全接受。"我们可能要调节一下年轻时的梦想,从改变世界、改变行业,到只能改变自己。先不要想干什么大事,就尝试以努力把每件平凡的事做好一点点作为开始。不求石破天惊,只求些微改进。

平凡并不是罪。痛苦的是自命不凡,却原来只是凡夫俗子!

贴士:

试试调节一下自己的梦想,从改变世界、改变行业,到只是改变自己。

032招 往事只能回味，新事不能回避

同行叙旧，少不了会缅怀一番广告行业的风光日子：数百万的预算，海外拍摄，公司旅行，颁奖典礼，却少有人会展望将来！

回忆往事当然是美好的，因为我们很容易把过去的艰难删走，只剩下美好的部分。如果身处当年，同样有不少辛酸的经历。而今天的我们，就是这些经历塑造而成的。所以，没有过去就没有今天的我们。老是缅怀过去，就容易让我们停滞不前了。

某天，旧同事分享在二手书店发现旧公司的奖状。旧公司香港天高(BBDO)曾经是全港最有创意的广告公司，几年间横扫各大广告奖，至少拿了几百个奖项。但天高宣布结束香港业务时，就曾问过我们会不会回去拿些奖座。俱往矣，我想也没有多想就谢绝了。结果，那些奖座都送到了垃圾收集站。

过去的成功，只供参考。因为时移世易，今天疫情下的环境是过去没经历过的。即使是2003年的"沙士"，也和今天的新冠肺炎有天壤之别。过去必定有些事情可以学习，但仅此而已，不要被这些过去捆绑，令自己无法突破。

尤其是创业者，更不宜把现在与过去作比较。从前在4A是国际百年品牌，今天是本土初创；从前有总公司客户为基础，现在要白手起家；从前人多势众，现在小猫三两。但话说回来，就是因为不是百年品牌，才没有包袱；因为不靠父荫，才更自由；因为人少，才更亲密。

不要把一代不如一代挂在嘴边。每一代都有每一代的人才，绝非新不如旧。早前户户送 (Deliveroo) 播出了一支社交媒体视频，就是集团内最年轻的成员"大公司"与 Noah Workshop 的创作。"大公司"的四位创办人都是刚大学毕业的，是在集团姐妹公司内实习时被发掘的人才。有留言说："真心佩服，我忽然觉得自己老了，根本不会想得出这样的创意来。"事实是广告未死，只是不再局限于电视与平面，而是以社交媒体内容、公关、户外、活动等不同的形式生存。

很喜欢同行分享的一句话："过去几年，好像建立了一些风格，亦有客户因着这些风格来合作，但是不甘于停留在那里。"就是这种不甘于停留，才能让他与他的公司不断成长。他更说："未来的目标，不只是创新，而是做新广告。"放下过去，才有机会放眼未来。

往事就像调味料，加些少能够更有味道，但多放了就会掩盖食物的原味，甚至危害健康。往事只能回味，新事不能回避！

贴士：
老是缅怀过去，就容易让我们停滞不前。

033 招 创业新生代

偶然遇上我的一位前下属。她刚离开了广告公司,创立了自己的品牌,卖自己喜欢的东西。在其他广告人眼中,这位小姑娘,入行几年,已经赢过不少奖项,在行里应该前途无量,不明为何愿意这样牺牲。其实,只要明白新生代所想,就不难明白他们为何会这样选择。

刚巧近日接触了一位设计系的学生。她早前完成了一个问卷调查,发现设计系的学生,最想做的不是设计公司的高层,而是希望拥有属于自己的品牌。新生代的父母一辈都是渴望进入大公司,从低层做起,默默往上爬,然后成为部门主管、总经理、首席执行官等等。即或是想创业的,也会先在喜欢的行业里汲取经验,建立网络,待储备到足够的资金后才成立自己的公司。但新生代不同,他们对这种长期的部署并不感兴趣,他们不会愿意为了成为高层而牺牲他们的生活,他们甚至不渴望成为这种高层。他们也不会选择要累积经验才创业,而是情愿边做边学,开创自己的路。

事实上,新生代创业门槛较低,这是他们的先天优势。一般大学毕业生,薪金不过一万几千,而且大都与父母同住,成本不高。如果他们入行数年,机会成本也会不断上涨,到时要辞工创业,自然更加困难。而且他们不是想成立大公司、赚大钱,只是希望能够开家小店，做自己喜欢的事情。The Bees Group 的新成员名叫"大公司"。他们的四位创办人，就是刚从大学毕业的新生代，没有实际的工作经验，就只在我们的姐妹公司当过实习生。但这样无阻他们的创业，也无阻 KK 给他们的支持。他们就是新生代，没有任何行业的包袱，拥有不一样的思维与视野。

我在大学里任教广告多年。现在要教授学生的，也不再只是怎样创作，而是给他们多一条出路，把创业的经验与他们分享。说不定他们当中会有的像 Steve Jobs 一样，还未大学毕业，便已经拥有自己的公司呢！

贴士：

不一定要在大公司累积经验才能创业，边做边学也一样可以成功。

034 招
你的小小分享
或会对别人带来大大的影响

好几年前，有一位多年没见的旧同事忽然约我吃午饭。起初，我还以为他转行当了保险经纪。但原来他只是刚刚创业，很想与我分享他创业的心得。从他眉飞色舞的表情，滔滔不绝的分享，我确实深深感受到创业为他带来的喜悦。他更向我介绍了一本书籍，而我也把书从头到尾都看过了。不过，那片刻的创业激情，很快便冷却下来，一切又回到正轨。

其实，类似的创业分享我听过很多遍。最通常发生的是旧同事的聚会，我们当中总有一两位已经脱离 4A，自立门户的。于是，大家都不忘向他们取经。虽然不是每个人创业都能飞黄腾达，但他们所说都有一点类似，就是可以更好地享受人生。这对于我们那些当年仍在 4A 里打滚的广告人来说，实在是非常吸引的。大家早已被那些不合理的目标压得喘不过气来，很想寻求一个突破。可惜，每次思考都会被忙碌的工作与内心的恐惧所掩盖，于是又不了了之。

那一堵高墙真的很难越过，但越过之后，却是另一番天地。你会恍然大悟，为何那些朋友会不厌其烦地鼓励你去创业。好像我创业以后，也急不可待地每周一篇文章，与大家分享我的心路历程。我也与很多同行分享过我的创业经历，甚至成为不少创业者的顾问。原来创业的那种喜悦，真的如同你吃了一顿美食、买了一件心头好一样，你会很想很想与你身边的人分享。于是，你忽然变成了一位传道人，一位代言人，甚至像疯了的人，会找最要好的朋友去分享，唯恐对方会错过这美好的机会。

这些分享就像播种，不一定即时会有收成，但一点一滴的浇灌，或有一天真的会开花结果。现在想起来，我一直以为自己的创业是一时冲动，其实不然。这是很多年来，身边创业者浇灌的成果，那创业的种子早已在我心里萌芽，虽是生长缓慢，但最终还是成长了。所以，一直有看我创业分享的你，说不定那创业的种子也已在你心中悄悄萌芽，假以时日将会开花结果，甚至成为参天巨木！

贴士：

多与别人分享你的创业心得，会加强你的自信心。

035 招 你的强项，也是你的弱项

A 公司擅长日本风，美术别树一帜；B 公司以潮流触觉见称，作品都是话题之作；C 公司有强大的网红作为后盾，每条视频点击都必定过百万；D 公司专攻数字广告，技术领先同侪；E 公司主要负责金融客户，对银行、保险、借贷等特别熟悉。有些公司因为创作手法突出，服务范围独特，经营理念出众，渐渐形成了风格，并且有着非常清晰的定位。客户想到日本风，第一时间便会想起 A 公司；想找网红代言，立刻会找 C 公司。不过，强项越突出，局限性往往也会越大。犹如被喷了定型水，想改变根深蒂固的形象也绝不容易。

以 A 公司为例，众所周知他们擅长日本风。若客户想拍摄一条韩风广告，可能不会想起 A 公司。A 公司有能力成功塑造日本风，当然也有能力做好韩风。但因他们的日本风实在太深入人心，甚至已经划成等号，让人除了日本风便不会想起他们。

B 公司的作品都是话题作，经常引起广泛的讨论。有客户喜欢看到自己公司的名字经常在搜查榜之上出现，但也有客户会担心影响公司的形象。要引起讨论，当然正面负面回应都会有，偏偏有些客户最害怕负评，于是不敢找 B 公司合作。

D 公司虽说是数字广告公司，并不代表他们没有能力制作传统电视广告。但偏偏有客户会定型他们是只懂数字广告的公司，遇有预算较大的电视广告制作，还是会找传统的广告公司。于是，数字广告是他们的优势，但也限制了他们的机会。

能够建立鲜明的形象已不容易，不过建成之后，分分钟钟便会被人定型。除非拥有足够的客流量，即使被定型，仍然能生存下去；否则，被客户定型会影响公司的长远发展。而且，长年出产类似的作品，也未必是一件好事。同一客户也未必能够接受，更何况是其他客户？没有人希望自己品牌的宣传与别的品牌一模一样。

还有，风格建立之后，很容易便会被人模仿。你的作品越多，人家参考的素材便越多。有些模仿作品，形神兼备，自己也难分辨。但模仿者可以随时改变戏路，空间大得很，机会成本却相对少，难怪香港跟风者众。

其实，不止广告公司会被定型，导演也会被标签为强于拍摄人物、产品、美术、后期；剪接师也会有长于说故事、快节奏等等。所以，有风格固然是好事，至少客户第一时间会想起你。但在确立风格的同时，也要尝试多元发展，切忌全压在其上。有几道板斧，总比一招走天涯安全。否则，你的强项，随时成为你的弱项。

贴士：
你的强项，随时成为你的弱项，要尝试多元的发展。

036 招 不要小看别人

我有一个观察，很多成功的广告公司的老板都有一位相识于微时的客户。他们之间同甘共苦，经历过时间的洗礼与磨合，建立了一份深厚的关系，是别人所无法取代的。因为这种关系、这种默契，大家能够彼此互信、合作无间。所以，不要小看你的客户，特别是小客户。当你还只是一位小文案、小美指、小 AE，而对方是一位小客户时，不要把眼睛只盯着他或她的老板。他或她虽然人微言轻，但他或她才是你的真正战友，大家共同面对他或她的麻烦老板，一起熬过通宵，一起面对风浪，一起共同成长。若干年后，你们在工作上重遇，就成了互相的助力，帮助大家更上一层楼。

我年轻的时候，有点高傲，很喜欢与客户部同事争吵。虽然当时觉得自己是据理力争，但忘记了自己令人讨厌的态度，所以树敌不少。后来，有同事提醒我，这些客户部的同事，绝对有机会日后成为公司的高层。这话一语成谶，后来不少大公司的老板都是当年我的客户部旧同事。因此，除非你不想在大公司里干活，否则不可小看你的客户部同事，他们随时会成为你的老板！当然，这并不真的只局限于客户部，你的创作部同事，也绝对有可能某天成为你的上司，甚至是公司的首席创意官、首席执行官之类。所以，做人还是不要太嚣张，山水总有相逢的一天！

你也不可轻看一个小品牌，尤其是初创的公司。听过很多公司因为预算太低，生意毫不起眼，而推却了初创的生意。岂料，这些初创忽然大热，甚至成功上市，市值翻了几番。当天你有眼不识泰山，今天你也休想可以高攀。即使不是初创，有时大公司找你的也不是什么大案子，可能只是为产品命名，做一下翻译的工作，甚至只是设计一下商标，负责一些正稿的工作。你小看这些工作，就可能失去了更大的合作机会。你必定听过很多公司的合作，都是从小做起，建立了信任，才会有日后长久的合作。

请不要把以上所说的视为老谋深算、工于心计的策略。不小看别人，不轻看工作，本身也是一种对别人的尊重，也是待人以礼的一种美德。因为不小看别人，对别人尊重，于是建立了关系，这是美好的收获。同样，不轻看每个工作的机会，珍惜每次的合作，尽力而为，而得到对方的信任，也同样是努力的回报。当然，你尊重的小客户或小 AE，不一定会成为大老板；你所帮忙的小工作，也可能没有下文。你今天所做的就像播种，你不知道哪些种子会生长，但只要你播下了种子，再加以浇灌，说不定当中就有一粒种子可以开花结果，甚至成为你可以栖息的树荫。再退后一步，即使没有一粒种子发芽成长，但在你尊重别人、用心工作的时候，你自己也会感到开心，这已经是难能可贵的成果。

贴士：

不要小看别人，若干年后你们在工作上重遇，就会成了互相的助力，帮助大家更上一层楼。

037招 天气不能预期

在香港，每年四至九月拍摄外景都令人头痛。实在"天气不似预期"，希望蓝天白云，却常常倾盆大雨。年轻时拍摄广告，常常祈祷蓝天白云，试过几次如愿以偿，立刻不住感恩。认识一些广告人及制作人，更自诩是"太阳神"，每次拍摄总是蓝天白云。我却觉得这是不真实的，因为拍摄越多越发现天气实在无法控制。

有次到台湾垦丁拍摄广告，刚到的时候已遇上台风，等了几天还是经常狂风大作，只能在停雨时勉强拍摄一两个镜头。以为不成，最后竟然能剪接出一条看似天气不错的广告片。后来，又有一次在台湾拍摄明星代言的广告。四天外景，竟然前后两个台风，被迫改为摄影棚内以绿色布景拍摄明星，待天气好转才补拍背景。粗剪那天，我手心里冒汗，害怕客户要我们重拍。结果，客户竟然称赞我们，说在恶劣天气下竟然也能拍出这样水准的广告。

那次之后，我算是想通了一点，我们实在太自私了！广告拍摄不过是一个商业的活动，我们竟然打算拜神祈福，希望改变天气。试想一下，如果天天阳光普照，植物哪来雨水灌溉？天气酷热，也需要下雨降温。我们只顾自己的拍摄，而罔顾别人的需要，岂不自私？所以，我后来改为只祈求适宜的天气，因为我不知道蓝天白云还是下雨哪个是最好的。蓝天白云固然高兴，但是阴天，甚至下雨也要欣然接受。我们能做的，是尽量想好应变方法，然后见机行事。

刚完成的一个广告片，就有这样的经历。虽然我们不断查看各大天气网站，留意天气变化。但原以为会滂沱大雨而改期的日子，竟然变为蓝天白云。反而改期后的第一天早上便是密云，幸好没有下雨。下午拍摄中，却忽然转晴，有短暂的阳光。第二天希望蓝天白云，结果真的有阳光，但背景却全是乌云。第三天，预报是阳光普照，早上却是阴天，几乎下雨。下午又忽然放晴，顺利完成了拍摄。其后一周，每天都是雷暴及狂风大雨。

其实，想要拍摄的天气稳定，最好选择秋天及冬天。若要四至九月拍摄，选择厂景比较安全。要是有足够预算，也可以选择到南半球拍摄，避开香港的雨季。如果非要在香港拍摄，就要有心理准备，天气不能及预期。能够晴天已经不错，下一点雨也应接受。蓝天白云，更要谢天谢地。但即使倾盆大雨，也不会天塌下来，总有解决的方法。可以改日重拍，可以等待停雨再拍，可以后期调整一下天色。我认为最重要的是谦卑下来，承认自己的力所不能及。我们无法掌控天气，我们可以管理的，只是客户的期望。只要尽力想得周全，做好应变措施，我相信客户也会欣然接受。

贴士：

我们无法掌控天气，但我们可以管理客户的期望。

038招 其实没人在意你做得怎样

试过头脑风暴的，总会发现有些人永远三缄其口。但你知道这些人并非在做梦，你看到他们的眼珠在转动，脑里在想些什么，只是没有说出来而已。为什么不说？就是太在意别人怎样看自己所说的。头脑风暴的原意，是要人不假深思，把脑海浮现的片段说出来。所说的无须是什么惊世骇俗的想法，但片言只语往往能激发别人，互相补足，变成一个大创意。可惜，我们常会太在意别人的看法，害怕说出不成熟或不完整的想法而被人嘲笑，非要在脑子里完善了想法才敢说出来。于是，浪费了头脑风暴的美意。

广告人表面上自信爆棚，但骨子里很多都是玻璃心，太在意别人的看法。广告还未投放，已经紧张万分，担心会否引来负面评论，犹豫是否适合分享。广告投放后，更在意别人的看法，24小时留意社交平台。若有人在网络上留言，对作品有任何意见，即刻反击，誓死捍卫作品。即使有些意见是颇为中立的，甚至是有建设性的，但亦足以触动神经，启动自我防卫机制。

其实，时代已经不同，大家不会安坐家中看电视机。若在网络投放，更如汪洋中的一条小船，大家往往缘悭一面。你忙了3个月的作品，大家可能只看了3秒便略过广告。即使给你面子看足30秒，在脑海中停留的印象也不会多过3分钟，便烟消云散。你做得好与不好，根本没有人介意，要介意的可能只有你自己。

不如善待自己，不要对自己有太大的压力。我们所做的只是广告，并不是什么关乎生死的事情。今天你认为很重要的事情，明天可能已经毫无价值。好像你今天赢了一个广告奖座，将来某天可能会把它送往垃圾堆填区。不是说你今天所做的事都没有意义，只是它没有你想象中重要。大家真正在意的，不是你所做的事情，而是你本人。你是否活得开心？是否身心健康？这才是大家真正关心的。这个行业的压力实在太大，很多人夜以继日地工作，根本没有休息；很多人面对裁员、结业的忧虑，经常失眠。你活得开心、活得健康，比你做出什么成绩更重要。所以，你也不要太在意你的工作，不如好好善待自己，让你的家人、你的朋友、你的同事，可以放心。记住：你才是大家真正在意的！

贴士：

你才是大家真正在意的！

039 招　创业要懂得聚焦

1996 年，苹果电脑的市占率从 80 年代末的高峰 16%，大幅下跌到 4%；苹果股价亦从 1991 年 70 美元高峰下跌至 14 美元。1997 年乔布斯重返苹果时，他发现苹果最大的问题就是产品严重失焦。当时 Macintosh 便有十几种版本，于是他大幅删去 70% 的机种。针对专业桌上型电脑，他们只专注于制造 Power Macintosh G3；针对专业可携式电脑，生产重点是 PowerBook G3；至于消费者桌上型电脑，则准备开发 iMac；而消费者可携式电脑的重点，则是后来的 iBook。《史蒂夫·乔布斯传》的作者沃尔特·艾萨克森指出懂得聚焦是乔布斯的强项之一，他说："决定'不做'什么，跟决定'做'什么，一样重要。就公司而言是如此，就产品而言亦同。"

乔布斯除了简化苹果电脑机种，还宣布退出打印机市场，亦关闭"牛顿"（Newton）PDA 的研发部门，把优秀工程师转去研发新的行动装置。原来，iPad 的概念比 iPhone 还要早出现，但乔布斯定了优先顺序，先开发 iPhone，到 2007 年 6 月底 iPhone 正式上市后才研发 iPad，故 iPad 要到 2010 年 4 月才正式上市。

乔布斯的管理格言是"聚焦"。他每年会办一次"精英 100"，挑选全公司最优秀的 100 位员工参加度假会议。会议结束前，他会问大家苹果未来要做的 10 件事，然后把所有建议写在白板上，再去芜存菁，选出最后的 10 大清单。接着，乔布斯会再一笔划掉后面的 7 项，宣布："我们只能做 3 件事。"微软（Microsoft）的盖茨（Bill Gates）亦曾佩服地说："乔布斯能够专注于少数几件重要的事。"乔布斯的接班人库克（Tim Cook）也说："没有人比他更懂得如何消弭噪音，这使得他能够专注于少数几件重要的事，对其他的事说不。这没有几个人能够做到。"乔布斯做事先定优先顺序，然后像激光束一样对准目标，去除其他让人分心的事。

  我刚创业的时候，与很多创业者犯上同样的毛病，就是什么都想一试。无论是电视广告、平面、户外、设计、社交媒体、公关、内容、培训，甚至拍摄及制作都想尝试。记得当时财务部的同事曾经问我公司到底属于哪一类型？我才恍然大悟，自己想法太多，反而失去焦点，令人无法知道公司的定位。最近看《史蒂夫·乔布斯传》，我便一直问自己公司的焦点应该放在哪里？其实，自己从事广告 30 年，一直都以电视广告为主。对于电视广告的构思、预算、制作的控制，以及与导演和制作公司的关系等等都是自己较有把握的。接触新客户时，对方亦会对我们的电视广告较有信心。所以，我也慢慢把公司的方向聚焦在电视广告或视频制作上。当然，我们并不抗拒其他的尝试，但焦点会先放在电视及视频制作上，站稳阵脚再向其他发展也不迟。

贴士：

创业，要懂得聚焦。

040 招 近朱者赤、近蜜者蜂

1965年,匈牙利人拉兹洛·波尔贾和妻子克拉拉拟出一项把孩子养育成西洋棋神童的计划。他们让3个女儿从小浸淫在西洋棋世界之中,使她们对西洋棋着迷。长女苏珊才4岁,便夺得布达佩斯11岁以下女童锦标赛冠军。次女索菲亚更厉害,年仅14岁便成为世界冠军。最小的女儿茱蒂,15岁已经成了西洋棋特级大师,后来更连续27年在全球女棋士排行榜首。《原子习惯》(Atomic Habits)的作者詹姆斯·克利尔(James Clear)说:"要打造更好的习惯,最有效的方法之一就是加入一个把你想要的行为视作常态的文化之中。"波尔贾姐妹从小活在热爱西洋棋的家庭,因为西洋棋而受到夸奖,因为互相影响而不断进步。

回想我刚入行时的奥美广告(Ogilvy & Mather)在行内创意数一数二。当年公司的代表作有"眼镜88""和记天地线"等等。像我这样的广告初哥,耳濡目染的都是顶尖的创意。后来加入达彼思广告(Bates),也正值她的全盛期。执行创意总监 David Alberts 的手下共有6对创意总监,全都是城中猛人。那年金帆广告奖,有过半的奖项全由达彼思广告夺得。接着,我加入天高广告(BBDO),眼看公司由4A广告公司榜末,3年内爬升至榜首位置。现在看来,那时我就是加入了一个又一个以创意为常态的文化之中。因为身边的同事都很优秀,都非常有创意,于是我也不自觉地被这种着重创意的文化所洗礼而不断进步。

时移世易，现在的 4A 广告公司已经今非昔比，欠缺这种以创意为先的文化氛围。我也因此而想到加入 The Bees Group。The Bees Group 的姐妹公司 Secret Tour，从 Expedia 系列广告已经一鸣惊人，然后为曾俊华参选特首所制作的广告更加引来不少回响，到近年 KFC 的中秋广告系列，令她在金帆广告奖中获得最佳独立广告公司的殊荣。另一家姐妹公司 The Right Side，无论是 Sony 的数码相机或是宝矿力广告，都是有目共睹的杰作。其他如 The Bread Digital、Noah Workshop，或是新近冒起的 Narrow Door，都陆续有佳作曝光。虽然同样都是创意小店，但因有 The Bees Group 的创意文化熏陶，令各姐妹公司都彼此学习、互相影响。难怪不少广告人都想加入 The Bees Group，成为其中一只小蜜蜂。

其实，不止广告公司需要这种文化氛围，任何 Startup 同样适用。大量共享工作空间（Coworking Space）的出现，正好配合这种需要。我也曾有机会参观过腾讯的一个孵化器，不单装修时尚，而且内里全是与创意科技有关的 Startup 公司。大家除了能够在这种文化气氛中共同成长外，还真的可以互相合作，制造更多商机。

詹姆斯·克利尔提醒我们："你加入的文化应该具备两个特点：1. 你想要的行为是常态；2. 你跟这个群体本来就有某些共同点。"加入一个你认同的文化气氛之中，你就跟身边的人联结在一起，成长与改变便是最自然不过的事了。

贴士：
要找到一个能够正面影响你的文化氛围。

成功靠习惯

《原子习惯》的副标题是"细微改变带来巨大成就的实证法则"。作者强调的是透过细微习惯的改变,而带来巨大的成就。我们常常忽视习惯的重要,以为只要定下目标,努力朝着这个方向做便会成功。结果往往事与愿违,事情只有三分钟热度便无以为继,不要说成功,连继续也无能为力。作者詹姆斯·克利尔说:"想要更好的成果,就不要管目标了,把焦点放在系统上就好。"他的意思就是重点不在目标,而在于有没有养成习惯。因为,很多人都有相同的目标,例如减肥、跑马拉松、进修,为什么有些人可以完成,有些人却会失败呢?相反,即使没有明确目标,只要有系统地重复去做,终有一天会成功。

以我自己为例,我的目标是完成一次42.195公里的马拉松,但一直没有成功。问题不是我没有目标,而是我没有养成完成全马的习惯。我一直都不喜欢运动,没法养成跑步的习惯。很多时候一周只能跑一至两次,每次5至6公里。有时甚至因为太忙碌,要两三周才能跑一次。近日,我跟随了一个名为"福泽式马拉松练习法"。方法很简单,每周跑6天,有4天只需配速跑6公里,另外2天分别加速跑10公里及15公里。因为简单,所以很容易实行,练习了两个月,我便完成了第一次全马。福泽式跑法没有间歇跑练习,也没有训练长课,它只是让长跑变成一种习惯。

詹姆斯·克利尔提醒我们，要养成习惯，就要"让提示显而易见"。我有读书的习惯，曾经一年看过42本书。我的方法是一进地铁便看书。对我来说，地铁车厢是个"显而易见的提示"。每逢踏进车厢，我便会马上从袋里拿出书本来看，直至到站才会停止。不要小看这个习惯，以每程车半小时为例，我大概可读20页书，上下班就可看40页，5天便可看完一本200页的书。

詹姆斯·克利尔的另一建议，就是"让行动轻而易举"。我的一位朋友，原本体重有100多公斤，医生建议他每天步行45分钟减肥。因为他只需步行，而不是做什么剧烈运动，于是他乐意照办。没想到只是每天步行45分钟，几个月后他已成功减了20多公斤的体重。如果他不是以步行来减肥，而是换作跑步，恐怕几天后他已经放弃了。

在《史蒂夫·乔布斯传》里，我留意到乔布斯也有一个很有趣的习惯。作者沃尔特·艾萨克森说："当时我还不知道他喜欢长走，如果有重要的事要谈，常和人边走边谈。"乔布斯与他的亲妹妹莫娜·辛普森（Mona Simpson）第一次见面时，他就带她出去散步。他想对付约翰·斯卡利（John Sculley）时，也找了不少人跟他一起散步，并透露推翻史考利的计划。他和妻子劳伦·鲍威尔（Laurene Powell）在一次漫长的散步中，仔细讨论了是否应该正式回苹果任执行长一事。乔布斯已经习惯了，每逢想整理思绪，便约人散步。于是，一开始散步，他的思绪就开始越来越清晰。前阵子，同事也建议我们学效乔布斯一边散步、一边想点子。结果，我们走了半小时左右便想出了一个不错的点子。

其实，离开了办公室，到了陌生的地方，看到不同的事物，往往会碰撞出一些不同的想法。这只是一个开始，还没成为习惯，或许假以时日，我与同事只要一起散步，灵感就会马上涌现。我忽然记起，当年在 BBDO 的时候，KC、Paul、Tony 及 Leslie 便是每天早上都在房间内闭关 3 小时，SUNDAY、KMB、eTrade、新鸿基等等的好创意都是在那里想出来的。我想，这个习惯便是他们创意的来源。所以，不要轻看习惯的重要性。

贴士：

想要成功，先要养成能够成功的习惯。

042招

失败是祝福

1976年,乔布斯只有20岁便与友人斯蒂芬·沃兹尼亚克在车库中开创了苹果电脑。然而1985年,在他30岁时,却被他所雇用的行政总裁约翰·斯卡利解雇。2005年,乔布斯在史丹福大学毕业礼演讲上说:"就在我30岁的时候,我被解雇了,我被公开声明遭到了解雇。我成年之后花费心血打造的一切都离我而去,这在当时对我简直就是晴天霹雳。"

乔布斯曾经一度意志消沉,想离开硅谷,但他慢慢沉淀下来,发现自己仍然深爱着电脑这个行业,于是他决定重新开始。在接下来的五年里,他创立了NeXT电脑公司及彼思动画工作室(Pixar Animation Studio)。彼思动画工作室推出的《玩具总动员》(Toy Story),成为世界上第一部完全由电脑制成的动画片。该片上映第一个周末就回本,美国国内首映票房3千万美元,总票房1.9亿美元,全球票房3.6亿美元,打败《蝙蝠侠3》与《阿波罗13》,成为年度票房冠军。而NeXT电脑公司也被苹果电脑所收购,让乔布斯可借NeXT电脑公司的研发技术帮助苹果电脑重返电脑市场。

乔布斯在史丹福大学毕业礼演讲上说:"我当时没有察觉,但事后证明,被苹果公司解雇是这辈子发生在我身上最棒的事。创业者的轻松重新取代了成功者的重负,一切都没有定数。它使我如释重负，开启了人生中最具有创造性的一段生活。"苹果董事亚瑟·罗克（Arthur Rock）也说："我们把乔布斯开除，叫他滚蛋，这么做虽然残忍，他也因此找到人生的契机。"因为经过这样的考验，乔布斯才变得更有智慧与成熟。若乔布斯当日没有被解雇，历史上便可能没有 iPod、iTune、iPhone、iPad 等划时代的电子产品。

心理学家乔伊斯·布乐斯（Joyce Brothers）说："想要成功的人，就必须学习将失败视为达到成功的过程中有益的、无可避免的事。"

1914 年 12 月的某一天，爱迪生的实验室发生了火灾。当他站在火场外，看着自己的心血变成灰烬时，他还很幽默地对身旁的孩子说："孩子，快去找你的妈妈来，她这辈子大概不会看到比这更大的火了。"大多数人在这种情况下可能已经伤心欲绝，但爱迪生说："我今年 67 岁，要重新开始还不嫌老，从失败中爬起的事，我已经有许多经验。"他重新开设实验室，又在那里工作了 17 年，在 84 岁的时候离世。

《时代》（Time）杂志在 1980 年中期发表了一篇研究报告，发现一群三次因工厂倒闭而失业的工人，比一般人更坚毅不屈。心理学家估计他们会受尽挫折，然而他们却出乎意料地乐观。因为他们曾经失去工作，却至少两次再找到新工作。所以，他们比那些一直在同一家公司工作却被解雇的人，更知道如何面对逆境。

2009 年年底，我在旅游时收到上司的解雇电邮，那对我来说实在是晴天霹雳。后来我知道，很多在上海的香港人都遇到同样的经历，大家都是高薪厚职的外地管理层，很自然成为经济不景下的牺牲品。首次被裁员，天天诚惶诚恐，既担心生活大小开支，更担心再找不到工作。那时天天困在家里，不敢外出，只懂垂头丧气。幸好，几个月后就马上找到回港的新工作。

2013年，香港的公司又因为入不敷出而宣布结束香港的业务。同样是失业，但这次心情就轻松得多。失业的日子，我每天去跑步，很快就完成了半马。平日就趁机会与老朋友及家人相聚，日子过得很充实。三个月后就找到了新工作，一切又恢复正常。

两次失业中，我发现自己工作与性格上的不少盲点，让我得以改善。如果没有这两次失业，我就很难成为今天的我。正如约翰·麦克斯韦尔（John C. Maxwell）在《学习的力量》（Sometimes You Win, Sometimes You Learn）中指出，成功者知道失败在人生中所扮演的角色，只要你能从中有所学习，下一次做得更好，那么失败就算不得是失败。所以，我从不讳言自己曾两度失业，甚至常常用作例子，提醒自己及别人。

这3年，因为社会事件及新型冠状病毒，令香港经济大受影响。Kids & Dogs 刚好在这段时间创业，面对的困难是可想而知的。不过，我们并不害怕，也不会因此而气馁。我同意肯·哈伯（Ken Hubbard）所言："除了你自己，外在的因素不可能打倒你。世上没有跨不过的难关，除非你意志力薄弱。"共勉！

贴士：

不要害怕失败，因为这往往是你真正成功的契机。

043招
向客户服务人员致敬

坦白说，我一直对客户服务人员都没有太重视。上世纪九十年代我加入广告行业，那时正值广告创作的黄金时代，很多广告公司都由创作人掌舵。因为耳濡目染，即使自己并非顶尖的创意人，却仍然带着丁点自命非凡、高人一等的傲气。

当时我所属的一家广告公司，创作部同事间有一个共同的理想，就是要把客户服务部从广告公司中剔除。后来，我的上司与同事真的合资经营了一家没客户服务部的广告公司。他们一人身兼数职，既是创作人、制作人，也与客户打交道。那时我想，若某天自己创业，也要是一家只有创作人的广告公司。

2019年，我真的创业了，也真的开了一家没有客户服务人员的广告公司。起初，我认为最困难的不过是怎样开报价单而已，而这些难关也早已克服了。然而，两年过后，当我总结自己的创业经历时，我就发觉自己大错特错。

以往我只是一名创作人，心里只想怎样构思创意，怎样把创意卖给客户，却少有从客户的生意立场设想。从前有客户部的同事在旁，大家以不同的角度去看事情，互补不足，反而可以取得平衡。好像与客户为创意据理力争时，若有一位看似中立的客户服务人员在中间调停，事情往往就容易解决得多。现在，同一时间要戴上两顶帽子，我就觉得很容易两边不讨好。

许多看似琐碎的事情,就像约会、撰写 contact report、编排进度表、收集资料、下载档案、核对完稿、跟进会议、回复客户、协调不同部门等等,都是相当刻板,却又相当重要的事情。若不是有客户部的同事仔细处理,创作人哪有心情去想创意?

再者,很多创作人都不是太懂得计算。有时一头栽进了创意之中,就只顾追求完美,忘记了控制成本。这时若有客户服务人员在场,就能够客观地计算工作的收支,避免了得不偿失的下场。

当然,优秀的客户服务人员并不限于此。我认识一些出色的客户服务同事,在客户面前不亢不卑,深得客户的信任。不止在业务上能够帮助客户,私底下也是他们的知己。因为与客户建立了深厚的关系,以致他们更了解客户所想与所需,让创作人可以减少了很多碰钉子的机会。优秀的客户服务人员也能为创作人争取合理的工作时间,而不是任由宰割、即叫即至。杰出的客户服务人员,大都懂得欣赏创意,知道创意有价,懂得怎样为创意争取到最大的回报。

近日,一位创作人出身的老板,就跟我分享他刚与另一位客户服务人员合作,生意就改善了很多。创意人能够更专注他的创意,公司也吸引到更多的客户,绝对可说是双赢。

而我自己也是近两年与客户接触越多,才越明白客户服务的重要性。我也是因为要兼顾很多客户服务的工作,才知道他们工作的难度。一个成功的会议绝不是开始于会议桌上,而是在会议前的松土,以及会议后的浇水。一件作品的成功,也不只是在乎创意,而是怎样卖给客户,以及怎样保证它能十月怀胎,顺利诞生。这都不是单凭创作人就能做到的,而是要有资深的客户服务人员推波助澜、沿途护航。所以,我现在希望的是在公司有足够能力的时候能聘请到合适的客户服务同事。这里的小孩与狗,不应只有文案与美指,而应是还有客户服务人员在内。

贴士:

不要轻看客户服务人员,他们或会是你事业的强大助力!

044 招 《梨泰院 Class》的启示

相信近日很多人都喜欢《梨泰院 Class》这个韩剧。但吸引我的不是复仇的故事，也不是那些男女关系，而是其中一个不起眼的情节。

话说主角在梨泰院经理团买下一个商铺经营他的甜栗小店。本以为可以大展拳脚之际，却被一位在该处向商店放债的老婆婆泼了一盆冷水。原来，那个地方人流不旺，从前的商店开张不久便结业。老婆婆劝喻主角不如早日把店铺出售。但主角不单没有被动摇，甚至做出连他的店员也摸不着头脑的举动。他竟然不管他的食店，去替邻近的店铺维修招牌、建议菜单、重新编排座位。当然，主角看似是个傻小子，其实一点也不傻。他知道过往商店关门是因为那里人流的问题，而不是商店本身有何问题。所以，他首要解决的是邻近商铺的问题。唯有帮助其他商店解决问题，才能增加那里的人流，从而解决他自己的问题。

我说过广告业环环紧扣，没有人可以独善其身。面对眼前的困局，我们若只顾改善自己，增强竞争力，其实于事无补。正如甜栗小店，问题不在它身上，而在整条街道。自己做得再好，也不足以改变整条经理团人流不足的问题。唯有大家都做好，才会吸引顾客到来消费。现在，广告业也有同样的问题。如果客户的生意没有改善，我们有多强的创意也没有用。若是广告公司没有业务，导演的拍摄水平再好也没有发挥的机会。剪接师纵是大师级，要是导演没广告拍摄，英雄也无用武之地。

我一边看《梨泰院 Class》，一边想我们可以怎么办？我相信不是要搞什么商会，又或是工会。最基本的事情，是在安全的情况下到外边或是在网络上消费一下。大家不消费，客户就没有预算可以找广告公司。广告公司也不可以单纯搞创意，要想一下怎样帮客户赚钱。导演也不要只是拍广告，找一下旧客户，看有没有什么工作的需要，反过来找广告公司合作。后期制作公司也可以看看怎样可以调整一下价格去帮一下新晋的导演。简单来说，就是我们不要只做好自己，也不要被动等机会，而是要想一下怎样可以向上游或下游伸出援手。不能再让这个行业死气沉沉，充满负能量。大家要互相帮助，制造工作机会。至少人人有工作，才能让这个行业继续生存下去。

贴士：

要解决自己的问题，先要解决整体的问题。

045 招 Hit me harder, make me strong

"Hit me harder, make me strong."是韩剧《梨泰院 Class》的插曲《石头》的第一句歌词。在 YouTube 找到歌词的中文翻译，副歌大致如下：

大力地抽打吧，只有你的手会受伤的。

看看我吧！毫不动摇，就算倒下，就算落下，

也只会重新站起来的！

我啊，仔细地看好了，越是遭遇挫折，

就越变得强悍的石块！

与其说《梨泰院 Class》是一部爱情片或复仇片，我情愿说它是一部励志片，很适合创业者观看。（剧透开始）主角朴世路，用行船七年辛苦赚回来的钱在梨泰院开了一家甜栗酒馆。开张首夜，就因店员崔升权招待了未成年人士而被勒令停业两个月。作为创业者，我深深体会他的窘况。2019 年 7 月，我刚开业就遇上社会事件，阵脚马上大乱。但主角朴世路没有灰心，他欣然接受犯事的惩罚，利用停业的两个月去观察附近店铺。后来更逆市增聘了张根秀与赵以瑞，锐意改革店铺装修，修改菜单，增强自己的竞争力。遇上挫折，不应退缩，更应时刻检讨，打倒昨日的自己。

甜栗酒馆重新开业后，采用赵以瑞的社交媒体宣传手法，令营业额大增。不过，好景不长，正当生意稍有起色之际，即遇上

新业主疯狂加租,而被迫要再找地方继续营业。正如患上癌症的病人,胜过病魔已不容易,最怕就是复发!过去半年,很多人好不容易挨过了社会事件的影响,生意开始有点转机,却突然爆发了新冠疫情,影响全世界。2020年初,我也受疫情影响而被迫停拍广告,前两个月生意寥寥可数。我们要学习的是朴世路那种坚忍,"毫不动摇,就算倒下,就算落下,也只会重新站起来的!"

朴世路没有被困难打垮,他选择了在梨泰院另觅地点重新营业。虽然经理团人流很差,生意未见起色,但他沉着应变,厘清问题所在,帮助邻近商店维修、修改菜单及改善店铺摆设,使整条经理团人流得以改善,客源不断增加。不要以为这只是戏剧的桥段,现实生活中我们正遇上的困难也不遑多让。解决了眼前的问题,其他困难又会接踵而来。我们就是这样越是遇上挫折,越变得刚强。

说回故事,这边厢朴世路打算把甜栗上市变成连锁商店,马上获得创投公司一百亿韩元投资,却原来又是对手张大熙设局陷害。那边厢马贤利参加"最强酒馆"比赛时,被揭发是变性人,大受抨击。我们不会因为曾经历过困难而免疫,我们要做好心理准备随时会遇上危机。很喜欢赵以瑞鼓励马贤利的一首诗《我是钻石》,抄录如下:

我是一颗石头,
炽热地烧灼我吧!
我是一颗岿然不动的石头,
猛力地打我吧!

我是一颗坚固的石头,
将我囚禁在黑暗中吧!
我是一颗独自闪耀的石头。
我不会破碎、不会化为灰烬,
并拒绝服从自然的法则。
我是钻石!
我们能够顽强地生存下去,
因为我们不止是一块普通的石头,我们是一颗钻石!

贴士:

我们要像石头一样,越是遇上挫折,越要变得刚强。

046招 创业者的自我怀疑

前阵子,大家都在看《尸杀朝鲜》。连生性胆小、最怕看恐怖片的我,也为了凑热闹,一口气看了两季共12集。但剧情给我印象最深刻的,竟然不是什么恐怖的画面,而是4个慢镜头。

第一个慢镜头出现在第1季第4集。世子李苍带领被东莱高官丢下不顾的平民百姓逃到持律轩,避过丧尸的追杀。李苍还把自己的干粮全都与民共享,得到半刻偷安。岂料,官兵赶至,二话不说便放冷箭。镜头忽然变慢,眼看一个又一个的平民百姓纷纷中箭倒下。李苍望着那些信任他的百姓尸首,呆在那里,口中喃喃自语:"都是我害的!"

类似的慢镜头同样出现在第1季第5集。李苍为免瘟疫扩散,带领跟随者追寻到一个小村庄。原来村民把尸体都埋了起来。李苍请村民带他们去埋尸之处,但刚到达便正直日落,地下的丧尸纷纷爬了出来。不管李苍他们怎么厮杀,丧尸都打不死。这时镜头又慢下来,李苍望着同僚被杀,呆在那里,一动不动。

第2季第1集,甫一开始,便看到无数的丧尸涌至。李苍与军队负隅顽抗,眼见围墙快要倒塌,他又在那里发呆。直至第2季第6集大结局,大量丧尸涌入大殿,李苍计划将丧尸引诱到后苑,埋入冰湖中。但无论怎样击打,冰湖都无法裂开,许多士兵都被丧尸咬伤。李苍在绝望之中,又呆住了。

作为创业者，我明白他的感受。李苍虽为世子，年幼丧母，没有外戚支持，加上海源赵氏多次上书废位，他唯有决定谋反，成就他的大业。他本有雄心壮志，但眼见追随者因信任他而纷纷被杀，开始自我怀疑：是否不适合做领导者？是否做了错误的决定？是否害了大家？是否应该继续走下去？如果只是员工，大不了便辞职不干，总会有别人可以替代。但作为创业者，若要放弃，便意味着事业的结束。

某种程度来说，创业者都是孤单的。每项人事的任命，生意的决定，策略的制定，解难的方案，都要独自承担。但偏偏这些重要的决策很多时候都没有充分的时间去考虑，需要在千钧一发之时做出决定。很多创意者都不害怕自己的损失，只害怕跟随的人没法支薪，甚至失去工作。所承受的压力实在不足为外人道。

我们需要学习的是我们不过是人，我们都会有犯错的可能。只要我们问心无愧，在有限的时间、资讯与资源之下，尽力做出最好的抉择，我们便要坦然接受。就像李苍，即使犯错，就在错误中成长。不要怀疑自己，更不要否定自己。天无绝人之路，唯有相信自己，才有机会倒下还能爬起来！

贴士：

不要自我怀疑。

047招 细,是优势

某天灵修刚好读到大卫与歌利亚的经文。忽然记起若干年前读过马尔科姆·格拉德威尔(Malcolm Gladwell)的《逆转》(David And Goliath),所说的就是同一故事。歌利亚高大勇猛,全副武装,本是优势,却因此而减慢了他的速度。大卫身材瘦小,毫无装备,原是弱势,反而让他有了速度。于是,大卫以自己强处,攻歌利亚的弱处,竟然以小胜大。作者所要说的就是:强者未必强,弱者未必弱;强者有弱点,弱者有强项。

硅谷软件工程师维微克·拉纳戴夫(Vivek Ranadive)从未打过篮球,却答应了为12岁女儿的学校篮球队当教练。面对一群连基本篮球技巧也一窍不通的小女孩,维微克想到了一个绝妙的方法,就是只教她们防守,结果竟然打遍天下无敌手,赢得了总冠军。

19世纪的法国,艺术界是沙龙画展的天下。所有画家的作品必须在沙龙画展展出,才能有机会被人青睐。但印象派画家却拒绝参加主流的沙龙,而自己筹办画展。没想到做不成大池塘的小鱼,却成了小池大鱼,令印象派画家的作品不胫而走,闯出名堂来。

有人统计有67%的英国首相在16岁前丧父或是丧母,美国前44位总统中有12位年轻时丧父。不少成就斐然的人都有阅读障碍症。例如英国维珍集团（Virgin Group）创办人布兰森爵士（Richard Branson）就有阅读障碍症。看似悲惨的童年，不但没有削弱他们的能力，反而令他们斗志更坚定，抗逆能力更强大，以致变得更成功。

在现今的社会环境里，小规模反而成了公司的优势。因为人少，薪金、租金、福利等也相对较少，让小公司在恶劣的营商环境下，可以有更大的生存空间。试想一家六七十人的广告公司，每月薪金便要200万，租金也有几十万，每月开支二三百万元。经济不景气，客户削减预算，广告公司每月便要赔本至少一百几十万。如果劣势持续，越大型的广告公司便越难生存。况且，客户对广告公司的要求已不断改变，再不是需要传统的电视广告与平面制作。但大型广告公司都有既定的流程，要对瞬息万变的市场做出回应谈何容易。小型公司却因为人手精简，更具弹性，可以对变幻的市场做出迅速的回应。

所以，强者未必强，弱者未必弱。从前的优势可能成了我们今日的绊脚石，现在的劣势却随时蕴藏着未来的机遇，令我们的事业得以逆转！

贴士：
善用自己的弱点，往往便是制胜之道。

048 招 客户不是上帝，要建立横向关系

前阵子，旧客户推介岸见一郎与古贺史健合著的《被讨厌的勇气》一书。我的逻辑思维很差，所以很少阅读这类哲学书。但这书结合哲学与心理学，我勉强能够读懂。《被讨厌的勇气》作者透过年轻人与哲学家的对话，介绍了"阿德勒心理学"。书中有一点很有意思，阿德勒心理学否定一切的"纵向关系"，提倡所有的人际关系都应该是"横向关系"。

所谓"纵向关系"，就如传统的君臣、父子、夫妻等五伦关系，都是一位为主、一位为次的从属关系。换在职场里，就如常见的老板与员工、上司与下属、客户与供应商等等。这些关系并不对等，其中一方高高在上，另一方只能卑躬屈膝、言听计从。

阿德勒否定这种关系，不是基于平等而已。而是这种"纵向关系"本身弊多于利。因为以纵向方式来看待人际关系，认为对方比自己要低一等，于是会不断控制对方的行为，甚至思想。久而久之，属于被支配的一方会变成顺民，习惯了服从，而"不求有功，但求无过"，只会按着本子办事。

"纵向关系"也不一定是压制，有时可能是以奖赏、称赞等方式，来让对方不断迎合自己的要求。正如我们训练宠物，便会不断给予奖赏来强化它的行为。阿德勒认为，人越是被称赞，越会形成一种"自己没有能力"的信念。被支配的一方会想尽办法去博取称赞，而不是做出真正对的事情。更甚的是，"只要你和任何一个人建立了纵向关系，不知不觉间，你所有的人际关系都会采用纵向的方式"。

所以，阿德勒认为要建立"横向关系"。上司与下属，客户与供应商，"虽然不同，却是平等的"。大家应以横向的关系，互相鼓励与扶持。对方做得好时，会向对方表达感谢；对方有过失时，会向对方做出鼓励。

我从事广告接近30年，遇过不少高高在上的客户与上司。最严重的是在上海的时候，那时因为内地经济起飞，全球的目光都放在内地市场。于是，很多客户如同皇帝，广告公司就成为奴隶。试过为了等待客户开会，便由早上等待到半夜三更。我也遇过会对着你指骂3小时不停口的老板。你越是反驳，他越骂得凶狠。

当然，我也遇过不少"横向关系"的好老板与上司。例如KC与KK兄弟，前者是我的旧上司，但亦师亦友；后者是我现在的老板，却从没有老板的架子。在毫无压力之下，我反而更能自发地努力工作，而不是因为害怕被责骂。我也庆幸遇到不少朋友般的客户，大家能够一起讨论创意，互相帮忙解决业务上的困难。我自己也努力学习去做一个"横向关系"的老板与客户，对同事与供应商都尽力保持朋友的关系。

《被讨厌的勇气》一书所涉的内容很广泛，但只有这一点，我觉得已经非常受用。

贴士：

要与客户建立横向关系。

049 招 成功最大的威胁是无聊

写过两篇有关《原子习惯》的文章，但还有一个话题一直很想分享。其作者说："成功最大的威胁不是失败，而是无聊……在讨厌的时候、痛苦的时候、筋疲力尽的时候还是挺身继续，这就是专业人士与业余者的差别。"我们容易看到别人的成功，却没有看到他们背后的付出。很多成功人士都有很严格的自律，从不惧怕重复的练习，或看似无聊的训练。

很多年前，我为某钢琴家拍过一个广告。我看到他的指头在琴键间飞舞，把长篇的曲谱演奏得滚瓜烂熟，就很惊叹他的天赋。但他说自己的手指太短，其实并不太适合弹奏钢琴。他是要用比别人更快的动作，去弥补天生的不足。所以，他从小就要每天练习 7 小时，刻苦重复又无聊的训练。

对于一位创作人，创业最困难的通常并非创作，而是很多行政、财务、客服等工作。我的一位朋友告诉我，他现在八成的时间都花在写报价、银行入数、向客户追数等事情上。至于自己真正喜欢的创作，反而只占很少的时间。不过，这些对创作人来说，看似无聊的事情，如果处理不好，随时会令公司陷入财务的困难之中。又或者，即使有别人帮忙处理这些重复的琐事，但开业的时候，难免都要做些比较沉闷的案子。比如宣传单张、社交媒体的例行帖子、商标设计等等。但没挨过这些较为沉闷的工作，就很难可以马上得到预算较好、创意空间较大的案子。

《原子习惯》的作者说:"真正成功的人也会跟一般人一样觉得没有动力,差别在于,尽管觉得厌倦、无聊,他们还是设法继续。"另一本书《你的善良必须有点锋芒》的作者说:"不是因为我工作的行业不适合我,而是我必须掌握那些看上去很无趣的技能之后,才有机会去做自己最喜欢的事。"我的很多朋友都是从一些零碎的小工作开始,慢慢得到客户的信任,才能成为长期的合作伙伴。所以,不要放弃,胜过无聊,才能获得真正的乐趣!

贴士:

胜过无聊,才能获得真正的乐趣!

第 050 招 客不可以貌相

福尔摩斯最为人津津乐道的就是他的超强观察力，只要看看对方的言谈举止、服饰物品，便能准确猜测对方的身份、职业、个性等等。看过一本名为《FBI 教你读心术》的书，作者乔·纳瓦罗（Joe Navarro）是个资历 30 年的前联邦调查局（FBI）反情报官员，他在书中教你怎样破解肢体语言，快速判读他人。不过，我近日看马尔科姆·格拉德威尔（Malcolm Gladwell）的《解密陌生人》（Talking To Strangers），似乎推翻了这一切，我们对陌生人其实并不了解。

马尔科姆在《解密陌生人》中介绍了一位脸部表情识别专家富盖特（Jennifer Fugate）。她创作了一套脸部动作编码系统（FACS），把脸部的四十三种肌肉动作编为不同的数字，称作"动作单位"（Action Unit）。而这些不同的动作单位会组成不同的表情。例如 AU12 被称为"泛美微笑"（Pan-Am Smile）——这是空姐、空少表现礼貌时的那种笑容。当你给别人这种微笑，你会拉起嘴角，使用颧大肌，但脸部其余地方却不动，所以被称为是一种看起来很假的微笑。看过韩剧《虽然是精神病但没关系》的必会记得患自闭症的哥哥文尚泰，他就是倚靠这套表情代号去了解别人的情绪状况的。但有研究发现 100% 西班牙学童辨认出的快乐的脸，在特罗有里恩群岛却只有 58% 的人能认出来。而大家认为害怕的表情，在当地却是想吓别人的脸，情况刚好相反。

认识不少广告人都自诩有鉴貌辨识的能力，对客户了如指掌。即使是新相识的客户，只要观察一下，聊一下天，便能如对方肚里的一条虫，什么都懂。但马尔科姆却认为："当我们面对陌生人时，我们必须以概念——刻板印象来取代直接的体验。而这种刻板印象经常是错的。"

密歇根州一位法官，因一名原告人是穆斯林女人，上法庭时穿着的传统服饰，只能露出两眼，令他无法看到诉讼双方的面貌，于是他决定撤销她的案件。但有趣的是，一项研究发现纽约市法官裁定准许保释后再犯罪的人远比电脑判决的多。换句话说，看到诉讼双方的面貌，并没有帮助到法官的判决，有时甚至误导了他们。

马尔科姆的结论是："我们必须接受，了解陌生人的探索有现实上的极限。我们永远无法知道全部的事实。我们必须满足于不完美的真相。与陌生人谈话的正确方法是带着审慎和谦逊。"我们经常会参加比稿，或者接触新客户。不要盲目相信自己的观察力与推理能力，先入为主地认为自己已经很了解陌生的客户。不妨谦卑自己，承认自己的不足，虚心去询问一下客户，了解一下客户的问题。其实，无论面试新人，接触新导演、新摄影师、新供应商，都不可貌相。对方不断眨眼，可能只是紧张，而不是说谎；对方精神不集中，可能不是没有兴趣，而只是刚通宵工作。即使是已经认识多年的客户，也不要武断地认为自己很了解对方。遇有不清楚的地方，毋需自作聪明去胡乱猜测，不如开心见诚，打破砂锅问到底。

贴士：

不要盲目地相信自己很了解陌生的客户，不妨谦卑自己，承认自己的不足，虚心去询问一下客户，了解一下客户的问题。

051招 不要打断客户的话

几个月前,同事给我一个善意的提醒,说我近日经常打断客户的说话,而且情况越来越严重。我反省了一下,这确是实况,我的旧病又复发了。

我是个多言的人,初中时经常在家长日被老师投诉太爱说话。长大后,我也没有改善,甚至变本加厉。与朋友聊天,百分之七十以上的时间都是我在说话。直至初出茅庐,遇上一位比我更多言的朋友,我才发觉多言原来可以很讨厌。话说那位多言的朋友,自恃口齿伶俐、反应敏捷,常常打断别人的话。他的口头禅是:"我知道你的意思是……"起初,大家也真的觉得他很棒,完全明白他们的心意,但后来情况越来越严重,大家甚至与他疏远。本来明白别人是好事,但经常抢着替别人完成句子,就不一定是好事。我引以为戒,常提醒自己要好好控制说话,不要打断别人的发言。

我看过一本书,书中提及经常打断别人的话是一种不尊重别人的表现。当我们打断别人的话时,我们就剥削了别人的发言权。有些人生性谨慎,不说话不代表没有意见,只是还没有整理好思绪,或者觉得未到发言的时机。我们急于表达,打断别人话题,也打断了别人的思路,让别人无法畅所欲言。若在会议中,我们打断了客户的话,便可能无法听到重要的资讯,问题可大可小。

喜欢打断别人说话，通常是因为性急，没有耐性等待别人说完，便抢着替别人完成句子。《别为小事抓狂》的作者理查德·卡尔森 (Richard Carlson) 说："我发现自己经常打断别人的话……这个倾向（经常发生在大忙人身上），鼓励双方加速他们的谈话以及思绪。结果，徒然让双方都感到紧张、急躁和烦恼。"性急会传染，就像与性急的人吃饭，大家吃饭的速度也会自然加快。在很多会议中，大家都急着发言，表达自己的意见。于是，大家只等待发言的机会，却没有留心别人在说话，彼此关系变紧张，只要任何一方偶有失言，便会点起导火线，引发轩然大波。

我们打断别人说话，多少也因为我们的骄傲，觉得自己的话比别人有见地。与其听人家说废话，不如由我来一锤定音。骄傲是一种最碍事的性格，不单会影响事情，更会破坏关系。当你打断别人的话，就代表你认为对方是个白痴，在浪费你的时间。不如由我来告诉你什么才是重点，什么才是好主意。没有人喜欢别人觉得自己愚昧无知，你越是骄傲，别人对你的反感也越大。更何况对方是你的客户，你的骄傲，只会让你失去你的客户。

现在，我训练自己在客户发言时写笔记。一方面是帮助自己记下客户的意见，另一方面是让自己无闲打断别人的话，可以更专心聆听。有时写得不够快，我还会请客户重复某些重点。在结束时，我更会总结一下客户所说的，确认自己有没有误会对方的意思，也确保自己不会忘记客户所说的重点。我发现不急于发言，不打断客户的话，并没有让我变得不够聪明。反而，当我乐于聆听，更能明白客户所需。客户不仅对我更有信心，也更乐意与我合作。

贴士:
千万不要打断客户的话!

052 招

最坏的时间，最好的时间

与 KK 第一次面谈合作时，他已经给了我心理准备。以他过去的经验，在下半年开业的公司起步较难，因为绝大部分的客户已经定好预算，而最主要的预算也会在下半年花光。所以，他说下半年开业的公司，会比上半年开业的，要多花时间才能达到收支平衡。他补充说，集团内的姐妹公司，一般要 9 个月至 1 年才能达标，如果下半年开业，恐怕要 1 年，甚至 15 个月才能达到收支平衡。很多公司，首 3 个月甚至半年是一单生意也拿不到的。不过，他说这是大家预计的，挨过了便会慢慢上轨道。

第一次创业听到这番提醒，内心难免有点忐忑不安。但自己是一时冲动创业，事前并没有考虑过什么才是最佳时机。既然已经错过了上半年的创业机会，也没必要再等半年，不如做好心理准备去面对挑战。

不过，做好心理准备，也不代表事情就如所料。还未正式营业，6 月便遇上社会事件，大家估计下半年生意会比想象中差。我记起前上司 KC 与 Paul Chan 当年创业，开张前夕就遇上 911 空难。那时，我还替他们担心，首次创业居然遇上这样世纪大灾难。但事情没我想象中那么糟糕，陈曾黄朱梅事务所的生意还是挺不错的。

我的另一位朋友，同样是创业，选在经济开始复苏的时候，加上有几个大客户支持，他应该是遇上最好的时机。但刚开业，原先答应支持的客户因不同的原因相继离开，一切要从零开始。但朋友还是挨过了困境，慢慢上了轨道。世事难料，即使机关算尽，也可以有不测之风云。如果左思右想，要十拿九稳才肯创业，可能永远都无法踏出第一步。

我开业前遇上一位同行，他也刚创业不久。他语重心长地告诉我："一扇门关上，一扇门会打开。"不要过分乐观，也不要太过悲观，事情总有解决的办法。

社会事件对广告业的影响比想象中更严重，很多同行手上的工作不是取消，便是延期，非但生意达不到原来的预算，甚至连支付员工薪金也成问题。公司越大，影响越深，反而我这种小本经营的公司，由于支出不多，影响没有那么严重。所以，我相信没有最坏的时间，也没有最好的时间，既然作了决定，就尽力而为吧！

贴士：

最好的创业时间就是现在！

053 招 生意不似预期

开张的首两个月,公司的生意确实是不错的。刚开始便有客户主动联络我,工作一个接一个。虽然都不是什么大案子,但足以养活我这样的小型公司。然后,有老朋友负责一个国际品牌的市场部,主动打电话邀请我为他的产品做广告,预算相当吸引人。又有很久之前的旧客户找我帮忙做广告,而且有好几个宣传活动,工作长做长有。更有不止一位旧学生介绍我给他们的上司,替我寻找机会。(原来,教书还有这样的好处!)也有朋友转介其他客户给我认识,帮我开拓市场。当然,还有一些素未谋面、误打误撞的客户,希望可以与我洽谈一下合作的机会。一时机会涌现,前路充满希望。

不过,生意不似预期。那位负责国际品牌市场部的朋友对我说,他们公司决定暂停今年的广告制作,明年再作打算。那位认识多年的旧客户也因为内部的不同意见,无法达成共识,而要延迟他们原定的几个宣传活动。我其中一位旧学生的上司虽然很想与我合作,但他的老板认为他们的品牌没有做广告的需要。另一位旧学生介绍的客户,看过我们的简介后,就再没有下文。朋友转介的客户,叫我们报价之后,也再没有消息。那些自己找上门的客户,也不知为何忽然无影无踪。希望,忽然变成了失望。

除了前两个月生意不错外,第3、4个月几乎是毫无收入。在每月的业务例会上，我坦白向 KK 汇报了公司的情况。KK 的回答竟然是："其实，你已经做得不错！" KK 一再提醒我，很多创业的公司前 3 个月，甚至半年，都未赚过分毫，而且每月还要付工资、缴费用。我前两个月能够自负盈亏，没有动用过创业资金，已经不容易，所以劝我不必担心。我向他表示自己手上还有两个比稿及一些其他机会在洽谈中。KK 重申："即使这些机会全都落空，你也不必担心！" 在传统广告公司打滚多年，常常面对的就是"追数"。无论你做得多好，公司总是觉得你应该做得更好。你今年做得好，明年目标要定得更高，于是每天惶恐度日。现在，即使脱离了传统广告公司，加入了 The Bees Group，自己仍然摆脱不了那种心态，总是担心自己不能达标，做得不够好。最初与 KK 倾谈合作，他已经说过不会为我们定任何业务目标，也说过不会向我们"追数"，但那时以为只是客套话，又或者是没有追得那么凶狠而已，完全没有想过这竟然是真的。

　　生意不似预期，因为自己的期望可能有点不切实际。希望定得越高，自然失望也会越大。创业实在有太多太多的变数，做好了心理准备，还是会遇上意外。因为，意外就是意料之外，你永远无法预知事情将会发生。但意外也不一定不好，我就刚与朋友合作赢了一个比稿，算是个意外的惊喜吧！

贴士：

不要过分期望，就不会过分失望！

054 招

逆来顺受

2019年中创业，即遇上社会事件，除了前两个月收支平衡外，接续几个月生意一落千丈。好不容易挨到年底，业务开始有点起色。2020年初先后签了两张合约，打算春节过后便开拍广告片。还有工作已到报价阶段，又有初创有意找我们合作。一下子工作接踵而来，我们还担心人手不足哩！岂料，春节才开始，便爆发新型冠状病毒，而且一发不可收拾。原先定好的拍摄工作马上叫停，其余案子都没有踪影。本来春节放假10天，结果要再在家中工作两周，前后24天。

春节过后，各行各业已开始裁员、减薪，甚至结业。我若说不担心，实在骗得了别人，骗不了自己。广告作为产品或服务的寄生行业，在此困境怎能不受影响？很多时候，当各行各业出现问题，首当其冲的都是广告。客户为求自救，都会先向广告开刀。所以，听闻4A广告公司已经开始裁员潮，而且来势汹汹。

面对困境，最大的敌人不是困境本身，而是恐惧。恐惧是人类遇上危险的自我防卫机制，提醒我们要做出自我保护。最常见的方式是逃跑，远离危险所在。恐惧也让人急于要做点什么，结果反而方寸大乱。好像遇溺者，因为慌乱，拼命挣扎，更易失救。

有心理学家做过实验，让人把手伸进密封箱子里触摸不明物件。因为看不透箱内是什么，恐惧无限放大，远超于看到实物带来的惊恐。我们对新型冠状病毒产生恐惧，一来是看不到明显的病症，不是没发烧、没咳嗽，便没有问题；二来是不知它会持续多久，不像"沙士"到了夏天便会停止。因为不明的症状，令人恐惧，大家不敢外出。因为不知疫情会持续多久，有人会以10倍价钱去抢购口罩，囤积超过1年需用的白米、厕纸、清洁用品等等。

恐惧就是这样令人焦虑、不安、害怕、悲观，把问题无限放大。我第一次失业就是这样，终日诚惶诚恐、胡思乱想，担心找不到工作，害怕用尽储备。其实，几个月后我便找到工作，一切恢复正常，没有出现任何假设的状况。

不是说什么都不做，等待救济，而是在危乱中更要冷静，不可过度慌张。因为担心没有收入而胡乱接案子，说不定会得不偿失。外边越乱，内心越不能乱。没有工作就一边休息，一边装备一下自己。

其实，与其因为不明白而产生恐惧，不如看清真实状况。我问过集团的财务，若完全没有收入的话，我的公司可以撑多久。财务估计，以我们的现金流，即使没有任何收入应该可以维持大约半年。知道实况，便没想象中害怕，很多公司现金流也只有3个月，我们有半年已算不错。其实，即使疫情持续，不代表就一定没有生意。有些行业在疫情中不跌反升，像超市、外卖、保健产品等等。明天便会与一个外卖客户头脑风暴，希望可以有合作机会。几天前忽然收到导演通知，按金已经收到，广告片可以下周正式开拍。能够拍片当然开心，收到按金更加高兴，又可以多撑一两个月了。

　　上周与朋友吃午饭。朋友说，他首次创业遇上"沙士"，第二次创业适逢社运，现在又先后发生社会事件与新型冠状病毒，他笑说广告生涯可谓无憾了。其实不是说笑，我们没法改变环境，也不可能完全没有恐惧，但我们可以选择怎样面对：乐观或悲观，一切悉听尊便！

　　贴士：

　　恐惧令人方寸大乱，唯有冷静才能找到真正出路。

055 招 一年后你还在乎吗?

一年前,我们曾为某个广告即将开拍仍未能收到订金而担心。广告行规,拍摄之前必先向制作公司付上订金。一般来说,订金约是制作费的六七成。一百万的制作,便要六七十万了。The Bees Group 也有不成文的规定,没有收到客户的订金,绝不能开机拍摄广告。因为,我们这些小型公司,资金有限,现金流更不多,若有什么闪失,随时令公司关门大吉。我们当时就因为订金迟迟未收到,拍摄又不能延期,而处于两难之间。

半年前,我们因为突然连续三个月生意不佳而陷入危机之中。我们试过找旧客户,试过找旧同事,试过找新客户,试过比稿,但都无功而返。那时心中有想过,如果情况持续,直至年底仍然没有任何转机,公司非要倒闭不可了。

三个月前,我们在拍摄某个广告的前夕,忽然发现拍摄场景出现问题,无法拍摄。搞不好就要改期重拍,既影响广告播放日期,更需要支付额外的开支。那一刻,也实在如天塌了下来一般。

这些都是真实的经历,在那刻确实让人心里不安。不过,现在回头一看,似乎并没有什么大不了。一年前的拍摄,终于在拍摄后一天便收到了客户的订金。去年第三季度生意虽然不佳,但第四季度奇迹出现,我们生意不但好转,而且超乎所想,短短一两个月便追回所失,并且有些微的盈余。三个月前那次拍摄场地的问题，竟然几小时后便解决了，又可如期拍摄。你不会仍为这些事情而忧心，因为它们都已成过去了。

《别为小事抓狂》的作者提醒我们："你只要把目前所面对的情况，假想成不是现在正在发生的事，而是一年以后的事情。然后再问自己'这个情况真的有我所想的那么严重吗'。"很多在当下看来很严重的问题，一年以后，你可能都不会在乎了。而很多年以后，你甚至认为这在你的生命中不过是一件不足挂齿的小事而已。所以，即使现在遇上无法解决的问题，也不要太过担忧，只要把眼光放远，记住一年以后这不过是一件小事，你就不会再为此而抓狂了！

贴士：

很多在当下看来很严重的问题，一年以后，你可能都不会在乎了。

056 招 成为创业者的啦啦队

中学时代,我参加过一次 3000 米的长跑。虽然只是 3000 米,但对一个毫无运动细胞的人来说,已经是非常吃力。我记得当年有 30 多人参赛,有人一马当先,毫不费力便完成了赛事;有人一鼓作气,但跑了不到 1000 米便筋疲力尽而放弃;有人像我虽然落后首名足足一个圈,但仍然能坚持下去。我之所以能够坚持,是因为整个赛事要围绕运动场跑 7 个半圈,而每次跑到看台的 100 米,同学们热情的鼓励,又让我可以多跑 300 米。最后,整个比赛只有 7 人能够完成,而我竟然就是最后一位冲过终点的人。

跑步需要鼓励,创业又何尝不是?我认为能够自己勇往直前的是靠能力,需要别人沿途鼓励的是靠毅力。我绝对不是那种有很强创业能力的人,很多有关生意的事情我都不太懂。像发展方向、财政状况、交际应酬等等,我都一窍不通。所以,没有能力,便更需要有毅力。而让自己能够有毅力,坚持下去,其中一个最重要的因素便是需要得到鼓励。

虽然已经看了三年多的财务报告,我还是有很多地方看不懂。所以,我向财务部同事请教公司的财政状况。同事除了仔细向我解释公司的财政状况,还加上了一句:"你已经做得很好了,我对你很放心!"这句话可能只是一句客套话,但听在耳里,进入心中,得到无比的鼓励。

我相信很多创业者与我一样常常怀疑自己的能力，总是觉得自己不是创业的材料。尤其面对社会事件及疫情，我也听到同行打算结业，回去打工，待经济好转再东山复出。每月看到财政状况，很多人都会问自己究竟能够坚持多久。在这段时间，大家需要的不止是实际的财政资助，或者工作机会，还需要别人的一句鼓励。所以，不要吝啬一句"努力"或"加油"！简单如这样的鼓励，也足够让他们多走一两公里。

我现在跑的长跑，再不止是3000米，而是42公里。我虽然永远不是跑在前面的一群，但因为沿途有不少人为我打气，让我可以坚持跑下去。如果创业是一场马拉松，我现在可能已跑了头10公里，前边仍有漫长的路，需要大家为我打气。而我看到那些后来者，或是停下来的选手，也会不忘鼓励他们一句："加油！"然后一齐继续上路。

贴士：
简单如"努力"或"加油"的鼓励，也足够让创业者多走一两公里。

057招 创业者的浪漫：凉瓜排骨饭

日前跑步，耳机传来陈奕迅的《苦瓜》："真想不到当初我们也讨厌吃苦瓜，今天竟吃得出那睿智愈来愈记挂。"这首歌曲我不知听过多少遍，但今天歌词竟然打动了我。我一边跑步，一边重复播放这首歌曲，细味黄伟文的每句歌词。小时候，我讨厌吃苦瓜。忘记在什么地方吃过第　次苦瓜，觉得苦涩无比，从此就不吃苦瓜。10年前左右再吃苦瓜，也忘记是什么场地，但竟然再没有难吃的感觉。后来，多吃了苦瓜，甚至吃出那种甘甜的感觉，开始爱上了苦瓜。

"开始时捱一些苦，栽种绝处的花，幸得艰辛的引路甜蜜不致太寡。"并非阿Q精神，我越来越觉得一些看似艰苦的经历，其实有它的美意。好像曾经在拍摄外景前夕，香港忽然挂起红色暴雨警告。拍摄当日战战兢兢，害怕会下起大雨来。结果，整天不单没有下雨，甚至有短暂时间出现蓝天白云。蓝天白云不是什么奇景，但与前一晚的红色暴雨警告形成强烈的对比，让人不得不赞叹，不能不感恩。如果不是前一晚有红色暴雨警告，看到蓝天白云时，绝不会有那种感动。

其实，每次与旧同事聚旧，大家谈起的都不是什么高兴的事情，而是一些当年大家共同经历的苦事：老板的无理取闹，客户的苛刻，通宵达旦准备比稿，披荆斩棘完成拍摄，等等，但因为这些艰苦的经历，把人与人拉近，让大家成为甘苦与共的战友。如果没有这些经历，广告生涯就会少了很多味道，老来就少了很多回忆。

歌词下半段有一句："下半生竟再开学，入迷的终于醒觉，移走最后的死角。用痛苦烘托欢乐，让余甘彰显险恶，如艺坛杰作。"我 50 多岁才开始创业，真的是重新开学。2019 年 7 月开业，便先后遇上社会事件与新冠疫情，创业的艰辛可想而知。虽然艰苦，但从每月亏蚀，到打成平手，至开始有些微的利润，更加懂得感恩。因为，不是一开始便风调雨顺，生意兴隆，所以每单生意，每件案子，都不敢掉以轻心，总是尽最大的努力把它们做好。我觉得最幸福的生活，就是懂得感恩的生活。

歌词的尾段："今天先记得听过人说这叫半生瓜，那意味着它的美年轻不会洞察吗？到大悟大彻将一切都升华，这一秒坐拥晚霞，我共你觉得苦也不太差。"我还未到这种大彻大悟的境界，懂得以苦为乐，但我也不断提醒自己，在这个年头创业，苦头肯定不少，要学习享受创业者的浪漫，多尝凉瓜排骨饭！

贴士：

如果没有这些艰苦的经历，广告生涯就少了很多味道，老来就少了很多回忆。

058招 既是同行，更是同行者

广告这个行业很特别，大家都喜欢转工，三两年便会转换公司一次。以我自己为例，我从事广告30年，由香港到上海，再从上海回流香港，做过13家广告公司，平均每家也只待两年左右。因为转工频繁，大家都可能曾经是同事。而行里的人又因朝夕相处，不少成了情侣或夫妇。又可能因为遗传基因相似，行里的亲生兄弟姐妹也为数不少。当然更少不了那些大学传理系、设计系的同班同学或师兄弟妹，还有曾经在同一公司师承同一师傅的同门子弟。所以，行内的人关系千丝万缕，很多都是互相认识的。有时即使彼此不曾见过面，但早已从不同渠道听闻过对方的大名，又或是存在着很多共同的朋友，怎么都略知大家一二。

所以，广告这个行业有趣之处，就是大家既是竞争者，也是同行者。大家在比稿上似乎是互相较劲的对手，但私底下却是推心置腹的好友。今天你拿到客户，下次可能轮到我，没有什么深仇大恨可言。平日大家都会相约吃饭喝酒，八卦一下行内新闻，了解一下大家近况，讨论一下创意趋势，等等。尤其是现在自己创业，更加会多与同行聊天，大家分享一下创业心得，互相鼓励一番。前阵子我便与两位同行吃午饭，一位是18年前我带他入行的，一位是去年在旧公司才认识的。大家是不同年代的广告人，但都在同一时间创业。大家面对的是相同的社会环境，有很多值得互相学习的地方。短短的饭局，听到很不同的经营理念，也听到很真挚的提醒。我还约了另一群同期出道的广告人饭局，但他们都比我早创业，而且都已事业有成，期待从中学习到一些成功之道。

广告这个行业就像登山，一个人登上高峰，就只有自己开心。但沿途有同行者并肩，即使路途崎岖难行，都可以互相扶持，登峰时更可以一起庆祝。世上何止千百种行业，成为同行已是缘分，能够同行就更加难能可贵。所以，要珍惜每位同行者，大家多忙都要聚一聚！

贴士：

沿途有同行者并肩，即使路途崎岖难行，都可以互相扶持。

059招 你的路,别人都走过

上周有 3 个不同的聚会,分别与 3 批不同的同业聊天。当中有同期加入广告公司的旧同事,也有比自己较后才入行的后辈。里边有的比我早创业,也有与我差不多时间起步的,更有打算自立门户的。

在创业者当中,有的是 10 年前创业,也有 5 年前、3 年前,或与我一样只有 1 年时间的,但大家的经历都有不少类似的地方。比如大家都在传统 4A 广告公司中打滚多年,厌倦了那种官场文化;大家都没有后悔自立门户,只怪没有再早一点;大家都对广告界有点担忧,很想做出一点改变。

我看到那些比我早创业的同行,在风光的背后,都曾经历过艰难。他们能有今天的成绩,都是从失败中学习得来的。差不多每个人创业的时候都没有客户在手,现在的客户,都是一点点累积而来的;大家都参加过无数的比稿,有成功的,也有失败的;大家都曾经有过不同的担忧与害怕。我现在所走的路,正是他们走过的路。我的路,并没有比别人特别。

与后辈聊天,他所问的问题,也都是我以前发问过的。有些是过分的顾虑,有些是不必要的假设。从前,我也问过别的前辈与同行,他们当年的分享,解决了我的不少疑虑。今天我与后辈分享,其实不止我自己的经历,还有之前别人对我的提醒。看到他所走的路，就是我从前所走过的。而我现在所走的路，也就是其他旧同事所走过的。

所以，不要害怕往前走，那些看似难行的路，早已有人走过。他们能走过，你也必定可走过。要珍惜任何分享的机会，你既可从别人那里得到往前走的亮光，也可以成为后来者的路灯。路，就因有大家的同在而照亮，令创业的旅程不再孤单！

贴士：

不要觉得自己的路比别人艰难，你走的路，别人都走过。

060招 再坚持一下，你就会成功

这一年，同行间无论碰面，或是短讯聊天，在分享近况之余，都不忘互相鼓励一番，都是"努力""加油"之类。但上周与某同行聊天时，他的一句话对我有很大的激励。他说："大家都等待一个机会！"这句话似乎老生常谈，但其实内藏玄机。

"机会"，其实是一个盼望。它告诉你事情是能够改变的。即使眼前的境况并不乐观，但"机会"告诉你，是有可能出现转机，甚至逆转的。同行分享自己的亲身经历，都是忽然某天机会来临，出现突破，于是马上人气急升。现在他已经无须四处张罗，客户会自动找上门。我也亲眼见证一家小型广告公司，本来快要结业，但忽然来了一个机会，做了一个电视广告片，然后机会不断涌现，变成了"疫市"奇葩。

不过，"机会"往往刻意隐藏，要留待有心人发掘。很多人会被"机会"的伪装瞒过，错过了它。它可能毫不起眼，甚至似乎会带来麻烦。所以，只有少数的人能够独具慧眼，看到"机会"的真貌。当"机会"出现时，你心底里会有一刻的异动。你不一定确知它就是"机会"，但你的直觉告诉你一试无妨。

我等凡夫俗子，不一定具有慧眼。既然不确定是否"机会"，不如就把每件工作都视为"机会"。所以，我坚持把每件工作做好。不管它的预算如何，它要求的到底是什么，我都尽力把它做好，把它视作发挥的机会。即使它其实并不是"机会"，但你努力把它做好，也没有吃什么亏。你浪费的，不过就是时间而已。但如果它真的是"机会"，你便会水到渠成，爆发无限的可能。所以，俗语说"机会留给有预备的人"，说不定原来不是"机会"的，但因你的努力，就让它变成了"机会"。

当然，等待"机会"，让人疲累。1832年，林肯首次竞选议员失败；1838年，他竞选议长失败；1840年，他竞选选举委员会委员失败；1843年，他竞选国会议员失败；1855年，他竞选参议员失败；1856年，他竞选副总统失败。林肯的一生充满失败，但1860年他遇上一个机会，让他竞选总统成功，日后更成为史上最多人认识的美国总统。他说："成功就是虽屡战屡败，但激情不减。"

我最喜欢的作者约翰·麦克斯韦尔（John C. Maxwell）也曾说："百分之九十的失败者并非因为被打败了，而只是因为他们放弃了。""机会"可能即将出现，甚至就在眼前。不要轻言放弃，珍惜每个机会。只要再坚持一下，你就会成功！

贴士：

原来不是"机会"的，但因你的努力，就变成了"机会"。

还能坚持多久？

2019 年中，社会事件开始，香港不少行业渐受影响。那时很多创业者相信，只要撑过 2019 年，便会有转机。然而社会事件仍未结束，2020 年初便爆发新冠疫情。更没想到疫情不止于内地及香港，而是席卷全球，一发不可收拾。于是，大家开源节流，咬紧牙关，只望能够挨过惨痛的 2020 年。

但 2021 年第 1 季度仍未结束，在香港开业 36 年的 UA 戏院便宣布全线结业，为不少创业者敲响丧钟。UA 曾引入迷你戏院模式及 IMAX 技术，又开创电话及网上购票，是电影业的翘楚。然而去年疫情肆虐之下，UA 被迫 3 次停业，结果在难以负荷每月沉重租金及薪金之下，决定壮士断臂，止蚀离场。

朋友间倾谈，随着新冠病毒疫苗的出现，乐观者寄望第 3 季度起疫情将会受控，各行各业应该会有起色。换句话说，只要能够坚持多一季，便会雨过天晴。但保守的却担心第 4 季度仍是言之尚早，恐怕要到明年才会真正复苏。当然，大家只是就着疫情而言，没有计算还有其他天灾人祸出现的可能。所以，到底还能坚持多久？是每位创业者必须反问自己的问题。

虽然在疫情中，有些行业不跌反升。但这绝对只占少数，绝大部分的行业还是受到影响的。如果只是减少盈利的话，当然能够继续生存。若是长期亏蚀之下，就必须认真考虑。有些公司是因为早年盈余，勉强能够坚持下去。不过，长期流血不止，终会油尽灯枯。所以，像 UA 那样引刀成一快，也未尝不是明智之举。近日，有朋友结束业务，重新打工，待疫情缓和东山再起。也有朋友已经展开另一战线，寻找其余出路。如果时机成熟，便会干脆结束广告业务。

广告公司已经比其他行业轻松，我们毋需负担昂贵的租金，也没有出现供应商加价的问题，最大的支出只是薪金而已，所以抗逆能力应该较强。不过，若营商环境没有改变，经营方式没有改善，问题仍然会持续出现的。去年，我写过一篇文章《再坚持一下，你就会成功》。现在看来创业就像一场马拉松，如果跑者身体健康，努力坚持下去，总会到达终点；但若身体出现状况，勉强坚持，恐怕会造成更大的伤害。所以，若已评估实际情况，不容继续经营，长痛真的不如短痛。能坚持，当然要坚持。但无法坚持，也要接受现实。这次不成功，不代表永远失败，吸取经验，卷土重来，可能更佳。

贴士：

若已评估实际情况，不容继续经营，长痛真的不如短痛。

062招 你看我好，我看你好

好几次遇上旧同事与同行，几乎劈头第一句都是说："你们最近生意不错！有不少新作品投放！"我马上回应："哪里，哪里！"这不是谦称，而是实情。作品真是有一些，但说生意不错，却真的谈不上。当然这可能只是大家的客套话，也可能是我们包装的成功。

曾有某位同行提醒我，表达真我是好事，但应尽量减少负面的分享，以免影响公司形象，减弱客户对我们的信心。隐恶扬善这些伎俩，我们是懂的。毕竟做广告便是替人包装，而这也正是我们的强项。所以，那次之后，我已很少谈到公司的困难，主要分享一下拍摄的乐事，以及公司的喜讯。刚巧那段时间，为客户所做的一个活动拿了些奖项，于是立刻大肆宣传。其实，过往我们只提创意奖，但现在能拿类似奖项的机会似乎越来越少，所以从前不以为然的市场奖、公关奖等等，也会拿来炫耀一番！

大家还是在意别人的看法。大家总希望在别人眼中，会觉得自己很好。但当事与愿违时，难免有些失望。我们容易看到别人的成功，而心生羡慕，却忘记自己也不是一无是处的，也有值得骄傲的一面。这是一种"你看我好，我看你好"的心态。我们只看到别人的好，却忘了他们背后同样有辛酸。看到同行不断有新的作品，也代表他们背后不知有多少个不眠之夜，承受了不知多少的死线压力。当然，我们也不可忘记，有不少同行比自己还要艰难。他们可能是手头上根本没有工作，却仍要应付每月的营运所需，又或是不断辛劳，都只能做些不起眼，没有发挥创意机会的工作。

毕竟，在这段时期里，能够真正很好很好的公司，只属非常少数；而真正很差很差，需要关门的公司也是少数。换句话说，绝大部分公司都是处于中间地带，永远不会最好，也不是最差。我们总有些好的地方，也当然有些不足，但其实都可说"比上不足，比下有余"！所以，"你看我好，我看你好"，大家都要学懂知足与感恩。现在，遇到别人称赞我们时，我也会马上找些地方恭维一下对方，提醒一下大家，你看我好，我看你也很好，大家都要努力、加油！

贴士：
大家都要学懂知足与感恩。

063 招 岂是担心那么简单

与同行聊天,谈到有关忧虑这个话题。广告人可以担心的地方,实在多得很。公司工作不多,会担心被裁员;公司工作太多,又担心会辛苦。如果是公司的老板,工作不多会担心没钱发工资;工作太多,又担心人手不足,请 Freelancer 会得不偿失。

有工作,会担心想得不够好,担心客户是否喜欢,担心他心里其实在想什么。每次提案担心 2 个方向是否足够,3 个方向又是否太多,担心结果会变成 A 加 B 加 C。草稿做得太真,担心将来没有改变空间;做得不够真,又担心客户想象力不够。给视频参考会担心客户先入为主,要求你照板煮碗;不给视频参考又担心客户不明白。卖了桥给客户,又担心过不了他的上司;过得了上司,又担心没有预算。

有预算,可以开工,又担心找不到好的导演、摄影师。找到好的导演、摄影师,又担心找不到好演员。如果找明星或网红又更担心,担心档期、担心价钱、担心忽然有负评。当然,还会担心天气,因为天气不似预期,除了拍摄厂景,天晴怕热,下雨怕冷。现在,还要担心疫情,担心限聚令。

好不容易拍摄完毕,还要担心剪接效果、后期制作、音乐、录音。你可以担心粗剪,可以担心精剪,即使完全过关,仍然可以担心投放出来的观众反应。担心没有人留意,担心太多人不喜欢。

即使所有都过去了，你还是可以担心下一个工作，担心会否如这次顺利，担心能否超越这次的创意，担心会否再有下一次。担心可以没完没了，担心可以令人胃痛，担心可以令人失眠，担心可以令人生病，担心甚至可以令人自尽。

家父有焦虑症，我明白焦虑是怎样一回事。我也是个生性容易忧虑的人，年青时做广告，也常有失眠的情况。后来算是想通了一些，知道忧虑很多时候都是想得太多。很多担心的事情，其实不会发生。即使发生了，也并非想象中那么严重。世上没有解决不了的事情，一道门关上，总有另一道门会打开。10多年前开始，我下班便不会再想工作的事情，晚上都会关上手机，也不会查看电邮，一般5分钟便能入睡，很久没有失眠。我近年更加开始长跑，每周都会跑步一两次。运动的时候，真的很难去想别的事情，加上脑内分泌的安多酚，心情会比较放松。现在，我更加会经常出外画画，培养一下个人嗜好，让自己不会只专注于工作，忧虑也自然减少。

贴士：

很多担心的事情，其实并不会发生。即使发生了，也没想象中严重，学习放松一下吧！

谢谢 KK

从前在 4A 广告公司，合约写着若表现良好，将获花红。但我从事广告三十年，也只是拿过几次花红而已。即使你表现良好，但公司业绩不佳，你还是拿不到花红。而就算公司业绩很好，但总有预计明年业绩不佳，或是留待将来发展等等的借口，结果还是没有花红。若有幸获得花红，等老板们拿完花红之后，也所剩无几。所以，我从来没有拿过一次完整的第十三个月粮，更遑论什么第十四个月、第十五个月了！

在 The Bees Group 却截然不同。集团现在是奉行"三三三"分红方式的，意即每家公司所赚的半年盈利会分作三份，其中三分之一留作公司长远发展，三分之一由股东"瓜分"，剩下三分之一给员工。而留作公司长远发展的三分之一及给股东的三分之一，要扣除利得税后，再按股份比例分红。假设公司赚得十万元，股东只能得到大约二万七千元，而员工却可分得三万三千元。换句话说，员工分到的比例竟然比股东还多，实在匪夷所思。股东作为投资者，付出资金，却不是最大的获利者。KK 的意思是，股东只是出钱，但真正出力的是员工，所以员工应该获得更多。我相信没有太多公司会像 KK 有这样的想法，很多投资者总是觉得自己付出金钱就应获利最多，是最天经地义的事情。Kids & Dogs 开业前两年从未获利，KK 未收取过一分一毫的花红。而即使 Kids

& Dogs 现在开始有些微的盈利，KK 作为最大股东所得的分红，还不及我。因为，我除了是小股东，还是公司的员工。

员工所得的三分之一盈利里，董事会得双份，其余员工按工资比例分配。当然，员工越少，所得花红越多。若公司赚大钱的话，员工更随时可得超过一个月的花红。还有一点很重要，花红是以半年计算的，若每半年可得一个月花红的话，一年便有十四个月的薪金了。从前在 4A 公司，无论公司赚得多少，员工最多也只能拿得一个月的花红，可说是毫无替公司赚钱的动力。但在 The Bees Group 内，员工却真的可以多劳多得。所以，难怪我听到集团内别的公司有员工会主动要求参加比稿，或是为工作争取更高的回报，因为最后得益的是大家。从前在 4A 公司，大家是被迫去跑生意，现在大家是主动去找生意，实在是天地之别。

十年前，KK 与 KC 找我加盟 The Bees Group 时，我实在不明白为何要施行"三三三"模式。我完全不能明白 KK 作为投资者，为何会如此慷慨？我只是小股东，投资不多，却可每月拿取薪金，并且在获利时分红？但十年过后，相信大家都会明白，因为"成果共享"，作为股东的子公司老板，更有动力鞭策自己，而子公司的员工，也更加积极为公司发展而努力。结果不止双赢，而是至少三赢，The Bees Group、子公司老板、子公司员工，大家都能共享成果。

贴士：
成果共享。

065 招 有失必有得

传统广告公司高层创业，最大的门槛之一就是工资。在传统广告公司，位位高层月薪动辄 10 多 20 万，还有每年分红。高层贸然创业，机会成本太高，难保能够达到这个薪金水平。所以，很多高层想到最后，还是情愿维持现状。

我毅然离职，没有计算过自己将来的收入。加入 The Bees Group 的时候，KK 任由我自定工资。我与老婆左思右想，最后还是决定只拿从前大概三分之一的工资。一来是我们的生活简朴，一家花费不多；二来是不想对公司造成负担，令同事要很吃力才能有分红。因为 The Bees Group 奉行三三三制，三分之一利润给员工，三分之一给股东，三分之一留给公司发展。若我仍然拿取高薪，公司就很难有利润可与员工分享。KK 刚成立 The Bees Group 的时候就分毫不取，我想都是同一道理。

虽然少了金钱，但赚到的却是千金难买。说实话，近 10 年来，我每年回家吃晚饭不超过 5 天。（是每年，不是每周！）晚上经常要加班，甚至通宵达旦。和我一样经常加班的朋友必会明白，即使在外每天珍馐百味，始终不及一顿家常便饭。更何况加班常常吃快餐，对身体健康带来很大影响。现在，我开业三年，从没加过 1 天班，每晚都可以回家吃饭，与家人共享天伦之乐，实在做梦也没有想过。

还有，以前基本上"六亲断绝"，每逢有家庭聚会，旧同学、旧同事聚会，例必不敢答应，一切只能随缘。很多时候，明明约好了，到时又有工作，结果不是迟到，便是缺席。慢慢地，已经与世隔绝。现在，时间控制好得多，无论午饭、晚饭，少有爽约，开始恢复正常社交。

此外，从前知道运动重要，但不断加班，何来时间去运动？几年前，我开始跑步，都是选择半夜时分，有时甚至跑到凌晨1点。现在，晚饭之后，洗过碗筷，可以慢慢去热身，轻松去练习长跑。所以，今年报了马拉松，有很多时间练跑。最近，我还报读了一个水彩画班，每周上课1天。有机会的话，还想学琴、跳舞、学日语，不断充实自己。

工作上更不用多说。从前是被动的，公司有什么客户，便要服务什么客户，即使你不喜欢，甚至讨厌，你仍要硬上，最多叹一句："人在江湖，身不由己！"现在，你有主动权，不想接的客户，没有人可以强迫你。即使人家找上门，你也可以有很多原因婉拒。你不再需要因为总公司的关系而去服侍某些客户，也不用因为要追营业额而疯狂去比稿。更重要的是，你可以聘请你想合作的人，而不必因为公司有职员人数限制，或是要过五关斩六将，等总公司首肯。

凡事都是有得有失的。踏出一步，才发现从前所害怕失去的，原来是最没有价值的。反而从前为了保住高薪厚职，却牺牲了家人、朋友、健康、嗜好等等。所失的，确实比所得还多！

贴士：

留意你所得到的，而不是你所失去的！

066招 荣耀归于众兄弟

能够一起工作原是一种缘分,但偏偏有人的地方便有问题。我们常听到某些人会说"客户是我找回来的""创意是我想出来的""KOL是我找到的""价钱是我谈回来的""OT最多的是我"……简单来说,我们容易觉得自己付出最多,却看不到别人也有付出。

从前在4A公司,就常听到"为什么他的职位比我高""为什么他的薪金比我多""为什么他的分红与我一样"。背后想说的就是认为自己拿奖比别人多,自己能力比别人强,自己的贡献比别人高……所以,若有分红的时候,问题就严重了,大家都会很计较得到多或少。即使拥有最公平的评核机制,或是最透明的分红方案也是没用的。因为,问题不在制度,而在人的心。若我们没法欣赏别人,接受每个人都有付出,我们的成功是大家共同的努力时,我们就没法与别人真正共享成果。

当我们只看到自己,忽略别人,我们容易变得以自我为中心,仿佛世界都围绕自己转动。别人必须跟从我的想法,或是做事方法而行。别人都是愚蠢的,只有自己才是聪明人。我们只看到自己付出的时间与心思,而忘记了,或是从没认为别人有所付出。所以,我们常常会听到有些人把一切功劳都归于自己,却把一切责任推卸到别人的身上。有时候,即使自己真的付出很多,也并不代表别人就没有付出。"一将功成万骨枯",很多成功都是在无数人的付出,甚至牺牲之下而达成的。不要小看别人所付出的,哪怕只是看似微不足道的事情,没有这些人的帮忙,你是万万不可能有今日成果。

很多拍档反目,很多公司拆伙,都是由于大家开始算计。"可以共患难,不可共富贵",就是觉得自己比别人配得更多权力、名誉与金钱。于是,公司开始有权力斗争,开始有排挤,开始人事出现问题。

我仍记得从前的老板有句口头禅:"荣耀归于众兄弟。"看到的不是自己,而是大家共同的努力。若没有大家的付出,就不会结出果实。我更喜欢现在 The Bees Group 的"三三三"分红理念,每个人的付出都受到肯定,所以每个人都会分到应得的奖励,而不是按老板的个人喜好而决定。我也越来越明白,一件工作的成功,一家公司的成长,都不是一个人可以做到的,而是无数台前幕后的人共同付出的成果,愿荣耀归于众兄弟!

贴士:

要懂得把荣耀与人分享。

067招 为亡而忙

若干年前从朋友口中听过一个故事。一位广告人开了一家广告公司，因为经济不景气，生意不顺。好不容易撑过了几个月，到年底终于有些小案子，于是拼命工作，希望追回所失。那几个月生意不俗，收入不错，但因为所接案子太多，有点应付不过来，品质下降。然后作品先后投放，反应欠佳，再没有客户上门了。结果，广告人又再次没有工作，等到年底才再有机会。如是，这家公司就一直是这个样子。

听这个故事的时候，我还在广告公司工作，根本没想过要创业。那时我心想，要是我创业，我必定会做出好的作品，绝不会落入这种恶性循环中。但现在真的创业，就明白那位广告人更多。没案子的时候，真的会让人心慌。因为好像掉进无底深渊，不知何时才有曙光。于是，很容易任何机会都会抓住不放，恐怕错失良机。

我的一位好朋友与我分享经验。不要老是盯着那些亏损，给自己一个机会，把每个月当作一个新开始，尽力做好这个月就已足够。因为没了追回亏损的负担，整个人便会变得轻松了，可以重新规划眼前的工作，把有限的时间与资源投放在最有价值的工作上。

在选择工作的优先顺序上，KK有一个简单的指引：有名、有利、有趣。意思是工作最好是既能为公司赚取名声，又有利可图，兼且有趣。不过，这样的工作绝无仅有，而且有也不一定落在你的身上。所以，在"有名、有利、有趣"上，如果有一至两项已经不错。但是三者都欠奉就真的要想清楚为什么要接这样的案子了。

没有工作的时候，可以帮助慈善团体做些免费广告。即使分毫不取，也可以赚取些媒体曝光，展示一下创意。遇到一些初创或有趣的客户，如果对方愿意接受创意，纵使所赚不多，也要不妨一试。对我来说，如果疯狂滥接那些只为谋利，无名也无趣的工作，只会令公司沦为工厂。

作为创意公司，我认为创意永远是最有价值的部分。即使价钱不高，也不能将货就价，令品质受到影响。情愿想些省钱的方法，或者亲力亲为，也不可牺牲作品的品质。作品水准不够，即使经济好转，客户第一个想到的也不会是你。所以，你日忙夜忙，没有做好创意，最终可能只会加速灭亡。

贴士：
工作必须有名、有利或有趣。

068 招
撑过创业第一年

我说"撑过"并不为过。2019年我在没有任何计划之下创业，开始了一家小型广告公司。然后先后遇上社会事件与疫情，那种困难应该可以不言而喻了。不过，社会事件与疫情某程度来说对我也有好处，至少可以减轻我的心理压力，做不好是应分的，做得不太差已经算是走运了！

坦白说，若要我们重新选择，我很大机会不敢创业。我是个在跨国广告公司工作多年的高层，习惯了高预算的大案子，也被宠惯了前呼后拥，有很多同事帮忙。虽然心知 4A 广告公司的前景并不乐观，但那个地方早已成为我的安舒区，并不容易踏出第一步。不过，只需踏出第一步，一切又没想象中困难。原来自己不单可以想点子、写文案，还可以拍摄、剪接、出发票等等，这都是从前想也没有想过的。

这一年我做得最成功的可能就是每周写一篇创业心路或创作心得，这些文章帮助我每周整理思绪，不断在变幻莫测的环境中思考可行的出路。假如大家一直留意我的文章的话，不难发现我的心路历程也是不断改变的。原先，我以为自己会以传统电视广告为主，若可以的话再尝试一下社交媒体的创作。结果，这一年我只拍摄了 3 条电视广告，其余百分之八十的工作都是社交媒体的视频或是帖子。另外，我们亦经历了从创作，到协作，甚至制作的变化。起初是自己创作，但因人手不足、客源不够，于是想到与其他公司或是导演协作，却没想过慢慢会开始了制作。最近就为一家广告公司制作了一个网络视频，点子是别人的，我们只负责后期制作。甚至上周，我们自己当导演，做了两个视频的案子。

不过，变化归变化，有些东西我们是必须持守的，否则很容易会随波逐流，忘记了初心。直到如今，我们仍坚持着小孩与狗的初心，以"童心同行"作为我们的宗旨。赚钱始终不是我们最大的考虑，我们仍然保持着小孩子纯真的心，希望每件作品都能注入有趣的元素。我们不介意案子的预算高低，但会很在意到底有没有趣味。有时未必有机会想到惊人的创意，但可以尝试一些未曾试过的方法或形式，我们都乐意接受。我们又努力与客户建立良好的关系，与他们共同面对业务的变数。很幸运，我们遇到些很好的客户，使我们能够开心地工作。

我赚到的不只经历，还有生活。过去一年，我们基本上从没有加班，没有报销过晚餐票，更没有报销过加班出租车费。我每天晚上6时半左右就会下班，同事也是大概7时。虽然偶然在家里还要回复一下客户，但我基本上每天晚上都可以回家吃饭。周末更加毋需上班，可以去画画、跑步、返教会、陪家人。这些对很多人来说是理所当然的事，对广告人来说却是难能可贵的。

若问我有什么秘诀，我只可以说是恩典。这一年的经历，让我更懂得倚靠上帝。还要多谢 KK 创立了 The Bees Group，让我们能有一个没压力的成长空间；也要多谢 The Bees Group 的姐妹公司奠立了一个很好的创作氛围；更要多谢过去给予我们机会的客户,与我们共同努力的导演、剪接师、摄影师、插画师、后期制作公司等等,没有你们,没有我们。

贴士:

不要想太多,路会慢慢走出来!

069招　如坐过山车的一年

2021年的经历仿如坐过山车！

年初，做了一个收入不错的案子，算是有个好的开始。上半年的工作虽然不是太多，但胜在轻轻松松就能达到收支平衡，确实颇为写意。不过第三季度开始，情况突变。人家说"五穷六绝七翻身"，我们却正好相反！

踏入七月，手上的工作忽然都停了下来。原先在洽谈得如火如荼的工作，忽然因为种种的原因，一下子都消失得无影无踪。起初，我还以为只是偶发的事情。但到了八月，情况比七月更严重，几乎所有工作都停顿了。过去，我分享过好几次生意不好，但到月底又有所弥补，有惊无险。可惜这次有点不同，是完全的静止。我们试过找旧客户，试过找旧同事，试过找新客户，试过比稿，但都无功而返。八月底，同事也向我表达有点担心公司的情况。我与财务部的同事倾谈过，如果情况持续，公司大概只可维持到年底。到时若不重新注资，便要结束营业了。

九月，情况并没有改善。九月底的一天早上，我收到一位旧客户的短讯，询问我是否有兴趣参加一个比稿。更高兴的是，这次比稿是有比稿费的。开业以来，我们只参加过两三次比稿，从来没收到过比稿费。这次收到传说中的比稿费已经万分感激，更何况是在困境之中。差不多与此同时，KK建议我们询问一下姐妹公司有没有什么可以帮忙。而我就在公司大厦的电梯里与姐妹公司的老板偶然说了一下，就真的得到了一个转介的机会。然后，比稿竟然胜出了，转介的新客户的提案过关了，一个早前以为胎死腹中的工作复活了。同一时间忽然出现了三个不同的案子，一切远超所想所求。而更重要的是，这些工作竟然没有重叠，可以在两个月内顺利完成。

踏入十二月，我们已经基本上完成了今年手上所有的工作，可以提早休息了。而十月与十一月两个月的辛劳，不单足够供应我们第四季度的所需，更追回之前的亏损。当然，这是因为我们的营运成本实在很低，但也要感谢同事与 Freelancer，没有他们的帮忙，不可能不用加班，竟然可以在两个月内完成了三个案子。更要感谢天降的三个客户，他们不但给予我们工作的机会，也善待我们，让大家合作得很愉快。还要答谢三家制作公司与三位摄影师，他们的认真与坚持，让我们做出一些不错的作品。当然，也要感谢 KK 建立了 The Bees Group，一个鼓励共享的空间，使我们可以得到姐妹公司的帮助。

贴士：

要心存感恩！

070招 感恩广告界没有倒闭潮

回想新冠疫情开始爆发时，大家无法上班，被迫停下手上的一切工作，曾经也担心过广告界会否爆发倒闭潮。因为，我们从没经历过类似的全球性疫情，对于不明朗的前景产生恐惧是理所当然的事情。况且，每当经济不景气，广告界都会首当其冲，首先削减的必定是广告宣传费用。而广告公司与制作公司、后期公司、导演、摄影师等等环环相扣，牵连可谓非常之广。但值得感恩的是这一切并没有发生。到目前为止，我们只听到广告界有零星的结业，并没有发生倒闭潮。而我相信，未来也不会有这种可能性。

最初的恐惧，是因为事情来得太过突然。那时大家还没走出社会事件的阴霾，就毫无先兆之下爆发疫情。正如当年911，大家在电视新闻上看到一架飞机撞在世贸大楼上，然后还未来得及消化，便看到另一架飞机撞向世贸的另一幢大楼。那种短期内的双重打击，让人失去方向，恍惚世界末日。疫情的初期，大家都因为口罩缺乏，物资不足，曾经有过恐慌、抢购的日子。但大家渐渐意识到，疫情并不会像"沙士"一般在短期内结束。而随着Delta及Omicron等变种病毒的出现，我们只好接受未来或会与病毒共存。所以，感恩的是大家已经接受现实，知道无法避免，必须积极寻找生存的方法。

这半年以来，香港的广告界已经慢慢地起了变化。从最基本的精简人手，控制成本，到行业开始转型，已经是不争的事实。社交媒体的需求，电商的需要，都让香港这个本来比较保守的城市起了变化。很多人是因为疫情才开始网购，很多客户是因为疫情才开始使用社交媒体。不少广告公司也因疫情而尝试扩阔自己的服务，踏足以前没有接触的领域。感恩香港人没有把自己困在死胡同，而是发挥过去一直引以为傲的变通精神，愿意走出安舒区，勇敢面对困难。

如果没有疫情，或许不能造就香港乐坛组合Mirror现在的成就；如果没有疫情，外卖、超市、网购等行业可能没有这样的业绩；如果没有疫情，有些广告公司可能不会生意翻了几番。所以，疫情绝非一面倒的负面事情。即使这段时间，对大部分的人似乎较为不利。但若能在这段时间好好沉淀，检讨一下自己的状况，然后重新上路，也未尝不是一件值得感恩的事情。

我深信，不是事情结束了，看到完满的结果，才值得感恩。在困难之中，回看走过的路，我们不难发现每步都有上天的眷顾。即使步伐蹒跚，但仍是继续前行，这便是恩泽。我们必须抱着正面的态度，相信困难终必过去，前面还有很长的路等着我们一起走。

贴士：

必须抱着正面态度面对事情！

071招 一起广告的日子

几天前,一位认识二十多年的旧同事忽然离世。他与我年龄相若,却英年早逝。

香港的广告圈非常小。从前全港就只有二十家4A广告公司,每家公司一般只有几十至一百多人而已。而且,广告人经常转工,三两年便会转变一次,却离不开二十家公司。所以,大家不是曾经共事,也曾在相同的公司待过,拥有不少共同的朋友,怎样都会有点关系。即使素未谋面,只要随便说出一两位同业的名字,马上就有共同的话题,可以聊上半天。

如果曾经一起共事,那种关系就更加密切了。广告人的工时特别长,常会为着赶工而加班,甚至通宵达旦。在广告公司一年相处的时间,往往等于别人两至三年。所以,虽然只是相识十年八载,却仿如一生深交。而且,广告人的工作非常紧张刺激,大家常要并肩作战去追赶死线,因此更容易建立深厚的战友关系。即使事隔多年,都难忘一幕幕惊心动魄的比稿及提案。

广告人又常有疯狂的行径,在别人眼中绝对匪夷所思。记得当年在公司画房便有一座大型的迷你无线电车赛道,每晚有同事在飙车。而在另一家公司,同事天天踢毽子,又或是夜夜一起玩飞镖。因为工作辛苦,玩得更加疯狂,关系建立就更加深厚。而当中同甘共苦的战友,忽然有天退下火线,实在令人难以接受。

前阵子，一位老前辈离世。在追思会中，又遇上很多当年熟悉的脸孔。虽然大家多年不见，但三言两语便又回到当年的状态。大家都年纪不轻，更加珍惜相处的机会。那天之后，大家都不约而同地组织不同的聚会，以免错过共聚的机会。

大家倾谈的，并不是拿过什么奖项，又或是做过些什么作品，而是这些作品背后大家共同经历的大小故事。所以，大家所要重视的绝不是所做的事情，而是与你共事的人。无论是获奖无数的广告，总有被遗忘的一天，唯独作品背后的人与人的关系，却是永远难忘的！

贴士：

要珍惜与你共事的每一个人！

好的开始

072 招

新年伊始，很多人都求神问卜，用尽各种吉利意头，希望有个好的开始。作为经营者，当然渴望生意能够开个好头，全年生意兴隆。广告公司希望新年开始便能赢得一两个大型的比稿，有好的作品可以投放，还有不俗的口碑。

大家似乎相信，有好的开始，便是成功的一半。年头做得好，就自然客似云来，财源滚滚。所以，很多人都会花不少精力在年初的工作，希望比稿成功，作品出色，有个好的开始。然后，我们相信开始成功，其余的就会一帆风顺，水到渠成。

相反，若年头做得不好，便会忧心忡忡，终日诚惶诚恐。好像输了第一个比稿，便会厄运连连，永不能翻身。第一件作品做不好，便担心公司的形象受损，创意不再。

其实，这种想法与迷信无异，经不起理性的考验。须知生意高低起跌，乃是常情。年初好坏，与年中或年底表现，没有直接的关系。即使年初做得好，也不保证往后的日子就风调雨顺。同样，年初表现不好，不能代表整年就都不济。有些时候，因为年初表现好，反而松懈了，结果后劲不继。又或者因为表现好而过分乐观，肆意扩张，到头来弄得头破血流。相反，有时年头表现不佳，反而激起斗志，大家控制成本，加倍努力，结果年底获得意想不到的成果。

所以，不要以年初得失问成败。以一年来看，年初好坏与整年表现，没有绝对的关系。不要被心理影响，过分的乐观或悲观，都不是中肯的判断。今年的营商环境肯定难以预料，因此要做到开个好头也不要松懈，开始便焦头烂额也不要灰心丧气。放长一点眼光，调整一下心情，无论眼前的环境怎样，都不要打乱自己的步伐，要冷静面对多变的未来。即使年初不好，说不定到了年底，你会赞叹今年过得还不错呢！

贴士：

一年来看，年初好坏与整年表现，没有绝对的关系。

073招 患难见友情

"患难见友情"这句话,在广告这一行最能体现。相信很多行内人都经历过通宵达旦、不眠不休的比稿。在提案前一夜,高层开始"发功",然后数星期内的血汗毁于一旦,更甚的是要在仅余的数小时内从零开始一个全新的方向。大家来不及惊慌,更没时间反抗,脑子里一片空白,只机械性地写字、设计、做PPT……最后,可能回家洗了个澡,或者根本没有离开过公司,匆匆忙忙地叫出租车到客户公司提案。很不幸,比稿成功了,高层更加觉得昨晚的决策是英明的,以后会继续这个灾难检查的做法。你对这种经历有共鸣,因为你曾经有类似,甚至更惨痛的经历。而这种故事,你每过一段时间,就会与当年的战友一起重温一遍。你们的友情,多少就是因为曾经并肩作战而建立起来的。

换一个场景,你必定曾经遇上过麻烦的上司。他或她,可能是个暴君,觉得全世界的人都是白痴,只有他或她有智慧。你所做的一切都是错的,甚至连加入这个行业都是一个错误的决定。你整天就被上司责骂,慢慢失去信心,唯唯诺诺,如同行尸走肉。他或她,又可能是个完美主义者,桌面常备一把尺子,去量度你的草稿的字距。即使在屏幕之上,还是用他或她的尺子去量度。不管他或她是文案出身,或是美指,或是客户服务,但他或她都是全能的。无论是文字、设计、创意、策略、提案等等,他或她都有很多意见。简单来说,还是那一句:"你们都是白痴!"他或她曾令你们胃痛、失眠、血压飙升,甚至便秘。即使很多年后,你们谈起他或她还会情绪激动,但只有你们会明白你们的苦况,而这些苦况连系了你们。

再换一个场景,你和你的战友,都曾经有一个麻烦的客户。你们在大公司工作,公司倚靠的就是这些客户。客户有权主宰你的去留、你的死活,与你的实际能力无关。大家的生活就随着客户的喜好去走,没了自己。有时甚至只是赚不到钱的客户,但因为她是个国际客户,是总公司的主要收入来源。你们在盲婚哑嫁之下,不得不嫁鸡随鸡。然而,她心中早有所属,却碍于合约不能把你的公司炒掉,于是她只能像怨偶一般日夜把你们折磨。而你们就像被囚禁的战犯一样,在死亡的边缘上变成了生死之交。

当然,这几年来,无论是社会事件,或是疫情,又是一场又一场很难忘的经历。你们都一起遇上百年难得一见的状况,以为将要度过,又遇到另一场百年难得的处境。你们一起被迫停工、居家工作,然后又复工。你们更加珍惜每次相聚的机会,更珍惜每一个工作。因为,你们的友情,就是在这段未知的际遇里建立起来的。

将来某天,你们重聚,你们不一定记起曾经有些什么快乐的回忆,但肯定会记起你们曾经通宵达旦的比稿,还有那些变态的上司与及难缠的客户,当然还有你现在正经历的疫情。就是这些患难,让你们成了好友,建立了历久不衰的友情。在广告界的荣华富贵都会过去,唯独这些患难中的友情,永久长存!

贴士:
我们的牢固的关系是从无数艰难经历中建立起来的。

074 招 感恩创业两周年

同事告诉我,公司创业两年,还有朋友以为我们叫 Cats & Dogs。我只是一笑置之,没有介怀。我从前在 BBDO 工作,不少人写错 DDBO;我到了 DDB,又有人以为我们是 BBD。百年老店尚且如此,何况我们只有两年历史?如果这两年,你有一直留意我们的文章分享的话,你必定会看到我们正在不断探索、不断蜕变中成长。而事实上,从我们开业那天开始,这两年经历的社会事件以及新冠疫情,也迫使我们的经营方式、创意思维等等不得不改变,以回应社会的急速转变。

值得感恩的,是这两年我们从报价单也不懂怎样处理,到现在已经驾轻就熟;从每月亏损,到现在总算收支平衡;从一无所有,到现在总算有些作品,都是恩典!特别是财政上,我是一个完全不懂财务的创意人。现在,我仍然只懂看损益表的最后一栏,大概知道公司的营运状况。即使如此,却无损我的感恩之心。首年经营,试过出现盈警,可能需要注资才能继续下去。但我们每月都有刚好的收入,使我们这一年每月都能达到收支平衡。更重要的是,我们不用拼命加班工作去追营业额,而是获得更合理回报的案子。所以,我们能够奇迹地两年不用加班,仍然能够生存下去!赚不了钱,也赚到了生活、健康与休息!

另一件必须感恩的,是我们只是一家小店,却在过去两年拿到一些预算不错的案子。感谢客户看重的是我们的创意，而不是我们的规模，对我们充满信心。而在这些案子上，我们把预算都花在制作上，所赚的利润虽然不高，却能做出一些绝不逊于4A水平的作品。而即使客户的预算不高，我们也没有牺牲创意，而是想尽办法降低成本，甚至自己动手制作。我确信时势艰难绝不是牺牲创意的借口，无论预算多少，总有发挥创意的空间。我也庆幸这两年所接的案子，都有不同的趣味。只要愿意多走一里路，总会找到出路！

我自己最感恩的，是在过去两年的创业路上并不孤单，有不少同路人与我同行，沿途为我们打气。这两年分享的文章，多少透露了我的心情起伏。不少同行者留言鼓励，或者私信支持。更有不少同行相约饭局，不吝分享创业心得，甚至转介客户给我们。大家本是竞争者，却没有视同行如敌国，而是互相扶持、并肩而行。我是个天生容易忧虑的人，如果没有这些朋友的支持，实在不容易挨过种种的困难。

最近我重看了这两年所写过的100篇文章，就像周记一样，看到我的路是怎样走出来的。我是一个喜欢反思的人，每每因为遇上一些事，或是朋友的一句话而陷入沉思。我希望借文字把我所领受的变成分享，互相鼓励，一起撑过这段艰苦的日子。不少人与我首次见面的开场白都说："我有看过你的文章！"所以，不要轻看你的赞美与分享，这些文章将会因此而帮助到更多有需要的人。

贴士：

要懂得感恩，幸福绝不是必然的。

075 招　谢谢 KC

从两个月前写了一篇文章《谢谢 KK》，到近日翻看日记，我忽然良心发现，觉得有需要写篇文章来答谢一下 KC。

第一次与 KC 见面是 1993 年 3 月 2 日晚上六时，那时我到奥美面试。我依稀记得 KC 身穿灰色 V 领毛衣、白色圆领汗衣、蓝色牛仔裤，脸上挂着一个灿烂的笑容。他带我到一个房间，坐了下来，我才知道他就是面试我的人。KC 实在太年轻了，看来与我年龄相若。后来才知他只比我年长两岁，却已经入行六年，而且在行内早已很有名气。可能因为年龄相近，加上他毫无架子，我从没有把他当过老板或上司，一直都视他为朋友。当时，我入行只有几个月，根本没有什么作品，只拿了几本写过的小说和画过的漫画便去面试。若不是 KC 给我机会，我绝对没有可能进入当年的广告"少林寺"奥美广告。而我更因此而成为 KC 的第一位弟子。日后他桃李满门，我也得以成了众人的"大师兄"！

KC 对我人生最大影响是在 1998 年。当时我已离开奥美，加入了 Bates，而 KC 也加盟了 FCB。KC 与 Paul 约我吃午饭，问我有没有兴趣跟他们一起跳槽到 BBDO。BBDO 当年在全港 20 家 4A 公司中排名 19，KC 与 Paul 却说要在两三年内把它变成全港第一。于是，1998 年农历新年后，我便加入了 BBDO。那时，我当然没法想象我们会为所负责的 Sunday 做出无数好创意的作品，而

BBDO 也真的成为了 4A 公司中创意第一的公司。

　　第三要感谢 KC 的是十年前，也是我从上海回流香港后，KK 与 KC 成立 The Bees Group 之时。相信我是 KK 与 KC 最早接触的一批人。可惜，当年我完全没有创业心，所以连续几年，谈了三次，我都一一谢绝了。虽然我们没有合作，但我一直把这事铭记于心。直至三年前，我毅然离职，还想不清楚前面的方向。于是，我约 KC 出来询问他的意见。他替我客观分析，建议我还是创业比较好。结果，我在他穿针引线下终于正式加入了 The Bees Group。当然，还要感谢他重提当年为我取的公司名字，而 Kids & Dogs 这个名字就一直沿用至今。

　　最后，要感谢的是前年他邀请我与他一起在香港理工大学合教一科。原以为我是教师出身，并且在香港浸会大学客席任教多年，应该不成问题。但与 KC 倾谈课程时，发现自己对有些创意的理念，仍有些地方是思路不清的。而我观察 KC 的教学时，发现他解释得比我仔细得多。这一年的合教，与其说是我帮助他，应该说是他帮助我厘清了不少有关创意的事情，也向我示范了怎样教导学生。难怪近十年来广告界多了不少杰出的文案，而且很多都是出自香港理工大学。我常想，如果我现在才是 KC 的学生会有多好。真的很羡慕他的学生，也真的感谢 KC！

贴士：
要感谢上天在你身旁赐下的每位天使。

076 招 不做广告,你会干什么?

"不做广告,你会干什么?"这是上周同事给我的一个问题。我想也没有想,便回答说:"没有想过!"真的,虽然从事广告接近 30 年,除了广告,我确实没有想过要干什么!即使 30 年后的今天,我仍然热爱广告创作。

记起我近日所看的一部 Netflix 剧:《后翼弃兵》(Queen's Gambit)。剧中的女主角贝丝·哈蒙(Beth Harmon),一生就只有国际象棋,除了国际象棋,真的什么也没有。故事说她 8 岁在孤儿院看到校工薛波先生(Mr. Shaibel)在地牢独自下国际象棋,她便对这玩意一见钟情。贝丝除了对国际象棋有天份,还有热情与努力。她无时无刻不在想着国际象棋,甚至连做梦也在想着。

其实,剧中很多人都热爱国际象棋。薛波先生每次出场,都坐在棋盘之前。女主角的男友哈利·巴提克(Harry Beltik)和班尼·瓦兹(Benny Watts)与她谈论的一切,都是与国际象棋有关的。甚至连剧中的国际象棋世界冠军俄罗斯的博戈夫(Vasily Borgov),一生都寄托在国际象棋之上。

我认为广告这个行业,失去了热情,便什么都没有了。因为,以你所花的时间与精神,换在其他行业上,可能会赚得比做广告多很多。但因为有热情,无论工作多艰辛,待遇多低微,你也能撑过去。要是没了热情,我想每件工作,都会变成苦差。所以,要是让我重新选择一次，我还是会选择广告。直至自己真的无能为力，那时再去想可以干什么！

贴士：

广告这个行业，失去了热情，便什么都没有了。

077招 你到底热爱广告的什么？

很多人都说自己热爱广告，但我想追问一句："你到底热爱广告的什么？"

30多年前，我的一位师兄应征广告公司的客户服务工作时，考题是"试说出你常光顾的10家食肆"。这不是IQ题，而是身家背景的考查。正如小学面试问小孩子坐什么汽车到来一样。那个年代，广告是一份高尚的职业，客户服务部的低级员工可能也会家住半山，开着名贵跑车上班。当年电影电视的主角，不是律师，便是广告人。那时热爱广告的，可能只是这种优越感！

上世纪90年代，一般消费品广告抬头，行业从业员开始平民化。像我这样的屋村少年，都是拜这个转变才能有机会入场。虽然，广告界少了从前那些蓝血贵族，但仍然吸引不少衣着时尚、生活有品位的人士加入。很多人喜欢从事广告，其实喜欢的是里边的人。很多人很晚也没有下班，不是为了工作，而是喜欢流连在公司与同事们吃喝玩乐。

这些都不是错的事情，却不是广告的核心。无论什么年代，广告的核心还应该是创意。透过创意为客户的品牌建立形象，或是为产品提高销售，才是广告吸引人之处。策略部同事热爱的应是为客户写出具创意及有成效的简报，创作人的热情就是把简报变成具创意的广告，而客户部应是热衷于把创意卖给客户。如果大家没了这种热情，只是按本子办事，甚至马虎了事，即使说自己热爱这个行业，其实也是自欺欺人。

我们更不应把热情错放在争权夺利之上，或是只为生意而不管创意。上进心是好的，但不应凌驾于创意之上；赚钱也不是万恶的事情，但不应只为金钱而放弃创意。一家没创意的广告公司，你当上领导人也不会光彩；一家眼里只有金钱的广告公司，也不易生存下去。

如果大家热爱广告这个行业，更应把广告做好，让客户觉得我们够专业，成为一份真正高尚的职业。如果大家喜欢共事的广告人，更应用热情去做好广告，让更多优秀的人愿意加入这个行业，做出更多有创意的广告。我们想保住高位，更应让公司一直发挥创意。如果我们要赚大钱，更应做出好创意，令客户慕名而来。我们越是热爱这个行业，越要把工作做得有创意。唯有这样，我们的热情才不致冷却！

贴士：

常常问自己："我到底热爱广告的什么？"

078招　创意是一种氛围

很多年前,我有幸先后加入香港奥美(Ogilvy & Mather),达彼思(Bates)及天高(BBDO)。在我加入的时候,都正值这些公司的黄金时期。当年的4A广告奖,绝大部分都是由这些公司囊括的。而这些公司的共同点,是她们都不只有一个客户获奖,也不只一两件作品,而是公司内不同的创作队伍都有所贡献。加入这些公司的最大收获,就是那种创意氛围。大家都有一个共同的目标,就是让手上每个客户的每件工作都做得出色。在这种气氛之下,你不敢怠惰,不会得过且过。你看到隔壁创作队伍想出一个好点子,你会检讨一下自己的点子是否够突破?是否仍有改善的空间?你看到别人有出色的作品投放,你会更努力向客户争取创作的机会。于是,大家就在这种良性的竞争下,共同成长。

这种创意氛围必须出现在同一屋檐下。其余广告公司看到他们的作品,理论上也可以受到启发而做出好作品。但结果不是这样的。当年那些广告奖,绝大部分都由一两家广告公司独揽。因为,在同一公司里,那些创意人和你很接近,大家每天都接受同一公司的文化与营运影响。你没有借口说大家背景不同,所以他们能够做到,自己做不到。而且,那些获奖的广告只是他们作品的一小部分,很多更具创意的点子都因不同的原因而无法面世。但在公司里,你或多或少都会看到他们那些未曝光的点子。大家便是在这种创作气氛下互相激励，共同进步。

The Bees Group 不像传统广告公司会有一位执行创意总监去推动创意。大家是在 KK 无为而治的管理下，不受营业与奖项的压力而自发提升创意的。我们不必为追逐营业额，而把创意放在次要的位置。我们也不再受广告奖的牵引，做那些评委喜好的作品，而是可以做出真正帮助客户的好创意。被迫与自发最大的分别，是前者当压力消失时，动力也会消失，但后者却是无穷的动力，让人不断地前进。

虽然现在疫情肆虐，社会恐慌，经济不景，但绝对没有拦阻到创意的萌芽。不过，这种创意氛围不再出现在传统的广告公司里，而是在独立的广告公司中悄悄形成。我相信大家都有留意到，最近 The Bees Group 的姐妹公司都有不同的佳作出现。Secret Tour 的 Bupa Hero，温馨中带点幽默；Noah Workshop 与 Durian 的户户送 (Deliveroo) 的社交媒体宣传，一个比一个精彩；The Right Side 的奥乐蜜 C，带有强烈的日本风，美术一流；The Bread Digital 够姜葱的 InstaMockExam 都是有创意的提案。我们当然也不示弱，终于有了 Konew Fintech 的 2050 形象广告。其余的姐妹公司，亦有不同的作品，将会陆续投放。身为 Bees Group 的一分子，我们绝不会辜负了这个身份！

贴士：
有良好的氛围，自然有良好的创意。

079招 以作品说话

无论说得多漂亮,最重要的还是作品,否则一切只是空谈。而我所说的作品,不单要展示我们的创意,也要反映我们的经营理念,绝不能说一套、做一套。

我说过公司的模式是"协作",尽量与不同的公司或人合作,从而减省自己的成本,并放大自己的能力。2019年底,我们有机会与资深制作人Tony Yip及Bleu Arc、导演Richard Au-Yeung合作参与康业金融科技的比稿。过往的比稿大都是广告公司负责,完成后才找制作公司拍片。但这次是三方一齐合作比稿,大家一齐想点子,一齐去卖桥。因为大家背景不同,所以产生了不少化学作用,能够做出比较不一样的作品。在比稿的时候,不只构思创意那么简单,连制作方面都考虑周到。我想我们赢出的原因,可能正正在此。

在合作之初,我们都有一个共同的理念,就是要做出好的作品,而不是要赚钱。这正是我当初所说的"创业不为赚钱"。不过,面对新型冠状病毒的影响,要在生意与创意上取得平衡并不容易。本来客户只要求1个60秒钟的形象广告,但我们为了做出好作品,不惜工本制作了1个120秒的广告片,而且当中有不少电脑动画部分,是要按秒计算成本的。拍摄方面,一般来说2天已经足够,但我们用了4天拍摄,更有1天是远赴马来西亚拍摄。

成本虽然提高，但为着有更好的成果，一切都是值得的。这次比稿，客户所给的预算并不低，按理我们应可赚得可观的收入。但大家为了做出好作品，情愿把金钱都花在制作上，所以看似很大的预算，我们赚的只是作品。

我说过"细，是优势"，我们的作品便是要证明小公司一样可以做出大制作。我们不想停留于小公司只能做网络视频的局限中，我们希望证明我们不单能做出优质的电视广告，而且可以比大公司做得更出色。我们的优胜之处，正是我们规模小。所以，我们可以减低运营成本去做出更好的作品，而不需要把预算的大部分金钱用作缴付昂贵的租金及薪酬，更不需要上贡总公司。我们也没有门户的限制，可以视乎需要，随时与不同的公司合作，做出更好的作品。

这个广告片不是完美的作品，但它们代表着我们理念的实践。当然，我们不会局限于电视广告的制作，我们会因应不同的案子，提出不同的方案，或是我们自己动手，或是与不同的广告公司、公关公司、制作公司、社交平台等等合作。最重要的是希望我们的作品，能够让你对我们有信心，放心把工作交给我们，或是成为我们的伙伴与我们携手合作。

贴士：
最重要的还是作品，否则一切只是空谈。

将缺点变成优点

我有强迫症,而且不轻。举个例子:我的钱包内的钞票必须正面摆放,不能反转,也不可以有折角。所有钞票必须顺银码由小到大排列,不可乱序。每次找换时收到钞票,我会以极熟练的手法进行分类,甚至旁人也不易察觉。

再举另一个例子。我对食物有强迫症,一包洋芋片打开,必须把它吃光;一碟饭放在面前,必须把所有东西都吃光。我小时候就曾经一个人吃光一罐饼干、一盒月饼,甚至试过一次吃完一罐糖果。只要包装内仍有食物,我就会按捺不住,必须把它们全都吃光方能罢休。

因为有不少强迫症,有段时间感到颇为苦恼。好像我11岁时去看牙医,便1次修补了11颗坏牙。我相信这是没节制吃糖果、零食之故。另外,过分喜爱吃花生,也曾令我胆固醇超标,并患上痛风症。前者要靠药物及运动去治疗,后者就必须要戒口,很多食物都无缘再吃。

说了那么多强迫症,现在言归正传。后来我想到与其苦恼自己强迫症的缺点,不如想想怎样好好利用它。我因为有钞票分类强迫症,所以对任何整合的工作都特别得心应手。我在网上看到什么有趣的电视广告,会即刻下载;在地铁看到有创意的灯箱广告,也会立刻用手机拍摄,然后进行精密分类,所以找参考资料会比一般人快。遇上复杂的案子，我也能有效率地整理好资料，并且把复杂的思绪梳理好。

我对食物的强迫症，变成了我对事情有始有终的美德，只要一开始，我便会坚持把它完成。例如 10 多年前我开始了每天早上在社交平台写灵修分享，便没有停过 1 天。又例如前阵子我接受了 1 个 30 天的画画挑战，我便无论多忙，每天都能完成 1 幅画作。套用到工作上，无论多棘手的案子，只要我愿意接下，就会千方百计把它完成。上司称之为有责任感，客户也美誉为值得信赖。

你不一定有强迫症（不过我发现很多创作人都有），但你总有一些缺点。这些缺点可能一直困扰你，甚至曾经为你带来一些不便。试试发掘一下这些缺点背后，会否有些你没有留意过的优点？好像你反应较慢，或许可以变成审慎、仔细的优点；你不够天马行空，或许比别人更适合做某些较为重复性的创作；你不懂控制支出，可能是个开源很强的人。一个盲眼的人，耳朵最灵。上天是公平的，给你缺点，也会给你优点，但要你懂得好好运用。

贴士：

缺点能够善用，往往成为你的优点。

081招

不在福中先知福

某天接到一个工作，要为客户以动态图像形式制作一系列的社交媒体内容。收到简报那刻，已经不想只做动态图像。一方面是动态图像的创作空间不大，另一方面是客户已经有不少类似的内容。我想到的是不如趁这个机会，创作一系列的短片。以客户的预算，制作动态图像是足够的，但要拍摄短片就相差太远了。于是，我们想到不如自家制作。

我的第一份工作是在电视台做助导，算是有些制作的背景。我从事广告创作以来，也曾参与过数百条广告片的拍摄，还以为自己应有能力自己拍摄。但真正开始准备制作，才知并不是那么简单。

我们只有几天时间准备制作会议。于是，我与同事两人一起研究拍摄角度，在网络地图上找场景，再现场堪景。分头找演员、服装、道具，又要安排拍摄流程、交通等等。

拍摄第一天，我们要走遍香港、九龙、新界的5个地方、8个场景。虽然每个景点只是拍摄几个镜头，但就只能逗留1小时左右，时间控制要非常准确。我们一边做导演，指导演员演戏，另一边又要做制片、场务、摄影师助理等等工作，甚至还要安排午膳。好不容易拍摄到最后一个场景，却遇上暴雨。雨停后，还要亲手清理地上渍水，继续拍摄。能够在9小时内顺利完成，实在感恩。

从前拍摄广告片，我们非常轻松。只要找到可信的导演与制作公司，我们不过只是到现场吃吃喝喝、聊聊天而已，其余一切都交给专业的制作团队。现在要亲力亲为，才发现原来过往是多么多么的幸福。

在此，我要感激以往与我合作过的每一位导演及制作人。过往你们所付出的心血与时间，我没能完全感受到。我以为自己已经很明白你们，但实际还是相差很远。不是尝试亲力亲为，没法明白你们所面对的压力。如果以前有什么不合理的要求，不体谅的说话，也请你们见谅。将来有机会再次合作，我会对你们更好。在预算许可之下，我还是希望能够与各大导演及制作公司再次合作。有了你们，我就可以继续吃我的零食、聊我的天！

贴士：

试过亲力亲为，才发现原来过往是多么多么的幸福。

082 招 对自己有要求

曾经接受恩师 KC 邀请，与几位同行好友一起头脑风暴一个大学的新课程。席间，KC 说起一些往事，勾起了我多年前的一些回忆。

那时我在奥美初任文案一职，其中一个主要工作是为一些国际客户翻译文案。翻译了一段时间，我见仍未有其他创作机会，便向 KC 埋怨了几句。KC 的一句话令我茅塞顿开，甚至打通了任督二脉。KC 说："你可以把翻译写得比原稿更有创意。"对我来说，翻译没创意可言，更遑论超越原稿。套用现代广告术语，KC 当年所说的就是 Transcreation，绝不止翻译那么简单。

KC 向我补充，没有人要求他翻译得有创意。这是他对自己的要求，要给别人一点惊喜。事实上，除了年度大片，或者有机会拿奖的广告，其余的工作客户不会在意、上司不会留意，你交了"行货"也没有人会介意。唯一对你有要求的，可能就是你自己。

后来，刚巧有个机会。当时有外籍同事为凡士林创作了 1 个地铁月台广告，交由我去翻译。我谨记 KC 的教训，不敢再掉以轻心。我借了当时一首流行曲的歌名，写成了"特别的你需要特别的爱"一句文案。这个广告为我带来了人生的第 1 个广告奖项，在当时拿到了地铁的每月最佳广告奖（Poster of the Month）。虽然这只是一个很小的奖项，但这次获奖却对我意义重大，让我发现只要对自己有要求，真的可以做得更好。之后在上海工作，即使只是为同事翻译卡片上的中文名字，我也用心尽力。好像上海天联（BBDO）的首席执行官英文名字是 Carol Potter，我没有采用音译，而是把她的姓氏 Potter 翻译成姓"陶"，名字 Carol 则用了一个单字"颂"。每次听到有内地客户说她的中文名字改得很有意义，我便有一种莫名的满足感。

其实，今天自己成为老板更要对自己有所要求。从前在国际 4A 工作，公司会对你的创意有要求，既要拿奖，也要在业内有知名度。但现在自立门户，没有人再催迫你做好创意。尤其是在 The Bees Group，KK 对我们毫无要求，只要不严重亏本便可以，是否有创意更无规定。而现在所服务的客户，工作主要在社交媒体投放。一般来说，一段视频播放 3 天便会石沉大海。所以，客户也不会对你有太多的要求。你是老板，下属更不敢对你要求。于是，你若对自己没有要求，便很容易得过且过，敷衍了事。

我说过即使只是一段社交媒体的视频，或是只是一张插画，我也要求自己尽力注入一点创意元素。或许，看到的人根本不多，但只要是自己的作品，也要对自己有点要求。正如这些看似简单的文章，我每周也会用心写作，希望能写出既能自我反省，又对人有帮助的文章。不要被动等待别人对你有要求，自己主动一点，要求自己多一点，最终获益的只会是你自己！

贴士：

对自己有要求，最终获益的只会是你自己！

083招 不要做蚊香广告

我初到奥美当文案时,上司是广告界名笔KC。那时我还是个新人,每次向KC交功课,都是战战兢兢的。奇怪的是,最初3个月,KC竟然对我的文案只字不改。起初,我还真的有点高兴,以为自己文笔不赖。后来想清楚,究竟是我的文字毋需修改,还是无可救药?我自问文笔一般,前者可能性不大。于是,我便不耻下问,求KC指点迷津。原来KC过于好人,深怕修改我的文案会伤及我的自尊,所以在没有重大错误的情况下,他便高抬贵手。当我愿意虚心受教时,他也愿意倾囊相助,指出我写作与创意上的毛病。

所以,客户不修改我的创意,到底是因为创意实在太好,还是我只是做出他们心里所想?是否我们已经太熟悉客户,所以做出最安全的广告?我在奥美时的执行创意总监CC Tang有句名言:"不要做蚊香广告——人畜无害!"某种程度来说,广告应该给人冲击,甚至带点不安。"不安",是因为超乎他们的想象,要慢慢才能消化。还记得你曾经害怕客户不买单的广告吗?那些担心就是因你知道它将会是个好广告,你害怕客户不敢接受。很多颠覆性的创意,起初都是不为人所接受的,但慢慢却影响整个行业,甚至世界。很喜欢苹果"非同凡想"广告中的一句旁白:"向疯狂人士致敬。脱轨的、叛逆的、惹祸的,还有不合常规的、眼光另类的家伙。他们讨厌规矩，不满现况。"

但反过来说，创作人若是太过以自我为中心，埋首创作，凡事不想别人干预，也不一定是好事。这样的创作人很容易故步自封，虽说是风格，实际上是走不出安舒区，在原地踏步。坦白说，我性格颇为自我，不太乐意听取别人的意见。每每从策略到创意，再到执行，都喜欢一手包办，不想别人插手。曾经在当创意总监时，因为导演修改了我的剪接方法，愤而离场。最后要执行创意总监跑出来规劝，我才愿意回去跟大家商讨。当冷静下来，我发现导演的修改虽与原意有所出入，却让故事更加有趣。这个系列的广告，后来还拿过些创意奖项呢！

所谓"旁观者清"，特别是客户，他们对品牌有更深的认识。他们给予的意见，往往是创作人所忽略的。所以，客户对创意提出意见，做出修改，也不一定是坏事。又如我上文所说，无论是导演、剪片师、同事、观众，都可以给予不同程度的宝贵意见。若能虚心聆听，常常会有意外的收获。尤其是我们现已成为老板，更加少有人敢于提出真诚的意见。有些客户更是慕名而来的，犹恐你会推却他们的案子，所以毕恭毕敬，不敢吭声。但当我们愿意放下自己，不过于自我保护，愿意挑战自己，甚至客户，我相信会做出更好的创意。所以，重点不是改与不改，而应该是作品好与不好！

贴士：

若能虚心聆听，常常会有意外的收获。

084 招

没有明星也未尝不好

近日某组合席卷全港,据说各成员已合计代言超过一百个品牌及产品,可谓一时无两。大家羡慕同行可以跟这组合合作之际,却听到不少牢骚。原来,组合成员身价很高,每位成员代言费都几十万元,最出名的更超过 100 万。代言费高的结果,就是制作费要削减。有同行哭诉,本来不足 100 万的预算,扣除明星代言费用,就所剩无几,令拍摄大受限制。我们不难发现这类明星代言的广告,通常都只有简单的背景,没有任何故事,只见代言人拿着产品走来走去。原因大概就是没有制作预算,只能租用厂房,搭个简单的布景。

使用大牌明星代言的另一难度是拍摄时间不足。同样是因为代言费昂贵,所以客户只能拿得明星的几个小时。而这几小时之内,除了拍摄广告片,还要同步拍摄硬照、访问,以及最重要的部分:与客户合照。不要小看这些合照,除了拍摄团体照,还有个人合照,自拍等等,轻轻松松花了半小时。在只有几小时的拍摄程序中,还要挤出时间拍合照,实在难为了制片。话虽如此,却绝不可轻视这个环节。因为,很多客户排除万难,争取预算去找明星代言,就是为了能够拍得一两张合照,将来在社交媒体向亲友炫耀一番。

先别说同一时间有 100 个品牌使用同一队组合,会造成市场多混乱，我想说的是对创作人带来多少的限制。使用明星拍摄广告有两大方向。一是以明星代言，他或她饰演他自己，借助他或她的名气来说服你使用某产品的好处。另一类是明星只是演员，他或她只演出某个角色。理论上，换了普通演员也不会影响故事的创意。但使用明星当演员，就可以凭借他的知名度，吸引更多消费者留意产品。现在的趋势，绝大部分是前者。若都是同一代言人，出来的广告就分别不大。很明显，使用第二类明星的方法较易发挥创意。很多天王巨星都曾经演出过不少脍炙人口的电视广告。而演员一般都比歌手演绎得好，能对故事锦上添花。但话说回来，很多消费者可能并不介意创意，他们想看到的可能只是心目中偶像最漂亮的一面。

顺带一说，使用明星拍摄外景，还有其他的困难。明星越出名，拍摄越困难。无论多保密，拍摄的时间及场地总会外泄。如果是新产品，就很容易会泄露产业机密。而粉丝挤满现场，也会妨碍拍摄的进度。因此，使用明星做广告，通常只能在郊外人迹罕至的地方或是夜深人静之时才能拍摄。若在闹市又在白天拍摄的话，就随时会造成骚动。

所以，若客户没有打算使用明星，也未尝不是一件好事。省下的预算便可用在制作之上，找更好的导演，更出色的制作团队。而且，不用迁就明星档期，没有时间的限制，拍摄可以更有弹性。对创作人来说，更重要的当然是可以有更大的创作空间，可以天马行空构思创意，也可以视乎剧情需要而挑选合适的演员。而不是把时间花在与经纪人讨价还价，研究档期，安排保安，准备饮食等等事情之上。

贴士：

使用明星拍摄广告，最好他或她只演出某个角色。而凭借他或她的知名度，来吸引更多消费者留意产品。

小孩与狗，不拍不罢休！

成立 Kids & Dogs 的时候，我有一个目标。这个目标并非赚多少金钱，甚至不是做出什么有创意的广告，而只是希望能够拍出一个有小孩与狗的广告片。这个小小的目标背后，并没有什么深层次的意义，而只是非常肤浅地因为我们公司的名字是 Kids & Dogs。这个看似无聊得很的想法，正是我的童心，觉得好玩，就不顾一切去做！

虽说这个目标很无聊，而且只为自娱，与客户无益，但我却很认真地坚持这个想法。从开业的第一个客户，我已经尝试推销我的小孩与狗的故事。当然，那时的客户并没有买单。而我却从没有放弃过！一直以来，我就是不断地把小孩与狗的元素放进我们的作品中。事实上，从我们过去的作品中，不难发现有不少小孩子出现。从康业信贷的四个小孩的故事，到创新坊及 7-Eleven 中的爆炸头小孩，以致近日惠康"吃了饭没有？"，我们都必定有小孩的元素。我们更曾为一家幼儿园拍摄过两个宣传短片，但我们始终都无缘拍摄到小孩与狗。

数月前，有机会与 Midnight 的导演阿贤喝了杯咖啡。Midnight 原是 The Bees Group 的姐妹公司，但我们一直没有合作过，甚至缘悭一面。直至他们独立了，我们反而有机会碰面。我比阿贤年长差不多一倍，他只比我的女儿大几岁，但想不到我俩竟然谈得颇为投契。那时，我还不知道大家会否有合作的机会，只是觉得这位年轻人很有想法。

直至近日，我们接到富通保险的案子。我们的点子很简单，只是一个简单的比喻，把自愿医保与延期年金这对扣税组合比喻为天生一对的男女。不过，我们把这对男女变成了小孩子。（看！我又硬加了小孩的元素！）卖稿过程很顺利，客户很快便通过了。我第一时间想起了阿贤，于是把故事板给他看。我们在电话中聊了一阵子，阿贤很快便接受了这个工作，而且分享了他的一些想法。他好像知道我心里想些什么，建议在故事里加一只小狗，变成像我公司的名字一样拥有小孩与狗。但我贪心了一点，希望是一对小狗，可以加强天生一对的想法。他二话不说便应承了，而且没有要求增加一分一毫。

坦白说，我没有太大的信心能够把小孩与狗这个想法卖给客户，因为这明显有私心。但客户竟然买单，整个制作会议出乎意料地顺利。当然，卖掉这个点子是需要付出代价的。"小孩与狗，拍到你呕"并非虚言。单单拍摄只有四五岁的小孩子已经并不容易，更何况还有一对小狗，而且要同场互动？庆幸导演与制作团队都很有耐性，也很有方法，使出浑身解数来逗弄小孩与狗开心，让他们能够愉快地完成拍摄。

后来，又出现了一个小片段。导演找来了一位只有五六岁的小女孩来替广告录旁白。虽然小女孩是首次录音，却非常有水准。即使我们不断有所要求，她都一一办到。离开前，我还跟她一起画了一会儿图画。她向我介绍她最喜欢的"炸猪排"与"炸虾尾"，我后来才知他们叫做"角落生物"。我们就是这样愉快地度过了一个下午。小孩与狗都能让你暂时忘忧、开怀欢笑。而这也正是我自己创业的心愿，可以简简单单、开开心心地从事创作，也希望把这种欢乐带给客户与观众。现在总算完成了一个目标，又要开始朝着另一个目标进发了！

贴士：
为自己的梦想坚持！

086 招　一代不同一代

"一代不如一代"这句话实在听得太多太多遍了。最有趣的是,这句话绝不是这一代的新词,而是上一代、上上一代、上上上一代,都已经这样说的了。若这是真的话,就真的是一代不如一代,人类越来越退步了!

30年前,我入行的时候,便常听到那时的前辈说:"一代不如一代。"举个例子,那时的文案是用原稿纸写作的。每次修改,便要从头抄写一遍。可能日子有功,所有文案都能写得一手好字。而当时的美指,每个都是画家。数十格的故事板,转眼便画成,而且分镜精准,马上可以给导演拿来拍摄。然后到了我的那一代,文案的字都很丑,美指连火柴人都画不好,真的"一代不如一代"!不过,那时我们开始使用电脑写作,已经不再需要用钢笔写字了。(题外话:我可能是行内第一位使用中文打字创作的文案,曾被不少不懂中文打字的文案痛骂过我很多遍!)而那时的美指也已经开始用电脑软件来画图,而不再用纸张绘画。我的上一代很多都是靠手艺,而我这一代就开始用电脑了。

到了我这一代,我仍然常常听到"一代不如一代"这句话。很多我这一代的创作人会说新一代创作人的广告没有创意。例如,用了某位明星做广告,就说是他们的点子。又或者玩了一下文字,就说这是个点子。又或者把最近流行的东西搬了出来,就说这是点子。似乎真的"一代不如一代"！不过，我们这一代所做的主要是电视广告。一个电视广告要播放一两年，所以大家会花很多时间去构思，要很精准，要百看不厌。但现在已经没有太多的电视广告，主要是社交媒体的视频。这些视频只有 3 天左右的寿命，而从孕育到面世，恐怕只有几天的时间。大家讲究的是如何能在短时间内吸引眼球，引起讨论，然后便没有人会再记得这个广告。

我想，这不是"一代不如一代"，而是"一代不同一代"。每个年代都有每个年代的特色，需要有那个年代的不同。我们硬要说成"一代不如一代"，其实并没有太大的意义，因为他们所做的不是要给我们这一代看的，而是他们那一代。很难用好坏去评论，只能说大家的需要不同，演绎的手法自然也有不同。但愿这新一代将来不要也说"一代不如一代"，而是能够接受只是"一代不同一代"！

贴士：

不要老是说"一代不如一代"，只是"一代不同一代"而已。

087 招
假如我是毕业生

每年上半年都会到不同的大学介绍一下广告这个行业，解答一下大家的疑问。但今年因为疫情，大学上课的机会都没有，更遑论什么就业讲座了。所以，想自问自答分享一下我的看法，给各毕业生一个参考。

首先，大家都会问广告这个行业是否已经没落？我入行不久已听说广告是个夕阳行业，不过我还是在夕阳余晖中度过了将近30年。广告是商业产品与服务的寄生行业，经济起飞时，广告界自然风光。但无论什么时代，只要仍有产品与服务存在就有广告的需要。不过，广告的形式已经不断转变，不能把它框在一个固有的形态之上。有同行说过："如果让我们自我定性，'创作公司'比起'广告公司'这牌头，其实应该更符合我们心底里的种种期许。"的确，传统广告已大不如前，但社交媒体、内容平台等等仍是方兴未艾。所以，不要把择业范围局限于"广告公司"这4个字之内。

如果仍然非广告公司不干的话，你或许会问究竟应该加入4A，还是非4A？从前想起4A，大家想到的是大规模、多机会。不过，这应该是很久以前的事了。现在香港的4A可能只得几人，一般也只有二三十人，能够有六七十人已算大公司了，超过100人的绝无仅有。反观那些所谓非4A，规模有二三十人的也不少，六七十人的也有。所以，规模大小已不是最大的分野。反而 4A 的既有制度与流程，很容易影响到服务的价格、时间与素质。很简单，大家看看近一年的广告，较有创意的作品有哪个出自 4A？我敢说绝大部分来自本地广告公司。例如曾在香港掀起全城热话的雀巢咖啡日本动画广告，就是来自本地广告公司。4A 广告公司的创作人不是没有创意，而是心思都花在那些只有广告奖评审看到，但香港人从没看过的得奖作品上。再者，本地公司少了阶级官僚，较有弹性，较多空间，只要你有创意，不愁没有发挥的机会。而且本地公司分工没有那么细，由创意构想到提案、报价、执行、客服等等都会接触得到，假以时日随时可以自立门户。

或许，你最有兴趣的问题可能是广告这个行业的待遇如何？我想说广告是个饿你不死，但休想发达的行业。我认识因广告而致富的人没有几个，而我更相信这几个人如果不是做广告可能赚得更多。香港广告业的起薪点是较低的，一般只有 12,000 至 15,000。但广告是属于《黑天鹅效应》一书中所说"规模可变的"（scalable）行业，即是说你可以有机会一夜成名。若你对自己的创作能力有信心，你是随时可以比同辈升职更高、赚钱更多。所以，不要为几千元之差而放弃自己的理想，要问自己想过怎样的生活？

最后，我还是提醒各位毕业生，不要被传统思维局限。我听说外地一家大学的广告系学生就自己成立了一家广告公司。传统智慧是先争取经验，然后才创业。或许，这想法早已不合时宜。刚毕业，成本最低、包袱最少，是最大的创意资产。我们的姐妹公司中一位创办人,便是刚毕业便创业了。她想到点心纸式明码实价公关服务,便是另辟蹊径的创新。

贴士:

不要局限于4A,你也可以创立你自己的本地广告公司。

广告业骨牌效应

2020年初,开拍广告片。拍摄的第1天,朋友跟我说,当天参与的制作团队,很多人都是这年的第1天开工。多年前起,香港广告拍摄的摄影师、灯光、美指、道具、梳头、化妆、场务等等都变成Freelancer。换句话说,他们都是有工作才有工资的。若今年已过两个多月才首次开工的话,他们就有两个多月要吃老本了。

2019年社会事件起,广告业已受影响,但都不及新型冠状病毒严重。广告业的骨牌效应已然悄悄翻起。因为市民无法外出消费,令零售、餐饮、娱乐等等行业受到重创,客户便要勒紧裤带,缩减广告预算。客户缩减预算,广告公司自然首当其冲,马上工作减少。广告公司作为代理商,是客户与各制作公司的中间人。中间人受到影响,食物链即时受到牵连。首先,广告公司没有案子,制作公司的导演就没广告片可以拍摄了。于是,那些摄影师、灯光、场务等等就没法开工。然后,因为没有广告拍摄,后期制作公司就没有后期可做。剪接师没片可剪、混音师没音可混、调色师没色可调、修片员没片可修……因为没有广告片,媒体公司也没有广告可投,收入自然欠奉。而这些参与者因为收入不足,也只好节衣缩食,最后就无法消费,恶性循环,让骨牌效应无法停下来。

某天到后期公司，有老板告诉我行内已有两家颇具规模的后期制作公司结业。我与不同的导演朋友见面，有很多都说没有工作在手，而且都已经有好几个月了。当然，我们不时都听闻广告公司出现裁员。起初都只是大型的4A广告公司，但现在连中小型的独立广告公司都开始挨不住了。

前阵子，听到有同行说接拍广告是为了让大家有工可做。我们这个行业确实是环环紧扣，唇齿相依的，没有人可以独善其身。不要只看自己的利益，尽量看看可不可以帮助一下其他人。若有机会的话，尽量把案子接下来，让其他人有工可开。如果价钱实在太低，试试转介给其他人，不要让机会溜走。骨牌不会自己停下来，必须要有人愿意出手。不要以为自己所作的有限，只要大家都这样想，就会惠泽很多的人。

贴士：
没有人可独善其身，互相帮助才能生存下去。

089 招

好不过三年

我有一个观察，广告公司好不过三年。我从事广告接近 30 年，在不同的国际 4A 广告公司工作过。我发现无论行内有多少广告公司，每年就只有一两家最突出。他们拥有绝大部分的优质客户，有全城最杰出的创意人与客户服务人员，每年几乎垄断各大奖项。然而，这些广告公司风光不过三年，便会忽然在高峰滑落，甚至一蹶不振。好像我当年所工作的香港天高 (BBDO)，在我加入前在全港 4A 中创意排名 19，然后三年内攀登至第一，拥有全港最具吸引力的客户、最炙手可热的创意人，但却忽然滑落，去年更结束香港业务。

类似的广告公司我服侍过好几家，也目睹其余的广告公司有类似的情况。我尝试归纳几个成因。首先，广告公司业务急速发展，是加速死亡的主因。因为业务增长，开始受到总公司的注意。换来是更多人的染指，以及更高的营业额要求，结果就把生金蛋的鸡逼死了。

而广告公司最重要的就是团队中的人。天时、地利，加上人和，广告公司便迅速成长。但随着广告公司名气大增，当中的人才就会成为大家争夺的对象。当广告公司没有稳固的传统，又流失人才，便很快打回原形。

再者，广告公司与客户的关系是一个进程。从蜜月期，到热恋，然后便开始出现争执。三年刚好是一个循环，从磨合到产生默契，然后麻烦便会越来越多。而且要创作人重复服务同一客户三年，而仍有突破，其实并不容易。所以，很多时候创作人每两三年便会转换公司一次，让自己可以保持新鲜感。

最初，我还以为类似的情况只会发生在传统的 4A 之中。但近年我发现独立的广告公司依然难逃厄运。甚至我认为独立广告公司更难避免这种情况。因为，传统的广告公司，还可以走了一批人才，就重新更换班子。但独立广告公司的老板通常都是灵魂人物，即使下属全都更换，仍然难有很大的突破。

不过，查尔斯·汉迪（Charles Handy）提出的 S 型曲线 (The Sigmoid Curve) 或许会是一条出路。汉迪发现企业的发展可分成三个部分，正是一条从开始，到成长，再到衰落的曲线。企业若要不断成长，便赶在第一条曲线走下坡之前，开始另一条新曲线。换句话说，就是要不断寻求突破，物色人才，开拓客路，不能在既有的环境下停滞不前。即使眼前的景况似乎仍然很好，但要居安思危，趁着仍未下滑，便要提早找到新出路。

当然，我们或会说能够好过三年已经不错。这是实话，很多公司都未曾好过。但是真正身处顶峰的公司，有哪家不想永远长青？所以，越是身处高峰，就越要把目光看远，尽早找到另一条出路。否则，就真的是好不过三年！

贴士：
若要不断成长，便要赶在走下坡之前，找到新的出路。

090 招

汰弱不留强，最好做中坚

上篇提到广告公司好不过三年，引起了一些回响，很想补充一下。我所说"好不过三年"的广告公司，只限最顶峰的一两家。他们拥有最具吸引力的客户，也最令其他人垂涎；他们云集最具创意的精英，也成为同行争夺人才的目标；他们出产最佳的作品，也引起最多人的嫉妒。所以，这一两家最好的公司，反而难以持久保留优势，甚至加速了他们的灭亡。而另一类公司，由于没有固定的客户，只能挣扎求存。这些公司无法吸引人才，竞争力也自然很低。结果在经济衰退的时期，只有被迫提早离场，没法坚持。但除了上述最强与最弱的公司，中间却存在着不少中游公司，可以好好生存。

中游公司当然为数不少，有些是表现很好的，有很大机会在未来一两年内会成为顶尖的广告公司，取代原有身处顶峰的公司。当然，如我之前所说，那些"好不过三年"的顶尖公司，除非找到另一契机可以再度突破，否则只会逐渐衰落。还有些中游公司是处身悬崖边缘的，因为社会经济环境不断恶化，随时会堕落至被淘汰之列。但在这两极边缘之间，存在不少核心的中游公司，可以称为"中坚分子"。中坚分子的客户可能毫不起眼，绝不是你有兴趣服务的客户。但这些公司与客户的关系都比较细水长流，好多都有十年八载的合作关系，不容易被人动摇。他们的员工虽然并非行内最顶尖的人才，但往往却是最忠心的。他们不介意相对沉闷的工作，也没有太大的动机离开安舒区。

我认为这些"中坚分子"是今时今日拥有最强生存能力的公司。他们既无心争夺顶峰位置，可以按着自己的节奏慢慢成长，毋需因为要攀上高峰，而拔苗助长，加速公司的死亡。他们也相对比较低调，没有人会留意他们有什么客户，甚至有些什么作品。但不代表他们的创意不行，只是他们的作品未有引起广泛的讨论而已。对于他们的客户来说，他们的服务是称职的，作品也令人满意。他们不会因为要得到同行的认同，而强迫自己做出具有话题性的作品。他们拥有自信，知道自己的存在价值，是默默耕耘的一群。

在市场上存在着不同类型的广告公司，不要羡慕别人，更不要妒忌别人，只要大家找到自己的位置，便已经很好了。所谓高处不胜寒，站在顶峰很难持久；但身处崖边也不好受，随时被人淘汰。所以，在这汰弱不留强的时代，能够成为中坚分子也未尝不是一件好事！

贴士：

"中坚分子"是今时今日拥有最强生存能力的公司。

091招 什么才是广告的新常态？

相信大家都会常常听到身旁的人说："希望疫情尽快过去，早日恢复正常！"大家所说的正常，当然不止每天不用戴口罩外出，不用勤洗手，不再要用酒精搓手液那么简单。大家都希望各行各业可以恢复以前的状态。但事实上，有些事情改变了，就一去不返。好像911以后，搭乘飞机的规定就一直没有改变。有些事情改变，就是改变了，只会变成新常态。那么，广告界又会有些什么新常态？

听说有些大企业已经悄悄搬迁，大幅缩减了办公室的面积。因为，大家已习惯了在家工作，已没有必要选择昂贵的地段开办公室，也更毋需那么大的面积。又听说有些公司面试的要求是需要能够在家工作，因为公司已不再安排工作的地方。早前在香港有庞大的广告集团集体搬到新的办公大楼。若换在今天，恐怕地方可以再缩减一半。即使是小公司，也发现连租用共享空间的需要也没有了，大家干脆在家工作，省了那几个形同虚设的座位。

对很多广告公司来说，去年的出租车费与加班费应是史无前例地低。即使是加班，大家都选择在家工作，毋需再浪费时间与金钱在交通与晚膳之上。疫情过后，大家是否会愿意继续在办公室加班，还是情愿早点回家工作？既然现在大家都能透过网上会议与即时短信处理大部分的事情，是否仍有必要像以前一样地工作？

我相信很多广告公司都发现再没有亲身提案的需要。一些简单的工作，透过网上或电话会议可能更有效率。从前一个简单的提案，可能要花一两小时的交通来回，再加上一两小时的会议，差不多就是半天了。现在透过网络，省了不止交通的时间。一般网络会议大家的专注力较低，所以都会比较快完成。而会议中，大家都很少打开镜头，大可以同步处理其他事情，不会浪费时间。

当然，大家也不会期待再有大量电视广告的日子。大家都习惯了看网剧，谁还愿意投放预算在电视广告之上？这不代表客户不再需要视频这种媒体，而是代表客户不再会给予同等的预算。从前一个电视广告可以播上一两年，现在每条视频就只有几天的寿命。客户也只好把同样的预算变成几条视频在社交媒体分期播放。每条视频的预算虽然低了，却不等于要求降低。所以，视频的价钱，电视广告的制作，恐怕已经是新常态。

现在的社交媒体视频价钱相距颇大，从过百万的大型制作，到几十万，几万，甚至几千也有。客户期望的是更便宜、更快速的制作。客户已经不会再到后期公司看粗剪，很多时候都只是看广告公司传来的 mp4 来作决定。所以，制作公司的规模已经不重要，最重要的只是成品。这对小型的制作公司与后期公司有利，他们能以更低的价钱达到客户的要求。

面对不同的新常态，我认为小公司还是比较有优势的。无论外边怎样变，都可以随时调整。相比传统大型广告公司，想要改变谈何容易。所以善用这段时机，或许又会有生机！

贴士：

不要期待疫情后各行各业会恢复正常，不如好好准备怎样去面对新常态。

092 招
创意难创业更难

收到上海首徒丁和珍的新作《创意72变》,脑海里闪过不少成长的片段。我在1992年入行,半年后有幸加入当年有广告少林寺之称的奥美广告,师承CC、KC。而我更是KC聘请的第一人,常以大师兄自诩,师弟师妹多不胜数。又可能因我教书出身,入行两三年便开始被委派指导实习生。二十多年来,每年少则指导两三人,多则十人,计算起来应已指导过百实习生。1997年,我升任创意总监后,更开始亲自招兵买马。由香港到上海,再回到香港,也记不起聘请过多少创意人了。我一直都不把自己当作老板,而是视自己为老师,尽自己所能去帮助别人成长。

我常说,广告公司中,创意人是最幸福的。我们很容易找到良师益友,可以从中学习创意。即使无缘跟从某某,但从他们的著作与作品中都可以获益良多。但客户服务部、策略部、制作部、媒介部等等,便没有那么幸福。除了有幸跟随名师,基本上没有什么著作可以参考。不像创意人,古今中外,创意名著多如汗牛充栋。

但来到创业之域,大家就都扯平了。除非我们曾在创意小店工作过,目睹前辈怎样创业。否则,像我这些一直在4A中打滚的创意人,对怎样开始一家广告公司,根本毫无头绪。而有关广告公司创业的书籍,更可谓绝无仅有。创业之时,我能够找到的只有 KK 所写的《商赢》，简直如获至宝。创业前，我看了一遍，创业后，我又看了一遍，对怎样开始一家广告公司，才有了初步的印象。但 KK 不是创意人，他所说的只是怎样创业，却无法照顾我们这些创意人的挣扎内心。直到现在，我还认为要开一家公司不难，但要开一家有创意的广告公司就并不容易。在行内能够"创意"与"生意"同时双赢的，实在不多。大家都是误打误撞，碰过不少钉子才有今天的成绩。

2004 年，我写了第一本广告书。写的不是什么创意入门之类，而是教人怎样去做创意总监。我相信《CD 不易为》应是史上第一本探讨怎样去做创意总监的书籍。后来，我知道内地不少创意新人，以我书中所写作为目标，努力成为一个称职的创意总监。所以，这两年多来，我不断探索、不断反思怎样开始一家广告公司，很想摸索出一条路径，可以助人助己，大家少走些冤枉路。

回到丁和珍所写的《创意 72 变》。创意从来不会只有一条路，总是变化多端的。创业何尝不是？我相信不同的年代、不同的环境、不同的人物、不同的机遇，都会产生不同的广告公司。当年麦迪逊大道就盛产叱咤风云的跨国广告公司。说不定你公司所在的街道，也会诞生不少改写广告史的广告公司！

贴士：

不要局限本地，要把目光扩阔到世界。

093 招 创作人,好好控制一下你的脾气

偶然在领英看到一篇文章,有所感触,原来有些创作人的问题,从来没有改善。该文章是1955年4月19日,大卫·奥格威所写的。

文章起首是这样写的:"3月22日,你写信给我,要求我写一些关于我作为文案的工作习惯的笔记。它们令人震惊,因为你即将看到,我从来没有在办公室写过广告。太多骚扰了。我所有的写作都是在家里完成的。"在广告公司待过的,都明白广告公司从来不是一个安静的地方。不同的音乐在播放,夹杂不同的视频声效,还有不断的电话交谈声(不知为何总喜欢打开扬声器),以及闲聊生活琐事和网购什么的等等。你通常不会觉得这有任何问题,甚至你颇为享受这种嘈杂的环境,但当你在创作,情况就会截然不同。别人还是播放着那首你喜爱的歌曲,却忽然变成了噪音。你会毫不客气地要求别人把音量调低,甚至关掉,令场面变得尴尬。创作人很容易神经衰弱,即使细微如一根针掉下的声音,也足以令人情绪爆发。

奥格威说:"于是我回到家,在办公桌前坐下。我发现自己完全没有想法。我脾气暴躁。如果我的妻子走进房间,我会对她咆哮。"创作人最伤害的,往往就是家人。明明是自己遇上创作瓶颈,明明与工作环境无关(即使远离所谓嘈杂的办公室),更明明与家人无关,但就偏偏要迁怒于家人。我认识很多创作人,包括我自己，都是在外是个大好人，在家里却是个大坏蛋。当然，若在公司已经讨人厌的，在家里就更糟糕了。因为死线在眼前，想不出点子，却不敢承认自己的能力有限，或者是过于紧张，而想透过责骂其他人去掩饰自己的问题，为自己辩护。走进来叫你吃饭的妻子，想给你看画作的儿子，想听你说故事的女儿，只是进来倒垃圾的工人，都成了你的出气对象。你破口大骂，拍桌拍凳，猛力地关门，伤透了多少无辜的心？

最后，奥格威这样说："经过四五次编辑后，它看起来足以向客户展示。如果客户更改我的文案，我会生气——因为我写得很费劲，而且我写的东西是有目的而写的。"很多创作人都很自我，把工作变成了自己的创作。对于别人的意见，无论是有理或无理，善意或恶意，都一律充耳不闻。心里就只有"这是我的作品"几个字。所以，即使是付钱的客户，若对作品有任何意见，都会令创作人很生气。较平和的是据理力争，较严重的会强词夺理，但很少愿意聆听一下客户的意见，然后想一下是否合理。即使没有在当下面红耳赤或是翻白眼，也会在离开会议室或挂上电话后破口大骂。不是说客户永远是对的，但至少应该要冷静地思考一下。

从 1955 年到 2021 年，相距 66 年，但这些创作人的情绪问题仍然存在。我也曾是一位这样的创作人。（可能因为我也真的曾在奥美工作过！）我对同事，特别是客户部的同事，态度都很恶劣。（我已经撰文道歉过了！）我试过走了几十米，叫远处的客户部同事闭嘴；我更常在家里因想不到点子而大发雷霆，让家人承受无妄之灾。我不是说自己现在已经很好，但确实懊悔以往令人讨厌的脾气，把自己的不济与恐惧迁怒于他人。现在，我感到压力的时候会到公园散步及祈祷。不要把这些创作过程视为理所当然的，你的同事，你的客户，你的家人，或是路上与你毫不认识的人，都有自己的人生，他们无须成为你风光创作背后的炮灰。不要眼高手低，把那些连你自己也达不到的要求扔给你的同事与下属。也不要滥用那些爱护你、包容你的人，他们选择体谅你是他们的大量，你却不能视之为理所当然。从今天起努力改善一下自己的脾气，你的创作力不但不会因此而减弱，甚至可能更好，而你自己也会变得更可爱！

贴士：

不要误把发脾气视为创作人的特性。

094招 从前我还以为忙得没有生活是广告人的宿命

　　大学时期，我是港大剧社的主席，曾经非常热爱话剧，每年都会欣赏数十部话剧。但自从加入广告以来，生活颠倒，已经接近30年没有看过话剧了。作为广告人，除了需要经常加班，还要应付很多突如其来的事情，实在难以规划私人时间。不要说话剧门票需要很早预订，即使与朋友相约饭局，很多时候都没有把握一定可以出席。家人与朋友早已习惯了我的缺席，就算出现也随时迟到、早退。我一直以为这便是广告人的宿命，直到最近我才发现这也不一定。

　　3年前，我开始创业。由于事出突然，没有预计过会对自己的生活带来什么改变。起初，还以为因为刚创业，没有太多的工作，才能每晚回家吃饭。没想到创业以来，除了拍摄外，我竟然没有加过1次班。我入行接近30年，在创业之前，每年回家吃晚饭的次数屈指可数。现在竟然可以每晚回家吃饭，实在匪夷所思。

　　近日，更居然有朋友说很羡慕我现在的生活。因为，我赚的虽然没有从前多，但既可做自己喜欢的工作，又可拥有私人生活，实在难能可贵。更重要的是，我不要等到退休后才可以享受人生，而是现在便可轻松工作，又可以多陪家人，发展个人兴趣。我也是近年才敢重拾童年的兴趣，开始重新画画的。

　　其实，很多年前已有不少同行向我分享创业的好处，说是可以更好地享受人生。那时根本没有想过广告人会有自己的生活，以为这是行业的特性，"欲戴皇冠，必承其重"，自然不敢有何奢望。创业之后，才发现自己真的多了不少自主权。你再不用被总公司或上司强迫你去追逐那些永无休止的营业额，也不再需要有"人在江湖，身不由己"的慨叹，只要你不奢求，糊口不是难事。你有权去决定多接生意，还是让自己有生活。当然，你不能懒惰，因为真的是"手停、口停"，但你绝对有能力去取得平衡，过你想过的生活。

贴士：

与其终日慨叹"人在江湖，身不由己"，不如找回自主权，过自己喜欢的生活。

095 招 为何广告界没有补假？

某个周五下班前，我脑海里浮现出一个问题：为何广告界没有补假？大概 30 年前，我入行的时间，公司已经告诉我如有需要会周末加班，而这些加班是无偿的。这些"如有需要"包括拍摄、准备比稿、准备提案等等。起初，工作不忙，这些"如有需要"都只是偶一为之，我也从不计较。后来，情况越来越严重，有些时候甚至连续一两个月不停上班，没有休息过一天。但我也只是觉得辛苦，有些牢骚，却从没想过这是一个问题。

香港的劳工法例："凡按连续性合约受雇的雇员，每 7 天可享有 1 天休息日。"休息，是为了更好地工作。尤其是我们从事创作的人，连续 7 天工作，却没有休息的机会，连生活也没有，何来创意？

我曾经在某些公司工作，周末加班已经成了天经地义的事情。上司不但没有对员工周末加班有任何歉意，甚至竟对不愿加班的下属施加压力。大家就在害怕丢掉饭碗之下，心不甘、情不愿地加班，直至身心无法负荷，便辞职了事。我也曾在多间广告公司里任职高层，在我能力之下，我都会在周五下班前把工作弄好，让下属可以周末休息一下。不过，有些时候自己都成了"人在江湖，身不由己"的夹心人，要与下属一起周末加班。所以，偶然我也会私底下让他们可以休息一天，但绝不敢变成规例。

其实，很多行业都需要周末加班，但不少都有补假的制度。

加班者可以在之后的 1 周或 1 月之内补假，这确是合情合理的做法。从前在跨国广告公司，因为全球都没有补假，大家也只好按本子办事。但到了自己创业，有权决定公司的运作，自己竟然也从没想过补假这回事。补假牵涉的当然是金钱，你让员工补假，就可能需要额外的人手，或者要 Freelancer 来替代。但如果我们看重休息的重要性，就应该把补假也算在成本里，等于加班也必须付饭钱及车资。更重要的是，我们应该相信，让员工有机会休息，是让他们能够更乐意留下来工作，也会生产出更好的创意。相信大家也都听闻过新一代的年轻人不愿意投身广告界，为的就是不想疯狂加班，没有生活。大学吸引不到尖子生报读广告系，广告公司也无法吸引到有创作才华的年轻人加入，吃亏的只是这个行业。

当然，最好是能够有效率地工作，尽量在周五下班前把下周的提案或比稿都做好，然后大家安心放假。如果真的有突发需要，或是遇上拍摄，也只好补假，让大家可以休息。某星期日，因为要迁就拍摄场地，被迫要在星期日拍摄广告。周一我们就补假一天，无须上班。虽然，我从事 30 年广告，也是现在才想到补假这个问题，迟是迟了很久，但总算有个开始！

贴士：

让员工有机会休息，是让他们能够更乐意留下来工作，也会生产出更好的创意。

096 招 不可把广告公司当作你的家

能够找到一家老板和蔼、同事和睦的广告公司,是一件值得感恩的事情。我认识不少广告人,都把公司当作自己的家,老板如同父母,同事亲如兄弟姐妹。不过,我认为广告公司无论多有家的感觉,它始终不是你真正的家。

很多年前,我的公司有一位经常加班的同事,每每留至半夜,甚至通宵达旦。起初,我还以为他的工作非常忙碌。后来才发现他很多时候都是在与同事打游戏或者聊天。因为与这位同事不熟悉,只能辗转知道他与妻子关系不太好,所以情愿留在公司。其实,类似的情况我也听说不少。有的是觉得教养子女很麻烦,有的是与父母关系不好。办公室变成了避难所,让自己可以暂时逃避现实的责任。

我认识一些已为人父母的,仍是要不断地加班。半夜三更回家,子女早已熟睡;起床的时候,子女又已经上学。每周只有周末才能够共聚天伦,但因为加班,很多时候连这些微的机会都牺牲了。我有听说过这些父母是为了让子女可以就读国际学校,或者多学几种技能,多出外旅行见识一下,而不得不努力工作。不过,有一个广告就是父母问子女最想去哪里旅行,子女回答是公园。其实,子女需要的比想象中简单,只要有父母相伴,无论在哪里都一样开心。我认识一些行内的父母,即使加班,每早还是坚持送子女上学，就趁那段时间与子女建立关系。不要小看这一点小小的付出，父母与子女的关系，就是这样慢慢地建立起来的。女儿小时候，我也是每天上班前带她到妈妈家里，然后晚上接他回家。我一直尽力周五前把手上工作做好，周末留给家人。现在女儿已经 20 多岁，我们仍然能够保持很好的关系，一起追剧、一起看 MV。这是花时间，但绝对值得的。

我曾有待我如同父母的老板及上司，曾有亲如手足的同事，曾看着犹如子女的下属成长，也曾在温暖如家的广告公司工作过，但我知道这些都无法取代我真正的家人与家庭。这一切都是短暂的，随着离开公司，各散东西，大家的关系便会改变。但家人却不同，即使大家没有见面，大家的关系还是永不改变的。

我认为做广告公司老板的，不是尽力让广告公司有家的感觉，让大家可以开心地加班，而应是尽力让员工可以不用加班，可以早点回到自己真正的家。多丰盛的加班晚餐，都不及老婆的家常便饭；多刺激的电子游戏，都不及与子女下棋；多有趣的话题，都不及与父母聊天。无论是夫妻的关系、子女的关系、父母的关系，都比公司同事的关系更长久。不应把工作作为逃避面对的借口，不如花点时间去好好处理与家人的关系，建立一个真正幸福的家。

贴士：

不应把工作作为逃避面对的借口，不如花点时间去好好处理与家人的关系，建立一个真正幸福的家。

097 招

遇客不淑

某天在路上碰到几位同行，听到几个真实个案，觉得需要分享一下，希望大家提高警觉。

疫情前，某同行接获某大品牌广告拍摄。制作会议已经开过，拍摄也即将开始。客户因为疫情严峻，忽然把工作叫停。其实，面对疫情，大家心中有数，工作煞停，绝对可以理解。但问题是客户竟然当工作没有开始，不愿付出分文。虽知前期工作展开，制作公司便会牵涉费用，什么选角、美指、勘景等等可能都是 Freelancer。客户不付钱，广告公司便要自掏腰包。即使制作公司愿意共同承担，但大家都会有所损失。难怪 KK 前阵子提醒我们必须先收订金才开始工作，否则随时得不偿失。

某天，我与旧同事吃饭，发现他的遭遇更凄惨。同样是名牌大客，拍摄完成居然要求减价一半。更甚的是客户态度嚣张，一副你够胆便告我的样子。明白经济不好，大家都有压力，但协议在先，绝不可能中途变卦，甚至事成后才撒野。特别是我们这些小公司，根本没有财力与大公司对簿公堂。客户可能就是看到这个弱点，才够胆放肆。可怜旧同事辛苦工作，最后只能换得一个教训。

又有导演朋友告诉我，帮 4A 广告公司拍片，案子完成很久都没有收到余款。多次追问广告公司都说客户没有付款，所以无法付余款。幸好，导演与客户熟悉，发现客户早已付清款项。只是广告公司现金流出现问题，所以把钱留在手上，却推说客户没有付款。其实，大家都明白现金流很重要。但你需要现金流，其他人同样需要。最好大家互相帮忙，不要太过自私，做坏了名声，将来很难修补。

所以，越是艰难时世，越要提高警觉。不要因为难得有案子，就急于求成。有些保障还是需要坚持，至少有些订金在手，不致损失惨重。也要审慎选择工作，投资越大，风险越大，若有什么闪失，恐怕元气大伤。当然，最重要的还是带眼识人，小心遇人不淑，但也要提防"不熟不吃"！

贴士：

没拿到订金，千万不要开始工作！

098招 广告公司赚的都是辛苦钱

很多年前,一位广告公司的老板很高兴地告诉家人他创立的公司那年赚了几百万元。岂料家人对他泼了一盆冷水,说:"你整家公司几十人,每天通宵达旦地工作,就只赚得几百万?还不如我转卖一间房子!"其实,那个年头,每年能有几百万盈利的广告公司,已经是表现很出色的了。只是我们所付出的与所得到的,可能永远无法与其他行业相比。

初入行的时候,完全不明白广告公司的运作。常听到同事说这个客户有几千万元营业额(Billing),便以为公司生意兴隆,财源滚滚。后来才知道,营业额是指客户每年所花的费用,当中包括了媒体投放的支出、客户服务与创意的收费等等,并非广告公司的盈利。当年香港 4A 广告公司向客户收取的服务费称为 AC(Agency Commission),有统一的收费标准:17.65%。若客户每年营业额 1000 万元,广告公司便有 176 万 5 千元的进账。但这些服务费仍未计算员工薪金、办公室租金及其余运营开支。

后来,媒介部正式独立为媒介公司,对广告公司影响更大。例如一个 1000 万的广告预算,九成用于媒体投放上,只有一成是制作费用,而愿意给创意概念的费用可能只有 10 万 8 万。所以,当媒体与创意部门分家后,广告公司的收入马上锐减。虽说创意是广告公司的灵魂,但一直最赔本的也就是创意部。客户愿意花钱给媒体或艺人，却从来不愿意付款给创意。没有媒体收入之后，很多 4A 广告公司都改为月费制。客户每年的预算只有几百万，换作月费就只有几十万。但在这些月费中，有六七成是工资，还有一成是甲级写字楼的租金，实际盈利并不多。

  今时今日，在香港能够每月固定付几十万元月费的客户已经非常罕有。很多客户都改为以项目收费，视乎项目大小与广告公司商议一个价钱。一般的项目由几十万元至一百多万元不等，但当中至少六七成的收入要用作员工的薪金，还有租金、强积金、医疗、加班膳食、车资等等。所以，香港的广告公司要每年赚取几百万元的盈利，实在并不容易。不过，广告公司的员工每天工作 10 多小时，周末还要加班，以投入的人力物力来计算，广告公司所赚取的绝对是辛苦钱。难怪很多人说："做广告不会发达！"

  既然广告公司赚钱那么困难，为什么有那么多人仍然从事广告？就是因为广告公司所赚的绝不止那区区的金钱，而是能让参与者得到满足感与成功感。大家废寝忘食、通宵达旦地工作，就是为了展现自己的创意，帮助客户建立品牌，或者增加产品的销售。当然，还有广告推出后，消费者对创意的赞赏及客户对广告公司的肯定，都不是金钱所能取代的。所以，广告工作虽然辛苦，但每年仍有不少年轻人愿意加入，也有无数的广告人仍然拼命为理想而奋斗。

贴士：

  想发达的话，千万不要开广告公司！

099 招

机智广告生活

《机智医生生活》并非一部新的电视剧,去年三月已经播放了第一季,今年九月也结束了第二季。我是因为老婆与女儿在家观看,无意中看了两眼,便越看越停不了,断断续续地看了两季。坦白说,这部电视剧没有太复杂的故事情节,不过是医疗剧中穿插一些生活的片段,似乎没有什么特点。但就是这种平淡,增强了故事的共鸣感。而我也是到现在才明白自己为何会一直追看这样的一部电视剧。

剧中的五位主角,分别是同一家医院肝胆胰外科、胸腔外科、神经外科、妇科和小儿科的教授。他们虽不是急诊室医生,却每天替不同的病人与病魔搏斗,经常长时间做手术,甚至通宵达旦守护病人,工作忙得不可开交。我一边看,一边就想到我们广告人的生活。我们每天的工作,就犹如医生们,要为客户解决各种各样的疑难杂症,经常险象环生,又每每化险为夷。但这群医生,有点与众不同的地方。无论他们多忙碌,他们每月必有一次聚会,五个人组成一支乐队,一起练习歌曲。《机智医生生活》的英文名称是 Hospital Playlist,正是全剧亮点所在,每集总有一首他们合唱的歌曲,凭歌寄托他们的心意。

我近日反省到这部电视剧的吸引之处,正是它给予我的启迪——即使工作多忙碌,也不可以没有生活。曾几何时,我们都会对自己说，再忙一段日子便可以休息了。于是，我们不停地加班、不眠不休地工作。然后，工作非但没有结束，而且变本加厉，甚至同一时间重叠着好几个大小的工作。结果，当然是说好了的休息并没有出现，又再在忙碌中轮回。而我们的伴侣、我们的父母、我们的子女、我们的朋友，都在我们的忙碌中悄然离去。我们错过了伴侣的生日、父母的晚年、子女的成长、好友的共聚，忙得只剩下工作。我们也放弃了自己的兴趣、自己的健康、自己的信仰，老是骗自己将来某天会讨回这一切。然而，往往为时已晚！

而机智医生的"机智"，在于他们没有被忙碌工作所吞噬。他们接受自己工作的性质，知道工作必然忙碌。他们仍然很努力、很专业地工作，但他们不会以此为借口，牺牲了那些真正重要的爱情、亲情与友情。更没有因为工作忙碌而放弃了他们的兴趣。因为，他们知道这些都与工作同样重要。他们不会因为要与家人共聚，或是发展兴趣，而马虎处事，敷衍塞责。他们敬重自己工作的神圣，尽力把它做好。但他们更有睿智，知道工作不会停止，在努力工作之余，还有同样精彩的生活。

所以，我常说不要加班，每天要回家吃饭，多与朋友共聚，好好发展兴趣。不要自欺欺人，等待工作没有那么忙碌，就可以去爱所爱的人，做自己所喜爱的事情。这不会真正发生的。即使退休以后，还可以是很忙碌的。不管工作多忙碌，不要放弃自己所爱的人与事，过一种真正机智的广告人生活！

贴士:
不管工作多忙碌,不要放弃自己所爱的人与事。

4A 会消失吗?

有刚毕业的大学生问我:"4A 会消失吗?"看他的神情,是对选择工作感到彷徨。而我的回答非常肯定:"我相信 4A 会一直存在!"

本地广告公司与 4A 广告公司都有各自的存在价值,可谓"河水不犯井水"。很多全球性的客户,都是指定要全球性的 4A 服务的。这些客户的业务遍及全球一百多个国家与城市,需要有网络庞大的广告公司去支援。从前,我也在 4A 中服务过不少类似的全球性客户。他们每年都会集合全球各地的客户及广告公司的代表召开大会,讨论的是明年或几年后的大计。他们需要很强大的策略团队去制定未来的方向,也需要很多客户服务人员去协调各地的需要。这些讨论绝对不是一朝一夕可有答案的,往往要花上一年半载,甚至更长的时间才有定案,然后再由全球几个地区的代表负责提案,最后选取最合适的创意,制作后在各地投放。这里所牵涉的人力与物力,绝非一般本地广告公司所能承担的。当然,"上有政策、下有对策",很多本地客户都不愿跟从总公司的策略,而会自行在当地寻找合适的本地公司合作,但主题广告等主菜还是不能不跟从的。所以,这些客户寻找本地公司帮忙,也只能是一些规模相对小的工作。

反过来说,4A 广告公司也不容易服务本地客户。4A 的层级太多、规矩太多、反应太慢,很难配合本地客户的需要。特别是在疫情期间,每天的防疫措施都有变化,客户需要广告公司能够在极短的时间内做出回应。有时从接工作到完成,可能只有几天的时间。客户一般都没有简报,只有要达到的销售目标。广告公司需要从零开始,理出头绪,想到能够执行的点子,并且在死线前完成。对传统4A来说,这些疯狂的事情实是难以接受的。只有几天的时间,都不足够他们去写好简报,更遑论构思与执行了。当然,我绝不否定4A这些流程。没有清晰的简报很难做出好广告,没有足够的时间也难想到好创意,缺乏执行的时间更不可能做出好作品。但问题是客户也有他的死线要面对,不可能有这样奢侈的时间。所以,规模相对较小的本地公司,才能有足够的弹性与应变能力去满足这些客户的需要。

我问过很多学生,毕业后会选什么类型的广告公司?他们的回答,绝大部分都是本地的小公司。我绝对理解他们的想法,但也会提醒他们小公司的空缺相对较少,好公司的机会更加难求。而4A不单规模较大,也会给人不同的视野。如有机会接触世界知名的广告人,出席国际会议与培训,更有同事被调职到外地的分公司,这些都是本地公司所欠缺的。但所选的4A也必须至少有一两个全球性的大客户才可以,否则只倚靠本地小客户,最终也难免被淘汰的厄运。

贴士:
本地广告公司与4A广告公司必须找到各自的存在价值。